当代教育评论
2016

第 ④ 辑

潘洪建　徐继存

主编

扬州大学基础教育研究所

山东师范大学教师教育学院

组编

江苏大学出版社
JIANGSU UNIVERSITY PRESS

镇江

图书在版编目(CIP)数据

当代教育评论. 第4辑/潘洪建,徐继存主编;扬州大学基础教育研究所,山东师范大学教师教育学院组编. —镇江:江苏大学出版社,2016.11
ISBN 978-7-5684-0356-6

Ⅰ.①当… Ⅱ.①潘… ②徐… ③扬… ④山… Ⅲ.①基础教育—中国—文集 Ⅳ.①G639.2-53

中国版本图书馆CIP数据核字(2016)第297074号

当代教育评论(第4辑)

Dangdai Jiaoyu Pinglun

主　编	/潘洪建　徐继存
组　编	/扬州大学基础教育研究所　山东师范大学教师教育学院
责任编辑	/韦雅琪　米小鸽
出版发行	/江苏大学出版社
地　址	/江苏省镇江市梦溪园巷30号(邮编:212003)
电　话	/0511-84446464(传真)
网　址	/http://press.ujs.edu.cn
排　版	/镇江文苑制版印刷有限责任公司
印　刷	/江苏凤凰数码印务有限公司
开　本	/787 mm×1 092 mm　1/16
印　张	/17.25
字　数	/410千字
版　次	/2016年11月第1版　2016年11月第1次印刷
书　号	/ISBN 978-7-5684-0356-6
定　价	/48.00元

如有印装质量问题请与本社营销部联系(电话:0511-84440882)

目 录

综合实践

留守儿童关爱、保护与教育进展

蔡　澄　荆敏菊　杨芮涵*

摘　要：近年来，国家和地方都致力于发挥政府职能，以保障留守儿童权益，并呼吁社会各界伸出援手，给予留守儿童关怀。目前，留守儿童的家庭教育模式多样；学校教育采取了许多有针对性的教育措施，关爱留守儿童的身心健康；其他社会公益组织、社区人员、志愿者等也在不断地为使留守儿童拥有更美好的明天同心协力。但是，留守儿童总体的不良生存状态，已构成社会巨大的潜在危机，留守儿童的关爱、保护与教育需要全社会齐抓共管。

关键词：留守儿童；家庭教育；学校教育；社会关怀

"留守儿童"这一概念最早提出于20世纪90年代，它主要是指因父母双方或一方外出打工，不能跟随在父母身边接受照顾，被留在户籍所在地由父母一方或者其他委托人代为监护，年龄在6到16岁之间的儿童，一般分为单亲外出留守儿童和双亲外出留守儿童。随着我国工业化、城市化的发展，越来越多的农村剩余劳动力选择背井离乡到城市打工，以获得经济收入，改善贫困状况。然而，由于城乡户籍制度及自身家庭条件的限制，多数外出打工的农民不得不将子女留在农村，让其他监护人照看，这就导致了庞大的留守在农村的弱势群体——留守儿童群体的形成。全国妇联于2013年发布的数据显示，我国有6100多万名农村留守儿童，也就是说每5个孩子中就有1个农村留守儿童。① 因父母外出务工而产生的这一特殊群体的成长直接影响其未来发展及社会的公平与稳定，也成为国家和社会关注的焦点。

一、农村留守儿童关爱保护工作受到中央与地方高度重视

随着农村人口不断向城市流动，农村留守儿童教育与管理问题已成为社会各界普遍关注的话题。2016年4月，国务院批准建立了由民政部牵头、27个部门和单位参加的农村留守儿童关爱保护工作部际联席会议制度，要求各成员单位把关爱和保护留守儿童纳入本部门与系统的工作总体安排，形成各系统与部门相互配合、相互支持，资源统筹、信息沟通，整体推进的良好工作格局。为促进留守儿童工作的进一步完善，中央和地方出台了相关法规和政策。

---

* 蔡澄，女，扬州大学教育科学学院，副教授，主要从事基础教育研究；荆敏菊，女，扬州大学教育科学学院，硕士研究生；杨芮涵，女，扬州大学教育科学学院，硕士研究生。

① 三思教育网：《2016年全国两会留守儿童心得体会》，http://www.srssn.com/XinDeTiHuiFanWen/501496.html.

（一）国家有关文件对留守儿童的关爱、保护与教育的要求

1. 构建政府、社区、学校、家庭多维联动的留守儿童教育与管理网络

《国家中长期教育改革和发展规划纲要（2010—2020 年）》指出，要加大对困难群体的扶持力度，切实关心和解决农村留守儿童的上学问题。召开现场经验交流会，宣传推广各地关爱留守儿童的好做法，构建政府、社区、学校、家庭多维联动的留守儿童教育与管理网络。2013 年 1 月教育部等五部门颁布的《关于加强义务教育阶段农村留守儿童关爱和教育工作的意见》也指出，要高度重视留守儿童工作，明确留守儿童工作的基本原则，提倡政府主导、统筹规划，家校联动、形成合力，社会参与、共同关爱。2016 年 2 月国务院又印发《关于加强农村留守儿童关爱保护工作的意见》，这是以农村留守儿童关爱保护为切入点的第一份系统性地明确未成年人保护政策措施和工作机制的国务院文件。这些文件充分显示了国家已经意识到留守儿童不良的生存状态及其潜在危机，对他们的关爱、保护与教育必须全社会齐抓共管。

2. 改善留守儿童的生活条件和教育状况

《关于加强义务教育阶段农村留守儿童关爱和教育工作的意见》还指出，要切实改善留守儿童的教育条件，包括：优先满足留守儿童教育基础设施建设；优先改善留守儿童的营养状况；优先保障留守儿童的交通需求等；不断提高留守儿童教育水平，加强留守儿童受教育全程管理；加强留守儿童心理健康教育；加强留守儿童法制安全教育；加强家校联动组织工作；等等。2014 年 12 月底，国务院办公厅颁布的《关于印发国家贫困地区儿童发展规划（2014—2020 年）》还特别提到，要加强农村寄宿制学校建设，优先满足留守儿童就学、生活和安全需要。

3. 开展对留守儿童家庭发展相关问题及政策研究

2014 年 12 月底，国务院办公厅颁布的《关于印发国家贫困地区儿童发展规划（2014—2020 年）》提到，要强化父母和其他监护人的监护责任并提高其监护能力，加强家庭教育指导服务，引导外出务工家长以各种方式关心留守儿童。2016 年"两会"期间，国务院印发的《关于加强农村留守儿童关爱保护工作的意见》也强调要落实家庭监护的主体责任。监护人要依法尽责，在家庭发展中首先考虑儿童利益。[①]

4. 开展留守儿童性与生殖健康知识普及和教育活动

国家人口和计划生育委员会关于印发贯彻《2011—2020 年中国妇女儿童发展纲要实施方案》充分关心农村留守儿童的生理健康，提出组织专家和青年志愿者到农村贫困地区开展留守儿童性与生殖健康知识普及和教育活动。此外，深入开展计划生育关怀关爱活动，利用节假日对留守儿童开展多种形式的宣传慰问活动，营造全社会参与关爱留守儿童的舆论氛围。

（二）有关留守儿童关爱、保护与教育的地方性文件内容特点

各地有关农村留守儿童教育和管理的政策文本很多。通过阅读部分省、市、自治区，如湖南、湖北、安徽、陕西、四川、重庆、江苏、福建、广西等地的有关留守儿童教育与

[①] 三思教育网：《2016 年全国两会关于留守儿童热点提案，两会留守儿童解读》，http://www.srssn.com/GongZuoBaoGao/501135.html.

管理的政策文本,我们发现,各地关爱留守儿童的政策措施丰富多样,但其中也有很多共同特征,主要包括以下几点。

1. 突出政府责任

各地普遍认识到留守儿童教育和发展对经济与社会发展的重要性,突出强调政府责任。如,安徽省关爱农村留守儿童工作协调小组办公室于2010年8月颁布的《关于整合各类资源做好农村留守儿童工作的通知》中提到:要进一步健全完善"以县为主、资源整合、有效覆盖"的工作推进机制,建立目标管理和考核奖惩机制;要加强调查研究,积极探索关爱农村留守儿童工作规律,努力推动工作创新。又如,四川省人民政府于2011年6月颁布的《民政厅、省妇儿工委关于进一步加强农村留守儿童和留守老人救助管理工作的意见》提出,要落实留守儿童的监护责任,保障留守儿童的义务教育,完善对留守儿童的救助医疗保障,切实维护留守儿童的合法权益等,并充分发挥乡(镇)人民政府的基础作用,加强农村公共服务建设。

2. 发挥学校主渠道作用

福建、陕西、四川、湖南等省都提出要保障留守儿童的义务教育,并在有关留守儿童的政策文本中不约而同地突出了学校的主渠道作用。如,陕西省人民政府印发的《2011—2020年妇女发展规划和儿童发展规划》和湖北省《2011—2020年中长期教育改革和发展纲要》都提到,要加快农村寄宿制学校建设和管理,优先满足留守儿童的食宿需求。又如,《福建省儿童发展纲要(2011—2020年)》中提出,要建立健全留守儿童档案和结对帮扶制度,构建学校、家庭、社会共同关心留守儿童健康成长的教育网络。农村寄宿制学校应优先满足留守儿童的住宿需求。再如,《湖南省教育厅、中共湖南省委教育工委2007年工作要点》特别关注未成年人的思想道德建设,提出要关注留守儿童教育,努力完善学校、家庭、社会相结合的德育立体网络。

3. 家庭、社会各界广泛参与,建构立体关爱网络

留守儿童教育与管理问题不仅仅是学校的责任,社会和家庭也要广泛参与。安徽省在有关文件中指出,关爱农村留守儿童工作是一项社会系统工程,需要整合各类资源,凝聚多方力量,积极配合、齐抓共管、共同推进。要动员整合各方力量,加强关爱工作的有效覆盖,做到农村留守儿童安全有保障、困难有帮助、生活有依靠、情感有寄托、成长有引导,努力实现工作全覆盖、全关爱,促进农村留守儿童健康快乐成长。福建省在有关文件中提出:要进一步优化留守儿童的社会环境,使他们得到更多的关怀和救助;要建立健全留守儿童档案和结对帮扶制度,构建学校、家庭、社会共同关心留守儿童健康成长的教育网络。

4. 关注留守儿童的生理安全和心理健康

近年来,很多省份在保障留守儿童的生理安全和心理健康方面都做出了一定的努力。江苏省人民政府颁布的《江苏省儿童发展规划(2011—2015年)》中指出:建立留守儿童受性侵害问题的预防、报告、反应、紧急救助和治疗辅导工作机制;整合资源,探索建立留守儿童庇护中心,依法保护留守儿童的隐私权;关爱农村留守儿童,做好留守儿童的心理疏导、情感关怀和教育管理工作。广西壮族自治区人民政府颁布的《关于进一步加强农村留守儿童关爱保护工作的意见》提出,要逐步推进农村儿童特别是留守

儿童的医疗保健服务,加强农村留守儿童的权益保护。《湖北省义务教育关爱工程实施意见》中指出,可以通过建立档案管理制度、互动机制、结对帮扶制度、课外生活管理制度,开展青春期教育和心理咨询等加强对留守儿童的关爱,为留守儿童建立快乐平安的学习家园。陕西省人民政府印发的《2011—2020年妇女发展规划和儿童发展规划》指出,在留守儿童比较集中的县(市、区),至少建立一个"留守儿童关爱中心",为留守儿童提供心理、情感等方面的辅导、抚慰,并不断提高留守儿童监护人的监护意识和责任。

二、农村留守儿童家庭教育模式

(一)父母单方监护的家庭教育模式

1. 由母亲单方面作为监护人的家庭教育模式

与城镇相比,农村在经济、思想、观念等方面还相对落后,受到传统"男外女内"思想的影响,农村男性外出务工占多数,女性则多留在家中务农带孩子。因此,由母亲单方面作为监护人的留守儿童占比较大。

母亲心思更加细腻,相比由父亲单方面作为监护人,由母亲单方面作为监护人的留守儿童在生活起居、饮食等方面是有规律的,和非留守儿童的情况差不多。但这样的家庭还是不完整的,是隐性的单亲家庭。一方面,留守的母亲不仅要承担起家务和耕种任务,可能还需要照顾家里的老人,家里的重担都压在母亲身上,使她们身心俱疲,在一定程度上减少了关照孩子的时间,也消磨了她们对孩子该有的耐心,更谈不上和孩子交流沟通,这对孩子的成长极为不利。有这样一个例子,一个丈夫在外务工的农村妇女,要独自照顾家中的两个孩子和一个瘫痪的老人,所有的家务和农活都由她一个人负责,长此以往,她变得没有耐心,脾气暴躁,孩子有一点做得不如她意,就责骂孩子,这严重影响了儿童的身心健康发展。研究表明,母亲对孩子任何不友好的举动,都会被孩子理解为"遗弃",孩子因而容易产生自卑、胆小怕事等心理问题。[①]

另一方面,"养不教,父之过"这句话充分展现了父亲在家庭教育中举足轻重的作用。父爱如山,父亲对孩子的性格、品格等的养成有着极其重要的隐形作用。留守儿童在其成长的过程中缺乏父亲的影响、指导,不利于其智力的发展,容易在性格上出现多疑、敏感、犹豫不决等特征。如果儿童在以后的生活中不能改变自己的性格,就会给孩子的人格塑造及未来的家庭和社会生活带来隐患。

2. 由父亲单方面作为监护人的家庭教育模式

父亲勇敢、独立、决断等品质直接影响孩子的社会责任感及健康人格的形成,但德国教育家福禄贝尔曾说过,国家的命运与其说操纵在掌权者手中,倒不如说掌握在母亲的手中,这句话足以说明母亲在家庭教育和国家发展中的重要地位。母亲细腻的爱对孩子的情感、品格、习惯等的培养具有积极的影响,母亲的关怀也是儿童安全感的来源。这是父亲难以达到的。由于父亲容易忽视细节,由父亲单方面作为监护人的孩子在饮食健康、生活习惯、卫生习惯等方面的表现不容乐观。有这样一个案例,有一位由父亲

---

① 黄宝中,闭文彩:《我国农村留守儿童家庭教育问题与对策探讨》,《黑龙江教育学院学报》,2008年第9期。

作为监护人的四年级留守男孩,每天身上带有异味,同学们都不喜欢和他在一起玩耍,班主任发现这一现象后对其进行家访,在和他的父亲沟通交流之后的几个星期内,情况有所好转,但几个星期之后孩子身上又有异味,而且衣服也开始不换了,此后班主任又多次与其父亲交流,但还是没有用。父亲相对于母亲而言,比较粗心大意、懒惰,这些都给孩子做了不好的示范。

总之,不管是由母亲还是父亲作为儿童的监护人,只要缺了一个,就是不完整的,会对孩子造成长久且难以去除的不良影响。

(二) 非父母作为代理监护的家庭教育模式

1. 隔代监护的家庭教育模式

隔代教育指父母双方外出后由祖辈照顾留守儿童的情况,这在所有农村留守儿童家庭教育模式中所占比例是最高的。王青等人的研究显示,在留守儿童家庭之中,有59.4%的家庭父母双方外出后由祖辈照顾孩子。[①] 同样,由隔代亲人作为监护人的家庭教育模式,也是存在问题最多、最显著的一种。

第一,时代不同,代沟明显,难以沟通。这种矛盾在孩子青春期更为明显,孩子处于叛逆期,由于老人不能够理解孩子,只关心孩子学习成绩,不关注孩子生活和心理问题,两代人缺乏交流和沟通,导致矛盾加剧。在对留守儿童情绪能力的研究中发现,留守儿童在遇到问题时,与非留守儿童相比更多采用发泄而非问题解决或者求助的方式解决。[②] 长此以往,孩子容易形成孤僻、傲慢等不良品行。这对处于青春期的孩子的人生观、价值观的形成都是十分不利的。

第二,隔代监护人年龄较大,身体虚弱,造成监管不力。隔代监护人大多是中老年人,精力好的除了要监管留守儿童,更多的为了家庭的生计,不得不承担繁重的劳务,难以把大量的时间和精力放在留守儿童身上,这样留守儿童基本上属于放养型;精力不好的,有些反倒需要留守儿童予以照顾,在这种情况下,留守儿童的温饱问题都难以解决,更不用说花多少时间和精力在学习上,同时,这种情况也存在着大量的安全隐患。

第三,隔代监护人文化程度较低,忽视或者轻视对留守儿童学业方面的监管。在隔代监护人中,文化水平大多是在初中文化以下,有的甚至没上过学。基于此,他们只能更多地关心留守儿童的生活起居,而且由于缺乏科学的教育方法,更谈不上关心和激发孩子的兴趣和引导孩子学习了。在这种情况下,就需要孩子拥有很好的自我约束能力,并能够找到正确的适合自己的学习方法。而对于自制能力较差的、悟性差的孩子来说,按时完成家庭作业已是难事,更不用说找到高效的学习方式了,久而久之,孩子便会产生厌学心理。

第四,溺爱严重,不注重孩子品行、习惯的培养。我国有句古话"隔辈亲",讲的就是隔辈的老人更加娇纵溺爱孩子,在正常家庭教育中,就存在这样的现象——父母管教孩子时,老人会偏袒孩子。那么,在隔代教育的模式中,由于父母外出打工,老人则会更加溺爱孩子。在这份"爱"中有着莫大的隐患,孩子在成长的过程中,需要成人给予正

---

① 王青:《农村留守儿童教育问题研究》,华中师范大学硕士学位论文,2006 年。
② 肖聪阁,陈旭:《农村留守初中生依恋与应对方式的关系研究》,《心理发展与教育》,2009 年第 1 期。

确的引导,渐渐形成正确的价值观。而隔代监护人不论什么事情都包庇袒护留守儿童,甚至溺爱过度,只会给孩子带来错误的信息,使孩子变得骄纵跋扈,不懂得关心他人、理解别人。

2. 其他亲属监护的家庭教育模式

在非父母监护的家庭教育模式中,还有一种占据巨大比例的监护模式是由其他亲属监护。部分外出务工的父母将子女托付给祖父母之外的其他亲朋好友照顾,形成"其他亲属"型的留守家庭模式。这一家庭教育模式普遍存在以下问题。

第一,农村父母存在错误的观念,对监护人嘱托不明确。大多数留守儿童父母认为,自己不在孩子身边,孩子的衣食住行有保障就可以了,所以当父母将孩子交给亲朋好友照看时,只关照监护人要照顾好孩子的起居,对于孩子学业、心理方面的需要则不太重视。监护人也担心如果管教严格,孩子会向家长抱怨,反而受到留守儿童家长的责备,这导致他们在监护的时候总存在较大的顾虑,因而往往采用消极被动的策略,把自己认为孩子不好的方面告诉家长,但并不说明原因,家长则不问缘由地批评孩子,这更加大了孩子的心理落差。此外,孩子还会对监护人产生仇视心理,进一步阻碍监护人对留守儿童的教育。

第二,其他亲属监护人精力有限,将心思大多放在自己孩子身上,轻视留守儿童的心理变动。其他亲属和留守儿童家长年龄相近,也有自己的子女和父母要照顾,虽然他们能满足留守儿童外在的需要,如料理其衣食住行,但往往满足不了甚至忽视留守儿童内在的情感需要。所以,大多数亲属监护人对于留守儿童只力求满足他们物质上的需要,却缺乏精神和心理上的关爱。留守儿童只把监护人当作照看自己的人,而难以感受到家庭的温馨及长辈的关爱,缺乏安全感和归属感。另一方面,留守儿童在学校发生的所谓的"好的"和"不好的"事情,也没有人分享和倾诉,在遇到好的事情时,需要成年人的不断鼓励和强化;在遇到不好的事情时,可能还会受到教师和监护人的责骂,这些在正常家庭模式中的平常举动,在留守儿童眼里是可望而不可即的。长此以往,留守儿童内心容易产生孤独感和无助感,容易导致两种极端,要么情感脆弱,要么孤独封闭,不愿与人交流,自暴自弃等。对留守儿童人格特征的研究发现,留守儿童人格发展问题突出,较非留守儿童人格内向、情绪紧张、掩饰性高。[1]

第三,留守儿童课外生活乏味,监护人无暇顾及。对于农村留守儿童,课外时间很多,不像城镇儿童要参加各种辅导班,农村留守儿童除了做家庭作业的时间,其余时间基本都由自己支配。这对于留守儿童来讲,是一份宝贵的时间资源,但是没有人指导他们合理地支配,导致这一资源的极大浪费。监护人出于各种原因,如在田地里务农,无暇顾及留守儿童及自己孩子的课余时间,有时候甚至连一日三餐都无法及时完成,更不用说监管孩子的课余时间了,出于无奈,只能任由留守儿童自己发展。这样,留守儿童基本是在无拘无束的环境中成长的,一部分留守儿童在这样的环境中形成了任性自私、霸道蛮横、自我中心等极端性格。

---

① 刘照云,朱其志,刘传俊,等:《江苏省488名农村留守儿童与非留守儿童人格发展比较研究》,《中国健康心理学杂志》,2009年第3期。

还有些家长把孩子寄托在老师或者邻居等没有血缘关系的家庭中监管,这种监管不仅存在以上几种弊端,还会造成留守儿童归属感的缺失。留守儿童被寄托在老师或者邻居家中,不仅要熟悉陌生的环境,还要学会怎样和没有血缘关系的人相处,做任何事情都要小心翼翼,生怕给人带来麻烦。长此下去,别说满足自我实现的需求,连最基本的安全、爱和归属的需要都难以满足。

3. 同代监护的家庭教育模式

同代监护是指由哥哥、嫂嫂、姐姐、姐夫或者其他同辈作为监护人的家庭教育模式,我国留守儿童问题调查研究表明,这种模式所占比例不大。与前几种监护模式相比,同代监护人和留守儿童年龄相仿,具有共同语言,相互间交流沟通比较容易。但是,同代监护人在生活经历和为人父母方面缺乏历练,所以这种家庭教育模式也存在诸多问题。

第一,同代监护人无法承担起家长的职责。同代监护人与留守儿童年龄相仿,所见所闻相当,出现问题时自己都难以正确认识并处理,有的甚至自己也是需要被监护的留守儿童,更不用说承担起监护人的职责了。因此,他们根本无法科学正确地教育被监护人,无法给予留守儿童所缺失的东西。

第二,安全方面存在隐患。一方面,作为同代监护人,他们自身还没有树立必要的安全意识,没有认识到安全的重要性或者哪些是安全的、哪些是不安全的,对于还是孩子的同代监护人来说,他们并没有正确的判断能力。这种情况下,小龄的监护人可能会带着留守儿童去做一些危险的游戏,这本身就会给监护人和留守儿童的人身安全带来极大的威胁。另一方面,由于同代监护人还未完全社会化,社会阅历较少,对于真假是非的分辨能力差,很容易上当受骗,使一些人贩子或者其他非法分子有机可乘。

4. 自我监护的家庭教育模式

自我监护是在所有监护类型中所占比例最少的家庭教育模式。由于缺少父母及其他家庭成员的影响,自我留守的农村儿童在心理、行为、安全等方面都存在很多问题,来自家庭的教育基本为零,基本上属于自我成"才"。

三、农村留守儿童的学校教育的主要举措

1. 寄宿制学校为留守儿童温暖筑巢

近年来,全国很多地方都陆续为农村留守儿童开办起寄宿制学校。贵州省安龙县毛草坪小学就是一所寄宿制学校。在这所学校里,每一个留守儿童的个人基本信息、家庭生活状况、学习情况、心理健康等都存有档案。学校还为每个人选派了"生活爸爸"。特别是春节期间,"生活爸爸"会对留守在家,没有父母陪伴的孩子进行家访,为他们送去温暖。同样,贵州省开阳县也为留守儿童建立了23所寄宿制学校。为了保证留守儿童关爱服务工作的常态化,开阳县为留守儿童建立档案登记制度,完善留守儿童档案和联系卡;建立留守儿童结对帮扶制度,开展"手拉手"结对帮扶活动;建立留守儿童谈心制度,定期组织帮扶教师、留守儿童监护人或委托监护人举行座谈会等。

可以说,寄宿制学校在解决农村留守儿童问题方面可发挥积极的作用:

首先,寄宿制学校可以为留守儿童提供基本的日常生活照顾。父母外出务工,很多留守儿童跟随祖辈或父母一方一起生活。在单亲监护类型中,监护人要承担大量的劳动,很多时候尤其农忙季节根本无法顾及孩子的吃饭、接送等问题。在隔代监护类型

中,监护人不仅年龄较大,还要担负一定的劳动,个别监护人还要同时照顾几个留守儿童,对他们的生活也无法全面照顾。然而,寄宿制学校则较好地解决了这个问题。农村寄宿制学校为留守儿童提供的最基本保障就是为其提供吃饭、住宿等基本生活条件,使其食宿无忧。这样一来,也大大减轻了监护人的负担及外出父母的顾虑。

其次,寄宿制学校可解决留守儿童学习无人辅导的问题。在寄宿制学校,老师和同学接触的时间延长,当留守儿童学习上遇到困难时,可随时向老师及同学请教,解决了在家时监护人无力提供学习辅导与帮助的难题。

再次,寄宿制学校可更好地保障留守儿童的安全,减少意外事件的发生。在寄宿制学校,留守儿童除周末的时间外基本都待在学校,由学校对其进行照顾和管理,因而减少了接触校外不良环境的可能性,减少了安全隐患的发生概率。①

除此之外,寄宿制教育还可以减轻留守儿童由于父母外出带来的自卑、孤僻心理。在寄宿制学校中,学生接触的也都是与自己一样的留守儿童,相同的处境很容易让他们建立融洽的关系和亲密的感情,找到可以倾诉自己情感的主要对象。长期的朝夕相处,也可以让留守儿童感受到集体生活带来的愉悦,感受集体大家庭的温暖,减少因父母外出而带来的伤害。

2. 各类活动丰富留守儿童的校园生活

为解决留守儿童课外时间无人监管、陪伴的问题,很多留守儿童学校逐渐开展起了丰富多彩的校园活动,如安徽长乐中学的"留守儿童之家"就开办得如火如荼:

(1) 安全教育制度化。长乐中学通过安全教育"一月一主题"活动,定期开展预防交通事故、防流感、防溺水、防火灾、防地震、防意外伤害、防踩踏事故等各种安全教育活动,切实有效地加强对留守儿童的安全教育,提高留守儿童的安全意识与自我保护意识。

(2) 开展"结对帮扶"活动。学校的每位班主任和关心下一代工作委员会的同志结对 2~3 名留守儿童,帮扶教师经常找留守儿童谈心,随时把握他们的思想动态,对他们进行生活上的关心、学习上的指导。当发现问题时,帮扶教师会及时与家长联系,定期家访,引导他们健康成长。同时,学校还拿出专项经费,对家庭困难留守儿童给予帮助,对品学兼优的留守儿童予以奖励。

(3) 开展形式多样的评选表彰活动。学校每月都会确定一个主题,开展一次评选,如 3 月份开展校园环保之星评选活动,4 月份开展遵纪守法之星评选活动,5 月份开展助人为乐之星评选活动,6 月份开展文明之星评选活动。同时通过广播站、宣传栏展开宣传,从全校留守儿童中选出表现优异的学生予以嘉奖。评选种类多,范围广,便于操作,对留守儿童发挥自身优势、发现自身潜能有积极作用。

(4) 争当一周志愿者活动。在长乐中学,当志愿者的时间是周一至周五。在当志愿者期间,志愿者要挂牌上岗,课间、午间在教学区、走廊上多转转,及时提醒和制止一切不文明行为。该活动对于培养留守儿童良好的行为习惯、树立他们的自信心有积极

---

① 王谊:《农村留守儿童教育研究——基于陕西省的实地调研》,西北农林科技大学博士学位论文,2011 年。

作用。①

　　校园是一个大环境、一个大家庭，校园的各项建设需要全体同学的共同参与，校园里开展的丰富多彩的活动对留守儿童也充满意义。留守儿童能真切地感受到校园环境的安全、文化的熏陶、活动的乐趣、教职工的关爱及同学朋友的情谊。

3. 家校沟通为留守儿童搭建"绿色通道"

　　苏霍姆林斯基曾经说过："教育的效果取决于家庭和学校影响的一致性，如果没有这种一致性，那么学校的教学和教育的过程就会像纸做的房子一样塌下来。"而要形成学校和家庭教育影响的一致性，家庭和学校之间的沟通是必不可少的。家庭、学校教育的协调一致、相互配合，有利于实现教育在时空上的紧密衔接。对于一些常年漂泊在外的父母来说，与留守在家的孩子取得联系，多了解他们平时的学习、生活状态是不太容易的事情。值得庆幸的是，很多学校开始创造机会，与孩子的家长保持密切的联系。

　　不少学校如湖南省岳阳市平江县的毛湾学校、福建省龙岩市武平县的第二实验小学，以促进留守儿童健康成长为着力点，利用当下 QQ、微信等软件的便捷，以班级为单位，在全校搭建了一个家校微信群。微信群的建立使家校互动提升到一个全新的高度，解决了长期以来农村留守儿童亲子联系的最大障碍，拉近了老师与家长们之间的距离，一定程度上满足了留守儿童的情感需求，同时也为学生的学习提供了一个监督的平台。

　　同样，也有一些学校如湖北省襄阳市宜城市实验小学、贵州省贵阳市开阳县的23所农村留守儿童寄宿制学校，通过印发传统的信件（如《致留守儿童家长的一封信》）来与留守儿童的家长保持沟通；通过开通免费的"亲情热线"让留守儿童亲子之间交流感情。学校的这些努力为呼吁父母走进孩子的内心世界，让孩子切实感受亲情提供了便利。

4. 关爱留守儿童心理健康发展

　　很多农村留守儿童因为父母常年不在家，缺乏亲情关怀，心理上都存在一定的健康隐患。关注农村留守儿童的心理问题，等于为他们的健康发展筑起了一道防火墙。

　　一些学校把关爱留守儿童心理健康列为学校和班级管理的一项重要工作，贵州省金沙县后山乡中心完全小学就是典型。2016 年 2 月 15 日新年伊始，该校就充分利用春节期间留守儿童父母集中返乡的有利时机，请校领导和心理辅导教师集中对留守儿童、家长及班主任共251人进行了安全、心理健康教育培训。学校还定期开展心理健康知识培训，在留守儿童中普及心理健康科学常识，帮助他们掌握简单的心理保健方法，培养良好的心理素质；针对留守儿童课外无人监管的情况，结对教师利用节假日或双休日开展活动，帮助他们解决成长的烦恼，消除心理困惑，塑造良好心理；同时通过上门家访、电话联络等多种方式，实现学校与家庭教育同步心理辅导，通过师生间的个别心灵沟通，解决他们的心理问题。

　　当然，很多农村留守儿童学校还存在办学条件太差、学校管理措施不当、师资队伍

---

① 李莉：《农村"留守儿童"的学校教育研究——以长乐中学为例》，安徽大学硕士学位论文，2012 年。

建设堪忧、学校课程适切性不强、教育过程应试化倾向严重等问题。① 农村留守儿童学校教育问题的解决任重而道远。

四、其他社会各界对留守儿童的关怀

近年来,作为社会弱势群体的留守儿童受到了社会各界的广泛关注。被称为"最美孕妇"的两会代表彭伟平特别呼吁:关注留守儿童的心理健康。除了彭伟平,还有很多个人、团体组织也都向留守儿童热情地抛出了援助、关怀的橄榄枝。

1. 公益项目,细分救助

目前,中国基金会关注领域或项目中涉及留守儿童关爱的,已达数百家。这些公益组织有针对性地、细分领域地为留守儿童提供了帮助。如:中国青少年发展基金会的希望工程(希望社区)、中国儿童少年基金会的春蕾计划(关爱留守儿童特别行动)、中国红十字基金会的"鲁冰花"关爱留守儿童公益计划、中国社会福利基金会的"父母心"公益基金、中国少年儿童文化艺术基金会的关爱农村留守儿童专项基金、壹基金给乡村儿童的壹乐园和温暖包,等等。这些公益项目虽然无法解决"让爸妈回家"和"跟爸妈离开"的大问题,但从不同的角度切入,从不同方面发力,促进了留守儿童基本需求的解决,其中,中华儿童慈善会贡献突出。

2014 年 3~8 月,中华儿童慈善会建设"起点幼儿亲情教室",通过定期举办留守儿童的家庭亲情视频展示会,一定程度上弥补了农村留守儿童的感情缺失。2014 年 5 月,中华儿童慈善会童缘资助中心协助"新一千零一夜"公益项目开展募款,通过"农村住校生睡前故事"的方式,帮助孩子得到优质的课后教育和情感的陪伴;协助"上学路上"募款,通过为留守儿童发放故事盒子的方式,陪伴他们走过漫长而孤单的上学路,陪伴他们缺少父母的童年,让他们通过听最美故事理解爱。2015 年 1 月,中华儿童慈善会成立"红伞心理援助计划",致力于对农村儿童的心理辅导、心理援助,为这些孩子建立健全的人格提供社会支持。

2. 志愿服务,爱心接力

很多爱心人士都愿意充当关爱留守儿童的志愿者,他们希望尽自己的微薄之力去帮助留守儿童,用真情、真心走进留守儿童的世界,给予温暖、施以关怀,帮助孩子们摆脱心灵的孤单。这其中包括:2014 年著名歌唱家谭晶以"爱心助梦人"的身份为留守儿童放歌,一首《爱的接力》感动了无数同样充满爱心的人;青年志愿者"爱心结对",与留守儿童欢度"六一"儿童节;大学生志愿者暑期来到农村,和留守儿童一起学习、游戏,开展一对一、心与心的交流,共同留下关于最美夏天的印记;志愿者为留守儿童募捐,赠送新衣服、新文具,陪伴他们庆祝生日;等等。

3. 心理辅导,真情流露

当下,因为缺乏生活照顾、心理关怀而心里孤单、内心封闭、性格柔弱、情感冷漠、心理自卑的留守儿童不在少数。很多社会组织也为留守儿童的心理健康做出了坚持不懈的努力。

---

① 袁强,陈丽:《农村留守儿童:学校教育的缺失与应对》,《阜阳师范学院学报(社会科学版)》,2007 年第 5 期。

2016年初,北京市海淀区清河镇妇联和镇教育基金会联合发起了关爱留守儿童慰问活动,对孩子们展开了"心理按摩"。在关爱留守儿童心理讲座上,小朋友们敞开了心扉,大胆主动地向自己的父母表达了自己的爱。清河镇妇联、清河镇教育基金会负责人向留守儿童们赠送了书包、铅笔盒等爱心礼物。心理辅导老师为在场的家长和孩子进行了心理讲座,通过游戏互动、互换爱心卡等环节,拉近了父母和孩子的感情。镇妇联负责人孙金娟说:"关注留守儿童我们一直在行动,除了不定时地举办爱心讲座和爱心捐赠外,我们在全镇筛选了近1000名代理妈妈、爱心辅导员与留守儿童结成对子,对留守儿童从心理上积极引导、从日常学习上进行辅导、从生活上关心照顾,使他们能够快乐健康成长。"

同样,2016年春节过后,广西壮族自治区宜州市红十字会组织志愿者服务队的心理老师,到石别镇清潭村开展针对留守儿童的团体心理辅导活动。志愿者们主要采取与留守儿童做"快乐相约""大风吹""背背佳""心愿树"等团队游戏和分组比赛的方式,启发孩子们的团队意识和协作精神。通过这些活动,孩子们因与父母分离而产生的伤感情绪被浓浓的爱意驱散,他们渐渐感受到,即使不能在父母身边成长,也能在温暖与友爱的氛围中生活。

五、农村留守儿童教育的未来展望

留守儿童的问题不仅仅是一个群体的问题,而且关系到亿万家庭的幸福,关系到国家的未来和民族的希望,是一个值得社会关注的问题。另外,随着国家"二孩政策"的出台,留守儿童的人数可能还会增加,短时间内很难解决这一难题。我们应该结合政府、社会、学校、家庭的力量,关爱留守儿童,尽我们最大的能力去促进留守儿童的健康成长。

(一) 根本——政府政策导向,加大教育投入

要想解决留守儿童这一难题,最根本的还是要调整政府的政策。首先,政府要加快小城镇建设步伐,壮大乡镇经济,吸引农村剩余劳动力,让农民不用远赴他乡,就能踏上小康之路,这是促进社会主义新农村建设的根本,也是解决农村留守儿童问题的根本。其次,我国长期实行城乡分割的二元户籍管理制度,扩大了城乡差距,使得城乡融合存在隔阂,很多进城务工的农民不得不选择将孩子留在农村。在这种情况下,政府应该加大教育投入,开设专门学校,招收外来务工人员的子女。同时,政府要修改带有户籍歧视的户籍政策,减轻进城务工人员的经济负担,使他们享有和城镇居民相同的待遇。政府还要充分利用媒体的资源,通过媒体介绍、宣传等手段,吸引人们关注留守儿童这一弱势群体,吸引多方面的关怀关爱,让农村留守儿童感受到温暖。最后,自2008年全国人大常委会副委员长、秘书长李建国提出要建立农村留守儿童托管机构之后①,各地已经积极试行,不仅弥补了留守儿童的生活、安全、教育等缺失的问题,还缓解了在外务工的父母的担忧。但是,由于留守儿童托管服务还是近年来新兴的服务行业,各方面的政策、管理等还没有很成熟,这就需要政府制定出一套合理可行的监管方案,使留守儿童的托管服务工作更加成熟、完善,解决留守儿童父母的担忧。

---

① 毛磊,黄庆畅:《全国人大常委会执法检查组建议》,《人民日报》,2008年8月29日。

（二）关键——父母要承担起第一责任人的职责

今年在全国"两会"中，留守儿童的问题仍是关注的热点。全国政协常委、副秘书长、民进中央副主席、中国教育学会家庭教育专业委员会理事长朱永新在接受媒体采访时就表示，解决农村留守儿童问题的关键在于提高家长的责任意识。家长是孩子教育和发展的第一责任人，家庭教育在孩子的成长过程中起着无可替代的作用。外出务工的父母首先要树立正确的教育观念，有些在外务工的家长忙于生计，对孩子的发展不闻不问，错误地认为教育孩子是学校的事，自己只要负责赚钱养家即可，不需要关心孩子的学习、生活、心理等方面的问题，这些完全是错误的观念。因此，父母要强化自己的责任意识，明白家庭教育对孩子发展的重要意义，不管自己是否在孩子身边都要通过各种渠道关心孩子、帮助孩子、获得孩子的尊重和信任。在孩子遇到烦心事时，可以利用现代化通信工具如手机、电话、电脑等开导孩子。在通信工具如此发达的现代社会，两者之间的疏远不在于距离的远近，而在于心理的距离。孩子需要的不仅是物质上的支持，更是情感上的交流。因此，父母即使不能陪伴在孩子的身边，也要努力创造与孩子交流沟通的机会，关心孩子的生活、学习等，让留守儿童体会到父母对他们的关爱。另外，父母切勿把教育权、监管权随意转让给别人，就算迫于无奈，将子女托付给他人监管时，要和被委托监护人做好沟通工作。被委托监护人应该明确，自己有权利和责任履行家长的职责，做到不仅照顾儿童的日常生活，还要对儿童的品行、习惯进行教育和管理。因此，在可以选择的监护人当中，父母要选择最适合的、具备监护能力的人，并在外出前细致地落实好孩子的监护问题，让被委托监护人更好地履行监护的义务。

（三）途径——建立以学校为主导的三方合作系统

儿童的健康成长，需要家庭、学校、社会三方面的共同努力，在家庭教育缺失的情况下，更加需要加强父母与学校、社会的合作，来弥补儿童成长中的缺憾。学校是学生接受教育的场所，专业的教师，科学的教育理念，在解决农村留守儿童问题的过程中起着主导作用。首先，学校教职人员要树立公平公正的教育观念，不能因为留守儿童没有家长在身边，而忽视或者无视这类弱势群体，而应该给予农村留守儿童更多的关爱。学校和教师要树立以学生为本的理念，面向一切学生，关心学生的一切，教师不仅要关注农村留守儿童的学习，更应该给予其精神上的支持，帮助农村留守儿童解决学习上、生活上、心理上的问题，关注农村留守儿童思想道德和心理健康方面的教育辅导，让学生感受到教师的关怀。其次，班主任要随时关注农村留守儿童情感上和心理上的变动，关注细节，建立特殊的档案管理制度，掌握每一名留守儿童的学习和生活情况，做到心中有数，并及时与家长联系，向家长反映情况，以便教师和家长予以及时的开导和安慰。学校可以建立寄宿制，让留守儿童感受集体的生活，在一定程度上弥补他们情感上的缺失，同时兼顾留守儿童的学习，让孩子的生活、安全也有所保证。最后，留守儿童也是属于社会中的一类群体，不能因为他们处于弱势地位，就忽略他们，他们的发展关系到社会的进步。因此，我们需要呼吁社会，运用集体的力量帮助留守儿童，结合他们的现状，解决他们的困难。

（四）支持——整合资源开展社区工作，促进留守儿童成长

对于留守儿童这一弱势群体，不仅学校要多关心和照顾，社区也应采取相关措施，

针对留守儿童存在的问题和困难，通过整合学校和社会资源建设社会扶贫机制，使农村留守儿童健康快乐地成长。据调查，目前做得比较多的是由非专业人士组成的以爱为主体的爱心帮助和以专业社工为主的工作帮扶。①

政府和社区可以倡议社会爱心人士，如退休教师、有帮扶能力的人、教育专家等作为留守儿童的代理家长，在父母外出务工时，给予留守儿童最多的关怀和教育，引导他们健康成长。在担当留守儿童代理家长之前，首先应该了解留守儿童的家庭情况及个人信息，包括年龄、性格、成绩等；在作为代理家长的过程中要多和孩子交流沟通，还要和教师交流，了解留守儿童的近况，最重要的是要和留守儿童父母多联系，将孩子的近况告知家长，便于家长和孩子交谈，建立良好的亲子关系。平时，代理家长还要多陪孩子参加学校举办的活动，融入学校这个大家庭。另外，还可以招募一批具有专业素养、良好道德素养及志愿精神的学生、教师、心理咨询师、儿童工作者、教育家等，定期来学校对农村留守儿童进行专业辅导。如提供课外学业辅导，对具有典型问题的农村留守儿童做个案辅导；开展各种心理活动，让他们在活动中体会合作、集体的感觉；对出现心理问题的学生进行心理疏导；与留守儿童家庭建立长期"一帮一"帮扶关系等。社区还可以建立留守儿童托管中心，制定一套切实可行的方案和严格的监管制度，聘用有责任心和爱心的社会人士对留守儿童进行看护管理。这些措施既有利于解决留守儿童安全、生活等问题，也能弥补留守儿童情感上的缺失。

留守儿童的问题确实是社会关注的热点和难点。要解决这一问题，还需要长期的探索，但目前最重要的是应该积极调动社会各界的力量，整合多方面的资源，让留守儿童感受到温暖和关爱，给予他们积极向上的力量和支持，让他们在温暖的大家庭中健康快乐地成长。

---

① 李娜，张林雨：《留守儿童的核心问题及其对策研究》，《当代青年研究》，2007 年第 11 期。

走向积极心理教育的新常态(笔谈)

摘 要：积极心理教育已成为心理教育的新思维,如何高效进行积极心理教育仍然需要从多方面进行探究。本笔谈从学生积极人际关系构建、积极情绪维护、积极应对方式和积极教学语言四个方面进行了专题研究,对促进当今学校心理教育走向新常态具有启示意义。

关键词：积极心理教育；积极人际关系；积极应对方式；积极教学语言

学生积极人际关系的构建

周明茹 *

积极心理学认为,积极人际关系是通过人与人之间的和谐、融洽交往而建立的可觉察到的直接而稳定的心理上的关系。这种和谐心理关系包括认知、情感和相应的行为表现,它带给人稳定的情绪和安全感,反映了个体或群体寻求社会需要的心理状态,表明人们在相互交往的过程中关系的亲密性、融洽性和协调性,它对群体内聚力的大小、心理环境的好坏有直接的指导作用。积极人际关系主要表现为个体或群体以一种协调、融洽、和谐的形式相处,形成一种以需求为基础、以情感为纽带、以交往为手段的良性互动。

积极人际关系是学生身心健康发展的前提。一方面,研究表明：神经高血压、偏头痛、溃疡等疾病与不良人际关系有密切关系。不良人际关系严重影响个体身体健康水平和生活质量。反之,个体在人际交往中多与他人拥抱、倾诉和握手等可以使人更快从疾病中恢复。另一方面,积极人际关系有益于学生心理健康水平的提高。多项研究表明,在各种心理疾病诊断中,人际关系问题是最为突出的。而拥有积极人际关系的学生与他人相处融洽,经常保持心情愉悦,心态积极乐观,自然有利于健康心理的形成。

积极人际关系构建对学生的成长和未来发展有着举足轻重的作用。第一,积极人际关系可增强学生的自我认知。学生身处校园,人际交往对象主要是同学、朋友、老师和亲人。通过与他们的积极相处,能对自我形成较为客观全面的评价,不会囿于自身狭小范围之内而对自我认知过于理想化和片面化。一方面与同学和朋友相处,通过相互比较,不仅可以明确自身存在的缺点和不足,也能够学会欣赏和赞美自身的优点,既不妄自菲薄也不妄自尊大,对自我有较为客观、真实、全面的评价。另一方面通过与老师和父母的良性互动,正确认识自身价值,对于自己的缺点能采取措施改正,也可从老师、父母那里汲取成长养料,积累经验教训,不断完善自我。第二,积极人际关系有利于学生个性完善。人际交往因互动而产生,学生大都处于个性发展未成熟阶段,尤其是独生

---

* 周明茹,女,扬州大学教育科学学院,硕士研究生。

子女,在与他人交往中容易以自我为中心、固执己见,有的甚至形成孤僻、冷漠、自闭等消极个性特征。而积极人际关系为学生相互学习、交流和沟通搭建平台,不仅能促进学生之间的感情,而且利于学生形成良好的个性品质,使学生在互动中不断改善自我,学会理解、尊重别人,做到真诚待人,明白"己所不欲,勿施于人"的道理,从而促使个性不断朝着良性方向发展。第三,积极人际关系有助于学生归属感的获得。马斯洛曾经提出需要层次理论,其中处于第二层的是"爱和归属"的需要,由此可见归属感对个体发展的重要性。每个人都不能脱离人际网络而单独存在,只有建立积极人际关系,个体才能从他人那里获得关心和照顾,得到心理慰藉。失去人际交往,个体内心会产生孤独无助感和深深的失落感,有的甚至会对生活失去信心。积极人际关系构建使得学生在面对困苦、沮丧、失败时通过与他人的倾诉和沟通,获得信心和对自我价值的肯定,重新燃起对生活的希望。这种归属感不只是限于获得团体归属这种形式,更多的是满足学生的心理需求。第四,积极人际关系可以促进学生社会化。学生在没有正式走上社会之前,为人处事、待人接物等方面都会有不少欠缺。积极人际关系是促进个体社会化的重要手段。通过与老师、同学交往,学生逐渐明白社会规则和秩序,学会一些在社会上生存所需的知识和技能,积累社会经验,为以后步入社会,走上工作岗位打下基础。

积极人际关系对学生的生活品质、未来健康成长和发展都有重要作用。因此,面对日益紧张的人际关系及人们对积极人际关系构建的强烈愿望,我们要趋利避害,挖掘学生的人际交往潜能,提出构建积极人际关系的应对策略。

第一,加强自我调适,完善人际认知模式。一是学会正确认识自我,这是建立积极人际关系的前提。如何正确认识自我?可以通过社会比较,即与类似的他人进行比较,以及分析他人对自我的看法来实现。二是调整以自我为中心的认知方式,与他人相处不过分关注自我,学会尊重和倾听。因为人际交往是一个互动过程,需要不断调整自身的观点和行为,只有这样才能促进人际关系积极向前发展。三是改变过于理想化的认知方式,所谓"人无完人",不仅要悦纳自我,正确评价自己,而且要学会宽待他人,以理性态度看待周围的人和事。

第二,加强人际沟通,增进彼此情感交流。沟通是积极人际交往的前提和基础,通过相互之间的沟通交流,在人与人之间建立一种密不可分的关系,彼此传达信息、分享各自的观点和看法、交流感情,获得心灵慰藉等,这些都是沟通带来的益处。学生无论在学习或生活中都要学会与人沟通交流,克服畏惧心理。目前,学生的沟通主要有以下两类:一是工具式沟通,即在学习中与同学、老师就作业任务等进行的沟通。其目的在于传达信息、知识和经验,顺利完成学业和个人思维、认知态度上的转变,最后对行动力产生影响。二是满足需要的沟通。相对于前者来说后者涉及精神层面的沟通,这类沟通以表达彼此情感、缓解内心压力,获得对方的共鸣和理解为目的。具体言之,个体通过与对方交流沟通,使内心的情感得以宣泄,情绪得以舒缓,获得心理和谐。

第三,加强个人修养,形成良好的个性品质。学生人际交往障碍很大程度上来源于个性方面的缺陷,因此培养良好的个性品质对积极人际关系的建立和发展至关重要。良好的个性品质包括:豁达开朗,这种个性带给人一种容易相处、轻松愉快、亲切大度的感觉,大家都倾向于和这样的同学交往,分享生活和学习乐趣;真诚坦荡,所谓"君子坦荡荡,小人长戚戚",这种个性品质能给人带来很多益处,最重要的是获得真正的友谊;热情谦让,热情能带给人温暖、亲切的感觉,让彼此互不相识的人有进一步交流的机会,谦让是为人要谦逊有礼,不可妄自尊大,对待周围的人或事要抱着学习、谦虚的态度。

第四,增强交往意识,提高交往技能。目前,大部分学生是独生子女,他们从小过着养尊处优的生活,虽有部分学生能积极与周围同学建立良好的人际关系,但还有大部分学生因为长期一个人独处,与人交往欠缺主动性,即使本身有很多优秀品质,但是只愿独处。因此,要培养这类学生的交往意识,改变他们以往的意识和观念,使他们认识到人际交往的重要性,变被动交往为主动交往。教师或学校对于这类学生也要给予更多关注,有些时候他们不是不愿意与人交往,而是欠缺与人交往的正确方式和方法,需要教师予以具体指导。

学生积极情绪的维护

王 云*

积极情绪是个体由于内外刺激的满足而产生的伴有愉悦感受的情绪。罗素曾提出,"积极情绪就是当事情进展顺利时,你想微笑时产生的那种好的感受"。弗雷德里克森认为,"积极情绪是对个人有意义的事情的独特即时反应,是一种暂时的愉悦"。戴维森认为,"积极情绪是与接近行为相伴随而产生的情绪"。我国心理学家孟昭兰认为,"积极情绪与某种需要的满足相联系,通常伴随愉悦的主观体验,并能提高人的积极性和活动能力"。因此,积极情绪是个体的一种主观感受,这种感受是指我们在与外界交互的过程中产生愉悦、积极的感受,并通过身体表现出来的一种状态。

积极情绪让我们感觉良好、抑制我们的消极情绪、改变我们的思维,进而改变我们对待生活的态度。究其原因,是积极情绪唤醒了我们改变的动力,它可以提高我们对生活、工作的积极性和活动能力。对于学生来说,积极情绪对身心健康发展具有十分重要的意义。

首先,积极情绪有助于学生的学习。积极情绪是一种主观的内心活动,它包括两个方面的特征:一是关于愉悦或快乐的主观体验,二是产生接近行为的心理倾向。对处于学习阶段的青少年来说,愉悦、快乐的感受有利于提高他们的思维能力、认识能力、想象能力、记忆能力等;而接近行为的心理倾向使学生更愿意与教师交流。因此积极情绪有助于学生的学习。兴趣是最好的老师,只有学生对学习活动产生了浓厚的兴趣,才会产生学习动机,才会有对知识的渴望,变"要我学"为"我要学",这样学生的学习才会在积极情绪的支持下,保持更强的学习动力及更高的学习效率,学习也会变得事半功倍。学习是一个开放式的行为,需要教师、学生相互协作才能完成,积极情绪产生的接近行为倾向,使学生更愿意与教师交流学习上的困惑,或者与同学探讨学习上的难题,

---

* 王云,女,扬州大学教育科学学院,硕士研究生。

这有助于学生学习上的共同进步。

其次，积极情绪有助于学生建立良好的人际关系。人际关系是人与人之间心理上的关系，与我们的生活和工作密切相关，好的人际关系不仅可以促进身心健康，也可以使我们的生活和工作更加便利。对于学生来说，人际关系也是发展个性和完善自我的重要手段。影响人际关系的因素有很多，如文化因素、人格因素、社会交往因素及个体的情绪情感等。其中，个体的情绪情感是影响人际关系的重要因素，积极情绪在人际关系中的效应主要是通过影响个体的认知内容及真实性实现的。早期的研究认为，个体会通过选择与当前情绪状态一致的启动信息，对真实性判断的过程产生影响。快乐、感恩这类积极的情绪会增强学生对特定陌生人的信任感，而愤怒这类消极的情绪则会降低学生对特定陌生人的信任感。因此，积极情绪状态下，人们会形成对信息积极的评价；相反，消极情绪状态下，人们会产生更多的怀疑和拒绝。积极情绪所带来的积极的人际互动可以为学生提供共享资源，如知识；也可以帮助学生获得不同的观念认同感，如师生情、友情，以及家长、老师的赞美等。这些对于学生的成长都十分有利，可以帮助学生建立生活、学习上的自信心，使他们更加热爱生活、热爱学习。因此，培养学生的积极情绪，让学生处于积极的情绪情境中，对促进学生建立积极的人际关系作用显著。

最后，积极情绪有助于学生保持良好心境。心境是一种持久的、具有渲染性的情绪。人随时处在某种心境之中，只是这种心境不一定为我们所意识到罢了。心境的不同，都会给生活的方方面面带来影响。积极、良好的心境，如愉快，有助于个体积极性的发挥，有助于克服困难，提高活动效率，并促进意志品质的培养；消极、不良的心境，如愁闷，则易使人厌烦、消沉，会妨碍生活、学习和工作，影响身心健康。我们知道，学生处于心智尚在发展的阶段，因此心境容易受到外界因素的影响，如学习上遭遇一个小小的挫折、与周围同学闹了矛盾、健康状况较差等都很容易影响学生的心境。

那么，如何维护学生的积极情绪呢？首先，构建融洽的人际关系。有一位教育学家曾经说过：教育之没有爱，就像池塘没有水。没有水，就不能称之为池塘；没有爱，则不能称之为教育。充满爱意的人际关系可促进积极情绪的培养，和谐的人际关系使学生在学习过程中有足够丰富的情感认同和心理自由度。学生更愿意接受亲和力强的教师的引导，他们在老师的宽容、理解和鼓励中，会心情愉快地学习。当学生处于良好的亲子关系中时，学生愿意与家长沟通学习中的快乐与苦恼。家长与孩子分享快乐或者开导孩子，有助于孩子释放压力，以积极的心态面对学习。而学生之间建立良好的人际关系，对于学生本人而言，一方面有利于营造积极的学习环境，如互相请教不懂的问题，共同进步；另一方面可以拥有愉快的课外生活，释放压力。

其次，创建学生体验成功的机会。要维护学生的积极情绪，就要不断地让学生体会成功的喜悦。每个学生都有自己的优缺点，也有发挥自己聪明才干的欲望。教师要正视学生这种欲望，善于把自己的期望转化为学生的个人目标。教师对每一个学生要怀有肯定的积极情感，在和学生接触时要热心辅导、真诚相待、耐心教诲，善于发现学生身上的闪光点，点燃学生积极的情感之火，使他们得到愉快的情感体验，满足其自尊心等心理需要，激发其内在的积极性，对积极情感要注意保护、引导、升华。同时要有针对性地为学生提供获得成功的条件和机会，让每位学生在实践中不断积累成功的经验，从而达到培养积极情绪的效果。

　　最后，教会学生控制消极情绪。要维护学生的积极情绪，还要求教师及时转化学生的消极情绪。因为消极情绪是一种对事物或事情不满、厌倦、抵触的心理表现，消极情绪往往是学生丧失学习信心和生活勇气的催化剂。学生一旦产生消极情绪，便会意志消沉，情绪低落，对学习有极大的消极作用。消极情绪往往是在受到挫折或受到批评，如学生父母离异、自己在学业上遭受挫折等时产生的。这个时候学生容易因为这些来自外界的打击产生消极情绪，丧失对学业、对生活的信心。成年人在遇到这类情况时往往会自我调节，但是由于学生处于心智成长的阶段，在遭遇打击或者面对挫折时不能及时调整好心态，久而久之便会产生心理疾病。这个时候需要教师帮助学生走出消极情绪，使学生重新感受到温暖，使其认识到自己的前途必须由自己把握，不能迷失方向，不能自暴自弃，只有勇于面对现实，自己的明天才会更加美好。

学生积极应对方式的养成

徐柏露 *

　　学生是成长中的个体，在日常的学习和生活中会遇到各种各样的情况和问题，这就出现了不同的处理问题的方式即应对方式。积极的应对方式是个体在应激状态下的固有反应，是个体积极地解决问题或危机时的习惯性方式或偏爱的方式，是个体应对挫折时的自我保护方式。积极的应对方式作为应激与健康的重要中介机制，影响着应激反应的性质和强度，并进而影响着应激同人们身心健康的关系。积极应对方式包括积极解决问题和求助他人两种方式。积极解决问题的应对方式就是学生基于身心发展水平，根据自己已有的知识经验、思维观念处理问题，不受限于某种固定思维观念，从多方面分析问题，从而以积极的方式解决问题。求助他人的积极应对方式是指当学生遇到自身难以解决的问题时，采取求助他人的应对方式，在求助他人的过程中，心理的困扰和问题也得到了有效的缓解和消除。

　　积极应对方式在学生成长中具有重要的作用。首先，积极应对方式可以提升学生心理承受能力。当前学生心理承受能力普遍较低，这在很大程度上影响了学生身心健康的发展。学生在成长生活中面临各种各样的压力、困难、问题，很容易产生不良的情绪与行为反应。积极应对方式从积极的角度看待学生成长过程中的各种挑战、困难、挫折，认为这些挫折、苦难都是暂时的、情境性的，学生只需转换视角，看到自己所遭遇情境中的积极因素，从而采取积极的应对措施，就可以有效地解决问题。积极应对方式从积极解决问题的视角提升了学生的心理承受能力，对学生心理韧性的发展具有至关重要的作用。

　　其次，积极应对方式可以改变学生的认知评估。认知评估是个体从自身的角度去对遇到的问题或事件的性质、可能的程度、危险做出评估。认知评估在应对方式中扮演

---

　　* 徐柏露，女，扬州大学教育科学学院，硕士研究生。

核心角色,不同的认知评估直接影响着个体的应对方式。根据比林斯(Billings)和莫斯(Moos)1992年提出的问题指向的应对和情绪指向的应对两种策略观,当人们将关注点集中在要应对的问题和产生的压力事件时,往往采取更积极的应对方式(例如:斗争、降低预期);当人们将应激事件看作是不可控的时,往往采取消极的应对方式(例如:幻想、自我想象)。而现今的学生往往自身经验不足、价值观念冲突、自我概念模糊,在对应激事件进行评估时容易产生错误的认知观念,从而引起一系列不良的情绪和行为反应。因此,需要采取积极的认知观念看待事情,对认知评估的形成有着重要的意义。

最后,积极应对方式可以改善学生的不良情绪体验。情绪是人对客观事物的态度体验和行为反应。由于学生面临学习、人际关系、适应等各方面压力,焦虑和抑郁成为他们最常见的不良情绪体验。如果说,把人们的情绪比作是数学中数轴上的 - 6(抑郁)、0、+ 6(愉悦)三个数字,那么积极的应对方式则致力于关注人们的积极内在力量,帮助人们把 - 6(抑郁)情绪提升到 + 6(愉悦),甚至是无上限。因此,采取积极的应对方式有利于学生减少消极情绪的困扰,增加对积极情绪的体验,达到自己预期的目标。

学生的积极应对方式不是与生俱来的,是学生在接受系统教育的过程中逐渐养成的。因此,学生积极应对方式的养成是各种教育的重要目标。实现这个目标需要我们从以下几方面努力:

第一,构建积极的学校心理健康教学模式。学校的心理健康教学如果只是让学生学会知识,则会陷入应对方式教育知识化、课程化的误区。学校传授积极的应对知识,其最终的目的在于培养和提高学生的积极应对技能。因此,一方面,学校要通过具体的心理健康教学的实践活动把单一的教育知识转化为综合实践能力,在学生系统掌握应对知识的基础上,通过创设相应的应对情境,让学生了解相关的积极应对方式,开展应对训练,让学生自由组成学习小组、讨论交流应对方式。这样,有利于学生将掌握的应对方式的知识和技能付诸实践,在模拟的应对情境体验中,调动学生的主动性,实现其应对知识的巩固和内化,形成积极的应对方式。另一方面,改变传统的教育理念,在心理健康教育教学过程中应该多关注学生的积极正向的方面,让其用优势带动弱势,而不是紧盯着学生的不良因素不放。正如教育家陶行知先生的四颗糖的故事中所采取的积极的处理方式,要看到学生身上的积极品质,尊重、理解学生。同样,《人民教育》杂志中的一篇《让学生抬起头走路》中说得好:“没有一个学生不想得到周围人的赞美和期待。这种赞美和期待,将对学生的学习、行为乃至成长都产生巨大作用。”相反,一个学生如果听到的总是负面的评价,就会不自觉地自暴自弃。教师要善于拿着“放大镜”给学生找优点,用“扩音器”给学生积极的评价。让每一个学生抬起头走路,应成为教师的追求。因此,学校应建构积极的心理健康教学模式,帮助学生成长为有正能量的人,有益于他人与社会的人。

第二,创造积极应对的家庭教养氛围。家庭是个体生命成长的源泉。父母在孩子成长的不同时期都扮演着重要的角色。婴幼儿时期是与父母情感形成的关键期,错过了这个时期,情感的建立便相对困难。同时,父母的教养方式与孩子的应对方式有密切的关系。孩子不同的应对方式在一定程度上是父母对子女教养方式的辐射,以及对当下家庭真实教育情况的折射。如上所述,在父母良好的养育方式下成长的孩子更倾向于采用积极的应对方式,在面对应激情境时,积极良好的家庭氛围就会成为动力源和支柱。同时,父母应示范积极应对方式,依据班杜拉的"观察模仿学习理论",孩子成长过程中的认知和习惯的形成,以及对世界、人生、人的认识及其生活习惯、思考方式、应对方式都是来源于生活中对父母的观察和模仿,所以父母就像孩子的一面镜子。如果父母想要一个积极乐观的孩子,就要修炼自己以积极乐观的方式应对事情。因为,父母的反应方式会对孩子起到潜移默化的影响。父母应通过对孩子对待问题的应对方式的检讨不断反思自己的教养方式,并适时转变教养模式,在孩子成长过程中关注他们良好心理品质和积极应对方式的养成,为孩子健康快乐地成长树立积极的模仿榜样,创造和谐的家庭氛围。

第三,学习积极品质的自我提升策略。学生既是教育的客体,也是教育的主体,有目的的自我教育和培养是形成学生积极应对方式的有效途径。美国心理学家威廉·詹姆斯将自我分为三个部分:物质我(与周围物质客观相伴的躯体我)、社会我(关于别人对自己的看法的意识)、精神我(监控内在思想与情感的自我)。当三者产生冲突和矛盾时,个体就会产生不合理的应对方式。在这种情况下,如果学生能以积极的态度和灵活的方式寻求帮助和解决问题,就会尽快地从内心冲突中摆脱出来,而且可利用此过程,积累应对各种困境的丰富经验,逐步修正对自我的评价,最终实现自我与经验的统一,达到自我和谐的状态。如果学生在应激状态下采取消极的应对方式,面对困境时退缩不前或心存幻想和压抑,短期内也可获得一种自我的和谐,但这种和谐是不稳定的。一旦客观环境的变化超出了个人经验的范围,个体就会因为缺乏有效应对复杂环境的经验而陷入困扰状态。如此循环,必然会导致心理障碍的产生。因此,学生应采取相应的策略提升自我积极的心理品质。一方面是对自我的觉察和自我认识。消除不合理的认知评价,放弃绝对化、糟糕至极、过分概括等信念;关注积极的因素,学会感恩,保持乐观的态度;锻炼自我的意志,避免造成过度的压力感,从而采取消极的应对方式。同时,运用放松技巧,如运动、倾诉、阅读、书写等,以及其他放松技巧,如放松训练、意象训练、冥想。在此过程中,不断了解自己、关注自己、接纳自己、完善自己,养成积极应对方式。另一方面,进行自我教育和自我管理。通过阅读有关书籍,获得相关理论知识,补充积极的营养,增加正能量,知道积极心理对于个人成长和生活的意义,学到获得幸福的具体方法,在此基础上获得积极的认知,形成积极的自我观念,并在实际生活中运用相关的理论。比如阅读"积极心理学之父"马丁·塞利格曼的幸福"五部曲":《真实的幸福》《认识自己,接纳自己》《活出最乐观的自己》《教出乐观的孩子》《持续的幸福》,我们可以了解到拥有幸福应该具备哪些优势和美德,如何发掘并利用我们自身的优势和美德来创造真实的幸福;他还教我们怎样才能活出最乐观的自己,如何构建幸福,如何建立人们的幸福感,并让幸福感持续下去。所以,学生的自我成长是关键,需要学生自己不断努力,充分发挥自我的主观能动性,学会运用积极应对方式,获得自己的内心体验,培养自我积极的心理品质,促进自我心理水平的健康发展。

浅谈积极教学语言

李少欣　寇冬泉 *

教师在学生成长中的重要性无论怎样形容都不为过。教师的语言、动作，甚至是一个眼神都可能对学生的内在心理产生影响，从而改变学生的情绪、心境、行为、习惯，积累下来将会改变学生的人格和人生。其中，教学语言是教师影响学生的使用频率最高、最直接的方面。教师若能在教学过程中使用积极教学语言，无疑有助于学生的健康成长。因此，我们倡导教师使用积极教学语言。所谓积极教学语言，就是一种由教师发起的在任何教育教学情境中旨在引导学生关注优点、优势、潜能，主动利用优点、优势克服自身不足的，有助于学生产生愉悦情感体验和积极向上的教学工具。践行积极教学语言具有以下几个方面的益处：

第一，学生是处于成长中的个体，积极教学语言可以增强其学习动力。建构主义学习观认为，学习不是教师向学生传递知识的过程，而是学生建构自身知识的过程，学生不是被动地吸收信息，而是主动地建构信息的意义，学生是自己知识的建构者。这种建构不能由其他人代替，学生学什么、学多少、怎么学，受到学生自身学习动机的影响，学习动机反过来又受学生情绪状态、信念、兴趣、习惯的影响。教师的积极教学语言在学习的动机和情绪方面，能够促进学生形成积极的自我意识，引发积极的情绪反应，提高学习兴趣。一旦学生的内部学习动机被激发和调动，学生的推理、分析、鉴别等高级思维活动效率将会大大提高。由此可见，积极教学语言对于增强学生学习动力、激发学生学习兴趣有着至关重要的作用。纵观优秀教师的教育案例不难发现，积极教学语言时常贯穿于他们的教育活动之中，"试一试，你能行""你的回答有独到之处"诸如此类的话语，蕴藏着极大的正能量，能够有效地调动学生的内在潜能，促进学生才智的展现。

第二，积极教学语言有助于融洽师生、生生关系。师生关系属于人际关系中的一种，是学生与教师之间情感距离的表现形式。要想促进师生关系的和谐，教师在教学过程中要使用积极教学语言。积极教学语言模式有助于师生彼此在思想信仰、价值观念等方面产生认同，建立起富有凝聚力的亲师信道的师生关系。师生情感的协调可以增进师生之间情感上的相互包容和依恋，满足学生的情感需要。情感协调是师生心理协调和认知协调的基础。情感虽然摸不着、闻不到，但它贯穿于教学过程的始终，对教学过程产生着强化或弱化作用。在教学活动中，教师要通过积极教学语言，努力创造、保持情感双向交流。在教学活动之中，教师要用心说话，用心交流，要协调行动。在实际的教学过程中，教师一方面要发现学生的闪光点，促使学生行动；另一方面，对于学生的不足，也要运用积极语言进行启发、教育，在启发和教育中协调行动，教师在教育教学中用积极语言，作为一种精神动力，可以激发培养学生的学习兴趣，提高学生的自信心，引发学生的共鸣和行动。一个学生在他成长过程中，不仅需要父母的关爱、老师的鼓

---

 * 李少欣，女，扬州大学教育科学学院，硕士研究生；寇冬泉，扬州大学教育科学学院，教授，博士。

励，还需要同伴的尊重和陪伴。学生一天中有三分之一以上的时间处于学校这个环境之中，所以一个积极的、愉悦的学校环境对于学生形成健康的人格、建立友善的同伴关系、获得幸福感极其重要。而教师积极语言的运用，有助于学生积极情感的产生，增加学生的自信，让学生在课堂上敢说敢讲，在学习上更加有动力，在与同学的相处过程中也会更多地做出利他行为，在学校生活中形成良性循环，师生共同创造愉快的校园环境。学生长期处于这样一个积极向上的环境之中，不断地得到肯定，良性行为就会越来越多地出现，而那些消极行为、不良行为则会越来越少。教师们不再采取以往传统的惩罚式教学语言，而是忽视它或者用积极的语言去鼓励学生做出正确的行为。长此以往，良好的行为习惯、正确的价值观就会被融合到学生的认知和人格中去，而一个人的认知和人格是会伴随他一生的宝藏，是区别于他人的基本属性。所以在这些学生未来的生活中，他们会以积极的眼光去看待身边的人、事、物，乐于在与人相处的过程中表现出积极的行为和情绪。这也可以帮助他们在未来的工作、生活中获得更多的幸福感。因此，可以说，教师运用好积极的教学语言有助于形成友善的师生关系和生生关系，促进学生快乐成长，对学生的未来生活产生深刻的影响。

第三，积极教学语言有益于学生养成良好的用语习惯。教师用积极的眼光看待学生，用积极教学语言与学生沟通，形成一个积极愉快的校园环境，在这个环境之中，教师、同伴的语言行为都会对学生产生影响。学生期的个体处于一个行为习惯、人格塑造性极强的阶段，而教师的积极教学语言会不断强化学生的语言习惯、行为习惯和认知。

第四，积极教学语言有利于塑造学生的健全人格。积极心理学认为，人格是个体在社会文化环境中的内在因素、外部行为、社会环境相互作用的合金体，所以人格在一定程度上是可以变化、发展的。个体的内在因素或许是我们不能够进行改变的，但是个体的外部行为和所处的社会环境却是可以改变的。积极心理学相信在个体的内心深处都存在两股抗争的力量，一种是消极的，另一种是积极的。这两股力量都可能战胜对方，关键是看个体得到的是适合哪种力量生长的环境。而使用积极教学语言正是一种创造积极心理生长环境的有效途径。心理学家埃里克森认为，学生通过完成任务（尤其是学习任务）获得快乐和满足感，这种快乐和满足感能使学生有能力解决问题并从中得到自豪感，这对学生未来的健康人格的形成起着重要作用。

那么，教师在教学中如何才能够做到使用积极教学语言呢？

首先，教师应有积极的教育观。"促使人们采取具体教学行动的更多的是他在当下教学情境中产生的欲求，是他的激情，而不是也不可能是对遥远的未来予以总体反思后的选择。"①教育教学中运用积极教学语言，不仅仅是教育方式问题，更是一种积极教育观的体现。在这个过程中，教师激活积极教学语言，使学生行动起来，形成新行为和新品质，使学生向着教育期待塑造的品质和行为方向发展。在运用积极教学语言的过程中，教师要有一个积极主动的意识，然后在教育教学中有意识地运用积极教学语言。

其次，教师应掌握积极教学语言。积极教学语言要求教师在教育教学过程中使用有助于提高学生自信、自尊、愉悦体验的语言，而不是用矮化、斥责、羞辱等语言。教师

---

① 徐继存：《嵌入现实教学中的教学论思考》，《课程·教材·教法》，2014 年第 1 期。

在说之前要思考语言的后果、理清需要说的内容。在说的过程之中要注意尽量用语言把外部诱因如为学生设定的目标、施加的压力变成内部诱因，从而引发他的心理动力。要知道，学生的认知、情绪、态度、理念的形成都不是一蹴而就的，但是在与学生对话时要强调学生已经产生的变化，每个情境中都不必期望学生在该品质方面发生迅速彻底的改变。另外，掌握积极教学语言还要学会选择说话时的环境，注意教育教学过程中的动作、神情、语气、语调、体态等。赞赏的语言，平和的语调，鼓励的动作，欣赏的神情，都会使学生切身体会到教师的期望，从而激发他本身实现目标的动力。古语有云：良言一句三冬暖，恶语伤人六月寒，由此可见语言的魅力。因此，在教育教学过程中，教师要运用好积极教学语言，帮助学生建立自信，勇敢克服自身的不足，在未来的生活中获得更多的幸福感。

最后，教师应养成使用积极教学语言的习惯。教师使用积极教学语言不应当是一些时刻或者是忽然想起时用，而是要成为一种语言习惯，贯穿于教师整个教学生涯之中。这样才能够形成一种稳定的教学语言风格，得到学生的信任，营造出一个积极、稳定、愉悦的教学环境。在这个环境之中的学生才能够感到教师的期望和群体的氛围，才会有心理动力去改变不良习惯，树立良好的学习观、人生观，进而健全自己的人格，收获幸福。

教育本体功能研究：问题与反思

苗睿岚 *

摘　要：教育功能是教育的固有属性，教育功能的研究对教育理论和教育实践均具有重要指导作用。教育本体功能的存在使得教育之为教育，许多学者认为教育的本体功能即个体发展功能，然而在日新月异的今天，社会的各个领域都发生着急剧的变化，对教育的本体功能亦需要进行新的阐释。教育的本体功能在包括个体发展功能的同时客观上也承担着部分社会功能。教育本体功能的再研究对建立合理的教育功能观与进行理论研究都有着重要的意义。

关键词：教育；教育功能；本体功能；价值理性

教育功能是教育理论应然领域的一个基本问题，也是教育实践实然研究的一个重要范畴。教育功能既要解释"教育能够做什么"，又要帮助人们深化对"教育是什么"的认识和对"教育为什么"的理解。教育功能在教育学研究中是个历久弥新的问题，教育功能虽然可以从多重维度进行分类，但从理论的角度来看，可以概括为两大基本功能，即社会功能与个体功能。"教育的个体功能是发生在教育活动内部的，其中个体成长的促进功能是教育本质和教育目的的体现，因此也被称为教育的本体功能，成为派生其他功能的源泉，在教育功能系统中处于基础性的地位。"[①] 然而，"社会"和"个人"这两个词语的内涵随着时代的发展都被打上了时代的烙印，亦即具有了新的阐释和理解，而基于这种新的理解，教育的本体功能可能也需要有与之适应的解释。涂尔干认为："在一定意义上教育必定是社会化。因为发展儿童的心灵主要是社会的事情，而发展儿童的心灵也是教育的主要内容。"[②] 总之，教育作为一种培养人的社会活动，不论怎么发展，都不能割裂与社会之间千丝万缕的联系，因此教育的本体功能必然会带着社会的痕迹，认为教育的本体功能即个体发展功能这个说法可能无法解释教育真正发挥的本体功能。教育的本体功能在今天可能不仅仅是个体发展功能，还包括部分社会功能。

一、教育的本体功能何以值得再探讨

解读教育本体功能，首先要分别把握教育、本体、功能这三个词语的内涵。教育的内涵有广义和狭义之分，教育界的学者普遍赞同学校教育层面上的"教育"，本文也将在学校教育的层面上论述教育的本体功能问题。对本体的定义可追溯到古希腊哲学家亚里士多德，"本体"作为一个哲学概念而存在，哲学中对"本体"的解释是"系统描述客观存在物"，亦即系统地解释和说明客观存在，它是客观存在的抽象本质。教育功能中

---

　*　苗睿岚，女，扬州大学教育科学学院，硕士研究生。

　①　全国十二所重点师范大学：《教育学基础》，教育科学出版社，2002 年，第 31 页。

　②　瞿葆奎：《教育学文集·教育与社会发展》，人民教育出版社，1989 年，第 34 页。

"功能"一词是一个多学科研究的概念。在哲学上,功能的定义为"事物或系统在各种联系和关系中表现出来的特性和能力"①;而在社会学中,功能泛指组成某一社会的成分对系统的维持与发展所产生的一切作用和影响。吴康宁教授认为,学界对于"功能"的看法主要有两种分歧:首先是主观主义和客观主义的对立,其次是能力和结果的差别。② 主观相对应然,客观相对实然,而能力和结果就是可能和现实之分,即功能到底是现实的实然存在还是可能的应然结果的争论。如果我们要比较全面地理解"功能"这个词,就需要把握三个方面。一是功能的定义,概括说来,功能即是指某一事物对于其他事物的作用。首先,该作用是某一事物所特有的,完全取决于该事物;其次,该作用是更大的系统或者整个社会结构所特有的作用,一种事物对另一种事物的作用取决于这二者本身。因此,离开该事物与其作用对象的相互关系,就不能认识功能,对于教育功能来说,不能离开教育和教育对象来谈教育功能。二是某一事物的功能是它的结构自身所内含的,离开了该事物的结构就不能产生功能,结构变了,其功能必然会发生变化。在特定的历史时期和特定条件下,教育必然有与之相适应的功能,一个国家或社会在每个时期都有自己的工作重点,时代的变化会使教育的结构或者主要的功能发生变化。如在古代,学校是"取士之学"(只就官学而言);在近代,学校是"教育机构";到了现代,学校则变成了"社会机构"。可见学校的教育功能会随着时代而改变。三是我们要注意功能的实现是有条件的,如某事物的功能在未与其作用对象发生关系时,功能处于一种潜在的状态,功能能否从潜在的状态变为现实,受对象的状态及环境条件的影响。基于以上分析,我们可以初步把教育的功能界定为学校教育对于个人发展和社会发展的可能的、现实的结果。教育对受教育者和社会既具有促进作用,也具有阻碍作用,它并非是主观的期望而是客观的结果。教育价值和教育目的是对教育的主观期待,教育功能则反映了教育价值在教育实践中的实然表现,是一种实效。大多数学者都认为教育的本体功能即是"主要的""基本的"教育功能,由此可以推论教育的本体功能即是学校教育对不同的教育主体发挥的一个或者几个主要的教育功能。

从古至今,无数的教育家、思想家、哲学家都表达了对教育功能的重视并留下了对教育功能的独特见解,如卢梭、裴斯泰洛齐、洛克、福禄培尔、康德、萨特等皆认为教育的主要功能是促进个体的发展,以个人为本位;而19世纪末20世纪初的一些教育家如纳托普、涂尔干、杜威等则认为教育的主要功能是促进社会的发展,以社会为本位。因为教育功能在教育过程中产生,始于社会和个人发展的需要,所以尽管教育功能是一种客观结果,社会和个人的期待也能够影响教育功能的最终结果。同时我们在权衡社会期待和个人期待做出教育功能取向的选择时可能会出现两种情况:一种是社会发展与个人发展的需求和谐一致,此时教育功能的价值取向的确立就是对二者的认同过程;另一种是社会发展和个人发展是对立冲突的,这就衍生出社会本位和个人本位两种不同的取向。社会本位观认为,教育之所以有存在和发展的理由,就因为教育能在一定程度上满足社会的需要,所以教育离不开社会,我们不可为教育而教育,教育是在社会中

---

① 冯契:《哲学大辞典》,上海辞书出版社,1992年,第317页。
② 吴康宁:《教育的社会功能新论》,《高等教育研究》,1996年第3期。

存在和发展的,相对于社会而言,教育必然是一种工具,教育的本体功能必然是社会功能。个人本位观则认为教育的目的在于焕发人的天性,使人成为完人,教育的本体功能无疑是促进个体的发展。回顾历史,在教育成为一种独立形态的古代社会中,学校教育的功能主要是服务于统治阶层的利益,巩固政治制度,教育为个体发展服务的功能是衍生品且受制于统治者的利益。近代时期,人文主义教育把人的发展和社会的发展对立起来,将个体的发展作为价值追求。在现代社会,个人本位和社会本位这两种理论也并非极端,不是在社会和个人之间做出非此即彼的取舍,例如现代社会本位教育理论并不会为了谋求教育的社会价值的实现而牺牲个人发展,社会发展的根本也是为了个人的发展,所以二者不存在根本的对立和冲突。正如马克思所期望的,"每个人的自由发展是一切人自由发展的前提"。现今知识经济的要求使得个体和社会都在追求人的全面素质和创新能力的发展,个体和社会的需求表现出一致性。《国家中长期教育改革和发展规划纲要(2010—2020年)》明确现在的教育功能是培养德智体美全面发展的社会主义建设者和接班人,可见我国现在的教育功能是以社会发展和个人发展相统一为取向的,因此教育的本体功能在此种功能取向下应该有一个相适应的定义。现在对教育本体功能的看法是否和现在社会的实际情况相一致还需要商榷。多部著作的观点是:教育的社会功能是教育本体功能在社会结构中的衍生,是教育的工具功能,代表着教育对社会发展的影响和作用。教育功能的衍生确实不同于发生在教育活动之中的教育功能的形成,它是发生在社会系统之中,通过教育功能的结果参与社会活动而形成的,超越了自身的范围,它是教育功能结果的衍生,但属于工具功能和衍生功能。我国一贯重视教育的工具功能,有学者认为,教育的工具功能主要来源于两个方面,一是教育外部的客观的社会形态,二是教育内部的主观意愿,即教育工具功能的实现既代表着教育内部的意愿也代表着国家、社会的要求,既发生于教育活动之中也衍生到社会系统,如果说工具功能和本体功能之间有着天然不可逾越的鸿沟或许太过武断了。

以个体发展功能为教育本体功能的观点主要存在于部分教育理论著作及部分师范院校的教材中,似乎表明这一观点已经被当作是一种"成熟"的理论。这种理论认同教育的本体功能是个体发展功能,个体发展功能有两个:一是使个体社会化;二是使个体个性化,几乎所有的研究者都同意教育的本体功能包括上述这两个方面。但是在仔细比较相关的理论后却发现对于本体功能这两方面的关系,不同的研究者有着不同的看法。十二所师范院校合编的《教育学基础》一书指出,个体社会化和个体个性化是"对立统一"的关系,二者是一对矛盾,并认为个体发展从本质上说是一个包含着两个矛盾方向的变化,最后又重新系统化的过程。方向之一是社会化,方向之二是个性化。学者马和民等人也持相同观点,主张"教育的社会化功能和个性化功能是一对矛盾,它们之间是对立统一的关系"。[1] 但袁振国主编的《当代教育学》却认为"人在社会化的过程中必然伴随个性化,同时也要求个性化"。个体的个性化与个体的社会化是统一的"[2],由此他提出"对应统一说",虽只一字之差,却将"统一"的概念由矛盾双方的对立"统

① 马和民,高旭平:《教育社会学研究》,上海教育出版社,1998年,第299页。
② 袁振国:《当代教育学(修订版)》,教育科学出版社,2004年,第75页。

一"变成了趋向于"同一"的概念，即认为个体个性化和个体社会化是同一个过程，二者是相对应的，而不是相对立的。关于这两者的矛盾，学者鲁洁给出了第三种看法，认为"个体个性化和个体社会化之间的矛盾是贯穿教育发展过程的一个根本矛盾，这个矛盾的两个方面辩证统一，构成了教育培养人的社会活动的特质并规定了教育的基本性质"。① 笔者认为，这个本体功能的两个方面一个强调共性，一个强调独特性，既不是辩证统一也不是简单对立，而是具有内在的冲突。社会化涉及社会和个体两个方面。从社会的角度来看，社会化即社会对个体进行教化的过程，强调人是社会的产物，教育就是使受教育者成为社会需要的人，主张受教育者要掌握社会的知识和规范，适应社会生活需要；以个体发展的视角来看，所谓的社会化即在个体与其他社会成员的互动中成为合格的社会成员的过程。教育促进个体社会化是教育在个体发展中主导作用的突出表现，社会化的基本含义是指个体接受社会文化的过程，换个说法即由自然的人变成社会的人的过程。其实教育的个体发展功能首先就表现为促进个体社会化的功能。一直以来，教育就为社会生产服务。为社会生产服务，也本应是教育的职能，也是其赖以存在的根本。教育就其本质价值来说，是赋予人现实的规定性，按社会要求，把教育对象培养成特定的人，以促进个体社会化。

对于学生而言，教育既是社会教化的主体，又是促进个体内化的有效手段，因而教育特别是学校教育为个体社会化提供了一个特殊环境，它在学生个体社会化过程中发挥着基础性的作用。学校作为一个使个体社会化的专门机构，是一种非常正式的社会组织，具有明显的社会性，教育的一切活动都体现着社会的要求，处处传递着社会的价值准则，很难说教育的本体功能就是个体功能。其实无论教育经历了多么深刻的变革，自人类社会诞生那一刻起，教育的本质就永恒未变，即教育是社会有目的、有计划、有组织地对个体施加具有明确社会价值负载的社会活动。可见教育的本体功能既关乎个体也避不开社会，如果说教育的本体功能就是促进个体发展似乎并不合适。教育的本体功能应是对人和人的生活共同起作用，把促进人的发展和生活的完善作为教育的根本出发点和归宿。个体既是独立的，又是作为社会共同体中有机的组成部分而存在。教育除了传授知识以外，还要使受教育者具备他所处时代的各种规定性：具有该时代所必需的特征、素质、心理模式、思维方式等。教育使人具有时代的规定性，从这个意义上说，教育的本体功能总是要因时因地制宜的。在今天，社会和个体对于教育的期望是一致的，那么关于教育的本体功能的定位在今天是否合适呢？而且我们还发现有几个方面的问题值得深思：个体社会化功能与社会功能真的就是风马牛不相及的概念吗？教育的本体功能是教育本质的体现，在教育功能系统中处于基础地位，教育的本体功能中是否应该体现教育的社会功能？现在社会施行具有基础性、全民性、全面性的义务教育，有目的地培养合格的社会公民，提高民族素质，那么社会的本体功能还仅仅是促进个人的发展？其实，承认现有本体功能的内部冲突，在找到两者的平衡点后再重新认识教育的本体功能对于研究当代教育的本体功能至关重要。

① 鲁洁，项贤明：《论教育的主导功能和教育的理想性》，《江苏高教》，1993年第4期。

二、当今教育的困境及教育本体功能的迷失

当今教育的困境及教育本体功能的迷失给我们带来了巨大的挑战,我们需要对教育本体功能进行重新定位和思考,以适应时代的需要。显然教育在实践过程中并没有把教育的本体功能全然有序地展现出来,它受制于自我中心主义及各种竞争性观念系统的影响,使得教育功能在现实生活中呈现的与教育该有的本体功能有时是矛盾的,教育本体功能中的个体功能和社会功能是失衡的。教育原本是要在自我与他人、自我与社会、自我与人类总体生命之间建立关联,自我也只有在与他人、与社会,乃至与人类总体生命的关联中才能突破生存,所以说教育的本体功能应该是个体功能和社会功能的结合。然而今天,自我中心主义及其主导的竞争意识在教育领域的支配和流行,追求量化原则和效率至上的工具理性及其主导的功利主义价值观对教育理念、教育体制、教育实践过程的入侵,技能至上主义和流行的偏执观念遏制了教育真正该有的意义。这些问题值得关注。

很多学者已经充分认识到将教育功能禁锢在眼前的实际问题中,会丧失教育该有的完善个体生命的本体功能,所以大声疾呼重视人的发展,不能让本体功能中的人性解放及差别发展异化为传播实用技能或灌输教条,认为教育的本体功能应该回到人这个主体上来。但现今的教育本体功能应该既是追求精神世界也是关注现实世界的。"教育为社会培养人"在当代已逐渐成为一种世界性的共识。教育始终是人类的一件大事,因此,我们必须重视并反思现在教育的本体功能。"只有这样,观念世界与生活世界才能真正融为一体,就真正做到了如哲学家冯契所说的'化理论为方法,化理论为德性'。"[1] 现在的教育功能是使人们掌握现存社会生存的技能,但知识的获得只能是教育的手段而不应是教育的目的。"教育艺术在于使孩子们忽视人类的当前状况以人类将来可能的更佳状况即合乎人性的理念及其完整规定——为准进行教育。"[2] 因此,今天的教育,"不能只是知识的传递,要深入孩子生命的发展并教给人们怎样生活"。[3] 在哲学意义上来说,人就是教育的产物。"教育决定了人的根本,教育决定了人的人性和自然,这是区别于其它事物的本质要素。"[4] 教育技术不能替代教育的本体功能,在当下的生活中,教育的个体发展功能的重要性已经被中外教育家所公认,教育的根本要旨是促进人的发展,这一点是不言自明的。"人们忽略教育自身的功能,教育就丧失了根本,不再是真正意义上的教育,也不再对人的生命价值有意义,只是一些知识的混杂而已。"[5] 今天的教育过于关注社会对人的要求,对于个体本身的生命诉求置若罔闻,此时,教育的本体功能就是失衡的。教育的本体功能应该是教育本质特点的体现,既需要社会化的方面也需要个性化的方面,既需要工具理性也需要价值理性,与此同时,我们研究教育本体功能的实现不能把视野仅仅局限于教育领域,因为培养人是人类社会中最复杂、最艰辛的一项工作,人的健康和谐的发展需要人类自身的共同努力才能实现。

---

① 徐继存:《嵌入现实教学中的教学论思考》,《课程·教材·教法》,2014年第1期。

② [德]康德:《论教育学》,赵鹏,何兆武译,上海人民出版社,2005年,第8页。

③ [英]伊丽莎白·劳伦斯:《现代教育的起源与发展》,纪晓林译,北京语言学院出版社,1992年,第17页。

④ 渠敬东:《现代社会中的人性及教育——以涂尔干社会理论为视角》,上海三联书店,2006年,第7页。

⑤ [德]雅斯贝尔斯:《什么是教育》,邹进译,生活·读书·新知三联书店,1991年,第45页。

现今人们对教育存在理解的错位,部分的原因是工具理性遮蔽了生命价值与生活意义,教育除了各种外在的工具性价值以外,也存在其他内在的目的性价值,教育的本体功能应既包括目的性价值即个体发展功能,也包括工具性价值即部分的社会功能。一切外在的工具性价值都应该建立在人的内在目的性价值的基础之上。有学者曾说"学校教育应当体现社会化这一本质部分",其实教育不仅需要社会化也需要教育的理想,这样才更有利于维持社会发展的平衡。

三、教育本体功能中的价值关系与结构

教育的本体功能应该既具有个体功能也具有部分社会功能,那么这里面就有两对关系值得探讨,一是个体功能与社会功能的关系,二是工具理性与价值理性的关系。对于个体功能和社会功能的关系,我们可以从陈桂生曾经提出的学校功能分析框架(如表1所示)为起点展开讨论。

表1 陈桂生的学校功能分析框架

固有功能	个体个性化功能	个体一般个性化功能
		个体特殊个性化功能
	个体社会化功能	个体一般社会化功能
		个体特殊社会化功能
派生功能	学校自我保存功能	
	学校其他派生功能(照管学生等)	

陈桂生所说的学校的"固有功能"即是被学界普遍认可的学校的本体功能,在固有功能中包括个体个性化功能和个体社会化功能,个体个性化功能又包括"个体一般个性化功能"和"个体特殊个性化功能"。陈桂生指出:"个体一般个性化功能"是指培养个体独立健全的人格,"个体特殊个性化功能"是指培养个体独特的带有个人风格的个性。个体社会化功能又包括"个体一般社会化功能"和"个体特殊社会化功能",其中"个体一般社会化功能"是指使个体具有现代"社会化"所共同需要的且必不可少的社会交往能力等,"个体特殊社会化功能"则指培养个体在政治、经济、文化、职业等社会关系中与他人不同的社会化的功能。陈桂生曾指出"个体社会化"经常被简单地理解为个人被社会"同化"[1],但是"个体一般社会化功能"实际上履行了部分的社会功能,因为这个功能传递了社会的价值观和需求。他没有直接说明教育的社会功能属于固有功能,也没有说明其是派生功能。应该说社会功能不能被明确地定义为固有功能或者派生功能,社会功能可能是教育本体功能的一部分。陈桂生也曾表示这个框架中他所列出的是对"别人的各种判断的概括",是学校"可能"有的功能。[2] 陈桂生提出的学校功能分析框架无疑是比较客观的。不可否认,个体个性化与个体社会化是学校教育功能的核心内容,也是教育本体功能的主要内容,但是说个体发展功能就是教育本体功能

---

① 陈桂生:《"个体社会化"辨析》,《思想·理论·教育》,2005年第1期。
② 陈桂生:《学校实话》,华东师范大学出版社,2010年,第164页。

也是比较牵强的。如个体发展功能中的个体社会化和社会功能是不是就有明显的界限呢？对于社会功能的定义，吴康宁教授将其定义为"包括除基本纯个体意义上的功能之外的所有功能"，并将社会功能分为两个层次，即初级社会功能与次级社会功能。初级社会功能是指教育过程本身首先并直接产生的社会功能，可以观察到受教育者的"文化形成"及其"群层"状况。受教育者的"文化形成"既是个体努力的结果并可能为个体所享用，同时也具有"社会主体"发展的性质，作为一种"社会结果"，"社会主体"发展本身即是社会发展的一部分。从这个角度来看，初级社会功能是教育过程本身产生的，如果说教育本体功能就是个体发展功能的依据（个体发展功能是教育直接作用的结果，所以又被称为本体功能），那么社会功能也兼具教育本体功能的特点了。所谓次级社会功能，是指通过由教育过程形成的一定群层的社会成员而产生的社会功能，是教育过程的一种"延时性结果"，故在相当程度上可视为"教育的社会功能"的一种表征。① 无疑，次级社会功能就是所谓的工具功能、衍生功能了。那么我们之前所说的部分社会功能是否就是社会功能中的初级社会功能呢？教育的本体功能不仅表现为人的发展，同样也具有社会发展的功能，因此教育的本体功能更应该是个体发展功能与社会发展功能的有机结合。总之，个体功能与社会功能之间的关系是相辅相成的，个体功能的发展是以实现部分社会功能为目的，有的社会功能发挥的方式和程度又以个体功能的达成为前提和依据。我们要清楚个体功能和社会功能的关系，而不能简单将二者认定为一个事物的两方面，其实二者之间不是泾渭分明的。

在第二对关系中，人们总是会直觉地认为工具理性就是强调社会本位，价值理性更靠近个体本位，然而我们发现在对教育工具功能的讨论中，始终都包含着教育本体功能的有关内容。首先提出工具理性与价值理性概念的是马克斯·韦伯，他认为理性既包括外在技术层面的工具理性，又涵盖内在精神层面的价值理性。在早期，二者互相依存促进，和谐统一，就如在早期人类社会，虽然物质贫瘠但生活总是充满想象与诗意。随着近现代理性的畸形发展，工具理性与价值理性二者的关系被扭曲了，正如尼采所说，当今社会弥漫的是一种颓废情绪，人们"摈除一切价值理性成分，只有肉欲、感觉、物质"，物质享受空前富足，人们却只享受到浅层次的感官感受，并没有因占有而使自身丰富起来，反而精神旁落了。工具理性大行其道，不仅使人与社会之间变成了物化关系，人与人之间的交往都渗透着物质利益，经济活动中的物物交换关系几乎泛化到社会交往的各种关系中。工具理性被利用得非常彻底，其实，价值理性才是"体"，工具理性只是"用"，无疑这两种价值观点在教育价值体系中的错位是造成当今教育危机的一个重要原因，同时这两种价值关系也是教育本体功能需要得到重视并厘清的基本关系之一。但这里强调工具理性并不一定就等于社会，价值理性也并不全是个体，工具理性应以价值理性为导向，价值理性应指引工具理性活动的方向。从社会层面而言，工具理性确实促进了人类的进步和物质文明的发展。自培根提出"知识就是力量"后，工具理性已经显示出强大的力量，生产力空前发展。与此同时，从人的发展层面而言，工具理性使人的主体性得到确立与张扬，人的社会关系由简单变得复杂，从社会层面与人的层面

---

① 吴康宁：《教育的社会功能新论》，《高等教育研究》，1996 年第 3 期。

可以看出,工具理性作为一种手段能够满足并实现人的需求,并且能够有效升华对价值的思考,因此,工具理性是价值理性的现实支撑,完全脱离工具理性的价值理性会陷入空想。因为这个世界不存在一种完全脱离社会关系、物欲需求等感觉经验及历史现实的抽象价值,马克思说过"人的本质不是单个人所固有的抽象物,在其现实性上,它是一切社会关系的总和",人只有在现实的各种社会关系中才能显现人的本质,而工具理性的发展在一定层面上会促进人的关系的丰富。

总而言之,教育本体功能内部工具理性与价值理性之张力与冲突是推动教育发展的重要因素,二者"和之则两利,离之则两伤",运用辩证意识观照工具理性与价值理性,是我们告别"失衡",走向心灵和谐的思维逻辑与行为方式。教育既要充分利用工具理性,也要重视价值理性,在二者中取得平衡才是实现教育本体功能的重要途径。鲁洁先生曾说:"一方面要承认教育立足于生活的实然之中,但决不意味教育的本体功能只能是工具理性对生活实然的确认和肯定,教育的本体功能也要重视价值理性引导个体对于实然生活做出价值的评价,使人具有正确批判、改造现存生活和创造新生活的自主能力,教育的一项重要使命就在引导和促进人的社会化,使人成为现实的、单个的社会存在。"[①]

从微观上看,教育的本体功能的确是教育对人的发展作用;但从宏观上看,教育作为一个整体本身也发挥着社会功能的作用,如决定了社会一个阶层的文化层次或者教育本身传递了社会功能中的某些政治用途。可见,教育承担的本体功能既包括个体发展功能也包括部分社会功能,与此同时我们的观念需要与时俱进,亟须探讨当下教育正在发挥的本体功能及教育应有的本体功能。

(项目支撑:江苏省教育科学规划项目"基于专业社群的教师专业发展学校研究",编号:B-b/2013/01/051;江苏高校协同创新计划"基础教育人才培养模式研究")

---

① 鲁洁:《教育的原点:育人》,《华东师范大学学报(教育科学版)》,2008 年第 4 期。

杜威教育观之二（5篇）

　　提要：杜威的知识观、儿童观、教师观、目的观、学校观是杜威教育思想的重要组成部分，研究杜威的知识观、儿童观、教师观、目的观、学校观，对于今天我国学校教育改革具有积极的启发意义。

　　关键词：杜威；知识观；儿童观；教师观；目的观；学校观

杜威知识观及其现实意义

潘华靖*

　　作为实用主义的代表人物，杜威的知识观是以实用主义哲学为基础的。在杜威看来，知识就是认识一个事物和各个方面的联系，而且知识具有发展性、连续性、交互性、情境性等特点。杜威的理论经久不衰，对我们今天的教育仍然具有很大的现实意义。

一、杜威的知识观

1. 知识的本质

　　关于知识的本质问题，即知识是什么的问题，杜威给出了这样的回答："所谓知识就是认识一个事物和各个方面的联系，这些联系决定知识能否适用于特定的情境。"[①]同时，因为"知识包含各种运算（operation）和学科内容"[②]，所以"知识"这个词语既有主动的意义，也有被动的意义。它既指运算或行动，即认识的过程；又指结果，即认识的内容。前一个对知识的定义中的"认识"即是指认识的过程，而"一个事物和各个方面的联系"即指认识的结果，因此，在杜威看来，知识指认识的过程和认识的结果两个方面。

　　那么知识包含哪些内容呢？"在严格的意义上，知识包含我们理智方面的种种资源——包含我们的行动明智的全部习惯。"[③]由此可见，知识不仅仅是我们现在意识到的东西，而且包含我们了解现在所发生的事情中有意识地运用的心理倾向。这就说明知识的本质是一种认识，而且这种认识不仅仅停留在于某一事物本身，还有与之相关的各方面的联系。

　　杜威还认为，知识包括既有区别又有联系的四个方面。"首要的是理智地获得技能这一意义上的知识和了解（acquaintance）这一意义上的知识。"[④]杜威认为做事的能力可能是知识最基本的含义，但是能力是通过理智获得的，与本能是有区别的，我们应该将本能和能力区分开。"熟悉、了解与知道如何做是紧密相连的，在很大程度上，它

* 潘华靖，女，扬州大学教育科学学院，硕士研究生。
　①③　杜祥麟，王承绪：《杜威教育名篇》，教育科学出版社，2006年，第189、190页。
　②④　瞿葆奎：《教育学文集·智育》，人民教育出版社，1993年，第238、238页。

们是知道怎么做的结果,也是衡量知道怎么做的尺度。"①这就决定了我们在解决问题之前,必须要先熟悉、了解问题,然后,利用这些知识解决问题。第三层含义是,"从别人那里获得的知识,即通过向他人学习而间接得来的东西。以语言为媒介的交流,使我们远远摆脱了亲自了解人与物的种种限制,使我们知道或认识许多在别人直接认识范围内的事物"②,这些知识往往是通过口耳相传,或者是书面语言的形式进行传递的,打破了时间和空间的限制。四是理性的知识。"这种知识是间接的,但它是在依靠逻辑材料和逻辑前提意义上的间接,而不是在依靠别人的观察和报告意义上的间接。"③杜威这一说法与其知识的发展阶段是一一对应的,之后将详细叙述。

2. 知识的作用

知识具有什么样的作用? 在杜威看来,知识是解决问题的工具。"知识的作用是要使一个经验能自由地用于其他经验。"④如果一种"知识"不能使我们先前的经验作用于我们之后的经验,或者说知识不能帮助我们解决现实问题,那么这种"知识"便是毫无价值可言的。所以,知识是否有价值取决于其是否"有用",有作用于其他经验或者解决问题之用。

就像杜威所说,一种合乎理想的完备的知识,就代表一个相互联系的网络,任何过去的经验都能提供有利的地位,以解决新经验中所提出的问题。⑤这是一种"合乎理想"的"完备"状态。所以杜威倡导学校要与学生的生活联系起来,使得儿童在日常生活中获得的经验能够带到学校里来,并在那里得到使用,而儿童在学校里学习到的知识又可以运用到实际生活中去,这样就使得学校和生活成为一个系统,在两方面由经验得到的知识又可以成为一个"相互联系的网络",这种网络能够有效帮助学生解决经验中的一些新的问题。

3. 知识来源于经验

关于知识的来源,杜威主张"知识不是现成的,而是首先感觉到需要,然后通过实验来获得"。⑥经验是知识的重要来源,而"经验不可能凭空发生,经验不仅仅是个人的经验,个人以外还有产生经验的种种源泉,经验经常从这些源泉中吸取营养"。⑦

按照杜威的观点,"经验包含着一个主动因素和一个被动因素,在主动的方面,经验就是尝试,在被动方面,经验就是经受的结果。经验这两方面的联结,可以测定经验的效果或价值。作为尝试的经验,包含变化,但是,除非变化是有意识地和变化所产生的一系列结果联系起来,否则它不过是无意义的转变。当一个活动继续深入到承受结果,当行动所造成的变化会过来反映在我们自身所发生的变化中时,这样的变动就具有意义,我们就学到了一点东西,我们也就获得了知识。所以,经验本来就是一种主动而又被动的事情;它本来就不是认识的事情。估量一个经验的价值的标准在于能否认识经验所引起的种种关系或连续性。当经验已经是积累性的经验,或者有点价值、有点意

---

①② 瞿葆奎:《教育学文集·智育》,人民教育出版社,1993 年,第 239、239 页。

③ [美]约翰·杜威:《民主主义与教育》,王承绪译,人民教育出版社,1990 年,第 240 页。

④—⑦ 赵祥麟,王承绪:《杜威教育名篇》,教育科学出版社,2006 年,第 188、189、189、255 页。

义时,只是在这个程度上,经验才含有认识的作用"。①

杜威倡导"做中学"就是要给学生获得经验的机会,学生通过反复的经验,才能够得到真正的知识。在杜威的芝加哥实验学校里,学生们自主选择自己觉得需要的或者感兴趣的课程,进行学习。学生感觉到需要了,才会产生学习动机,才能够学得更好。所以,教育者不仅要了解周围条件形成的实际经验的一般原理,而且要认识到周围哪些事物有利于引导经验的增长,要给儿童更多机会从事真正的学习,更多机会去探索,最终获得知识。

4. 知识的发展阶段

第一阶段:"怎样做"的知识。

杜威认为:"人们最初的知识,最根深蒂固地保持的知识,是关于怎样做的知识,例如怎样走路、谈话,等等。"②通常有种倾向,把适应一种目的的本能的动作,看作是一种神奇的知识。而事实上,这种知识与适应本能的动作是有区别的。杜威在《知识》中提到"能力是通过理智获得的,与本能是有区别的"③,就像专业人员知道怎样染布。"怎样做"的知识,是通过理性获得的能力,是智慧的结果,这与本能是存在本质区别的。

所以在这种概念的影响下,教育很容易把知识变成一种学生依靠记忆在需要时背诵出来的教材。其实不然,我们要承认教材的自然发展进程,使学生在做中学,在行动中获得这些关于怎样做的知识。

第二阶段:资料性知识。

这个阶段的知识,"实际上包括我们一切不是通过审慎的专门研究而获得的知识。各种形式的有目的的行动,包括对付事物,也包括应付人。我们须使交流知识的冲动和与人来往的习惯,适应于保持和别人有成效的联系;很多社会的知识就自然增长起来。一个人如能注意这种知识的交流,别人的事情也能成为他们自己经验的一部分。任何和我们真正有关的记载,如能帮我们应付目前的事情,都属于个人经验的范围,这种材料通常称为资料性知识。"④

不难看出,杜威所说的资料性的知识,大多是指社会性的知识,即在对待人与对待物方面的知识。同时,这种知识在与人交往的过程中就能获得,不需要经过非常专门的研究。但是,我们不能把这种知识和记述知识材料的命题混为一谈。

第三阶段:科学或合理化的知识。

在这一阶段,"材料更加扩充,加工成为合于理性的或合于逻辑的有组织的材料——掌握这种材料的人,相对地说,就是这门学科的专家"。⑤"科学是最独特的形式的知识的名称,它在程度上代表完美无缺的知识的成果——知识的极致。这种知识不同于意见、猜测、思索和纯粹的传说,在知识中,事物都是确定的,不是含糊不清的。"⑥这一阶段的知识是在第一和第二阶段的知识的基础上发展起来的,将第一阶段和第二阶段的知识高度概括化和抽象化,便形成了科学或合理化的知识。

"科学标志着在高度专门化的技术条件下完善的知识,这个事实,使科学研究的结

---

① ② ④ ⑤ ⑥　赵祥麟,王承绪:《杜威教育名篇》,教育科学出版社,2006 年,第 141、154、156、154、159 页。

③　瞿葆奎:《教育学文集·智育》,人民教育出版社,1993 年,第 238 页。

果自身,远离平常的经验——这种远离经验的性质,通常称之为抽象。"① 杜威认为,这一阶段的知识可以称为知识的极致状态,它是高度专门化的和抽象化的,这就是科学或合理化的知识。

二、杜威知识观的现实意义

1. 教学要关注学生的经验

杜威认为知识来源于经验,而且经验与经验之间存在相互作用,所以教学应当关注学生的经验,"这种经验和在学习过程中发展起来的能力为进一步的学习提供起点,这是新教育学派的主要箴言"。②教学要关注学生的生活经验和以前的学习经验,这些经验在一定程度上对他们学习新知识存在影响。

教师不仅要注意所教新知识与旧知识之间的纵向联系,还要注意本学科与其他学科之间的横向联系,让学生明白知识并不是孤立存在的,而是普遍联系的,鼓励学生去探求更加系统完备的知识。

2. 教学应更加关注知识的运用

很多教师认为,教学就是"教知识"和"学知识",往往只重视学生是否习得了知识,是否会"做题",而忽略了知识在实际生活中的运用,忽视了知识的工具性。作为实用主义的代表人物,杜威认为实用的、能用于解决问题的知识才是有价值的。

所以,教师在教学中应注意知识与实际情境的联系,让学生在实际情境中去运用并检验所学到的知识。条件允许的情况下,教师应让学生适当地走出课堂,亲身去体验和感受在课堂中学到的知识如何在生活中得到运用,从而更加深刻地去理解知识。杜威建议在学校建立这样能够供学生进行模拟生活的情境或者问题解决的情境。虽然目前由于种种现实原因,这一愿望还不能实现,但是教师应该积极地去探索,寻求一些尽可能让学生体验生活的方法,促进学生将书本上的知识转化为有用的、能够作用于实际生活的知识。

3. 教学应遵循知识的发展阶段

杜威认为知识具有三个发展阶段,而这三个发展阶段与学生的生理、心理的发展与成熟是分不开的,所以在教学中应该遵循知识的发展阶段。学生的学习离不开知识的三个发展阶段,从"怎样做"的知识,到资料性知识,再到科学化的知识,即从具体知识到抽象知识的阶段。

在知识发展的每一阶段都应有相应的策略。第一阶段,学习"怎样做"的知识阶段,要使学生了解、熟悉怎样做的步骤,使学生通过理性理解怎样做,并且在反复的实际运中逐渐习得这类知识。第二阶段,资料性知识学习的阶段,必须注意使学生与教师之间、学生与学生之间、学生与其他社会关系之间,建立一种稳定而友好的情感联系,在此基础上,与他们进行顺利而有效的沟通,从而获得这些社会性知识。第三阶段,科学化知识的学习阶段,应注重学生逻辑思维的培养,使学生能够在原有片段的、没有逻辑的、零散的知识的基础上将其抽象化,形成更加科学化或者完备的知识。

---

①② 赵祥麟,王承绪:《杜威教育名篇》,教育科学出版社,2006 年,第 160、263 页。

杜威的儿童观及其教育意义

杨　秉*

杜威在《学校与社会》中写道:"现在,我们教育中将引起的改变是重心的转移。这是一种变革,这是一种革命,这是和哥白尼把天文学的中心从地球转到太阳一样的那种革命。这里,儿童变成了太阳,而教育的一切措施则围绕着他们转动,儿童是中心,教育的措施便围绕他们而组织起来。"①这意味着杜威"儿童中心论"的确立,也表明了其与传统教育的对立,从而引起了一场教育界的变革。

一、杜威儿童观的主要内容

1. 儿童是社会的正式成员

在杜威看来,儿童不仅在自身的发展上具有整体性,在社会发展上也是完整的,他把儿童也看成是社会的正式成员。他在《我的教育信条》中提到:唯一的真正教育是通过对儿童能力的刺激而来的,这种刺激是儿童自己感觉到所在的社会情境及各种要求所引起的。这些要求刺激儿童,使儿童以集体的一个成员去行动,从自己行动和感情的原有的狭隘范围里显现出来;而且使儿童从自己所属的集体利益出发来设想自己。通过别人对自己的各种活动所做出的反应,儿童便知道这些活动用社会语言来说是什么意义。②

杜威相信,受教育的个人是社会的个人,而社会便是许多个人的有序组合。如果从儿童身上舍去社会的因素,我们便只剩下一个抽象的东西;如果我们从社会方面舍去个人的因素,我们便只剩下一个死板的、没有生命力的集体。③因此,教育必须首先从心理学上探索儿童的能量、兴趣和习惯。教育的每个方面,都必须参照这些考虑加以掌握。这些能力、兴趣和习惯必须不断地加以阐明——我们必须明白它们的意义是什么,必须用和它们相当的社会事物用语来加以解释——用它们在社会事务中能做些什么的用语来加以解释。

因此,杜威主张,从最广义方面把儿童看作社会的一员,并且要求学校采取必要的措施,使儿童能够明智地认识他的一切社会关系,并贡献他的一分力量以维护这些关系。

2. 儿童的本能和能力是儿童教育的起点

传统教育脱离了儿童的生活,束缚了儿童的健康成长与发展,因而杜威强调关注儿童本身,关注儿童的本能和能力。杜威认为:"儿童自己的本能和能力为一切教育提供了素材,并指出了起点。儿童具有自己的本能和倾向,在我们能够把这些本能和倾向转化为他们在社会上与之相当的事物之前,我们不知道它们所指的是什么。我们必须能够把这些本能和倾向带回到过去的社会中去,并且把它们看作是前代人类

---

　　* 杨秉,女,扬州大学教育科学学院,硕士研究生。

　　①－③ 赵祥麟,王承绪:《杜威教育名篇》,教育科学出版社,2006 年,第27、1、3 页。

活动的遗传；我们还必须能把它们投射到将来，以视它们的结果会是什么。"①"我们必须站在儿童的立场上，并且以儿童为自己的出发点。决定学习的质和量的是儿童而不是教材。"②

杜威还指出，由于民主和现代工业的出现，我们不可能明确地预言20年后的文化是什么样子，因此也不能让儿童去适应某种定型的状况。准备使儿童适应未来生活，便意味着要使他能自己管理自己，要训练他能充分和随时运用他的全部能量；他的眼、耳和手都成为随时听命令的工具，他的判断力能理解他必须在其中起作用的周围情况，经过训练他的动作能力能达到经济和有效进行活动的程度。而教育最根本的基础在于儿童活动的能力，这种能力是沿着现代文明所由来的同一的、总的建设路线而活动的。③

3. 儿童的兴趣是儿童生长能力的象征

儿童的本能和能力为一切教育提供素材，并指明起点。杜威又指出："兴趣是儿童生长中的能力的信号和象征，兴趣显示着最初出现的能力。"④因此，他强调，经常而细心地观察儿童的兴趣，对于教育者是最重要的。因为成年人只有通过对儿童兴趣不断地予以同情的观察，才能够进入儿童的生活里面，才能知道他要做什么，用什么教材才能使他工作得最起劲、最有效。而我们必须将儿童的这些兴趣作为显示儿童已发展到什么状态的标志来加以观察，它预示着儿童将进入那个阶段。

成人对于儿童的兴趣不应予以压抑，也不应予以放任。压抑兴趣等于以成年人代替儿童，这就减弱了心智的好奇性和灵敏性，压抑了创造性，并使兴趣僵化。放任兴趣等于以暂时的东西代替永久的东西。兴趣总是一些隐藏着的能力的信号，重要的是发现这种能力。放任兴趣就不能从表面深入下去，它的必然结果是以任性和好奇代替了真正的兴趣。

杜威要求所有的教育者记住儿童所具有的四方面的兴趣：谈话或交际方面的兴趣；探究或发现东西方面的兴趣；制造东西或建造方面的兴趣；艺术表现方面的兴趣——我们可以说这四方面的兴趣是天赋的资源，是未投入的资本，儿童的生动活泼的生长是依靠这些天赋资源的运用获得的。⑤

4. 儿童的发展是整体的

杜威深受黑格尔哲学中连续性和整体性观点的影响，把儿童看作整体儿童。这个概念实际上有两层含义。第一层含义是："儿童是一个有机整体，包括智力方面、社会方面和道德方面，同样也包括体育方面。"⑥我们不能将这个有机体割裂成几个部分。第二层含义是："儿童的生活是一个整体，一个总体。他敏捷地和欣然地从一个主题过渡到另一个主题，正如他从一个场所到另一个场所一样，但是他不意识到转变和中断，既没有意识到什么割裂，更没有意识到什么区分。"⑦因而儿童所关心的事物，由于他的生活所带来的个人的和社会的兴趣的统一性，是结合在一起的。凡是在他心目中最突出的东西就暂时对他构成整个的宇宙。那个宇宙是变化的和流动的，它的内容以惊人的速度在消失和重新组合。但是，归根结底，它是儿童自己的世界，它具有儿童自己的

①－⑦ 赵祥麟，王承绪：《杜威教育名篇》，教育科学出版社，2006年，第2、67、3、9、32、84、65页。

生活的统一性和完整性。而儿童一到学校,多种多样的学科便把他的世界加以割裂和肢解。因此,无论在任何时候都不能忽视儿童生活的各种不同的方面,而应使儿童面向生活的各个层面,去适应生活,把握生活,在生活中成长。

二、杜威儿童观的教育意义

1. 儿童学习的根源:联系学生的生活

杜威认为,传统教育消极地对待儿童,机械地使儿童集合在一起,课程和教法整齐划一。概括地说,学校的重心是在儿童之外,在教师、在教科书及在其他你所高兴的任何地方,唯独不在儿童自己即时的本能和活动之中。在那样的条件下,就说不上关于儿童的生活;也许可以谈一大套关于儿童的学习,但学校却不是儿童生活的地方。①

在杜威看来,人们经常说的教育是"引出"的意思,如果我们简单地与注入式的过程进行比较的话,这是很正确的。但是把"引出"的思想和3岁、4岁、7岁或8岁儿童的日常活动联系起来,毕竟是困难的。儿童已经能跑、能摔、能从事各种活动。他不是完全处于潜伏的状态,因而成人为了逐步地引出那些隐藏着活动的幼芽,就必须很小心、很巧妙地对待他。儿童已经具有旺盛的活动力,教育上的问题在于怎样抓住儿童的活动并予以指导。通过指导,通过有组织地使用,它们必将达到有价值的结果,而不是散漫的或听任于单纯的冲动的表现。②

"从儿童的观点看来,学校的最大浪费是由于儿童在学校中不能完全、自由地运用他在校外所得的经验;同时,另一方面,他又不能把在学校里所学的东西应用于日常生活。这就是学校的那种隔离现象,就是学校跟生活隔离开来。当儿童走进课堂时,就得把他在家庭和邻居间的各种主要的思想、兴趣和活动,从心里排除出去。学校由于不能利用这种日常经验,于是煞费苦心地采用各种方法和手段,以期唤起儿童对课程的兴趣。"③

2. 儿童学习材料的组织方法:心理化组织

杜威批判传统教育脱离儿童的生活,课程的设置、教材的编排没有考虑儿童的心理发展规律。杜威认为:在儿童本性的发展上,自动的方面先于被动的方面;表达先于有意识的印象,肌肉的发育先于感官的发育,动作先于有意识的感觉;意识在本质上是运动的或冲动的,有意识的状态往往在行动中表现自己。④

因此,我们应当抛弃把教材当作某些固定的和现成的东西,当作在儿童的经验之外的东西的见解,不再把儿童的经验当作一成不变的东西,而把它当作某些变化的、在形成中的、有生命力的东西。我们认识到,儿童和课程仅仅是构成一个单一的过程的两极。正如两点构成一条直线一样,儿童现在的观点以及构成各种科目的事实和真理,构成了教学。从儿童现在的经验进展到有组织体系的真理即我们称之为各门科目代表的东西,是继续改造的过程。⑤

基于杜威以上的观点,我们得到的启示是在教材的组织上应充分考虑儿童已有的经验和心理特点。儿童已有的经验和心理是儿童接受教育的基础。应注意间接经验与直接经验的联系,使儿童在直接经验的基础上掌握间接经验。

---

①－⑤　赵祥麟,王承绪:《杜威教育名篇》,教育科学出版社,2006年,第27、28、45、8、69页。

3. 儿童学习的方法："做中学"

杜威除了强调教材的编排要遵循儿童的心理发展规律,贴近儿童的真实生活,强调儿童自身的经验之外,还在学习方式上提出了"做中学"的思想。杜威在《学校与社会》中提到了这样一件事:"几年前,我曾注意到市内几家学校用品商店,想找到从艺术、卫生和教育的观点看来似乎完全适合儿童需要的课桌椅,但却很难找到所需要的,最后,一个比较机智的商人这样说:'我恐怕我们拿不出你们所需要的东西,你们所需要的东西是儿童能用来进行工作的,而我们这些只是供静听的。'"这段话道出了传统教育的情况。正像生物学家用一两根骨头就能够重新构成整个动物一样,如果我们留心看看一般的教室,例如按几何图形排列着一行一行的简陋的课桌,紧紧地挤在一起,很少有移动的余地;这些课桌的大小几乎都是一样的,仅能够放置书、笔和纸;另外,有一个讲台,一些椅子,光秃秃的墙壁,还可能有几幅画。我们看了这些情况,就能推断在这样的场所可能进行的唯一的教育活动。这一切都是有利于"静听"的,因为单纯地学习书本上的课文,只是"静听"的另一种形式,它标志着一个人的头脑对别人的依赖性。比较而言,"静听"的方式意味着被动的和吸收的;也意味着在学校里有的是督导员、校董会和教师们早已准备好的一些现成教材,让儿童能以尽可能少的时间获得尽可能多的知识。[①]

杜威从这些排列着固定的课桌的教室看出了另一件事,即每一样东西的安排都是为了对付尽可能多的儿童的,是为了把儿童作为一个整体即许多个体的集合来对付的。这又意味着儿童是可以消极地对待的。儿童在活动的一瞬间,他们就表现出自己的个性;他们就不再是一个集体,而是变成我们在校外、在家里、在家庭亲属间、在运动场上和在邻居中所熟悉的具有显著特点的人。

"在同样的基础上,可以说明方法和课程的划一性。如果什么都是建立在'静听'的基础上,那么教材和方法就只好划一起来,耳朵和反应耳朵的书本便构成一切儿童相同的媒介物。这样就几乎没有机会来适应每个儿童的不同的能力和需要。"[②]因而,杜威提出了著名的"做中学"的思想并在芝加哥实验学校进行试验,取得了良好的效果,并被各国争相效仿。

杜威的教师观探析

盛富云 *

杜威虽然是儿童中心论的倡导者,但他并没有将教师作为教育中可有可无的因素,而是对儿童与教师的问题进行了深入的哲学思考,充分肯定教师的地位,他甚至认为教师是"真正上帝的代言人,真正天国的引路人"。重温杜威关于教师的思想对我们重塑教师形象具有重要意义。

---

①② 赵祥麟,王承绪:《杜威教育名篇》,教育科学出版社,2006年,第25、26页。
* 盛富云,女,扬州大学教育科学学院,硕士研究生。

一、教师的角色地位

1. 教师是社会的公仆

民主是杜威的理想社会，在民主主义社会中，以全民机会均等为理想，它的全体成员都能以同等条件，共同享受社会的利益。而民主与教育的关系是极为紧密的，这就要求有一种进步教育来维系民主社会发展，作为这种以实现民主为目的的教育的实施者。"教师不是简单地从事于训练一个人，而是从事于适当的社会生活的形成。每个教师都应当认识到他的职业尊严；他是社会的公仆，专门从事于维持正常的社会秩序并谋求正确的社会生长。"① 教师是社会公仆的意义在于将社会的价值与个人的价值进行调和，最终在儿童身上反映出社会性和个性的融合，为民主的实现开辟道路。

2. 教师是社会团体中成熟的成员

杜威认为，教育是社会生活延续的工具，而社会团体中的每一个成员，生来都是未成熟的、无语言的，团体生活的延续靠教师实施教育来完成。儿童即是团体中未成熟的新生成员，"这些未成熟的成员，必须接受教导，把成熟的成员的兴趣、目的、知识、技能和习惯接受下来"。② 教师即是所说的"团体中成熟的成员"，应当把教师看作是集体中的一个成员，而不是把教师当作学生团体外部的监督者或施压者。学校是一种雏形的社会组织，学校生活是简化的社会生活，"教师在学校中并不是要给儿童强加某种概念或形成某种习惯，而是作为集体的一个成员来选择对儿童起作用的影响，并帮助儿童对这些影响做出适当的反应"。③

3. 教师是教学活动中的学习者

杜威对教材、教师、学生三个要素在传统教育中的角色进行了这样的概括："书籍，特别是教科书，是过去的学问和智慧的主要代表，而教师是使学生和教材有效地联系起来的机体，教师是传授知识和技能以及实施行为准则的代理人。"④ 杜威所倡导的新教育就是对传统教育不满的产物，因为传统教学的实质是来自上面的和外部的灌输，它把成人的标准、教材和方法强加给正在逐渐成长、趋于成熟的儿童，忽视了儿童的个性和兴趣。新教育要求教学过程不再是简单粗暴的灌输式教学，而是师生一起活动、共同进步的过程。杜威认为"要使教育过程真正成为师生共同参与的过程，成为真正合作的相互作用的过程，那么师生两方面必须是作为平等者和学习者来参与的"⑤，"在这种共同参与的活动中，教师是一个学习者……无论教师或学生，愈少意识到自己在那里施教或受教就愈好"。⑥

二、教师的作用

1. 教师担负着传达、延续社会生活的重任

教师作为民主社会的公仆，担负着形成适当的社会生活、谋求正确的社会生长的职责。杜威对民主社会的看法是，"民主主义不仅是一种政府的形式，它首先是一种联合生活的方式，是一种共同交流经验的方式"。⑦ 新生的成员对团体的习惯和目的不仅毫无所知，而且漠不关心，因此，教师的作用是让儿童接受悉心指导，使他们认识社会这个大团体中的目的和习惯，激发他们对知识的渴求，使他们自觉自愿地去学习与发展，把

---

① - ⑦ 赵祥麟，王承绪：《杜威教育名篇》，教育科学出版社，2006 年，第 29、95、4、210、265、127、110 页。

成熟的成员的兴趣、目的、知识技能和习惯接受下来,从而得到最好的生长,只有这样,才能实现民主主义社会具有的特征,即"共同参与的事业的范围扩大,和个人各种能力的自由发展"①,社会生活才能不断更新,从而实现社会的延续。

2. 教师要承担经验选择和组织的责任

教师作为团体中成熟的成员,他们的职责"仅仅是依据较多的经验和较成熟的学识来决定怎样使儿童得到生活的训练"。②众所周知,经验论是杜威教育哲学的核心,选择现有经验范围内有希望、有可能引起新问题的教材,这些新的问题,通过新的观察和判断的方法,将扩大后来的经验,而他眼中的教师在经验选择和组织中起到非常关键的作用,他认为,"看出一种经验是走向什么方向便是教育者的责任。如果不运用他的较多的见识,帮助未成年人组织经验的各种条件,却抛弃这些见识,那么他的较成熟的经验就没有什么意义了"。③"教育者的主要责任,不仅要了解周围条件形成实际经验的一般原理,而且也要认识到在实际上哪些周围事物有利于引导经验的生长。最主要的是,他们应当知道怎样利用现有的自然和社会环境,以便从中吸取一切有利于他们形成有价值经验的东西。"④

3. 教师要在教学活动中发挥观察、引导的作用

杜威坚持教育过程以外无目的,真正的目的是"我们在特定情境下有所行动,能够预见不同行动所产生的不同结果,并利用预料的事情指导观察和实验"。⑤教师在儿童从事缝纫、织布、阅读、绘画等作业的过程中发挥的作用,不是将外部规定的教育目的强加给儿童,把现成的教材提供给学生,然后用心听他们背得是否准确,而是从一个真正一般的目的出发并和这个目的相联系,共同参与学生的活动,"在这样的连贯的活动的整个过程中观察学生",因为这比通过任何直接的刺激或是片面的观察能更多地发现一个学生真正的各种需要、愿望、兴趣、能力和弱点。儿童的学习过程是"在教师的鼓励、训诫、督促和各种方法之中",儿童的研究结果"都是在教师的提问和暗示的帮助下"得到的,教师在活动中的任务应当是发现引起自我教育的活动或学习的种种条件,同学生的活动协作,使学生的学习成为他们自己的活动结果。例如,应该把阅读、写字、绘画和歌咏看作是"某一特定观念在儿童自身情感色彩的影响下表达自己的方法,教师的任务是设法使儿童形成意象,并给意象以最容易的方法自由地在运动方面表达自己的机会"。⑥

三、教师的素养

杜威是传统的"教师中心论"的主要挑战者,尽管如此,他并没有否定教师的存在,相反,他认为教师必须具备更高的素质条件。

杜威提出了教师"尊重儿童,尊重他到底,但是也要尊重你自己"⑦,这是因为杜威倡导民主平等的师生关系。在教学活动中,师生通过共同研究有问题的情境得出结论,形成态度,"在这种共同参与的活动中,教师是一个学习者,而学习者,虽然自己不觉得,但也是一位教师"。⑧同时,杜威十分认同埃默森指出的"这种对儿童期和青年期的

①－⑧ 赵祥麟,王承绪:《杜威教育名篇》,教育科学出版社,2006 年,第 111、4、217、218、118、198、106、127 页。

敬重,并不能为教师开辟一条容易而悠闲的道路,却立刻对教师的时间、思想和生活提出巨大的要求。这个方法需要时间,需要经常运用,需要远见卓识,需要事实的教育,还需要上帝的一切教训与帮助;只要想到要运用这个方法,就意味着高尚的品格和渊博的学识了"。① 可见,尊重儿童意味着教师需要不断提升自己的综合素质,不仅要有高水平的辨别力、敏锐的思维力,还要有高尚的品格和渊博的学识。

杜威强调:"教师必须具有对儿童的同情心和关于儿童天赋本能的知识。"以教材为中心的学派强调教师必须有充分的训练和学识,把机械重复的"训练"当作学科教学的唯一重要的方法,而作为"儿童中心论"的代表人物,杜威认为儿童是起点,是中心,是目的,"'兴趣'是那些大肆宣扬'儿童'的人的口号"。②富有同情心的教师才能看到儿童具有的理智的创造力,以儿童为中心的教师"必须对各个人作为个人有同情的了解,以便对正在学习的儿童的真实思想活动有一个了解"③,教师既要了解儿童在学习过程中的内心感受和思想状态,又要优化与儿童学习有关的一切外部客观条件,只有"当教师提供了刺激思维的种种条件,并对学习者的活动采取了同情的态度,参加到共同的经验中去"④,他们为了使学习者学习所能做的工作才算都做完了,儿童的兴趣及参与教育过程的积极性、主动性与外部客观条件达到和谐的状态,从而发生良好的交互作用,才能完成经验的改造。

我国的教师教育应该从杜威的教师观中得到启迪,学校培养出来的教师不仅要有丰富的经验和知识储备,而且应当具有民主、平等的意识和敏锐的创造性,能形成独特的教学风格,培养出满足社会需求的人才。

杜威目的观及其当代启示

杨　辉*

杜威在自身实践经验的基础上创造性地提出了"教育即生活""教育即生长""教育即经验改造"的教育本质观。在此观念的指导下,他认为教育本身并无目的,家长和教师才有目的,强调教育的内在目的。杜威的教育目的观具有重大的教育意义。

一、杜威的目的观

1. 目的的性质

杜威指出:"我们假定教育的目的在于使个人能继续他们的教育,或者说,学习的目的和报酬,是继续不断生长的能力。但是,除非一个社会人与人的交往是相互的,除非这个社会的利益能平等地分配给全体成员,从而产生广泛的刺激,并通过这些刺激,适当地进行社会习惯和制度的改造,否则这个思想不能适用于社会的全体成员。而这样的社会就是民主主义的社会。所以,我们探索教育目的时,不要到教育过程以外去寻找一个目的,更不要使教育服从这个目的。我们所要做的,就是要把属于教育过程的内

---

①-④ 赵祥麟,王承绪:《杜威教育名篇》,教育科学出版社,2006 年,第 106、56、218、127 页。
* 杨辉,女,扬州大学教育科学学院,硕士研究生。

在目的,和从教育过程以外提出的目的进行比较。"①

"我们要定义目的的本质,这是指包含在行为之内的目的,不是另外设定的目的。这个定义可以从'后果'与'结局'的明显差异着手。"既然目的必与后果相关,谈到目的的问题时,就应该首先弄清楚,安排的工作本身是具有连续性,抑或只是一连串行动的总和,一次只能做一件。目的的意思包含了有条不紊的、受约束的行为,行为的秩序就在逐步完成的过程之中。如果做某件事需要一段时间,进行中又有累积的成长,目的的意思即是事前预见结局或预知如何收尾。预见的结局作用有三:第一,使人仔细观察既有的条件,以便找出可以用来达到结局的方法,并且发现途中有无阻碍;第二,指出采用方法的恰当顺序,以便做出省时省力的选择与安排;第三,可以在方法上做取舍。②

因此,杜威认为:"所谓目的,就是我们在特定情境下有所行动,能够预见不同行动所产生的不同结果,并利用预料的事情指导观察和实验。"据此定义,杜威得出良好目的的三个标准:(1)所确定的目的必须是现有情况的产物;(2)目的是实验性的,即目的必须是灵活的,在行动中受到检验时,它会不断得到发展;(3)目的和手段是相互转换、不可分离的。

2. 目的观在教育上的应用

"教育的目的并没有什么特别,它和任何有指导的职业的目的正好一样。所谓目的,就是对从事一种事业——不管是农民还是教育——所要求进行的观察、预测和工作安排承担责任。任何目的,只要能时时刻刻帮助我们观察、选择和计划,使我们的活动得以顺利进行,就是有价值的目的;如果这个目的妨碍个人自己的常识(如果目的是从外面强加的,或是因迫于威势而接受的,肯定要妨碍个人自己的常识),那这个目的是有害的。"③

"我们要提醒自己,教育本身并无目的。只是人,即家长和老师等,才有目的;而他们的目的,也不是教育上的抽象概念。所以,他们的目的有无穷的变异,随着不同的儿童而不同,随着儿童的生长和教育者经验的增长而变化。即使能以文字表达的最正确的目的,除非我们认识到它们并不是目的,而是给教师者的建议,在他们解放和指导他们所遇到的具体环境的各种力量时,建议他们怎样观察,怎样展望未来,和怎样选择,那么这种目的,作为文字,将是有害无益。"正如一位近代作家说的:"引导这个男孩读斯各脱写的小说,不读旧的斯留斯写的故事;叫这个女孩缝纫;使约翰根除横行霸道的习惯;准备这一班学生学医——这些都是我们在具体的教育工作中实际所有的无数目的的几个例子。"④

3. 良好目的的特征

目的要以受教育者的个人活动和需要为依据。杜威指出:"总的来看,人们有一种倾向,考虑成年人所喜爱的事情,不顾受教育者的能力,把它们定为教育的目的。还有一种倾向,就是提出千篇一律的目的,忽视个人的特殊能力和需要,忘记了一切知识都是一个人在特定时间和特定地点获得的。成人的见识范围较广,对观察儿童的能力和

①-④　赵祥麟,王承绪:《杜威教育名篇》,教育科学出版社,2006年,第114、90-92、114-115、115页。

缺点,决定儿童的能力强弱,缺点的大小,具有很大价值……但是,把成人的成就作为一种参考,用以度量和观察儿童和青年的活动,这是一回事;把成人的成就定为固定的目的,不顾受教育者的具体活动,那完全是另一回事。""一个教育目的必须以受教育者特定个人的固有活动和需要(包括原始的本能和获得的习惯)为依据。"①

目的必须能转化为与活动进行合作的方法。"这个目的必须提出一种解放和组织儿童能力所需要的环境。"除非这个目的有助于制订具体的程序,除非这些程序又能检验、校正和扩充这个目的,否则这个目的便是没有价值的。这种目的不但无助于具体的教学任务,而且阻碍教师应用平常的判断去观察和估量所面临的情境。教师很难免于受官厅督学、教学法指导书和规定课程等的支配,这使得他的思想不能和学生的思想及教材紧密相连。"这种对于教师经验的不信任,又反映对学生的反应缺乏信心。学生通过由外面双重或三重的强迫,接受他们的目的,他们经常处于两种目的冲突之中,无所适从。一种是符合他们当时自己经验的目的,另一种是别人要他们默然同意的目的。"②

关注一般的和终极的目的。"每一个活动,无论怎样特殊,就它和其他事物错综复杂的关系来说,它当然是一般的,因为它引出了无数其他事物。一个普通观念,就其能使我们更注意这些关系来说,愈一般愈好。一个真正一般的目的,能开拓人们的眼界;激发他们考虑更多的结果(即联系)。这就意味着对各种手段进行更广泛、更灵活的观察。"③

二、杜威的"教育无目的"观

杜威从"教育即生活"中引出他的"教育无目的论"。杜威认为,"生活就是发展;不断发展,不断生长,就是生活。用教育的术语来说,就是:(1)教育的过程,在它自身以外没有目的,它就是它自己的目的;(2)教育的过程是一个不断改组、不断改造和不断转化的过程"。④这就是杜威的教育无目的说之主旨。杜威的原意是除自身之外无目的,教育无目的说是个缩略的说法。杜威区分了两种教育目的,即教育过程以内的目的和教育过程以外的目的。前者主要指儿童的本能、冲动、天性和兴趣等决定的教育历程的目的;后者主要指由家长或教师确定儿童教育的目的,从外面硬性插入教育历程。所以,真正的教育目的内在于教育历程,是和历程合而为一的。杜威的教育无目的论是对于传统教育目的论(即脱离儿童,由成人决定教育目的)的一种纠正。

杜威并不真正认为"教育无目的",他的论述并未就此告终。他认为"生长的理想归结为这样的观点,即教育是经验的继续不断的改组和改造。教育始终有一个当前的目的,只要一个活动具有教育作用,它就达到这个目的,即直接转变经验的性质"。杜威据此提出"教育即改造"的观点,或者说"教育就是经验的改造或改组"的观点。而这个经验的改造可能是个人的,也可能是社会的,只不过"进步的社会力图塑造青年人的经验,使他们不重演流行的习惯,而是养成更好的习惯,使将来的成人社会比现在进步"。⑤即进步的社会,是通过改变青年人的经验以实现其改变社会性质的目的的。由此我们可以看出,杜威的教育目的是在塑造青年的同时改造社会,但是塑造青年只是教

---

①－⑤　赵祥麟,王承绪:《杜威教育名篇》,教育科学出版社,2006 年,第 115、116、117、103、109 页。

育的起点,通过学校培养出适合社会生活需要的人以达到改造社会的目的才是教育的归宿。

三、杜威目的观的当代启示

1. 关注教育目的的内在性

杜威尖锐地批判了传统教育目的的弊病,那种外在的强加于儿童的教育目的,不仅限制了教师的自由与智慧,也使得学生被外在目的绑架。在这种情况下,学生的主体性被遮蔽,难以自主、自发地发展和成长。杜威认为:"因为把遵守看作目的,所以青年人的个性被忽略,或被看作调皮捣蛋、搞无政府主义的根源。同时,又把遵守等同于一律,从而导致青年对新鲜事物缺乏兴趣,对进步表示反感,害怕不确定和未知的事情。由于生长的目的在生长过程之外,所以就不得不依靠外部力量,诱导青年走向这个目的。当一种教育方法被污蔑为机械方法的时候,我们可以肯定,这就是依靠外部压力来达到外部的目的。"① 所以,教师制定教育目的时应更加关注教育的内在目的,将教育目的与学生的历程相结合,发挥学生的兴趣。

2. 关注教育目的的现实性

杜威提出教育即生活,他认为:"学校教育的目的在于通过组织保证继续生长的各种力量,以保证教育得以继续进行,从而使人们乐于从生活本身学习,并乐于把生活条件造成一种境界,使人人在生活过程中学习,这就是学校教育的最好的产物。"② 因此,教育目的应该关注现实社会,关注社会的需要。我国当前的教育目的虽然具有宏观的指导作用,但从实施情况来看,却不尽如人意。学校教育越来越远离生活现实和社会现实,导致很多学生学业失败、厌学逃学。根据杜威的教育目的观,我们应该摒弃从抽象的原则和宏大的政策出发,应该从社会现实和学生个体的需求出发,使教育回归生活世界,关注学生,使教育成为学生的生活方式,而不再是其谋生的工具。

3. 关注教育目的社会取向与个人取向的统一

杜威在他的著作中多次明确指出:教育的两个要素分别是儿童和社会。"教育过程就是这些因素应有的相互作用。作为促进最充分的和最自由的相互作用的这样一种相互联系的概念,便是教育理论的主要支点。"杜威还提出了"学校即社会"的命题,他认为人们在社会中参加真实的生活,才是身心成长和改造经验的正当途径。所以,教师要把教授知识的课堂变成儿童活动的乐园,引导儿童积极自愿地投入活动,实现生活、生长和经验的改造。杜威认为:"学校各种形式的实际活动目的,主要的不在于它们本身,或者在于厨工、缝纫工、木工和泥水工的专门技能,而在于它们在社会方面能与外部生活相联系;同时在个人方面反映儿童关于动作、表现和做某事愿望的需要,是关于建设和创造的而不是被动和顺从的。这些形式的重要意义在于社会和个人两方面之间保持一种协调。"③ 由此可见,杜威所说的教育过程内的目的只不过是达到其社会目的的一种手段罢了。

①—③ 赵祥麟,王承绪:《杜威教育名篇》,教育科学出版社,2006 年,第 104、105、40 页。

杜威的学校观

潘洪建*

学校是人才培养的机构,这是对学校的实然描述。然而,理想的学校是什么?当今有许多探讨与表达,早在 100 年前杜威就曾提出过这一问题,并给出了颇具启发价值的解答。重温杜威的学校观,对于重建当下的学校观具有重要的参考价值。

一、学校是一种社会生活的形式

杜威在《我的教育信条》中指出:"教育既然是一种社会过程,学校便是社会生活的一种形式。在这种社会生活的形式里,凡是最有效地培养儿童分享人类所继承下来的财富以及为了社会的目的而运用自己的能力的一切手段,都被集中起来。"作为一种社会生活形式,首先,学校必须呈现生活,"学校必须呈现现在的生活——即对于儿童说来是真实而生气勃勃的生活。像他们在家庭里、在邻里间、在运动场上所经历的生活那样。不通过各种生活形式或者不通过那些本身就值得生活的生活形式来实现的教育,对于真正的现实总是贫乏的代替物,结果形成呆板而死气沉沉的局面"。其次,学校必须简化社会生活,"把现实的社会生活简化起来,缩小到一种雏形的状态"。这是因为,"现实生活是如此复杂,以致儿童不可能同它接触而不陷于迷乱;他不是被正在进行的那种活动的多样性所淹没,以致失去自己有条不紊的反应能力,便是被各种不同的活动所刺激,以致他的能力过早地被发动,致使他的教育不适当地偏于一面或者陷于解体"。① 简化的社会生活从哪里开始呢?杜威认为,应该从家庭生活逐渐发展起来,让儿童继续从事在家庭、邻里、社区已经熟悉的那些活动,加深和扩展儿童已初步形成的、与家庭生活联系的价值观念,获得文化教养和道德训练。杜威指出:"最好的和最深刻的道德训练,恰恰是人们在工作和思想的统一中跟别人发生适当的关系而得来的。"这样,学校所授的新观念便被赋予旧经验的背景,产生实际的意义。

二、学校是儿童的生活方式

关于学校与儿童的活动,杜威对传统的课堂组织形式做了批判性的描述,指出课堂是一排一排地按几何顺序挤在一起的,课桌都是一样大小,以便尽可能没有活动的余地。他讲了一则关于去商店购买课桌椅的故事,那位机智的商人说:"恐怕我们拿不出你们所需要的东西,你们所要的东西是儿童能用来进行工作的,而我们这些只是供'静听'的。"② "静听"意味着是被动与吸收,其重心不在儿童。他深有感慨地指出:"在传统的课堂里,很少有给儿童进行活动的余地。"③ 他概括了旧教育的特点:"消极地对待儿童,机械地使儿童集合在一起,课程和教学法的划一。概括地说,学校的重心是在儿童以外,在教师、在教科书,以及在其他你所高兴的任何地方,唯独不在儿童自己即时的本能和活动之中。"他接着说:"现在,我们教育中将引起的改变是重心的转移。这是一

---

* 潘洪建,扬州大学教育科学学院,教授,博士生导师。

① – ③ 赵祥麟,王承绪:《杜威教育名篇》,教育科学出版社,2006 年,第 4、25、26 页。

种变革,这是一场革命,这是和哥白尼把天体的中心从地球转到太阳的那样革命。这里,儿童变成了太阳,而教育的各种措施则围绕着他们转动,儿童是中心,教育的措施便围绕他们而组织起来。"①他讨论了理想的家庭与理想的学校后指出,在理想的学校中,"儿童的生活就成为决定一切的目的。凡促进儿童成长的必要措施都集中在这个方面。学习吗?当然要的。但生活是主要的,学习是通过并联系这种生活进行的。当我们按照这样的方式,以儿童的生活为中心并把儿童的生活组织起来的时候,我们就不会发现他首先是一个'静听'的人,事实恰恰相反"。②"最好使学校成为儿童真正生活的地方,并使他们从中获得会感到高兴和感到有意义的生活经验。"③他主张,学校教育要抓住儿童的四种兴趣(本能):交谈或交流方面的兴趣、探究的或发现的兴趣、制作或建造的兴趣和艺术表现的兴趣,在此基础上促进并且丰富儿童的个人生长。

"学校和儿童生活的关系的问题,归根到底,简单地说:就是我们是否应不顾儿童的自然倾向,完全不和活泼的儿童发生关系而是跟我们所建立的僵死的意象发生关系?还是我们应发展和满足这种自然倾向?倘若我们一旦相信生活,相信儿童的生活,那么,我们所说过的一切作业和措施,以及一切历史和科学都将成为启发儿童想象的手段和培植儿童想象的材料,从而使他的生活丰富而有秩序。"④

三、学校是一种有机的组织

杜威把学校组织问题与教育浪费问题联系在一起。"一切浪费都是缺乏组织的结果,而存在组织后面的目的就是促进经济和效率。这个问题并不是关于金钱的浪费或物力的浪费。"⑤在他看来,学校中的浪费主要体现为:学校制度各个部分的隔离现象,教育目的上缺乏统一性,学科和教学法上缺乏一贯性。一切浪费都是由于学校和现实隔离开来。杜威分析了历史上先后出现的不同学校的目标。幼儿园的理想是儿童的道德发展,而不是教学或训练。初等学校目标是实用性的,文法学校注重拉丁语和希腊语的学习,其目标首先是文化修养,其次是技能训练。师范学校的意图部分是专业训练,部分是文化修养。"每个部分都是在历史上不同的时期出现,有着不同的理想,因此,方法也不相同。"⑥他指出,过去存在于学制的各个不同部分之间的隔离依然存在,几种学校从来也没有融合成为一个完全的整体。他深有感触地说:"教育的统一性被肢解了,各种学科形成离心的倾向;这个学科强调这个目的;另一个学科强调那个目的,以致全部课程变成了互相冲突的目的和毫不相关的各种科目的一种完全拼凑起来的大杂烩。教育行政上的重大问题就是要保证整体的统一性,来代替一系列的不相关的和重复的部分,从而减少由于互相抵触、重复和不适当的衔接而带来的浪费。"⑦

那么,如何克服学校与社会、学校之间、学校内部的诸多隔离呢?杜威画了四幅简图,阐发了自己的构想,直观地描绘了学校的统一。第一幅图是学校与家庭、校园、公园、乡村、商业及大学实验室、图书馆等的联系。他指出:"学校的最大浪费是由于儿童在学校中不能完全、自由地运用在校外获得的经验;同时,他又不能把在学校里所学的东西应用于日常生活。这就是学校的那种隔离现象,就是学校跟生活隔离开来。"⑧第二幅图是第一幅图的放大,学校周围的环境依然是家庭、校园、乡村、商业、大学,但学校

---

①—⑧ 赵祥麟,王承绪:《杜威教育名篇》,教育科学出版社,2006年,第27、28、36、38、38—39、42、43、45页。

内部的建筑扩大了，自下而上依次为餐厅、厨房、纺织工场、工场，学校建筑的中心是图书馆——各种各类知识材料的总汇。内部建筑的四个区域分别与相应的周围世界发生联系，中心的图书馆则发挥整合的作用，"在那里，儿童们带来各种经验、各种疑难问题和他们已经发现的各种特殊事实，并讨论它们，使得他们以一种新的见解、特别是来自别人经验和世界上所积累的知识（以图书馆为代表）中新的见解去考察它们。这里是理论与实际的有机联系，儿童不只是做些什么，而且也懂得他所做的事情的观念是什么，从开始便懂得和他的实践交织在一起并丰富了他的实践的一些知识的概念；同时每一个观念直接地或间接地找到在经验中的某些用处，并对生活发生某些影响。不消说的，'书本'和读书在教育中的地位就这样被确定下来。'书本'和阅读对于经验的阐明和扩充是重要的，但作为经验的一种代替物却是很有害的"。① 第三幅图是理想学校二楼：上方两个角为物理化学实验室、生物实验室，凡厨房和工场中发生的化学和物理的疑难问题，都可以在实验室进行实验。下方两个角为艺术、音乐工作室，因为"在理想的学校中，艺术活动可以被认为是工场的产物，经由图书馆、博物馆的醇化作用而重新在行动中表现出来"。② 杜威认为，学校应该成为一个有机的整体，而不是彼此隔离的各个部分的混合物。按照杜威的学校理想，是否可以消除学科之间和学制各部分之间的彼此隔离，杜威本人是深信不疑的。他试图在经验的基础上谋求学校与社会之间、学校内部各个组成部分之间的融合与统一，他说："经验有它的地理方面、艺术和文学方面、科学和历史方面。一切的学科，都是从唯一的大地和寄托在大地上的唯一的生活的各方面产生的。我们并没有一系列的分层的大地，一层是数学的，另一层是物理的，又一层是历史的，等等。在任何单独的一层里，我们都不能生活得很长久。我们生活在所有各方面都结合在一起的一个世界里。一切的学科都是在这一伟大的共同世界的各种关联中产生的。当儿童生活属于这个共同世界的不同的但又是具体的和生动的关联之中，他的各门学科就自然地统一起来。对于各门学科的联系将不再成为问题。教师将不必要以各种方式把一些数学编到历史课中去，诸如此类，等等。只要把学校与生活联系起来，那么一切的学科就必然地相互联系起来。"③杜威在他创办的芝加哥大学实验学校中实施自己的教育理想，进行了大胆的改革，部分理想变成现实，同时也丰富了他关于学校的理想。

杜威关于学校组织结构的设想未必现实，但其试图寻求学校与社会、学校与生活、学校与经验的沟通联系的精神却是可贵的，在今天仍不失其积极价值。

四、学校是实现社会进步与社会改革的基本手段

杜威指出，教育是社会进步与社会改革的基本方法。因此，他坚持"学校是社会进步和改革的基本的和最有效的工具"。他认为对于社会改革来讲，教育的作用比法律的作用还大，"通过法律和惩罚，通过社会的鼓动和讨论，社会就会以一种多少有些机遇性和偶然性的方式来调整和形成它自身。但是通过教育，社会却能够明确地表达它自己的目的，能

---

①－③　赵祥麟，王承绪：《杜威教育名篇》，教育科学出版社，2006 年，第 49－50、51、53 页。

够组织自己的方法和手段,因而明确地和有效地朝着它所希望的前进目标塑造自身"。①

那么,如何在学校中实现社会改革呢?杜威主张把培养儿童同外界现实生活联系密切的各种作业引进到学校之中,通过不同形式的主动作业,"学校的整个精神得到新生。它使学校有可能与生活联系,成为儿童生长的地方;在那里,儿童通过直接生活进行学习,它不只是学习课文的地方,这些课文,对于儿童将来可能进入的生活来说,乃是抽象的和间接的东西。这样的学校有可能成为一个小型的社会,一个雏形的社会"。②当然,这种主动作业是摆脱了经济压力的,其目的"不在于生产成品的经济价值,而是要发展儿童的社会能力和洞察力。这种目的,摆脱了狭隘的功利,开辟了人类精神的各种可能性,使学校里的这些实际活动与艺术结合,成为科学和历史的中心"。③

杜威概括了人们对于学校的社会作用的三种观点。"有一些人,他们实际上断言,学校仅仅必须尽最大努力反映已经发生的社会变动。有些人竟然走到使学校的工作实质上处于寄生的地步。还有一些人认为学校应在指导社会变动中起积极作用,共同建设新的社会秩序。"④他不赞成学校保持中立的立场。因为,在他看来,保持中立,"便是使混乱永远存在下去,使盲目的、愚蠢的冲突增多起来"。⑤他主张学校应参与新的社会秩序的建立,但是,"设想学校能成为产生创造新社会秩序所需的理智的和道德的变革,即态度、思想倾向和目的的变革的主要机构,这是不现实的"。⑥那么,学校如何应对社会发展?通过比较与分析,他认为,教育应该有某个参照点和统一的目标,这个参照点和目标就是"民主主义",民主就是"民治、民有、民享",民主的理想至少包含个人自愿参与,做出决定,并履行决定。"民主也意味着以智慧为基础的自由的选择,这种智慧是和别人自由联合和交往的结果。民主是一种共同生活方式,在共同生活中,相互自由协商支配一切,而不是力量支配一切,合作而不是残忍的竞争是生活的规律;民主是一种社会秩序,有利于友谊、审美和知识的一切力量受到热爱,一个人能发展成怎样的人,就发展成为这样的人。"⑦学校是"民主的坚定卫士"。他指出:"我们忘记了民主必须在每一个世代、在每年和每日、在一切社会形式与制度的、人与人的生动关系中重新制定。"⑧杜威认为学校在民主社会形成中具有重要的作用,"学校本身不能单独创造或体现这个思想。但是至少它能塑造出这样一些人,他们在思想上懂得这个思想的具体意义,在他们心坎里热爱这个思想,在他们的行动上有为它奋斗的准备"。⑨学校要"培养青年的洞察力和理解力,使他们离校后能参加将来必须完成的伟大的建设和组织工作,并且使他们具有使他们的洞察力和理解力实际发挥作用的行动的态度和习惯"⑩,这便是学校对于社会进步与改革的职责。

杜威表述了自己关于民主的概念,在实现社会民主的事业中,教师的工作被赋予了特殊的意义与职责,他说:"教师不是简单地从事于训练一个人,而是从事于适当的社会生活的形成。每个教师应当认识到他的职业的尊严;他是社会的公仆,专门从事于维持正常的社会秩序并谋求正确的社会生长。这样,教师总是真正上帝的代言者,真正天国的引路人。"⑪

————————————

①-⑪ 赵祥麟,王承绪:《杜威教育名篇》,教育科学出版社,2006 年,第 10、18、19、236、240、241、244、243、244、239、11 页。

杜威有关学校的论述距今已百年有余,似乎成为"陈迹"了,但在新课程改革背景下,这些论述"复活"了,它不断地被我们解读、建构,给人耳目一新的感觉,可谓弥足珍贵。"学校不是读书的地方,而是儿童生长的地方","学校不是监狱,不是衙门,而是儿童生活的地方",这些说法在今天十分走俏,备受追捧与赞赏。殊不知这些时髦话语源自100年前的杜威之口。纵观我国当下学校教育中"剪不断,理还乱"的诸多弊端与问题,回顾、挖掘杜威的教育思想,重温杜威的学校观,对于走出学校之困,推进教育改革,其独特价值不言自明。

中学教师权威的弱化与应对

陈 琳*

摘 要：教师权威在教育过程中发挥着巨大的教育力量,对学生产生极大的教育影响。然而,随着网络和信息技术的发展,社会转型期价值观的多元化,以及教育资源、教育过程的不断变化,中学教师的权威逐渐弱化。加强中学教师权威的对策为：建立教师的外部社会支持系统,强化教师的内在支持系统。

关键词：教师权威；现状调查；策略研究

教师权威是指学校组织系统中,教师凭借国家、社会赋予的教育权利和自身人格魅力及个人素养而产生的能够被学生自觉接受的,影响和改变学生心理、行为的一种支配力量。"我们知道,历史上许多伟大的精神导师之所以给人以巨大的影响,不仅仅是因为他们阐释和倡导的主张和原则,更是因为他们自己的生动在场及其形成的有磁力的场域。"[①] 如何正确树立教师权威,合理运用教师权威,有效发挥教师权威在教育教学过程中的作用,值得每一位教育工作者去思考研究。

一、中学教师权威运用的现状调查

本研究以江苏省 M 中学高中学生为研究对象,共发放问卷 450 份,高一、高二、高三各 150 份,其中,高一收回有效问卷 140 份,高二收回有效问卷 138 份,高三收回有效问卷 130 份,共 408 份。笔者拟结合问卷调查情况来分析中学生对教师威信的认知及教师权威运用的现状。

(一)专业权威逐渐丧失绝对优势

调查发现,利用"教师课堂教学"汲取知识的学生占比呈逐渐下降趋势,从高一年级的 42.1% 下降至高三年级的 28.5%,而通过"网络媒体自学"的学生比例却呈上升态势,从高一年级的 25.7% 上升至高三年级的 40%,提高了 14.3 个百分点。由此说明,由知识的化身和信息源所支撑的传统教师的权威地位正在丧失,教师的专业知识权威正在逐渐受到威胁。现实教学过程中,由于教学年龄、家庭事务等原因,部分中学教师的师德开始出现滑坡,教学理念与技能也逐渐滞后于社会发展的步伐,专业知识的掌握程度有所下降,其专业权威开始消减并逐渐走向弱化。

(二)感召权威逐渐走向弱化

调查发现,新入学的高一新生在生活小事和课余生活的安排上,"完全听从"和"较听从"老师意见的占多数,达到了 56.5%,"不听从"的仅占 10.7%,但随着年级的增长,"不一定听从"甚至"不听从"的比例反而在逐渐增加,比例达到了 76.2%,其中,明确表示"不听从"的甚至达到了 40%,较高一新生提高了 29.3 个百分点,说明当今时代

* 陈琳,女,江苏省高邮市第一中学,二级教师。

① 徐继存：《嵌入现实教学中的教学论思考》,《课程·教材·教法》,2014 年第 1 期。

的学生适应能力很强,在经历一定阶段的学习后,处理生活小事和课余生活的能力得到增强,但同时也说明教师的感召权威在逐渐消解。

调查发现,在"您觉得您是一个受学生喜欢的老师吗?学生喜欢向您诉说他们的心事吗?"的教师访谈过程中,对于第一个问题,大多数老师选择"不确定"或"不知道";对于第二个问题,绝大多数教师选择"不喜欢"或"不会"。这说明我们的教师对自身的权威认识不深,特别是对自身感召权威的自信心不足,认为学生对教师的依赖随着年级的增长和学生独立自主能力的增强而逐渐减弱。

(三)传统权威逐渐失去支配地位

调查发现,"服从"教师布置作业的学生中,高一年级学生占比最高,达到40%,而到了高三年级,选择"服从"的学生所占比例已下降至20.8%,随着年龄的增长,"不服从""不一定服从""完全不服从"的学生人数明显增加。这说明我们的教师传统权威已受到严重的威胁,教师作为社会代言人所传授的社会的主流价值观、主流文化日渐弱化,教师作为"道"的直接代表者、传承者、体现者所拥有的传统权威日渐式微。

(四)法定权威逐渐受到猛烈冲击

互联网的虚拟性使得中学生在网络上可以无拘无束、自由自在地游荡,有一种摆脱压抑、释放自由的感觉,他们不用再去考虑法律法规、道德伦理的规范和约束,无须考虑网络上的行为举止是否会对他们的现实生活造成不良影响,此外,一些不利于学生健康成长的内容也会在无形中侵袭学生的心灵。由于受年龄限制,中学生对这些信息的辨别能力有限,不可避免地会受到影响,难以及时、准确辨别事物的好与坏。长期停留在这种虚拟的社会生活中,一些学生无所适从,甚至出现了厌学、逃学的现象,使得教师难以控制,这在一定程度上降低了教师"代言"的实效性,削弱了教师履行社会职责的法定权威。

二、中学教师权威运用问题的原因

(一)部分教师对自身权威的认识模糊

在现代教育实践过程中,不少教师对权威这个概念的理解不到位,不清楚教师权威意味着什么。调查发现,高一年级的教师对于课堂违纪的学生,大部分会选择"直接点名批评"或者"要求罚站"的方式,累计达到71.4%,采取"提醒注意"方式的则只有11.4%,而到了高三年级,采取"提醒注意"方式的提高到了20.8%。这些数据除了与传统观念有关外,也与教师阶层的生活方式有关,他们嗜好沉浸于书本,崇尚书本知识,缺少与外界的沟通和交流,部分教师则在角色转变过程中迷失方向,出现了不适应的状况,对如何引导学生正确认识教师权威,不知从何做起,结果往往导致教学效果不佳。

(二)部分教师对自身权威的运用不当

一是以压制树立权威。对教师的访谈发现,60%以上的教师认为态度越严厉越能树立起权威。然而这种建立在强制措施基础上的威信,根本不是真正的威信,也不能起到真正的教育作用,反而可能引起学生内心的反抗、不听从。二是以疏远树立权威。访谈发现,很多教师认为要让学生听从自己的话,树立自己的权威,就要和学生保持一定的距离,少与学生沟通交流,让学生产生一定的神秘感,有时候还要摆出自己作为教师的那种高高在上的架势。三是以妥协树立威信。有部分教师认为,教师应该以老好人的态度对待学生,对学生应该尽量顺从,避免和他们产生正面冲突和不必要的矛盾,他们希望能与学生和平相处,从而得到学生的认同,以此来获得权威。四是以关爱树立权威。对于高三年级,大部分教师认为,要想让学生听从自己的教导,首先要让学生爱自己,而为了得到这种爱,教师也要对学生表达出自己的爱,他们认为对学生的爱是获得权威的唯一途径和方法。

(三)学生获得信息途径的多样性,降低了教师对学生的影响

传统意义上的教师垄断知识,是学生唯一的信息源,今天这种局面被打破了,学生通过网络获取的知识越来越多、越来越快,甚至部分知识是教师自己也不一定清楚的,因此,学习途径的多样性彻底打破了教师的绝对知识优势,终结了教师的"知识上位者"地位,教师权威的弱化也就不可避免。任何教师都不可能像以往那样成为知识的"垄断者",而是需要像学生一样持续不断地学习。与网络一起成长起来的中学生对新科技、新知识接受得比较快,比成人更能适应网络的发展,他们获取知识的数量和时间不再落伍于教师,甚至在某些知识方面超过教师,中学生逐渐拥有了与教师抗衡的强力资本,他们对教师的依赖逐渐变弱。

(四)外部制度和环境限制了教师权威作用的展现

首先,学校缺少对教师的人文关怀,给教师提出过多、过高的要求,而不太注重教师的内在需求,严重限制、束缚了教师教育作用的发挥。其次,教师也很少有机会进行互动交流、合作及开展课题研究等活动,缺少自我发展和提升的机会。最后,中学教师的自我发展空间很小,许多教师的独特且具有成效的想法根本不能直接运用到教育教学改革中去,教师只能循规蹈矩,根本无法自由施展自己的才华,展示自己的权威。

三、加强中学教师权威的对策
(一)建立教师的外部社会支持系统
1. 提高教师的社会地位

健全完善教育的法律法规,为教师权威提供制度保障,解决中学教师的后顾之忧,保障中学教师的制度权威。对有突出表现或做出突出贡献的教师,要根据绩效考核结果,合理确定奖励性绩效工资分配等次,坚持向骨干教师和做出突出贡献的教师倾斜,适当拉开分配差距。此外,不能以升学率论英雄,特别是在片面追求升学率,忽视德育和体育的今天,更不能以升学率为标准来考核教师。

2. 赢得社会舆论和学生的支持

文明社会的主要标志之一便是人们对教育、教师的尊重和崇尚,形成尊师重教的风尚,为教师权威的树立提供良好的社会氛围。虽然目前社会上也存在着个别素质差的教师破坏了教师的整体形象,但是我们不能因为个别现象而对教师整体产生抵触情绪和敌对心理。绝大部分教师是合格的,甚至是优异的,他们有扎实的专业知识和过硬的教学本领,可以将人类文化一代一代地传承下去,这是任何人和任何行业都无法完成和替代的。合格的教师不仅在专业知识和技能方面优于一般人,而且还是教学与教学技巧方面的专家。总之,不论是个人的发展还是社会的进步都离不开教育、教师的努力。因此,我们要发挥社会风尚感染的作用,强化尊师重教,使全社会都来支持和监督教师权威的建立。

（二）强化教师的内在支持系统

1. 加强教师的专业素养，提高教师的知识权威

首先，教师应树立终身学习的理念。学海无涯，学无止境，教亦无止境，教师不仅要博览群书，参阅本专业名著和各类报纸杂志，还要尽可能涉猎相关教材、教参等。其次，教师应提高自己的教学水平。教师应系统地研究学生的身心发展规律，不断提高对学生认知特点的认识。在教学实践过程中，教师不只是知识生产线的被动消费者、传递者，也是知识的生产者，教师应不断反思实践经验，从一个被动的知识传授者变成知识的创造者，以及学生成长的促进者、引导者，只有这样才能永远保持教师特有的魅力和风格，赢得学生的尊重，确立教师的权威。最后，教师应不断更新优化知识结构。教师不但要"传递知识"，而且要以精湛且具特色的教学吸引学生。因此，教师应该加强学习，吸收更多的知识，不断更新知识结构，并形成独具特色的教学风格。

2. 提升教师的人格魅力，树立感召权威

教育力量只能从人格与生活的源泉中产生出来，任何规章制度及人为的管理机构，无论设想得如何巧妙，都不能替代教育事业中教师人格的作用。优秀教师表现出来的求真务实、爱岗敬业的人梯精神所折射出来的人格魅力是教师权威的重要来源。教师在教学和日常交往中表现出的认真负责、不阿谀奉承、不趋炎附势的人格和以身作则的行为范式，会赢得学生的信服和敬重。中外教育学者都已经认识到教师人格魅力的重要性。如果教师在前几堂课表现出惶恐不安、信心不足、过于激动、语无伦次、举止呆板、精神不振，学生就会大失所望，所以提升教师的人格魅力，给学生留下一个良好的印象，也就很容易建立起教师在学生心目中的感召权威。

3. 积极构建良好的师生关系

教师应尊重学生在教育活动中的主体地位，教师与学生相互理解，相互交流，充分发挥学生主体的能动性，调动学生主体的积极性。作为教师，在教学中要尊重、信任学生，发扬民主精神，引导学生主体自由、自觉地参与到教学中来。教师还要理解学生，采取激励措施，表扬和鼓励学生，使他们确立自信心和成就感，激发学习的积极性和主动性。罗杰斯在《给学习自由》一书中说："在学习开始，教师的职业能力和渊博的知识，课程的组织、视听工具的使用和教学程序的决定，讲座质量的高低和参考书的多少，全不相干，尽管这些因素在某一时刻是有用的，甚至是有益的，但是学习不靠这些，学习靠教育者和受教育者的相互关系，靠这关系中双方的态度。"所以，教师的权威应建立在对学生了解、信任和尊重的基础之上。构建积极的师生关系，教师的权威也就自然而然地树立起来了。

农村小学教师语言暴力的类型及其反思

秦 雯*

摘 要：农村小学教师语言暴力表现为五类：命令型、预言型、讽刺型、威胁型和辱骂型。对学生造成的伤害由重到轻依次为：辱骂型、威胁型、讽刺型、预言型、命令型。在某种程度上，不同类型的语言暴力背后反映和折射着农村小学教师的教育观念、职业态度和价值取向。

关键词：农村教师；语言暴力；类型

目前，教师语言暴力作为一种校园暴力存在于一些学校中。查阅相关调研报告和文献发现，在我国中小学，尤其是农村小学，教师语言暴力较为严重，对学生的身心健康和全面发展产生了负面影响。2006 年 2 月 8 日，北京青少年法律援助与研究中心公布《教师语言暴力调研报告》显示：48% 的小学生、36% 的初中生和 18% 的高中生受到过教师的语言暴力；51% 的小学生、72% 的初中生和 39% 的高中生说教师的语言暴力伤害了他们的心理；41% 的小学生、65% 的初中生和 54% 的高中生认为教师的语言暴力会伤害自己和同学的人格尊严。[①] 语言暴力现象发生在小学阶段的比例明显高于初、高中阶段。相关调查报告显示，71% 的农村教师和 82% 的城市教师表示教师使用不文明语言会对学生造成伤害；65% 的农村教师和 77% 的城市教师表示教师的不文明语言不能对学生起到积极作用。[②] 农村教师对语言暴力的认识明显低于城市教师，农村教师语言暴力现象更为严重。只有弄清农村小学教师语言暴力的具体表现形式，探究其形成的原因，才能对症下药。

一、调查设计与实施

教师语言暴力属于敏感性话题，以访谈的方式进行会使教师对访谈问题有所隐瞒，导致研究结果不真实。笔者在仔细查阅相关文献的基础上，为进一步了解农村小学教师语言暴力的真实情况，以济南市历城区四所农村中心小学作为调研学校，以农村小学教师语言暴力的具体表现类型作为主要研究对象，开展调查研究。研究以参与式观察和学生问卷调查为主，辅之以非结构式访谈。问卷设计主要参考了"北京市青少年法律援助与研究中心"的教师语言暴力调查问卷及河南大学孙彩霞的调查问卷。考虑到小学低年级学生的认知发展水平较低，对问卷的理解力欠佳，故学生问卷主要面向四年级至六年级的小学生。在校长、班主任和任课教师的配合与帮助下，问卷顺利发放，本调查最后共回收学生有效问卷 439 份。在问卷调查的同时，笔者采取随机抽样的方式，选取部分小学生围绕教师语言暴力问题进行非结构式访谈，以期尽可能真实全面地了

* 秦雯，女，山东师范大学教师教育学院，硕士研究生。

① 张雪梅：《教师语言暴力调研报告》，《中国教师》，2006 年第 6 期。
② 孙彩霞：《中小学教师语言暴力问题研究》，河南大学硕士学位论文，2008 年，第 16 页。

解农村小学教师语言暴力的具体表现类型。

二、调研结果

实地调研发现,农村小学教师语言暴力常见的表现形式大致分为五类:命令型、讽刺型、预言型、辱骂型和威胁型,因此,笔者以这五种常见的农村小学教师语言暴力的使用次数及对学生的伤害程度为内容进行问卷调查。

由问卷调查结果可知,不同类型的农村小学教师语言暴力在使用频次上由多到少依次是命令型、预言型、讽刺型、威胁型和辱骂型。观察发现,命令型、预言型教师语言暴力在农村中小学中的确是常态。农村小学教师虽然不会经常口出脏话,但是在批评教育学生时,使用"马上去给我干,不想干也得干"等命令型和"像你这样的一辈子不会有什么出息"等预言型的教师语言暴力却无处不在。对学生造成的伤害由重到轻依次为:辱骂型、威胁型、讽刺型、预言型、命令型。不难理解,小学生的心智处于发展阶段,自尊心和自信心是在他人的肯定和认可中建立的,而辱骂型、威胁型、讽刺型的语言暴力伤害了小学生的自尊和自信,不利于他们健康人格的养成。

三、类型分析及反思

农村小学教师语言暴力的类型可分为:

(一) 命令型

调研期间,笔者经常听到教师这样抱怨学生:"不知怎么搞的,这帮学生不论做什么都好像是给我做的,一点自觉性也没有!"其实,答案就在于此,教师在教学过程中,没有从心底里真正将学生当作具有主动意识、选择能力、独立能力的个体来对待,没有放下教师高高在上的架子。因此,教师在安排教学工作时,就会无意识地用命令式的口吻对待学生,"一切都是给教师做的"现象就见怪不怪了。

在现行的教育体制下,农村小学教师高高在上,对学生颐指气使,学生不服教师的安排,甚至反其道而行之,师生之间摩擦和冲突不断,关系微妙而紧张。要想消除命令型的语言暴力,就需要农村小学教师树立以人为本的教育观,将学生当作具有独立人格的个体,给予学生足够的尊重,以宽容的态度包容学生的过错,给予学生改过自新的机会,与学生交流时,蹲下身子真诚对待学生,倾听学生的心声,拉近与学生的距离,构建关怀的、信任的、和谐融洽的师生关系。

(二) 预言型

预言型的语言如"你总是……""你天生……""你没有一次……"等,言外之意是你天生就是这个样子的,你没有一次是表现好的。一个粗枝大叶的判断,一句以偏概全的结论,毫不留情地将学生"一棍子打死"。

教师在说这种话时,多数都没有秉持"就事论事"的批评原则,而是带着个人的主观臆断和"有色眼镜"来评价学生的,这容易让学生产生无助感:我天生就不聪明,我无法完成老师布置的作业,我没有能力控制好自己……长此以往,学生就容易形成"我就是这样"的心理定式。

农村小学教师在批评学生时最容易犯"就事论人"或"重翻旧账"的错误。批评的目的是让学生认识到自己的错误或不足之处,帮助学生改正过错,而非就学生所犯的错误重翻旧账,甚至进行人身攻击。心理学家埃里克森将人自我意识的形成和发展过程分为 8 个阶段,7~12 岁的儿童面临勤奋感与自卑感的冲突,处于该阶段的小学生对自己的定位不清晰。农村小学教师应重视学生勤奋感的培养,对学生宽容一点,就事论事地给予学生客观评价,发现学生身上的闪光点,用肯定性、激励性的语言鼓励学生,给予学生希望,帮助学生形成良好的自我认知和健康的人格。

(三)讽刺型

讽刺型的语言如"咱们班就数你最有能耐了""真是笨得没得治了"等。在这种语言的背后,显示出了教师自身急于求成而对学生的反感和不耐烦之情,教师不想听也不愿意听学生的辩解,甚至不愿意看一眼那个给自己添麻烦的学生,更不用说换位思考或给学生提供帮助了。一个习惯于使用讽刺型语言的教师,即使初衷是好的,也很难让人相信他对学生是有耐心而又充满期待的。

或许有些学生的学习成绩的确很差但学生自己也很无助;或许有些学生做的事着实让教师感到头疼但是学生也难以自制;或许有些学生只是想向教师表达自己的想法,抑或是仅仅想为自己辩解几句;或许有的学生只是想给教师留下一个好的印象,或许……但讽刺型的语言一旦从教师口中说出,一个教育学生的良好时机就这样被错过了,学生也只能独自承受着挫折感、压抑感和绝望感。

教学中,有些农村小学教师喜欢借助讥讽式的语言来教育学生,达到管理学生的目的,但也不乏利用讥讽来愚弄和嘲讽学生的教师存在。教育对象的特殊性决定教师语言的规范性,农村小学教师在教学中要用比普通人更高的语言标准要求自己,下意识地规范自己的言语行为。尤其是在批评教育学生时,教师批评用语要尽量和谐自然,语气要亲切和蔼,心平气和地指出学生的错误,晓之以理,动之以情,无形中学生会受到言语的感化,教师教育学生的目的也就能够轻而易举地实现。

(四)威胁型

威胁型的语言如"上课再交头接耳就出去站着""上课再说话就把你的嘴封上"等。教师以恐吓威胁的方式来对待犯错的学生,让他们知道下次犯错误会受到严重的惩罚,以此达到防微杜渐和纠正不良行为习惯的目的。但用这种方式教育学生收效甚微。

其实,仔细分析,很多问题都是可以搞清楚的。试问,教师在以恐吓和威胁的方式对待犯错误的学生时,有没有考虑过学生为什么这样做?学生最近跟同学之间的关系如何?生活上有没有什么烦心的事情?如何帮助学生纠正不良行为?教师只有真正去关心和了解学生,才能找到学生屡次犯错的症结,对症下药,而不是以威胁的方式解决问题。

(五)侮辱型

侮辱型的语言如"你真是不知道'害臊'两个字怎么写"等。通过观察发现,农村小学教师一般不会将这种类型的语言经常挂在嘴边,多数是在控制不住自己的情绪时才会脱口而出,但也不排除一些教师会经常使用这类语言。试想,当成人被别人以这种类型的语言对待时尚不能忍受,何况是还未成年的小学生呢?

我们不能否认,多数农村小学教师对学生使用侮辱型的语言是"恨铁不成钢"的心理所致,但教师又不能以此为由掩饰自己的行为过失。作为一名教师,更应该时刻提醒自己面对的是一群还未成年的孩子,他们的身心发展与自己的言行密切相关。尤其是,随着年级的升高,小学生的情感趋于稳定,自我尊重,希望获得他人尊重的需要日益强烈,教师使用侮辱型的语言对待小学生,不仅会直接挫伤小学生的自尊心,还会严重损害小学生心理的健康发展。

在学校中,教师是美德的化身,教师的思想意识、道德品质、言谈举止、风度气质等潜移默化地影响着学生的价值取向、意志品质和修行作为。因此,农村小学教师要有意识地提升自身的人格和道德修养,注重"身教"的作用,努力成为学生学习的榜样。

高升学率背后的冷思考

蒋安中　蒋　志*

摘　要：改革开放以来，我国教育事业获得很大发展，但片面追求高升学率问题却变本加厉，愈演愈烈。片面追求高升学率导致架空德育，忽视体育，不谈美育，造成现在大学生素质普遍降低，值得教育工作者反省。深化教育改革尤其需要：转变观念，推进素质教育；取消重点学校重点班；改变陈旧的人才观。

关键词：升学率；素质教育；教育改革

每年高考成绩公布时，绵阳的报刊、电台总会大肆宣扬绵阳市的高考升学率以压倒性的优势，蝉联全省冠军。与此同时，上十万外地考生在家长的陪同下涌入绵阳，报考绵阳的重点中学，以致某些地段交通堵塞、酒店客满。此现象使一些绵阳人自豪地认为，绵阳的教育产业带动了房地产业、服务业。而我们老教育工作者却从高升学率的背后思考到令人忧心的问题。

笔者很熟悉的一个小女孩，今年13岁，在绵阳一所升学率较高的中学读初二。许多小学毕业生都想挤进这所初中。小女孩好不容易考入该校之后，就立刻紧张起来。每天自习与课程排得满满的。早上6点起床，赶校车到学校上早自习，早餐后得抓紧时间上厕所，然后上课。午餐后约有半小时的休息时间，接着是下午的课。晚餐后休息片刻，又上4节晚自习（其中有2节是上课），直到晚上9点45分才乘校车回家。这时还不能休息，还得做一两个小时的作业，或背语文、外语。有时甚至夜里12点还做不完作业。星期六、星期日、国家法定假日学校也布置了繁多的语文、数学、外语作业，她节假日也不能放松片刻。可怜！一个13岁的孩子长时间睡眠不足，处于紧张状态，于是出现头昏脑涨的情况，白天昏昏欲睡，甚至在考试时睡着了。笔者也曾劝她注意休息，不要把分数看得太重。但是学校是月月有考试，甚至周周有考试，考了后排名，名次下降了就找家长。学生在这种压力下哪敢放松！就这样形成恶性循环，长期的紧张疲劳已经使她抑郁、焦躁，有时完不成作业就摔东西，更可怕的是甚至还说出"人活着没意思"的话。她爱好绘画，而且还有些天赋。但是繁重的语文、数学、外语作业使她没有时间绘画。学校虽也开过美术、音乐、历史、地理等课程，但是这些中考不考，不被重视，这些课要为中考课让路，提前一月结束课程，天天只上语文、数学、外语，完成那无穷尽的"模拟试题"。校方认为，只有这样才可确保中考的高升学率。然而孩子的兴趣爱好、特长被泯没了，全面发展也不讲了，素质教育只停留在口头上。笔者不禁要问：究竟要把我们的下一代培养成什么样的人？

一、高升学率背后的教育问题

据我们所知，中小学生课业负担过重，不仅只在绵阳存在，在全国的许多地方都存

---

* 蒋安中，原绵阳市人民代表大会常务委员会副主任；蒋志，绵阳师范学院，教授。

在。由于学生不堪重压，已经发生过不止一次的中学生自杀事件。绵阳有，其他地方也有，如河北衡水某校为防止学生跳楼自杀而将教室大楼安上铁栅栏，硬将学校变成监狱。有的人会说："学生自杀只不过发生在个别人身上，现在教育的成绩还是很大的。"笔者不禁反问："这'个别人'难道不是人吗？他（她）们是花季少年，是祖国的未来，却在课业负担的重压下凋谢，这难道不值得我们这些教育工作者反省吗？"

各学校为追求高升学率而各出奇招，甚至求神灵保佑。绵阳梓潼大庙供奉文昌帝君，每年高考前都有本市和四川省内外的一些学生家长带着学生向文昌许愿，祈求金榜题名。从网上看，其他地方也有祈求孔子的，甚至有祈求"神树"的，真是无奇不有。

现在一些中学提出的高考口号也是无奇不有。试看："提高一分，干掉千人！""扛得住给我扛；扛不住，给我死扛！""就算撞得头破血流，也要冲进一本线的大楼！""要成功，先发疯，下定决心往前冲！""宁可血流成河，也不落榜一人！""只要学不死，就往死里学！""不像角马一样落后，要像野狗一样战斗！""战胜富二代，考过官二代！""三省吾身：高否？富否？帅否？否！滚回去学习！"愈来愈不像话了，不敢再引下去了！这些口号充满着疯狂、血腥！是极端功利主义的叫嚣！笔者要再次质问：这样的口号鼓励要把我们的下一代培养成什么样的人？

即使升上大学又如何？由于中学片面追求高升学率，架空德育，忽视体育，不谈美育，造成现在大学生素质普遍降低，这已经是不争的事实。人生观、价值观没有得到正确培养，出现了一些极端的个人主义者、"高学历的野蛮人""精致的利己主义者"。继马加爵杀人事件后，西安某高校又发生学生杀死被他车祸撞伤的人，上海某高校研究生投毒杀死同寝室同学，被判死刑等事件。最近网上又传出"校园暴力"，女生被男女同学侮辱殴打——这些当然也是个别的。但是这些骇人听闻的事件，难道不值得教育工作者反省吗？

笔者从事教育工作已经几十年，20世纪60年代初也曾出现过片面追求高升学率，加重学生课业负担的情况。邓小平发现问题后向毛主席汇报，毛主席指示："学生负担太重，影响健康，学了也无用。建议从一切活动总量中，砍掉三分之一。邀请学校师生代表讨论几次，决定执行，如何，请酌。"这是1965年7月3日的指示，故称"七三"指示。同时还给各个学校传达了这之前毛主席的有关指示和谈话：

"健康第一，学习第二的方针，我们以为是正确的。"（1951年1月15日毛主席给教育部长马叙伦的信）。

"新中国要为青年着想，要关怀青年一代的成长。青年们要学习，要工作。但青年时期是长身体的时期，因此要充分兼顾青年的工作、学习和娱乐体育、休息两个方面。"（1953年6月30日对共青团"二大"的指示）

"主席：现在课程就是多，害死人，使中学生、大学生天天处于紧张状态。近视眼也天天增加。设备不好，光线也不好。

小平：课程多，繁重，老师作业加得多，学生也无法做课外作业。

主席：课程可以砍一半，孔夫子是只有六艺：礼、乐、射、御、书、数。但是他教出了颜、曾、子、孟四大贤人。学生没有文化娱乐、游泳、体育运动是不行的。

小平：学生紧张得不得了，我在家时，小孩子说，门门五分（即优等）没有用。

主席:历来状元都是没有很出色的。李白、杜甫不是进士,也不是翰林。韩愈、柳宗元只是二等进士。王实甫、关汉卿、罗贯中、蒲松龄、曹雪芹也都不是进士翰林。凡是当过进士翰林的,都是不成功的。明朝搞得好的只有明太祖、明成祖两个皇帝,一个不识字,一个识字不多。现在考试方法是对付敌人的办法,而不是对付人民的办法,是突然袭击,出偏题、古怪题,是考八股文的办法。我不赞成,要完全改变。我主张出一些题目公布,由学生研究看书去做。现在这个办法是摧残人才,摧残青年,我很不赞成。"(1964年春节毛主席与邓小平的谈话)

"现在学校课程太多,对学生压力太大。讲授又不甚得法,考试方法以学生为敌人,举行突然袭击。这三项都不利于培养青年们在德智体诸方面生动活泼地主动地得到发展。"(1965年3月10日批示)

当时,笔者学习了毛主席这些指示,感到毛主席讲得非常切合实际,指示非常及时,为教育工作指明了方向。各校雷厉风行,严格贯彻毛主席指示。在我们的学校,大砍学生的课时和作业,减少考试,积极开展各项文化娱乐体育活动,丰富课余生活。组织师生自己排演文艺节目。带领学生走向社会,为群众做好事,人人争当活雷锋,一时间蔚然成风。可惜这种好的势头很快被"文革"打断。

改革开放以来教育事业确实得到很大发展。但是片面追求高升学率的问题却变本加厉,愈演愈烈。今天我们再来重温毛主席"七三"指示及与邓小平的谈话,仍然有强烈的现实意义。我们要高举毛泽东思想、邓小平理论的旗帜,对他们关于教育工作的指示不能置之不顾。那些是50年前的指示,我们再看看现在的决定。

十八届三中全会《关于全面深化改革若干重大问题的决定》:"深化教育领域综合改革。全面贯彻党的教育方针,坚持立德树人,加强社会主义核心价值体系教育,完善中华优秀传统文化教育,形成爱学习、爱劳动、爱祖国活动的有效形式和长效机制,增强学生社会责任感、创新精神、实践能力。强化体育课和课外锻炼,促进青少年身心健康、体魄强健。改进美育教学,提高学生审美和人文素养。大力促进教育公平……不设重点学校重点班,破解择校难题,标本兼治减轻学生课业负担。"

二、深化教育改革的几点建议

笔者出于社会责任感,出于对教育事业的热爱,郑重而沉痛地呼吁:为了救救我们的孩子,认真进行教育改革吧!为此,笔者提出以下几点建议。

1. 转变观念,推进素质教育

各级教育领导部门、各教育工作者必须转变观念,认识教育改革的紧迫性,正视当前教育存在的严重问题,不要沉醉在高升学率的"政绩"中,不要再片面追求升学率,而要重视素质教育。早在1994年,素质教育就已经写入中央文件。1999年中共中央、国务院做出《关于深化教育改革全面推进素质教育的决定》。十八届三中全会《决定》又再次提出深化教育领域综合改革,提高学生素质。可以说,党中央、国务院、教育部及各级领导年年发文件、讲话都强调素质教育。

笔者认为,一般学生的素质构成应包括"德智体美劳"五大方面,素质教育内容应包括:(1)德育。不仅仅在课堂上讲道理,还应当让学生参加社团活动、公益劳动、志愿服务等。如参观博物馆、到烈士陵园扫墓,访问老红军、二战老兵,接受革命传统教育；为孤寡老人、留守儿童、残疾人等弱势群体提供无偿帮助；到福利院、医院、社会救助机构等场所做无偿服务；做生态环境保护的志愿者。通过这些实践活动培养学生正确的人生观、价值观。（2）智育。学业水平考试成绩仅仅是一方面，而选修课程内容和学习成绩、研究性学习与创新成果等，特别是具有优势的学科的学习也是智育的重要内容。（3）体育，指身心素质的培育。积极参加体育运动，培养强健的体质；培育良好的心理素质，具备应对困难和挫折的能力。（4）美育，指艺术素养。充分发挥学生在音乐、美术、舞蹈、戏剧、戏曲、影视、书法等方面表现出的兴趣特长，鼓励学生参加各种艺术活动。（5）劳动——社会实践。安排和鼓励学生参与生产劳动、社会实习、勤工俭学、军训、参观学习与社会调查等。

素质教育要求把教育工作者及受教育者的注意力集中到创新能力、实践能力的培养上来，并使之成为全社会的共识和自觉行动。然而现在不少地方为追求高升学率而大搞应试教育，上述素质教育的内容被挤占，或者说被阉割了。不少地方教育领导部门仍然将升学率作为考核学校、教师的唯一标准。为什么会这样？也许是因为有个高考指挥棒，有社会压力。一个学校如果升学率上不去，谁来读？哪个家长又不希望子女考上名牌大学？高考指挥棒的确导致学校普遍片面追求高升学率。与此同时，国家有关部门已经在进行高考改革了。2014年9月4日正式发布《关于考试招生制度改革的实施意见》，此次高考改革的内容包括：（1）实施把普通本科和高等职业教育入学考试分开的人才选拔方式；（2）完善高中学业考试和综合素质评价，引导学生学好各门课程，克服文理偏科现象；（3）部分科目实行一年多考，减轻学生高考压力；（4）完善高考招生名额分配办法，清理规范升学加分政策，维护考试招生公平公正；（5）加快建立多渠道升学和学习立交桥，为学生成长成才提供多次选拔机会。实行这样的改革是要减轻学生高考压力，打破"一考定终身""千军万马过独木桥"的现状；将平时学习成绩和综合素质评价作为录取的重要参考，减轻学生课业负担，促进学生全面发展，提高学生综合素质。既然高考已经在进行改革，为什么还要片面追求升入重点大学，还要加重学生负担去挤"独木桥"？为什么还不重视素质教育，让学生通过多渠道成才呢？

笔者希望教育主管部门的领导不要再把高考升学率当成最重要政绩了，不要再去三番五次地布置、检查、落实各种"统考""模拟考"了，也不要搞不合理的高考奖励制度了。

2. 取消重点学校重点班

十八届三中全会《决定》已明确指出："不设重点学校重点班，破解择校难题，标本兼治减轻学生课业负担。"而现在许多地方的重点学校还风生水起，办得非常红火。这些重点学校从其他市县挖来优秀教师和尖子学生，升学率当然高。升学率高又吸引其他市县更多学生来投考，择校费收入也愈来愈多，似乎这是"良性循环"。然而，这使笔者想起了"大跃进"时，将若干亩快成熟的庄稼拔起来，栽在一亩田里，于是可以实现亩产几十万斤。这种做法让人感到可笑、可悲！那么，挖其他学校的优秀教师和尖子学生来办重点学校的做法与之有什么本质不同呢？这只会使教育更加不公平。现在是到了对办重点学校重点班的做法降温以至熄火的时候了。

3. 改变陈旧的人才观

学生家长应当改变子女的成才观。"望子成龙"无可非议,问题是什么才是"龙",是不是只有上清华、北大等重点大学才算"龙"?不见得。我们以为人才首先是要有正确的世界观、人生观、价值观;不仅有专业知识,还要有实践能力、创新能力;要有健康的身体和良好的心理素质;要有在音乐、美术等方面的艺术素养。也就是要德智体美全面发展,进行素质教育才能达到的。家长和学校都不应当以考试成绩为唯一标准去评价学生,"高分低能"不可能是人才。"高学历的野蛮人"更是坏才。有的家长只盯着子女的考分和每次考试排的名次,用各种奖惩(甚至家庭暴力)手段要求考高分、拿第一、上清华、上北大,这种做法忽视了对子女的素质教育,在这种高压下子女不可能成"龙",倒可能成"虫"。笔者希望学生家长和教育工作者劲往一处使,把注意力集中到素质教育上来。

笔者认为,现在的教育改革已经迫在眉睫。为此笔者呼吁:教育主管部门应当深入调查研究,发现问题,正视问题,按照十八届三中全会的决定,提出整改方案,切切实实培养学生正确的世界观、人生观、价值观,培养学生的创新能力、实践能力,培养学生健全的身心。重视素质教育应成为全社会的共识和自觉行动,全社会应共同努力,把祖国的未来培养成德、智、体、美全面发展的人才。

功利性学习的困境与出路

盛富云*

摘　要：在功利性学习中，学生的学业成就动机以自我提高内驱力和附属内驱力为主。功利性取向造成学习者缺乏对学习自身的快乐体验，人文素养缺失，终身学习和持续发展需要不足。功利性学习原因有："学而优则仕"观念误导，就业压力大，物质欲望过高。学习者要以自身的内在发展作为学习目的，对学习内容产生直接兴趣，重视人文课程的学习。

关键词：学习动机；学习目的；功利性；人文素养

功利性学习是指学生的学业成就动机属于自我提高内驱力和附属内驱力，学习不是出于对学习活动和知识本身的兴趣，而是把学习看成赢得地位、赞扬、工作等的需要，比如获得求职的"敲门砖"、获得老师的夸奖等。学生期望自己的学习获得物质上的回报，这些回报往往与成绩、工资待遇、社会地位联系在一起。

功利性学习主要体现在学习目标、学习方法及对学习内容的选择上。如今的学校教育以应试为导向，学习目标的设立是为了应付各种各样的考试，为了能在考试中获得高分，周考、月考、升学考等考卷上的分数是师生和家长关注的对象。学习者为了快速掌握考试重点内容，往往采用死记硬背的学习方式，并没有理解、同化新知识，更多的是掌握应试技巧，学习者能够解答考题，却不会联系实际，不会将知识灵活运用到日常生活中。师生对教学内容的重视程度与其在考试中所占比例密切相关，受到重视的所谓"主科"就是考试分值大的科目，相应地，在学校不受重视的"副科"即指在最后的考试中分值所占比例少的科目；每门课程中的重点内容就是出题概率高、所占分值大的知识点。学习这些课程内容时，师生都愿意花较多的时间和精力，教师占用"副科"给学生补"主科"，学生在"副科"上课时不认真听讲，一门心思想多做点"主科"作业。个人继续学习的知识是获得证书和文凭所需要的内容，教育和学习被当作是升职加薪的工具。

一、功利性学习的危害

1. 学生缺乏对学习自身的快乐体验，难以形成创新能力

学习者对知识本身和学习过程缺乏兴趣，在学习活动中缺乏掌握知识、发展能力的快乐体验，探究意识薄弱，将不利于创新意识的培养和创造能力的提升。林登教育服务公司（Linden Educational Services）咨询委员会成员、国际教育顾问德波拉·郝芙蓉女士曾经对中国学生到美国后所面临的适应问题做过调查，结果发现：大部分中国学生欠缺"批判性分析"的能力，只想"听教授讲课，寻求'正确'答案，而不是针对问题，想出不

---

* 盛富云，女，扬州大学教育科学学院，硕士研究生。

同解决方案"。① 我国学生固守在一个灌输式教学和死记硬背的体系中,只求通过各种考试,满足学校、社会的需求,在学习方法上急功近利,以接受学习为主,学习过程枯燥乏味,学习者体会不到掌握知识的乐趣,容易产生厌学情绪,更不用说进行知识创新了。"知之者不如好之者,好之者不如乐之者",只有采用多样化的学习方式,激发学习者求知的好奇心,培养学习兴趣,鼓励他们交流协作、自主探究,让他们的思维得到释放,才能点燃智慧的火花,提高创新能力。

2. 人文素养的缺失

子夏提出"学而优则仕",很多人将这句话的本意——只有学有余力才可以去做官,误解为学习好了就去做官,将学习视为改变身份、步入仕途的阶梯,以便获得"颜如玉""黄金屋",致使学校沦为科举考试的附庸。从明清时期的八股文取士,到如今现实中的应试教育,教师的课堂教学内容及学习者对知识的选择都过于片面、狭隘。随着工业革命的快速发展、科学技术的飞速进步,20世纪后半叶科技理性凸显,人文精神沦落,人们日益重视自然科学课程,忽视文学、历史、美学等人文课程的熏陶,公民普遍缺乏社会使命感,他们多是钱理群教授所说的"绝对的、精致的利己主义者",他们世故老成,凡事都以一己之利作为自己言行举止的驱动力,只把知识当作获取利益和权力的工具、手段。

3. 不利于学习者终身学习和持续发展的需要

学习的功利性意味着学习者要求从学习中获得及时的回报和实质性的用途,从而忽视了人类学习的最根本目的——学习是为了终身发展和社会进步,学习是发挥人的潜能、形成健康的人格及发挥人的创造精神的一种活动。② 学习者若只是把学习当成一种投资手段,一种可以带来丰厚利润的生产性投资,期望获得投资效益,那么当投资得不到相应回报的时候,就会半途而废。人本身是具有成长的可能性的,正常的儿童和正常的成人都在不断成长,人需要终身学习以实现自身潜能。古语有云:"读万卷书,行万里路。"读书可以增长见闻、开阔眼界、陶冶情操,为学习者从多角度、多层次看待事情提供知识基础和思维能力,这种回报绝不是分数、文凭、证书等可以替代的。只有从学习的根本目的出发,才能激发学习者持续成长的愿望,形成学习者多方面的能力、健康的个性品质。

二、功利性学习的原因分析

首先,我国"学而优则仕"的传统观念误导学习者树立外在的学习目标。孔子为此曾说"古之学者为己,今之学者为人",这句话中的"为己"是说学习修养完全是自己内心的要求,是为心安而不是为名利,"为人"就是做给别人看,沽名钓誉;意思是前人学习是为了提高自身的修养,现在人学习是为了向别人炫耀,不明白学习的真正意义。学习者都想获得有利用价值的知识,唯恐"疲精神耗目力于无用之学",很多学生和家长都会问,学习这些知识有什么用? 人们倾向于掌握工具性知识,这种实用主义思想注重的是知识对日常生活需要和问题解决所具有的作用。当年法拉第发现了电磁感应,演

---

① 方柏林:《及格主义》,华东师范大学出版社,2013年,第179页。
② 李凤珍:《浅谈高中生的功利性学习动机》,《考试周刊》,2012年第62期。

示给别人看,有位贵妇人说:这有什么用? 法拉第反问道:刚生出来的小孩有什么用? 按中国人的标准,也许这个贵妇人说得很有道理,学以致用嘛,没有用处的学问哪能叫学问。而事实上,不管电磁感应有没有用,我们都可以先了解了再说,追求智慧应与利益无关,而应该是出于兴趣。可是,出于兴趣的快乐学习在中国人看来是不可靠的,"梅花香自苦寒来""学海无涯苦作舟",学习就需要经历一个痛苦的过程。加之我们经常强调学生的主要任务是学习,学业负担重等外在压力致使学生理所当然地会把学习当作一件必须应付的苦差事。

其次,就业压力大是导致功利性学习的外在社会原因。我国人口众多、竞争激烈,加重了学生的心理负担,学生作为社会人,迟早要作为社会劳动力参与工作,而教育是为将来的生活做准备,接受教育也是在为就业做准备。"理想很丰满,现实很骨感",现实中不少人为了获得生活保障而不得不屈从于现实而放弃理想。现阶段严峻的就业形势和忙碌的生活节奏,迫使很多人为了适应社会生活的需要,不得不将自己有限的时间和精力用来学习就业所需的知识和技能,学生在选择专业及选修课时,常常优先考虑是否有利于将来获得工作机会,他们多选择就业率高、就业前景好的专业,而不是自己感兴趣的专业或学习内容。学习者一方面希望通过不断的学习来提升自身能力,以便在竞争中保持优势,另一方面又期望学习的过程短暂而有效、学习的回报及时而丰厚,他们似乎急需成功,所以学习者往往放弃学习那些短期内没用的知识,对学习内容的选择非常现实,学习目的带有明显的功利性。

最后,过高的物质欲望是导致功利性学习的主要原因。在现代市场经济中,个人追求的目标是效用最大化,即在个人可支配资源的约束条件下,个人利益要得到最大限度的满足,而个人利益是用基于等价交换原则上的金钱作为衡量标准的。在学习者看来,培养人文素养、树立崇高的思想道德是次要的,通过学习实现个人利益最大化才是主要的,急功近利的价值观引导他们只顾追逐眼前的、物质的东西,目光短浅,缺乏长期的规划。这种社会大环境的世俗化导致很多人的人生追求为上层的社会地位、舒适的工作环境、优越的生活条件等,他们企图用外在的物质条件满足内心对幸福的追求,不断地攀比车子、房子、票子,殊不知物质追求无穷无尽,很难达到自我满足的状态,而根据埃利斯的情绪 ABC 理论,幸福感取决于对问题正确的认知和合理的信念,如果以错误的人生观、价值观等来引导自己,则前进方向都错了,即使过程再努力、再坚持不懈、勇往直前,也不可能获得理想的结果。

三、克服功利性学习的对策

第一,学习者要以自身的内在发展作为学习目的。有学者认为学习目的分为三个层次,最低层次是学习的"生存"意义,继而是学习的"发展"意义,最高层次是学习的"自我"意义。学习者不能仅仅为了物质的、外在的学习目的而忽视学习对自身修养、思维能力的促进作用,若将"我为什么学习""学这些知识有什么用""学习为了什么"的答案仅停留在生存意义的层面,会导致学习者学习动力不足,缺乏强烈的学习愿望与不懈的毅力。马斯洛的需求层次理论表明,生理需求仅仅是人最基本的需要,自我实现才是最高层次的需要,既然现在社会的发展已使绝大多数人的生理需要得到满足,那么学习目的的建立也应该有更高层次的追求,学习应该是为了完满的人性和个人潜能的充分发挥,即通过学习使自己的个性、潜能得到充分的发展。当学习者的学习目的上升到自我意义的层面时,他们才会产生源源不断的学习动力,才能自发地学习,养成良好的学习习惯,将学习贯穿于人生的各个阶段,从而为社会、为人类文明的发展做出自己的贡献。

第二,激发学习者对学习内容产生直接兴趣。教师在教学过程中应以学生为中心,注重培养他们的学习兴趣,机械训练、简单重复只能有助于学生对考点的识记,但很难有助于学生对知识的理解、内化,实现知识的综合运用和创新能力的培养,更谈不上让学习者形成正确的情感态度和价值观。"兴趣是最好的老师",教学应该从学生的兴趣出发,寓教于乐,培养学生对知识本身的兴趣。学生应积极主动地以自己的生活经验、知识基础为背景,建构知识的意义,发展思维能力。教师的作用是创设良好的学习环境,并对学生的学习过程进行引导,发展学生的问题分析能力和独立判断能力,而不是让学生盲目从众或无所适从。

第三,重视人文课程的学习。学校教育不仅要实现"教书"的功能,更要承担"育人"的职责。"千教万教教人求真,千学万学学做真人",学校必须将培养德、智、体、美、劳全面发展的人作为"素质教育"的核心内容。学校在开展教育的过程中不仅要善于挖掘各门课程中的人文教育价值,还应增设人文课程,协调人文学科和自然学科在学校课程中的比例,发挥人文学科在学生品格培养及思维训练方面的独特作用。例如,对于工具性和人文性统一的语文课程,不能只把它当作一种工具,而是要把它当作一门学问,让学生通过语文课程的学习,欣赏和领悟语言本身的魅力。学校教育不仅是为了向学生传授知识,更重要的是要培养学生善良、乐观、宽容等优秀的品质,使其注重自身道德修养,学会尊重他人,具有端正的行为举止等。

从卢梭的自然教育观看"富二代"家庭教育

摘 要：当前"富二代"的家庭教育问题已引起社会的广泛关注。"富二代"家庭普遍存在着自我体验缺失、物质满足不加节制、替代式教育、教育氛围不良等问题，这些问题影响了孩子的健康成长。卢梭的自然教育思想对"富二代"家庭教育具有重要启示：适当挫折教育、尊重儿童身心发展规律、树立正确价值观、重视父母家庭教育角色的不可替代性、创造良好家庭氛围等。

关键词：自然教育；"富二代"；家庭教育

因父辈拥有巨额财产从而凭借出身就具有一定的社会地位和物质支撑的人都属于"富二代"。"富二代"作为一个社会群体古已有之，近些年，"富二代"问题尤为突出，引发广泛关注，研究"富二代"的家庭教育问题十分必要。

一、"富二代"家庭教育的突出问题

1. 保护过度，自我体验缺失

不可否认，"富二代"拥有比平常人优越的物质财富和社会资源，父母常常为其人生铺好道路，给予足够多的保护，但却剥夺了他们在自然成长过程中体会酸甜苦辣的权利，以及接受来自生活的磨炼的机会。"富二代"家庭中绝大多数有保姆、司机，他们衣食住行甚至外出都有专人照顾，大部分事情有人代办。这使得他们的感知、情感、意志等心理品质落后于身体发育水平，自我认知、自我评价、自我教育的能力未能得到应有的发展和提高。① 古语有言"生于忧患，死于安乐"，孩子在安逸的环境和众人的呵护下可以安全成长，但幼儿和少年时期缺乏直接经验带来的损失是后天难以弥补的。

2. 贪图享受，物质满足不加节制

"富二代"的物质满足过于容易，且没有节制，容易导致他们不懂珍惜和感恩。"富二代"们含着金汤匙出生，在成长过程中吃穿用度都不用发愁，各种玩具更是想买就买，很少节制，他们甚至想象不到世界上还有其他生活状态的存在。究其原因，其一，丰厚殷实的家底为其提供了物质基础；其二，父母由于忙于事业很少有时间陪伴孩子，带有一定的补偿心理，因此对孩子的要求常常是无条件满足。久而久之，这就使"富二代"们产生一切都是理所应当的心理，对任何人或事情都不在乎，主体意识淡薄，缺乏上进心，更没有用劳动去获得想要的东西的意识。这种意识对他们的情感、态度、价值观都会产生不良影响。

3. 替代式教育，缺乏亲力亲为

"富二代"的父母或忙于事业，或不懂教育，往往采取的是"替代式"教育，孩子的家

---

* 裴晓，女，延安大学教育科学学院，硕士研究生；田伏虎，延安大学，党委副书记，教授。
① 周小平：《浅谈"富二代"的家庭教育》，《教育科研》，2010年第8期。

庭教育工作很大程度上交与保姆或委托给他人。虽然"富二代"家庭对孩子的教育资金投入多,如让孩子上费用高昂的教育课程,但带孩子去上课的常常只有保姆和司机。父母缺乏亲力亲为,对孩子的很多问题不了解,孩子与父母的交流沟通也很少,如此导致孩子的人际关系冷漠,责任感缺乏,甚至影响孩子健全心理的发展。父母通常认为,把孩子送到最好的学校再聘请专业教师来进行一对一的辅导就万事大吉,事实上这种做法无法发挥家庭教育的基础性作用,只是将家庭教育变成学校教育的延伸。

4. 富裕家庭环境下不良的教育氛围

孔子指出:"其身正,不令而行。其身不正,虽令不从。"很多"富二代"都有蛮横、骄傲、以自我为中心的性格,究其原因最主要的是不良家庭教育氛围的影响。其一,父母忽视自身言行对孩子的影响,比如会当着孩子的面无所顾忌地批评指责保姆或司机,在外也趾高气扬,横行霸道,久而久之,孩子会无意识地进行效仿。其二,"富二代"在所处的家庭环境中往往处于中心地位,长期笼罩在父母的光环下,身边的人往往都对其顺从、纵容,"一旦他们把周围的人都看作工具,就会依赖这些人去进行活动,他们之所以变得讨厌、蛮横、傲慢,其原因就在于此"。①

二、卢梭自然教育思想对"富二代"家庭教育的启示

自然教育思想是卢梭教育理念的核心,自然教育即"教育要遵循自然,跟着他给你的道路前进",即教育要遵循儿童的天性,顺应儿童的身心发展规律。卢梭的自然教育思想对当前"富二代"家庭的教育具有积极的意义。

1. 适当挫折教育

自然教育的目标是培养"自然人",即自由成长、身心和谐发展、自食其力、不受传统束缚、能够适应社会生活的人。卢梭认为:"自然的教育主要是针对富人的,穷人是不需要受什么教育的,他的环境的教育是强迫的,他不可能受其它的教育;反之,富人从他的环境中所受的教育对他是不合适的,对他本人和对社会都是不相宜的。"②

"富二代"孩子往往被保护过度,在有专职人员看护的情况下,日常生活得到过度照顾,衣食住行都被安排得妥妥帖帖,不会遭受到丝毫风吹雨打。一个人坚韧意志的形成是要在实际生活中去历练的,适当的挫折教育是非常有必要的。正如卢梭所描绘的那样,"要是他一点伤都不受,不尝一尝痛苦就长大的话,我反而感到非常苦恼。忍受痛苦,是他应该学习的头一件事,也是他最需要知道的事情。"③"富二代"身上的很多问题。如自理能力差、心智发育晚、承受能力弱等都是被过度保护所导致的。卢梭在书中还说道:"当你事事都在替他着想的时候,他还动什么脑筋呢?既然可以依靠你的深谋远虑,他何必事先考虑呢?他看见你在照顾他的生命和幸福,他就觉得自己用不着操什么心。"④

溺爱孩子很容易,但要做到最有利于孩子成长的爱却很难,因为真正的爱需要智慧,需要狠心。"人们只想到怎样保护他们的孩子,这是不够的。应该教他成人后怎样保护他自己,教他经受得住命运的打击。"⑤处处照顾和保护,只会让孩子变得好逸恶劳、不思进取。"为了要感到巨大的愉快,就需要他体会一些微小的痛苦;这是他的天

①－⑤ [法]卢梭:《爱弥儿》,李平沤译,商务印书馆,1982年,第64、36、78、154、16页。

性。身体太舒服了，精神就会败坏。"①卢梭认为，要让儿童学会自己承担不良行为的自然后果，吸取教训，比如"他打破他房间的窗子，你就让他昼夜都受风吹，别怕他受风寒，因为宁可让他着凉，不可让他发疯"。②成人要做的不是如何保护孩子，帮他们把任何事情都安排妥当，让他们不受到任何伤害，而应该让他们体会生活，体会失败，磨炼意志，学会承担责任。因此要给"富二代"适当的挫折教育，使他们形成对困难的承受能力、对环境的适应能力。

2. 回归自然，尊重儿童身心发展规律

自然教育就是要把儿童当作儿童看。卢梭认为，成年人不应该用自己的思想去代替儿童的看法和感受，无论是向儿童灌输与年龄不符的知识和道德，还是贵族们把儿童打扮成小绅士、小贵妇，要求他们的行为举止像成年人那样，都是没有正确认识儿童的表现。家庭教育要回归自然，"对儿童心灵的培养不要过早，对儿童身体的培养不要束缚"。"富二代"家庭往往将此颠倒。"孩子们表面上看起来好像有心思，其实他们是没有心思的；反之，他们看来能做的事，他们是能够做到的。"③

一方面，在培养儿童的心灵上，不要急于求成、揠苗助长。"大自然希望儿童在成人以前就要像儿童的样子。如果我们打乱了这个次序，我们就会造成一些早熟的果实，它们长的既不丰满也不甜美，而且很快就会腐烂：我们将造成一些年纪轻轻的博士和老态龙钟的儿童。"④要明白一个人的生活经历往往决定他是否具备解决问题所需要的思想，过早灌输超越自身年龄的知识和法则只会适得其反，应该尊重自然的选择，适应孩子的自然发展。"要防止一个少年在没有余力做成人的时候变为成人。当身体成长的时候，精神也日益充实。"⑤卢梭主张让儿童在自身的教育和成长中处于主动地位，成人不必过分干预，成人需要做的是观察与了解他们的自然倾向和特点，防范来自外界的不良影响。

另一方面，在对待孩子的身体行动上，卢梭反对不顾儿童特点，干涉并限制儿童自由发展，违背儿童天性的做法，主张对儿童进行"消极教育"，"让他一个人自由自在，你一言不发地看他活动，观察他要做些什么和怎样做法。由于他无须表明他是自由的，所以他不会仅仅为了显示一下自己能凭自己的力量活动就鲁莽地去干"。⑥这些"富二代"孩子在日常行动上往往受到很多限制，他们经常被告知"不能动、不能爬、不能去"，实际上他们的行动是被束缚的，天性是被压抑的，缺乏自由和尝试的机会，"我们最初的哲学老师是我们的手、我们的脚和我们的眼睛"。⑦一些研究结果表明，凡运动能力发展良好的儿童，其社会化的质量也好；相反，凡运动能力发展迟缓的儿童，其依赖性强，社会性欠缺。

3. 树立正确的价值观

卢梭认为，善良的人性存在于纯洁的大自然中，只因社会的文明特别是城市的文明才使人性扭曲、罪恶丛生。他主张培养的"自然人"是相对于"公民"提出的，"公民"是指依赖于专制社会的、有等级的、被困于职业而不自由的人，自然人是始终把自然情感保持在第一位、独立自主、平等自由、道德高尚的人，是不被等级、欲念、权力所指引，在

---

①－⑦　[法]卢梭：《爱弥儿》，李平沤译，商务印书馆，1982 年，第 95、119、205、29、354、229、166 页。

社会秩序中始终把自然感情保持在第一位的人。这种"自然人",从小就被训练成为尽可能地自食其力的人,既没有永远求助于人的习惯,也没有向人夸耀的习惯。

当今的"富二代"受周围环境的影响产生了不良的金钱观,浪费、拜金,崇尚奢侈虚荣的生活,不明白财富的真正价值体现在哪里。"使他们腐化堕落的是财富,在他们家中除了他们亲手做的事情以外,其他都是弄得挺糟糕的,可是,他们在家中差不多是从来不做什么事情的。"①家庭教育要帮助孩子树立正确的价值观,父母用什么样的理念来引导决定了"富二代"将来成为什么样的人。卢梭认为:"应该教育子女不要把豪华和贫困看在眼里。"家庭教育要让孩子懂得什么是真正的财富,除了金钱之外还有很多的财富更加重要,比如健康、友谊、亲情等。同时,身为"富二代"的孩子们潜意识中往往自以为比"民二代"高人一等,这种潜意识是从平时点点滴滴之中潜移默化而生成的,从量变到质变,以至于导致一些很严重的后果。家庭教育应该帮助"富二代"摒弃自己的等级观念,认识到人的劳动有分工不同,但人没有贵贱之别。正如卢梭所说,"他请求一个国王帮助,同请他的仆人帮助是一样的:在他看来,所有的人都是平等的。你从他请求的态度就可以看出,他并不认为你是应该帮助他的,他知道他请求的是你的好意"。②"富二代"应该树立平等地位和责任感,注重知识和内在的修为,利用自身的优越条件造福社会。

4. 父母在家庭教育中不可替代

卢梭认为,父母对子女从小到大的教育作用是任何人包括保姆、教师等都无法替代的,"由明理有识而心眼偏窄的父亲培养,也许比世界上最能干的教师培养还好些,因为,用热心去弥补才能,是胜过用才能去弥补热心的"。③由此可见,卢梭把提高父母对家庭教育的思想认识放在首位,重视发挥父母对子女独一无二的教育作用。

"富二代"家庭虽在孩子的教育基金投入上从不吝啬,但往往忽视自身对孩子的亲自教育,只依赖学校教育和其他教育机构,这样远远不够。家庭教育是基于家庭基本环境下的一种教育,它当然要与学校教育实现良性互动,但首先需要具备自身的独立地位、独立功能与独立形态。父母要充分认识到自身在家庭教育中的不可替代性,正如卢梭所言,"不能借口贫困、工作或人的尊敬而免除亲自教养孩子的责任。读者诸君,请你们相信我这一番话。凡是有深情厚爱之心的人,如果他忽视了如此神圣的职责,我可以向他预言,他将因为他的错误而流许多心酸的眼泪,而且永远也不能从哭泣中得到安慰"。④

5. 注重言传身教,创造良好家庭氛围

卢梭认为,人的教育有三种来源。第一个方面是儿童接受来之于自然的教育,第二个方面是儿童在其成长的过程中接受人为的教育,第三个方面就是关于事物的教育,这里指周围环境对儿童的影响。如果这三个方面是冲突的就是不好的教育,如果这三个方面相互配合向自然的方向靠拢就是好的教育。因此,教育要以自然教育为主轴,人为的教育和事物的教育都应该围绕自然的法则展开。

"人为的教育"方面,父母应注重言传身教,家庭教育体现在日常生活的每时每刻,

---

①—④ [法]卢梭:《爱弥儿》,李平沤译,商务印书馆,1982 年,第43、229、29、30 页。

幼儿期是一个人人格形成的关键时期,人格的发展与父母的言行、家庭氛围的影响密不可分。在儿童的启蒙教育阶段,家长的一言一行都会在不经意间成为儿童效仿的对象。言,就是言传,父母如何与别人谈话,如何谈论其他人,用怎样的语气与孩子交流都会影响儿童品性的形成。行,就是身教,父母如何穿衣,如何表达自己的喜悦和愤怒,如何对待朋友、长辈或家里的保姆、司机,也会在不经意间成为孩子效仿的范本。因此,父母一定要以身立教,想让孩子成为什么样的人,自己首先做什么样的人。比如想让孩子养成阅读书籍的习惯,自己就先拿起书本;想让孩子有礼貌,自己就要以礼待人。如卢梭所说,"你们一定要少说多做,要善于选择地点、时间和人物,以实例教育你的孩子,就一定能够收到实际的成效"。①

"事物的教育"方面,要创造良好的家庭氛围。卢梭强调家庭氛围对儿童情感道德的影响,他说:"只要父母之间没有亲热的感情,只要一家人的聚会不再使人感到生活的甜蜜,不良的道德就势必来填补这些空缺了。"②心理学研究表明,来自充满矛盾与冲突的家庭的儿童常有情绪方面的困扰和大量的问题行为,比如压抑、焦虑、缺乏安全感、侵犯行为等,而良好的家庭氛围有助于培养儿童积极的自我意识和行为习惯。因此,父母要注重营造良好的家庭文化氛围,以家庭生活为基本资源,在家风、家训、家庭风俗等因素的熏染下让孩子逐步懂得待人处事的基本道理与行为要求。③ 总之,良好的家庭氛围和教养方式对孩子健全人格的塑造、身心和谐健康的发展至关重要。

①② [法]卢梭:《爱弥儿》,李平沤译,商务印书馆,1982 年,第 353、30 页。
③ 杨江丁:《家庭与学校教育上的"和而不同"》,《上海教育》,2015 年第 11 期。

中小学教育改革（笔谈）

摘　要：面对中小学教育的诸多问题，创设宽松的育人环境、建立良好的师生关系、创建儿童展示平台、打造诗意的课堂，有助于儿童健康充分的成长。

关键词：教育环境；师生关系；诗意课堂

从养花看儿童教育

于艳荣 *

开学初的一个周末，全家人驱车到西宁市城南的苗圃游玩。看到一盆盆的萝卜海棠花开得正艳，我们禁不住驻足观赏。临走时我和女儿一人选了一盆。我选的一盆花朵是粉色的，女儿选的一盆花朵是白色的。她说，白色的这盆就像仙子下凡，很美。我也笑着附和。从外观看，这两盆花除了颜色不同外，大小几乎一样。回家后，女儿建议把白色那盆移植到一个大盆里（前段时间种在这里的一盆花死了，但这个盆很漂亮就没扔，现在刚好派上用场）。之后的日子里，这两盆花就生活在我家的阳台上，一样的阳光，一样的给水。如今，半个多月过去了，这两盆花有着惊人的不同，女儿选的白色的那盆远远比我选的粉色的那盆大得多，无论是花的大小，还是每片叶子的大小，都有明显的区别。白色的那盆似乎越长越精神，掌心大小的叶子绿得那么可爱，真的如同巴金笔下的大榕树那样：似乎每一片叶子上都有一个新的生命在颤动。纯洁无瑕的白色花瓣俏丽地挺立在上面，是那么高傲，那么自信，那么引人注目。而另一盆粉色的呢，似乎和刚来我家时没什么区别，尽管也在开花，可感觉花朵总是畏首畏尾、缩头缩脑地躲在叶子下面，有几朵吃力地刚从拥挤不堪的叶片间露出头来没几天就凋谢了。叶子呢，更是只有铜钱般大小，更可气的是底部每天还会有叶子发黄、干枯。望着同时移居我家的本来没有多大差别的两盆花，就因为给其中一盆换了花盆，改变了生活环境（从小的空间来到大的场地），在短短的时间内就发生了这么大的变化，如果不是亲眼所见，很难让人相信原来它们曾经是一样的。

望着迥然不同的两盆花，我陷入了深深的思考，不由得联想到我们的教育问题。刚入学时所有的孩子几乎都在一个起跑线上，几年下来，就有明显的不同：有的孩子自信乐观，知识面广，善于交流；而有的则相反。这是为什么？除了家庭教育之外，是不是跟我们的学校教育，跟我们的教师有着密不可分的关系？那么，教师应该如何给孩子营造一个良好的教育环境，一片利于孩子成长的土壤，让孩子自由自在、无拘无束地成长呢？这值得广大教师去深思。

---

* 于艳荣，女，青海省西宁市北大街小学，特级教师。

一、宽松的育人环境是儿童健康成长的根基

融洽的师生关系。在我们学校的所有班级里,教师和学生彼此间的称呼发生了改变,学生称呼教师不再是姓什么就称呼什么老师,而是用老师名字中的某个字,如霞霞老师、敏敏老师等。教师称呼学生也不是姓氏加名字,而是和家长一样直呼小名。这样一个班级真的就像一个大家庭,很亲切,大家没有了距离感,关系很融洽。当然这只是表面的形式,其实,内在的师生关系也在发生着改变,比如教师尊重每一个孩子,把他们当作朋友,课堂上尊重他们的想法,给每一个孩子表达的机会。

民主的班级氛围。班级的大小事务都由孩子做主,包括班干部的竞选、班规的制定,甚至是作业的布置等,都征求大家的意见,大家讨论后再做。这样培养了学生自主管理自己的能力,班级的民主氛围得以形成,学生不再是逆来顺受的执行者,而是行为准则的制定者,学生更加愿意遵守规则,好习惯就在不知不觉间养成了。

给儿童"留白"的时间。如果说教育即生长,那么教育者的使命就是为生长提供最好的环境。怎样的环境算是最好的呢?生长是人的能力的自由发展,可称之为内在的自由,最好的环境就是为之提供外在的自由。中国绘画有一种技巧叫"留白",就是在作画时不把整张纸画满,而是留下一些空白之处。大师齐白石画虾,基本上都是寥寥几只虾占据一大张纸,但仔细把玩却会发现趣味无穷。在孩子教育成长的过程中,我们也需要给他们"留白"——每天给儿童一些独立的时间和空间,让他们有机会独处,也有机会和同龄人相伴,让孩子有足够的自由去体验、探索、思考,在此基础上建立自信,形成自己的人生经验,并进一步形成独立健康的人格心理。

二、只有适合的教育才是最优质的教育

允许差异。儿童的成长存在差异是必然的,教育需要直面孩子的差异。那么教师、学校要做什么呢?就是根据孩子差异化的学习需要来设计教学内容。比如:教学问题的设计不能只关注学优生,要设计难易程度不等的问题以适应不同层次学生的需要,作业的设计也要分层,不能以考试成绩论英雄,更不能以一把尺子丈量所有的儿童,要承认而且允许有差异的存在。要因材施教,发现每个儿童身上的闪光点,在闪光点上做文章,让每个儿童都得到长足的发展。

教育是慢的艺术。课堂上我们常常听到教师这样催促儿童:"快想、快做、快回答,快快快,抓紧时间。"殊不知,这样做是违背儿童思维发展规律的,是不利于儿童的思维发展的,要知道儿童思维的伸展跳跃远远比我们课堂上知识点的学习更重要。教育是慢的艺术。慢,就是个性发展,要让每一个个体都经历学习的过程,体验学习的快乐,必须放慢脚步,放手让孩子去自我成长。慢,还意味着尊重生命,生命的成长本来就是循序渐进的,有回旋,有后退,有顿悟,教师要舍得花时间去静待花开。

三、打造一间儿童向往的幸福教室

花盆是花的生长空间,花的长势优劣取决于这个空间是否适合花的生长,当然这个空间里最重要的是肥沃的土壤。儿童在学校里的空间是教室,一间教室能给他带来什么,取决于教室之外的空白处流动着什么。相同面积的教室,有的显得很小,让人感到局促和狭隘;有的显得很大,让人觉得有无限延伸的可能。是什么东西在决定教室的尺度——教师。美国教师雷夫·艾斯奎斯让56号教室变得无限大。他创造了56号教

室的奇迹。他的面貌决定了教室的内容,他的气度决定了教室的容量。如何打造一间儿童向往的幸福教室呢? 这间教室里需要有爱,一间教室就如同一个大家庭,教师是家长,儿童是家庭成员,大家彼此关心,相互体贴。这间教室有共同的奋斗目标,大家一起为实现这个目标去奋斗,教师能够帮助更多的学生获得学业上的长足发展,使他们实现自己的人生高度。这间教室里有尊重,人人都享有被尊重的权利,哪怕是有缺点的孩子、成绩不够优秀的孩子。只有人格得到了尊重,生命才会得以舒展,智慧才会得以释放。这间教室里有快乐。在这里不仅有获得知识的快乐,还有能力得以培养的快乐,同时还有各种活动的开展,比如读书活动、体育活动、科学实验等,孩子可以与同伴一起游戏,共同成长。

四、阅读——儿童成长的必需养分

花儿需要阳光的照耀,需要雨露的滋润,需要养料的营养。同样,儿童的成长也需要这些,而阅读就是儿童成长的必需品。那么,如何培养儿童的阅读习惯呢?

帮助选择好书。给孩子看的书,应该是独特的书。独特能给孩子带来一种新的启迪、惊喜。比如《第一次发现》,在给孩子讲方位的时候,说猫在椅子上,老鼠在桌子下,当把胶片翻过来以后,老鼠和猫的方位就变了,胶片让孩子在动态中认知这个不断变化的世界,给孩子一种全新的认知模式。我想,读了这个系列,也许会改变孩子一生的思维方法。

家长发挥榜样作用。家长是孩子的第一任老师,除了上学的时间,孩子的大部分时间都和家长在一起,因此家长要在家里读书,为孩子树立好的榜样。

每天坚持。学贵有恒,要让阅读成为一种习惯,必须得持之以恒,坚持每天读书,让读书成为自己家庭生活的一部分。

制订阅读计划。每年都要有开放式的阅读计划,计划要和孩子一起制订,并督促孩子去完成,孩子生日或重大节日可以以一本好书作为礼物。

教师指导。在儿童阅读的过程中,教师的作用不可估量,他可以利用课堂上的时间开展各种读书活动,指导儿童阅读,为其提供阅读展示的平台,让其感受阅读的快乐,这样将会大大提高儿童的阅读兴趣,为儿童阅读助力。

生本理念下师生关系的建构

吴国萍*

建立良好的师生关系既是新课程实施与教学改革的前提和条件,又是新课程实施与教学改革的内容和任务。新课程对课堂教学改革的要求首先是要突出师生关系。因为师生关系的好坏,直接影响到教育效果的优劣。既然建立良好的师生关系是教育教学工作成功的基础,那么如何在师生间架起心灵的彩桥呢?

---

* 吴国萍,女,青海省格尔木市实验小学,特级教师。

一、用"爱心"来诱导，理顺师生关系

首先，教师要有爱心，用暖暖的爱意对待学生。教师不仅是知识的传授者，智慧的启迪者，更应如严父慈母班般关心爱护学生。教师在工作中应该深刻认识到学生是一个个与我们有着平等权利和平等人格的有血有肉的人，而不是简单地把他们看成自己的劳动对象。要建立良好的师生关系，教师就必须付出真情。对待学生，要和蔼、爱护、亲切、宽容。适度原谅学生的过错，俗话说"人非圣贤，孰能无过"，何况是孩子。对于一些无关大碍的错误，决不可抱着"杀一儆百"的想法而从重处罚，这样可能会在一定程度上起到防范作用，但更可能伤害孩子的自尊，使孩子失去对学习的兴趣，长期笼罩在自卑的阴影中，久而久之，孩子会产生强烈的逆反心理和仇视心态，继而形成"恨师及课"的观念，这不仅严重影响孩子的全面发展，而且会使得师生关系继续恶化。所以，要化解这些不必要的矛盾，教师必须要有爱的胸怀。

二、用"亲和力"辅助，激活师生关系

苏联教育家苏霍姆林斯基认为，师生之间建立一种互有好感、互相尊重的和谐关系，这将有利于教学任务的完成。最好的教师在教学活动中会忘记自己是教师，而把自己的学生视为孩子，甚至是志同道合的朋友。教师的"可亲"是保证学生"信其道"的前提。健康和谐的师生关系不仅使学生对于课堂中教师组织和管理的权威地位欣然接受，进而保证良好的课堂教学秩序，而且会使师生之间相互尊重，情感联系紧密、积极互动，从而创设有利于师生学习的心理环境，激发学生的学习兴趣，使学生主动学习，与教师产生亲密感。

三、用"方法"助力，引领师生关系

一个好方法，可以引领师生关系达到一个新的高度。例如，笔者在工作中，为与家长进行联系建立了一个家长微信群，让每个家长参与其中，笔者常常将学生写得好的作文，写得认真的作业学生，朗读课文或上课回答问题的情景，以及平时班级发生的有趣的事情的相关照片或录像发到微信群，忙碌的家长不需要到学校去，在家里也能时时对于自己的孩子"看得见、摸得着"，家长积极评论，互相学习，收到了意想不到的良好效果。受到表扬的学生回家后都会兴高采烈地告知家长受到的鼓励，家长也会二次鼓励孩子，而这些学生又把家长的鼓励带回课堂，如此良性循环，学生学习语文的劲头更足了，久而久之，语文成绩取得了意想不到的进步，而学生也为了得到上微信群的机会，愿意更加努力地学习和表现，师生关系有了质的飞跃。

四、用"理念"掌舵，加固师生关系

这里所说的"理念"，即指生本教育理念。生本教育以激发人的学习欲望、潜能、创造性为起点，以提升人的生命价值为目标，以全新的理念指导课堂教学改革，激活了课堂，提高了效率。笔者在课堂中，将以往的灌输式教学方式转变为双向交流的教学、方式，将"填鸭式"教学转变为"诱导式"教学，通过启发、点拨、引导、暗示，不断激发学生的学习动力，挖掘学生的潜能，一个学期坚持下来，学生的语言表达更加流畅了，能够大胆提出自己见解的学生越来越多了，学生对语文课的态度由被动地上课转化为主动地盼着上课。只要学生们在语文课堂上建立了自信，享受到了学习的乐趣，就会由"乐学"到"会学"，再到"善学"，学生的成绩也会有不小的进步。

课堂展示里的十个价值

李积雄 *

随着课堂教学改革的不断深入,课堂上学生的展示活动越来越得到教学研究者和教师的高度重视,这是因为展示活动里有非常丰富的价值所在。

增强主动性。中小学生有着好胜心强、好表现自己的共同特点,一旦得到许可,学生就会产生满足感,展示成功了,就会产生成就感,进而产生学习的动力。展示活动因为要面向师生,所以展示者必须要求自己认真准备,包括熟读、理解教材内容,收集相关信息,准备有关学习工具,如卡片、图片、实物等,在此基础上还要多次演练。这样的历练过程就是在充分地学习,由原来的被动完成几道预习题改为适合自己展示方式的自我设计与训练,其学习主动性大大增强。

增强自信心。学生的各种能力是锻炼出来的,自信心也是在多次的紧张、心跳、脸红和失误,甚至多次错误及对错误的反思过程中建立起来的。课堂展示是给学生一次次锻炼的机会,一次次的成功能够激励学生更加主动地学习探究,一次次的失败能够促进其自我改进,其上进心不断巩固,胆量越来越大,方法越来越活,表达越来越清楚,自信心也就越来越强。

增强学习责任心。当学生的展示欲不断得到满足的时候,学生的学习兴趣越来越浓厚,自觉性越来越强,这样的状态能够一直保持,就能够增强学习的责任心。展示活动往往是在教师的组织下进行的,教师不经意间的欣赏话语和热切目光都能够使学生产生积极的学习情感,展示机会多的学生,学习的责任心往往越强。

增强自主性。由于课堂展示某个知识点不能重复好几次,因此要求展示者必须不断创新方式和方法,具备多种解决方法与策略,以便得到展示机会。在这种情况下,展示者必须改变方式方法,不断得出新方法,这个过程就是很好的锻炼过程,其自主选择方式方法和创新意识能自然增强,其学习的自主性同步增强。

增强合作意识。展示活动提倡2人、4人等多人展示,这就自然形成了小组展示的形式。小组的展示需要组员分工,相互协调,简单的内容要安排给学习能力不足的学生,难点、疑点问题要交给学习能力强的学生展示。一个小组集体上台展示,并且达成默契,就需要长期的磨合,相互包容、支持和帮助。教师也在其中有意识地表扬整个小组,使小组成员的集体意识不断增强,不但张扬了个人的精彩,而且能不断提高整个小组的学习、展示水平。

提高收集信息能力。许多展示不是当堂学习的内容,而是需要课前做一天甚至一周的准备,包括上网查资料,阅读理解,询问家长,采访邻居,收听广播,收看电视等,还要对收集来的各种信息做进一步的梳理、筛选、剪辑和制作,整个过程是学生收集、处理信息的过程,其收集信息的能力自然会不断提升。

---

* 李积雄,湟中县教育局教研室主任,特级教师。

提高口头表达能力。课堂展示中离不开学生的口头语言,展示的过程要学生把自己思考的过程、解决问题的方法及用到的定理等都有理有据地表现出来,因此,课堂教学中教师必须逐步提高对展示的要求,使学生在不断改进中提高口头表达能力和表达艺术。

提高思维能力。展示过程需要学生边想边说,使思维的灵活性、敏捷性与口头表达的连贯性和准确性有机统一、高度融合。欲达到良好的展示效果,学生必须对展示的内容做进一步的分析、推理和斟酌,还要不断地训练,以保证展示时思维流畅,清晰明白。

培养个人特长。活泼好动、沉默寡言等表现出不同学生的性格,他们步入社会生活中会选择不同的职业、工种,我们必须清楚的是他们都需要得到各种能力的提高。这就要求教育者依据他们的禀赋和潜力来有意培养。有的善于口头表达,说起话来滔滔不绝,逻辑性强,就让他概括总结,准确表达;有的活泼,能歌善舞,就让他在展示中采用唱和舞的方式表达对展示内容的理解;有的内向,沉默寡言,可动手能力强,就让他多做演示实验,清晰地表达出自己独特的理解;有的喜欢写写画画,就让他用写和画的方式展示自己的理解。凡此种种,都需要教师留心他们的特点,逐步培养他们的特长,促使他们在进入职业时以特长取得同伴们的认可和赏识,进而获得自信心和责任感。

提高心理品质。看似简单的展示,实际上透视出诸多学生品质的培养因素,除上述的自信心、责任感、主动性外,比较鲜见的是小组在展示前的合作意识,包容胸怀、主动帮助学困生的助人品质,耐心倾听的姿态,主动请教别人和自我反思纠错比较行为,这些品质需要教师提高对展示活动功能和价值的深刻理解,学习更加健康科学的课堂教学理念,实践其课堂教学中传授知识、培养技能、培育智慧和养育品质的多重任务,这样才能使课堂展示活动越来越理性、上位、精彩。

栖居在诗意的思想品德课堂上

吴志强 *

《初中思想品德新课程标准(2011 版)》指出,建立融合、开放、发展的课程资源观,整合并优化校内外各种资源,充分发挥课程资源的教育功能,丰富教材内容,有效落实课程目标。同时,要遵循因地制宜原则,从当地和学校实际出发,重视对本土资源的开发和利用,就地取材,发挥本土资源的优势和独特价值。因此,思想品德课教师要善于发现资源、挖掘资源、利用资源,充实思想品德课堂。

最近,《中国诗歌大会》又"火"起来了。《中国诗词大会》是中央电视台继《中国汉字听写大会》《中国成语大会》等之后,自主研发的又一档大型演播室文化益智节目,是央视首档全民参与的诗词节目,节目以"赏中华诗词、寻文化基因、品生活之美"为基本宗旨,力求通过对诗词知识的比拼及赏析,带动全民重温那些曾经学过的诗词,分享诗词之美,感受诗词之趣,发掘诗词之涵,从古人的智慧和情怀中汲取营养,滋润心灵。在

* 吴志强,江苏省扬州市文津中学,中学高级教师。

《中国诗歌大会》中,扬州元素频现,笔者作为扬州教师感到无比自豪,也觉得有必要在教学中将其传递给学生,让思想品德课堂充满诗意,提高学生对优秀传统文化的认同感,增强学生热爱家乡的情感。

江苏人民出版社出版的九年级《思想品德》第二课设计了一个"家乡传统文化资源"调查的课外实践活动,笔者积极鼓励和指导学生参与这一实践活动,把学生参与的过程视为自主学习、自我提高的过程;同时,也使学生成为课程的重要组成部分。结合《中国诗歌大会》,笔者从诗歌这一角度切入,开展了"诗意的扬州城,诗意的思品课"主题实践活动,让学生选择一些具有扬州元素的代表性诗词。这样既可以让学生在收集材料、调查走访中,了解扬州文化的源远流长、博大精深,培养和树立浓浓的乡情,也可以让思想品德课堂诗意地栖居,充满吸引力。经典诗词不能从课堂中去掉,更不能从思想品德课堂中去掉。作为学生思想教育的重要阵地,思想品德课堂也可以做到诗意地栖居,从而克服空洞乏力的说教,增强思想品德课堂的趣味性,提高思想品德课的吸引力和说服力。

扬州是一座浸润在古诗词中,尤其被唐诗宋词浸泡过的城市,是一座有着浪漫气息的城市。每一口新鲜湿润的空气,都吐纳着深厚的文化,彰显着丰富的历史文化积淀与悠悠文脉。在我国众多的历史文化名城中,扬州虽然不是很大,但却有着鲜明的文化个性。数不胜数的历史人物、文化名人或在这里诞生,或在这里活动,留下了千古诗篇。特殊、优越的地理位置,使扬州既有舟楫之便,又得人文之胜,不仅风光旖旎、物产丰饶,而且文教昌盛、地灵人杰。也许你未曾到过扬州,但"烟花三月下扬州"、"腰缠十万贯,骑鹤下扬州"、"二十四楼明月夜,玉人何处教吹箫"、"天下三分明月夜,二分无赖是扬州"、"二十四桥仍在,波心荡、冷月无声"的《扬州慢》、"孤篇盖全唐"的《春江花月夜》等这些家喻户晓的诗词,谁人不知呢!在古人的笔下,扬州被装扮得美丽而妖娆,繁华且富庶,舞榭歌台的建筑艺术,诗词书画的文化艺术等,都在中国文化史上占有重要的一席之地。诗人们赞美扬州,或怀古咏史,直抒胸臆,或忧国忧民,胸怀天下,留下无数名篇佳句,成为中华文学史上璀璨的明珠,深厚的文化底蕴与博大的文化内涵深深地感染着、震撼着每一个人。学生在实践活动中,感受颇深,感受到了平时所未体会到的别样的家乡。

在诗词中,同学们认识了"霜落积水清"的邗沟。公元前486年,吴王夫差开邗沟,沟通江淮间水道,"吴城邗,沟通江淮",于蜀冈上古邗国旧址筑邗城,一个对中国文化有过重要影响的历史名城——扬州,由此诞生。此为扬州建城之始。巍巍扬城,上下二千五百载,古代文化与现代文明交相辉映,溯其源,邗城当为嚆矢。从此,南北水上交通创出了新局面。一条对国家统一、民族融合起着巨大作用的人工运河,在扬州蜀冈之上开挖了第一锹泥土。2015年,扬州市隆重举行了建城2500周年城庆纪念,这有利于增强学生热爱家乡的思想情感,激发他们为家乡发展添砖加瓦的动力。

在诗词中,同学们认识了"顶高元气合,标出海云长"的栖灵寺塔,始建于隋朝的栖灵塔引人遐思和惊叹——这是一种怎样的高度和气度!这是一种思维空间上的高度,也是一种地域空间上的高度,更是一种历史空间上的高度。高度决定视野。登高,可饱览天地苍茫;登高,更可俯察历史沧桑。游走扬州的历史时空,让我们在历史的返照中知兴替,明得失。

在诗词中,同学们认识了"壁上龙蛇飞动"的淮东第一观——平山堂。这是个幽静所在,也是个驰目骋怀的好地方。门外建了石棚,棚上爬满藤蔓,走入时一片阴凉。堂前古藤错节,芭蕉肥美,通堂式的敞厅之上,"平山堂"三个大字的匾额高悬。堂为敞口厅,面阔五间。堂前有石砌平台,名为行春台。台前围以栏杆,栏下为一深池,池内修竹千竿,绿荫冉冉,因风摇曳。凭栏远眺,"江南诸山,拱揖槛前,若可攀跻",含青吐翠,飞扑于眉睫似与堂平,"平山堂"之名即寓于此,似乎是把盛唐诗人王维的"江流天地外,山色有无中"的名句变成了一幅图画,展现在人们的眼前。

在诗词中,我们认识了令人"共仰千秋"的史可法。在抗清斗争中,扬州城即将被破,史可法拔出佩刀往自己脖子上抹。随从的将领们抢上前去抱住史可法,把他手里的刀夺了下来。史可法还不愿走,部将们连拉带劝地把他保护出小东门。这时候,有一批清兵过来,看见史可法穿着明朝官员的装束,就吆喝着问他是谁。史可法怕伤害别人,就高声说:"我就是史督师,你们快杀我吧!"公元 1645 年四月,扬州城陷落,史可法被害。后史可法的养子史德威进城寻找史可法的遗体。因为尸体太多,天热又都腐烂了,怎么也认不出来,只好把史可法生前穿过的袍子和用过的笏板,埋葬在扬州城外的梅花岭上。这就是到现在还保存着的史可法"衣冠墓"。并书有清代诗人张尔荩撰的楹联——"数点梅花亡国泪,二分明月故臣心"。意为残落的梅花瓣就像亡国者留下的血泪,明朝老臣的心也如同残月一样。拳拳爱国之心令后人敬仰,也使学生在实践中潜移默化地接受了生动的爱国主义教育,效果远强于空洞的说教。

在诗意的课堂上,我们仿佛走在历史的走廊里,透过尘封的光阴,寻觅一丝往昔的蛛丝马迹,感受历史深处的浪漫情调与微妙韵致,做了一场关于浪漫的梦;同时,也利用诗歌这一优秀的文化形式及其蕴含的民族精神陶冶学生心灵,提升学生的人文素养,增强学生热爱家乡的情感和为实现中华民族伟大复兴而奋斗的社会责任感,从而实现思想品德课自身的价值。

法本法硕培养模式思考

许晓童*

摘　要：目前，我国法本法硕的培养模式主要存在以下几个方面的问题，包括培养目标的问题、课程设置的问题、教学方式的问题、师资配备的问题、评价方式的问题。针对这些问题，笔者提出了关注法本法硕生的特殊性和认识培养模式的独特性这两方面的对策思考。

关键词：法本法硕；培养模式

1995 年国务院学位委员会决定开展法律硕士专业学位教育，2009 年开始法律硕士（法学）专业学位教育的培养工作。相较于其他学科、专业研究生培养，法学类硕士有更丰富多彩的种类：有需要国民教育系列本科毕业生才能报考的法学硕士学位，有以同等学力报考的法律专业学位；有全日制的法律专业学位，有非全日制的在职法律硕士；在全日制法律硕士专业学位中，有本科段法学专业的学生报考的法本法硕，有本科非法学专业的学生报考的非法本法硕。

一、法学类硕士辨识

各种学位培养什么样的人才，众说纷纭。有人认为，学术性研究生的培养主要是为法学理论研究培养人才，以学理探究为己任，为博士教育输送人才，为法学专业、学科发展储备人才。[1] 事实上，随着法学类研究生培养规模的扩大，高校法学类教育已经越来越贴近多元化法务工作的现实需要。法律专业学位教育是培养社会需要的司法实践人员和法律服务人员的教育，实践型、应用型是其主要目标。但是目前，专业学位研究生的比例不断扩大，无论在法官、检察官、律师等法律核心职业领域，还是在司法部门、政府机构和公司企业等机构的管理部门的从业人员中，可见到不少法学类专业学位研究生，加上全国法学招生规模庞大，无论是本科生还是研究生，其就业率和就业的专业匹配度均有待提高。所以，根据学生的出路分类来区分法学类硕士培养模式，无法回应现实的需要。笔者认为，因材施教是法学类硕士学生培养应该探究的。各种类型的法学类硕士如何培养，各个培养单位都做了有益的探索。但从亲身经历来看，存在着一些问题，值得探究。

二、存在问题及分析

培养目标的问题。根据《全日制法律硕士专业学位研究生指导性培养方案（适用于法学专业毕业生）》(2009 版)，法本法硕的培养目标是"为法律职业部门培养具有社会主义法治理念、德才兼备、高层次的专门型、实务型法律人才"。与非法本法硕的培养目标"为法律职业部门培养具有社会主义法治理念、德才兼备、高层次的复合型、实

*　许晓童，女，扬州大学法学院，硕士研究生。

①　魏琼：《法律教育的起源：兼议对当下中国法律教育改革的启示》，《中国法学》，2014 年第 2 期。

务型法律人才"相比较,主要在于"专门型"和"复合型"的区别。而在目标的具体要求表述上,则没有什么区别,均包括良好的政治素质和公民素质、法治理念、职业伦理、法律知识、法律术语、法律思维、法律方法和职业技术、从事法律职业实务工作的能力、外语等要求。从学校培养的实际过程中,因为复合型中包含了专门型的要求,所以很少有学校在法本法硕培养目标上有仔细的研究和创新。

课程设置的问题。全国法律硕士专业学位指导委员会的指导性培养方案,对必修和选修课程做了比较明确的界定,并且都要求必修课以专题的形式开设。这些专题在法本法硕本科段的课程中均已开设。专题有必要让这个领域的课程深化。在各校课程开设中,存在着与本科交叉重叠的现象,而且总学分不低于 57 学分,研究生阶段也基本采用授课的模式。更为普遍的是,在学校的实践中,因为法学硕士的培养大多早于专业学位研究生培养,以培养研究型人才为主的法学硕士培养模式被简单地移植到法本法硕教育中,甚至很多学校学硕和专硕在同一个教室上课。在两年的学制中,实践教学共安排了 15 个学分,时间不少于 1 年。按 16 课时一个学分计量,法律文书(含起草合同、公司章程、起诉书、答辩书、仲裁申请书、公诉书、判决书、裁定书等)的训练,由律师、检察官和法官讲授的只有 2 个学分,模拟法庭训练有 2 个学分,法律谈判有 2 个学分,实务实习有 6 个学分,这样的安排不尽合理,而且很难保质保量做到。

教学方式的问题。专硕的授课方式越来越多地引入了案例教学、模拟法庭等多种教学方式。这些方法在法学本科段也被大量使用。研究生阶段的学习,在研究性教学方法的使用上还缺少足够的自主性。法本法硕生的培养目标定位在培养高层次、精英化、专业化、实务型的法律职业人才。专业化需要专业情怀、专业知识、专业技能的养成和积累,需要在研究性教学上多做改革。目前的教学方式相对比较单一,讲授式还相当普遍,真实情景的教学还缺少系统化、规范化的设计。

师资配备的问题。一些高校法学院师资的状况是:理论研究的教师不关怀实务,忙实务的教师游离在体制内外,而由于培养经费的限制,外聘实务师资也比较困难。专业学位培养,原则上实行的是双导师制度,但是,校内导师一般更关注学生的学位论文,校外导师则更多地进行阶段性指导,高校很少引进实务型教师。法本法硕学生培养需要既懂学术又有实务经验的教师。双导师的要求,迫使培养单位纷纷外聘实务型导师,但实务型导师和校内导师的关系处理存在一定障碍,实务型导师作为师者的专业培训缺乏有效管理,导致培养过程中理论与实际的脱节。

评价方式的问题。法本法硕从录取过程开始,基本沿用了学术型硕士的面试方法,抽签答题,这在一定程度上考察了学生的基本法律素养,但如何为专业型、实务型法本法硕人才培养选拔好苗,仍是一个值得思考的问题。从奖助学金的标准来看,对法本学生的评价方式也侧重于论文发表,这比较好地体现了专业要求,但对实务型的评价还缺少有效的经验。对未来法律核心职业所要求的判断能力、法律思维能力、口头表达能力和拓宽知识领域方面的评价也难以用量化指标体现。

三、对策思考

1. 关注法本法硕生的特殊性

只有研究法本法硕生的特殊性,才能更好地实现衔接和培养。越来越多的高校在法学本科阶段的教育,以通识教育为主,注重培养学生的人文素养、国际视野和综合能力,为法本法硕的专业学习打下了良好的基础。而有的高校在本科段以应试教育为主,着力打造学生参与国家司法考试的能力,所以一部分学生怀揣着证书继续学习。前者更需要对职业化的追求,后者更需要法律文化、法治思维、法学涵养的滋润。实际上,法本法硕理应成为法学人才培养的主导形式。各校的本科段教育应为研究生教育打下良好的基础,重构法学人才培养模式。

2. 认识培养模式的独特性

培养善于独立思考、精通法律解释、逻辑思维严谨、论证能力强的专家型法官、检察官、律师,需要在法律精神、法治观念、司法理念和法律知识、法律技能等方面双管齐下进行教育和训练。研究生教育既要注重高于本科段的知识、素养教育,更要锻炼学生出得了庭、写得好文书的本领。研究性教学是以实践的真实问题为基础,使学生在接近真实的情境中学习。开设综合性、实践性强的课程,是一种特别有效的方法。研究性教学方法,既可以通过教师课前布置大量的阅读材料,加深学生对法理的学习理解,又能够在真实案例中锻炼学生的判断能力、推理能力。这种学习能培养学生的学习能力、解决问题的能力、团队合作能力和创新能力,增强学生对未来工作的适应能力。生动的案例讨论,让学生获得固定的原理和规则,锻炼实际解决问题的能力,提高表达能力,缩短教学情境与实际生活情境的差距,增强设计多种解决问题方案的能力。基于问题解决的学习,使学习者建构起扎实的知识基础,训练解决问题的技能,培养自主学习的内部动机和终身学习的能力。在实施基于问题的学习的教学过程中,学生围绕教师提供的源于实际的问题展开小组工作。通过建立团队、提出问题、研究行动、成果汇报、问题后反思五个环节,引导学生解决复杂的、实际的问题。在这样的教学过程中,充分发挥双师的作用,整合课程资源,改变教学方式,转换评价机制,真正实现人才培养模式的转变。

农村小学教师学科发展"1+1"模式的探索与尝试

高乃定*

摘 要：小学教师在主学科专业发展的同时,可选择另一学科作为自己的另一专业发展的方向。"1+1"模式有助于拓宽教育视野,增强专业幸福感。该模式的实施策略为：理性分析,选准第二学科；加强培训,提升专业技能；学科整合,二者联动；积极实践,发展有所侧重；成立课题,共同研究；榜样示范,专家引领；搭建舞台,享受成功。

关键词：农村教师；专业成长；学科发展

从近十年扬州市江都区的教师招聘来看,农村小学招得最多的是英语教师,因为小学的英语专业人才急需补充,其次是语文、数学教师,再次是音乐、体育、美术教师,没有看到招聘一个科学、品德、劳动技术等综合实践活动方面的教师。这是什么原因？是学校不缺这些教师吗？非也！从区小学科学专职教师调查来看,全区的小学科学专职教师不超过20名,仅覆盖小学学校数的1/3,品德与综合实践活动课的教师就更少了。学校在教师事业编制调查时为什么很少申报这方面教师的缺编呢？答案就是学校普遍对这些学科教师的专业化要求相对较低。这就带来了一些问题,这些教师执教两个学科,语文(或是数学)再加一个其他学科,他们的主要精力可能就放在语数教学上了,对科学、品德、综合实践只是将课上得过得去而已,开足是文件精神要求,上齐已是不易,教好就更无从谈起了。在这样的背景下,我们提出农村小学教师学科发展"1+1"模式。

教师学科发展"1+1"模式就是指语文、数学、英语教师在本学科专业发展的同时,选择一门自己感兴趣的、有一定的技能特长的学科作为自己的另一专业发展方向,以一门学科的专业发展带动或是促进另一门学科专业的发展,提升自己的专业发展水平,拓宽教育视野,增加职业成功感与幸福感。

一、"1+1"模式的理论依据

1. 马克思关于人的全面发展学说

全面发展,即完整发展、和谐发展、多方面发展和自由发展。虽然人的全面发展在本质上是一种理想、追求和信念,但追求自身的不断完善是人的一种本能。人倾向于新异、丰富和多样化,喜欢在变化中发展、生活和寻求新异与挑战,这是人不断超越自我、追求自我完善的强大动力。追求自身的发展和不断完善,还有更为重要的外在动力,这就是来自社会发展的要求。"1+1"学科发展模式就是要营造一个满足教师自身发展需要的环境,促使教师在这样的环境中,充分、自由、和谐地发展。

---

* 高乃定,扬州市江都区真武中心小学,校长,高级教师。

2. 多元智能理论

美国心理学家霍华德·加德纳认为：智力不是某种简单的、可以完全用纸笔测验来衡量的东西，不是只有少数人才拥有较高的水平，而是每个人都不同程度地拥有并表现在各自的社会与文化生活各个方面的能力。智力至少包含 8 种能力：语言智能、逻辑—数学智能、音乐智能、空间智能、身体运动智能、人际交往智能、自我认识智能、自然智能。根据多元智能理论，教师的智能水平存在差异，而不同学科有着不同的特点，如语言智能强些的教师可以执教语文，音乐智能强些的教师可以执教音乐，假如一位教师了解自己的智能特点，并善于使用优势智能，那么他就能塑造出自己的教学特色和教学个性，在专业发展的过程中，表达出自我的独特之处，获得更多的发展机会。

3. 教师专业发展理论

教师专业化发展已成为国际教师教育改革的趋势，受到许多国家的重视，也是当下教育改革实践提出的一个具有重大理论意义的课题。正是在教师专业发展的进程中，教师在教育实践中的主体地位和主体作用得到确认，教师的工作作为重要的专业和职业得到确认，教师发展的意义和可能得到确认。专业发展并非专业发展单一化，"1＋1"模式的实施，为教师个人专业发展与教育要求、学校需要提供更好的契合点。

二、"1＋1"模式的价值意义

学科发展"1＋1"模式有助于学校开展素质教育。它能够将教师从繁重的语文、数学、英语学科的狭隘教学视野中解放出来，促进学校体育、科学、品德等综合学科的发展，全面提升教学质量。

学科发展"1＋1"模式有助于拓宽教师发展道路。从近几年的实践来看，一些青年教师取得一级教师的年龄往往是在 30～35 岁，未来的路还很长，但是由于竞争的激烈，他们看不到自己能够成为高级教师或是骨干教师的希望，而"1＋1"模式让他们多了一个选择，看到了另外一条路。

学科发展"1＋1"模式有助于教师更好地理解教育、享受教育。如果只是执教一门学科的话，很容易受到学科的限制而不是从教育的角度来审视人的培养，"1＋1"模式有助于教师进行学科间的比较与迁移，有助于教师更好地发现孩子们的身心特点与学习需求。同时，潜心"1＋1"学科发展的教师更容易取得一些实质性的成绩，更容易感受成功与喜悦，从而提升职业幸福感。

三、"1＋1"模式的实施策略

1. 理性分析，选准第二学科

学校参考教师个人执教征求意见表，根据个人已经取得的成绩和特长，统筹安排青年教师的兼教学科，确保他们先入门。

2. 加强培训，提升专业技能

小学音乐、体育、美术这些学科的专业技能要求高一些，其他学科的专业技能要求相对低一些，但必然包含单独成体系的专业知识技能。这些学科的专业知识不深但很庞杂，需要有心人去做系统的梳理与学习，最起码对小学六年所涉及的学科教材中的知识要精通。学校要鼓励教师多参加学科培训，多阅读学科理论书籍，多学习优秀教学设计，多积累课改经验。

3. 学科整合,二者联动

数学学科里有很多科学学科的内容,如数学应用题中的一些有关科学事物的常识;科学学科里也有数学学科的内容,如对各种科学实验数据进行处理,绘制曲线图等。两个学科有交叉整合,这样任教数学与科学的教师就可以更好地融合两个学科的资源进行教学。同样,语文课中进行品德教育的素材,品德课中进行语文教学的素材真是不胜枚举,语文课中的诗配画也可以很好地与美术课融合在一起。所以,多学科的整合可以提高"1+1"模式的实施效果。

4. 积极实践,发展有所侧重

在"1+1"学科发展模式之下,教师每人执教两个学科,想两个学科专业都得以深入发展可能有点强人所难,但在保证其中一个正常教学的基础上深入研究另一门学科,无论是在时间还是在精力上都是可以实现的。这就要求教师们在平时的教学研究上要有所侧重,选准学科,优先发展,多做教学尝试。在课程的设计、论文的撰写、课题的研究上都要目标明确,重点开花。

5. 成立课题,共同研究

虽然很多学校平时也采用了一名教师执教两个学科的方法,但是学科发展"1+1"模式可能还是第一次作为一种概念提出,无论是学校办学还是教师自身发展,选用该模式应该都是一个双赢的结果,学校下一步所要做的(当然也在积极的筹备之中),就是要将这个模式作为一项课题来进行研究。在"1+1"发展模式下,教师本身既是研究者,也是被研究的对象,与课题研究一起发展,共同进步。

6. 榜样示范,专家引领

无论杨庄小学,还是笔者现在工作的真武小学,在我们身边,这样的"1+1"学科发展成功的范例有很多。如,杨庄小学的韦老师,以前执教的是数学学科,在选择科学学科执教时尝试到了成功之后,接下来的发展劲势更足了,参加扬州市科学赛课获一等奖,参加江苏省科学教学能手比赛获二等奖,还独立承担了省级科学课题的研究。又如,真武小学的于老师,教数学与科学,无论是学科带头人的荣誉称号还是中学高级教师的职称都走的是科学之路;许老师,执教语文与品德,成为扬州市品德学科教学能手;季老师,执教语文与信息技术,成为扬州市信息技术中青年教学骨干。学校要加强宣传他们成功的经验,以榜样的作用影响其他教师,同时要聘请校内外的专家对教师个人发展进行论证与指导,采用结对制,为教师发展提供专家引领、技术支持。

7. 搭建舞台,享受成功

针对发展起来的典型,学校要为他们搭建展示交流的舞台,定期进行沙龙研讨,按期进行展示汇报。学校要努力创设或利用各种各样的机会,如名师工程、蓝青工程、师能建设百千万工程、骨干教师会课、网上结对交流等,积极地将这些教师向外推,向更大的舞台推,让他们享受学科发展"1+1"模式所带来的成功与喜悦。

青年教师校本培训现状与策略

高 静*

摘 要：青年教师是教师队伍中最具潜力的后备力量。近年来,校本培训实施存在如下问题：校本培训内容针对性不强、培训方式单一、培训时间安排不当。优化校本培训的策略有：帮助青年教师树立积极的专业发展观、引导青年教师制订专业发展计划、改进青年教师校本培训模式、合理选择培训教师。

关键词：青年教师；专业成长；校本培训

青年教师缺乏工作经验,教学能力和教学效果往往不尽如人意。学校要为青年教师的专业成长提供一个成长平台,校本培训要能最大限度地促进青年教师的专业成长。

一、青年教师校本培训存在的问题

1. 校本培训内容针对性不强

培训内容与实际教学偏差较大。培训内容的针对性不强、系统性和实用性差,培训效果不明显,很多教师不满意。调查发现,只有12.5%的教师对目前校本培训的内容表示满意。访谈中也发现很多教师认为,参加校本培训仅仅是为了完成学校的"任务"。校本培训内容缺乏系统性,所有知识浅尝辄止,教师未形成完整的知识结构,对很多问题没有深入的研究。青年教师参加的校本培训内容脱离教学的实际情况,教师希望了解的没有了解,教师的困难没有得到解决,48.21%的教师认为很重要的教育实践方法与技能并没有在实际校本培训中得到适用。很多教师希望能够得到教学方法、教学经验、学科专业知识方面的培训内容,同时希望根据不同层次、不同学科的教师安排不同的培训内容,真正为教师后续发展服务。

2. 校本培训方式单一

在实际调查中,笔者发现,目前校本培训采用的是简单易行的观摩、讲座培训和报告几种形式,而校本培训的实践活动却备受冷落。校本培训实践活动往往投入较大,宣传效果却没有上述几种方式好。培训模式的单一还体现在校内校外培训资源的利用不够,过度追求培训的统一性,没有认识到不同学科、不同层次教师与不同年级教学的差异性,缺乏教师之间的互动和交流,使青年教师处于被动接受的地位,造成了青年教师自主学习的意识比较薄弱。

3. 校本培训时间安排不当

在培训的时间上,学校目前安排的时间主要是教师的休息时间,这样安排的目的主要是保证教师的出勤率,同时也使得校本培训不会影响日常教学工作。但是从调查结果来看,教师们普遍认为培训也是工作的一部分,不应该占用休息时间,62.5%的教师希望能把培训安排在工作日。同时,培训时间零碎,间隔时间长,效果不明显。在一些学校,开学初布置本学期的校本培训任务和要求,学期中布置一次考试,最后到学期末

---

* 高静,女,高邮市南海初级中学,教师。

交一篇文章或总结报告,中间穿插几次讲座、听课和交流,一个学期的校本培训就这样结束了。这种方式不仅没有实现真正的校本培训,也不能让教师们正确认识校本培训。因此,学校在今后安排校本培训时,应该优先选择工作时间。

二、校本培训问题产生的原因分析

1. 学校重视程度不够

目前很多学校领导对校本培训的重视仅仅停留在口头上,只在关键节点进行检查,没有真正地将校本培训和学校的发展、教育的发展统一起来。"这就需要在教育管理层面上加强对教学改革的系统领导和组织,从而为学校的课堂教学改革创造良好的先行条件。"[1]调查发现,94.54%的认为学校的投入还很不够。青年教师的校本培训是一个系统工程,需要学校、教育局及教师几方面的共同努力,而目前学校在校本培训投入方面做得还很不够,校本培训在学校重视方面还有很大的提升空间。[2] 一些学校将校本培训简单理解为在学校中的培训。校外培训讲师和校外培训的方式很少,利用社会网络资源的情况很少,校本培训呈现封闭性的趋势。

2. 青年教师对自身专业成长意识薄弱

一些青年教师缺乏对自身的认识。青年教师刚参加工作,往往年轻气盛,对很多事情不能正确认识。有调查发现,32.07%的青年教师认为培训对自己要求过高,60.3%的青年教师认为专家型教师、科研型教师和自己没有关系,以事不关己高高挂起的态度参加校本培训。这些青年教师在教育中往往处于被动学习地位,对自身的专业成长没有一个完整系统的认识。在教学中遇到困难往往将问题归结于其他方面,不能正确认识自己。青年教师没有意识到校本培训对提高自己的教学能力的作用。

3. 学校缺少长远规划和整体思考

目前学校普遍缺乏对青年教师校本培训的长期规划和战略目标的认识,造成了在培训的组织和实施过程中十分随意和盲目,校本培训缺乏合理的规划和系统性,甚至部分领导在组织实施校本培训时只凭借自己的个人主观认识,没有科学的指导,用自己的主观意识来取代科学的规划,在校本培训的具体组织和实施过程中工作不到位,造成了校本培训与青年教师实际需求有很大的出入。同时,一些学校也缺乏对青年教师需求的调研。青年教师有着不同的成长和生活经历,青年教师的个性呈现多元化和多样性的特征。在校本培训中,很多学校没有很好地根据青年教师的个性开展校本培训,培训方案和培训内容只是体现着管理者的意见,缺乏对青年教师主观意愿的考量,青年教师处于失语状态,一些学校甚至从来没有考虑过青年教师的需求。[3]

4. 校本培训缺乏科学的管理和安排

培训安排困难。目前学校的教师数量有限,而学校的教学工作却越来越多,造成学校教师工作量爆满的情况。而如果安排青年教师外出学习,在管理上和资金上存在很大的困难,教师个人意愿也不高,结果仅有少部分教师参与过校外进修活动。而青年教

---

① 车丽娜,等:《山东省基础教育课堂教学改革的分析与反思》,《教育研究》,2015 年第 12 期。
② 尹小敏:《校本培训与教师专业发展》,《安徽教育学院学报》,2007 年第 1 期。
③ 代蕊华:《教师校本培训的反思》,《高等师范教育研究》,2003 年第 2 期。

师由于生活、工作压力很大，往往不愿意在休息时间参加培训，故如何合理安排青年教师的校本培训是一个很大的难题。

三、优化青年教师校本培训的对策

1. 帮助青年教师树立积极的专业发展观

明确青年教师专业发展的目的，提高青年教师对未来的认识。部分教师对"专家型教师""科研型教师""创新型教师"的理解和认识不到位。必须让青年教师认识到，创新和科研并不是一件遥不可及的事情，通过科学的方法在教学中不断提高自己的教学能力，不断发现教学中的问题，在解决问题的过程中进行创新。通过不断树立典型，表彰先进，让青年教师明确努力的方向，提高青年教师对专业化发展的目标的认识。同时应该多提供教师专业化发展方面的论坛、讲座，让每一个青年教师多参与，同时明确自己的未来发展方向，从而提高青年教师参与校本培训的热情。

2. 引导青年教师制订专业发展的计划

青年教师应合理制订职业生涯规划和专业发展计划。对于青年教师而言，只有做好自己的职业生涯规划和专业发展的规划，才能激发高层次的学习和培训需求，更加努力地投身到校本培训中。每个教师的背景和经历都不相同，每个层次的教师应该制订不同的发展计划，根据教师的个人意愿提供不同的上升通道。学校应该引导青年教师制订一个看得见、够得着的专业成长计划。

3. 改进青年教师校本培训的模式

确保校本培训目标的明确性。校本培训的目标是帮助教师实现专业成长的三个阶段：帮助青年教师发展；青年教师尝试发展；青年教师自主发展。应当将这三个层面作为校本培训的目标。就学校而言，可依据不同教师的层次安排从初级到高级的校本培训内容。对于教师而言，可以根据这个规划对自己进行评估，依据自己的层次选择培训内容，明确自己的发展目标和发展方向，提升专业水平。

增强校本培训内容的针对性、实用性。为了避免校本培训低水平停滞不前的现象发生，校本培训计划必须重视校本培训内容的针对性和实用性。在培训内容的设置上，也应该充分考虑青年教师的意愿，可以开展诸如教师恳谈会的活动，通过谈话或者调查问卷的方式了解青年教师的需求，合理安排校本培训，提高培训内容的实用性。当然，在实际培训中应该适当增加教育或者科研理论的培训，培训内容应当注重理论联系实际，提高参训青年教师的积极性。

完善培训方式。增加校际交流、进修学习，以及研究性学习与反思活动等校本培训方式。开展校际交流，学习其他学校的先进教学经验，让青年教师开展研究性学习与反思，从思想上认可并接受培训，成为培训的主体。强调理论引领、课堂实践和学校之间的合作，将学到的知识应用在课堂教学中解决相关的实际问题，提高带教教师的综合素质，使青年教师能够重新接受师带徒方式。

合理选择培训教师。青年教师最欢迎的培训教师是一线经验丰富的教师，以及高校教师和专家。经验丰富的一线教师是培训教师的最佳人选，然而在选择经验丰富的教师时也应当适当考虑学科的平衡性。教授、专家的指导能为青年教师提供新的视野和新的思路。专家还可以从心理学、教育学等多方面为青年教师提供帮助。

非学前教育专业幼儿教师职后培训现状调查

王　欢*

摘　要：随着我国学前教育事业快速发展和教师资格证制度的改革，越来越多的非学前教育专业人才进入幼儿教师队伍，他们的专业发展水平直接关系到幼儿教师的整体素质。本研究从培训的类型、内容、方式、次数、经费、效果六个方面对幼儿园非学前教育专业教师职后参与培训的现状进行了调查，尝试从教育主管部门、幼儿园园所、幼儿园教师自身三个层面提出相应对策。

关键词：非学前教育；幼儿教师；职后培训

非学前教育专业幼儿教师特指在从事幼儿教师工作之前未经过中、大专或高校中学前教育专业的正规学习，其本专业为学前教育专业以外的其他任何专业，已经获得幼儿园教师资格证书、经国家相关部门认定或者经过当地教育主管部门培训获取相应资质，被允许进入幼儿教育机构担任教师的人员。[①] 非学前教育专业幼儿教师虽然通过考核取得幼儿教师资格证，但因其在入职前毕竟没有经过学前教育专业系统的教育，其专业知识和能力相对薄弱。对于接纳这类教师的幼儿园来说，如何有效、快速地将这类教师引导向专业化发展是其目前亟待解决的重要问题。

笔者从非学前教育专业幼儿教师参与培训的类型、内容、方式、次数、经费、效果六个维度对这类教师在培训类型、内容、方式、次数、经费五个方面的培训现状进行了调查。

一、非学前教育专业幼儿教师职后培训存在的主要问题

（一）培训类型单一、层次不高

各幼儿园出于培训经费、名额及成效的考虑，基本上都是由工作年限较长、经验丰富的骨干型教师参与高层次的培训。在镇江市某区公办幼儿园的 45 名幼儿教师之中，非学前教育专业教师中只有 5 名教师参与过省级以上培训，占比仅为12.5%，对于高层次的跨地域培训观摩及省培、国培则基本没有机会参与。他们中65%为年龄在 20～30 岁的青年教师，教龄在 10 年以下的占比高达82.5%，他们是最需要接受培训同时也是接受能力较强的人群，但接受的基本都是园本培训或园际交流、观摩等形式的培训，参与培训的层次不高。

（二）培训内容缺乏针对性

非学前教育专业的幼儿教师参与培训的内容非常丰富，排名前三的分别是环境的创设与利用（占82.5%）、教育活动的计划与实施（占 75%）、一日生活的组织（占72.5%），而就他们的培训需求看，最希望接受的是专业技能技巧的培训（占 82.5%）、

---

* 王欢，女，江苏省镇江市京口区江滨新村江滨幼儿园，教师。

① 柳倩：《非学前教育专业教师园本培训的现状、问题和对策》，《学前教育研究》，2008 年第 12 期。

幼儿身心发展知识的培训(占72.5%)。这些培训需求鲜明地反映出了这类幼儿教师的非学前专业特征,他们希望在职后培训中弥补幼儿教育专业知识和技能的缺乏,但在培训内容的设定和培训开展过程中,没有考虑到非学前教育专业教师与专业教师知识结构、专业水平与专业发展需要之间的差异,专门设置这类教师所需的培训菜单对他们进行有针对性的培训,而是与专业教师培训内容基本相同。而且就同一培训内容来看,也没有针对这类教师的实际情况而有所调整。调查显示,被调查的教师中62.5%的教师认为目前的职后培训缺少针对性的分层培训。

(三)培训方式机械传统

非学前教育专业的幼儿教师更适合在参与和实践中发现自己最需要解决的问题、最需要学习的经验。然而,调查数据显示,57.5%的教师认为目前的职后培训方式传统单一。这类教师参与最多的是园本教研(占100%)、听课评课(占85%)、专家讲座(报告)(占77.5%)、网络培训(占77.5%)、师徒带教(占70%)等相对传统易操作的机械式、灌输式培训方式,参与过外出观摩、教学案例分析、领域专题研讨等主动性、个性化培训的教师均低于50%。教师在培训中处于被动接受或被动学习的地位,参与感较弱。

(四)培训机会不均衡

参与培训密度低。按照园本培训一月一次的密度,再加上其他不同类型的培训,教师一年参与职后培训应该达到10次以上。而非学前教育专业的幼儿教师一年参与10次以上培训的仅占25%,75%的教师一年参与培训在10次以下。由此可见,非学前教育专业的幼儿教师参与培训的密度是比较低的,职后培训并没有向这类非学前教育专业教师倾斜,给予他们更多参与培训的机会。

参与培训经费少。幼儿园不会平均分配培训经费,一些高层次的、多为骨干型教师参与的培训会占用大部分的培训经费,而非学前教育专业的年轻幼儿教师所获得的培训经费则十分有限。有的幼儿园的年培训经费支出很少,75%的受访者每年得到的培训经费在500元以下。这类教师因为专业限制无法获得编制、无法评定职称,收入水平也不高,如果想要参加更多、层次更高的职后培训,必须自己承担部分培训费用,这对他们来说是不小的负担。

参与培训限制多。一是名额有限。操作中往往优先分配幼儿园中的骨干型教师,非学前教育专业的幼儿教师缺少参与的机会。二是缺乏时间。非学前教育专业的教师进入幼教队伍是幼儿园教师供应不足背景下的产物,幼儿园很少考虑到新教师的入职适应和培训的需要而减少其工作量,这使得参与培训过程中存在培训时间和工作量之间的矛盾。

(五)培训供需失衡

在培训类型上,非学前教育专业的幼儿教师参与最多的是幼儿园层面的培训,包括园本培训和幼儿园组织的观摩交流。但他们更想参与园际合作的研训平台、教育局组织的培训,以及省培、国培等更高层次的培训。

在培训内容上,这类教师获得的培训内容最多的是关于环境的创设与利用、教育活动的计划与实施,以及一日生活的组织,这些内容对所有教师具有普遍适用性,而他们最希望获得的是专业技能技巧、幼儿身心发展知识等培训内容。值得关注的是,这类教师中,选择希望获得专业发展规划的培训的比例占到了 50% 以上,可以看出,这类教师对自己的幼儿教师角色并不自信,与学前教育专业的教师相比他们对自己的专业发展方向比较迷茫,希望获得培训支持。

在培训方式上,这类教师参与最多的是园本教研、听课评课、师徒带教、专家讲座或报告四类培训方式。除了这些传统的培训方式,大部分非学前教育专业的幼儿教师希望参与一些操作性、互动性较强的培训,这样更利于针对他们的个人情况展开培训。

(六)培训成效不明显

非学前教育专业的幼儿教师虽然参与了职后培训,但在培训中的实际收获非常有限,不能将培训所得真正转化为教育行为,从而获得专业上的发展。这样不仅影响培训效果,而且影响了教师参加培训的热情。

从受访者职后培训满意度调查可以看出,受访者对现有的培训经费满意度最低,过半的人选择了"一般以下",其中 10% 的人表示比较不满意或非常不满意;针对目前的培训方式、培训次数,25% 的人选择了"一般以下",选择"非常满意"的只有 12.5%;在培训类型和培训内容上,受访者的满意度相对最高,但仍有提升的空间,选择"一般以下"的受访者分别有 23% 和 12.5%;在对培训的总体效果进行评价时,有 25% 的教师认为培训的效果差。

二、非学前教育专业幼儿教师职后培训存在问题的原因分析

(一)缺乏专门的培训规划,培训针对性差

非学前教育专业幼儿教师的职后培训规划,70% 都是在幼儿园层面上制定的,而且大都没有单独列出规划,仅仅是在园本培训计划中有所涉及。教育主管部门规定的幼儿教师职后培训比例一般为 15%,但没有专门针对非学教育专业幼儿教师的培训比例的要求。可见无论是教育主管部门还是幼儿园,均没有考虑到非学前教育专业幼儿教师的特点和专业发展需要,有意识地将他们与专业教师进行区分,对这类教师职后培训进行专门规划。幼儿园教师培训有其自身规律与不可分割的延续性,而非学前教育专业幼儿教师又有着其特殊的专业发展和职后培训需求。由于对这类教师培训规划的缺失,对这类教师特点和发展需要缺乏整体全面的把握,其职后培训缺乏整体性与连续性。

(二)缺乏培训激励机制,培训积极性难以调动

教育主管部门和幼儿园的培训政策重视的是培训的管理与考核,缺乏对教师尤其是这类教师的培训激励机制,无论是在教育主管部门或幼儿园现有培训政策和培训制度上,还是在各级各类培训尤其是高层次培训参与机会、名额、时间和经费分配上,对这类教师均没有明显倾斜。在培训计划的制订和培训的组织过程中缺乏对这类教师的支持,更没有任何奖励机制,这类教师在参与培训的过程中面临培训名额少、培训机会不均衡、培训经费不足、培训时间缺乏等诸多限制,导致他们参与培训的积极性难以调动。

(三)缺乏培训诉求渠道,培训需求难以重视

非学前教育专业幼儿教师在培训前,培训组织者向他们收集的信息中,最多的是在教学中遇到的困难,仅占 50%;其次是已有的知识技能和已参加过的培训,各占

42.5%；对培训内容的需求为37.5%；对培训方式的建议为32.5%；对培训者的建议比例最低，为17.5%。值得注意的是，这类教师中有25%的教师称，在培训前，培训组织者完全没有向他们收集过任何关于培训的信息。

对幼儿园教师的培训需求进行调查是开展培训活动的前提，也是使培训有效迁移的前提。各幼儿园主要是结合上级主管部门分配的培训任务和近期幼儿园的重点优先发展项目来制订培训计划，很少或根本没有照顾到参加培训的这类教师的实际需求。培训目标制订、培训实施及培训后评价等大都是教育主管部门、培训机构及培训者的声音。教师没有多大的发言权，即便是不符合需求的培训，也只能被动接受。教师缺乏培训诉求渠道，因此，培训的实效性必然低下。

（四）缺乏培训调研反馈，培训效果难以提高

培训中缺乏实时调整。在培训过程中，培训组织者向参训教师询问培训感受和建议的比例仅为45%，还有10%没有根据参训教师的反馈对培训内容和方式做出任何调整。培训组织者通常会按照设定好的培训内容、方式和节奏将培训完成，在此过程中并不太关注参与教师对培训的实时感受，即便是关注到了参训教师的感受，也是根据自己的主观判断对培训过程进行调整，接纳教师的建议从而对培训过程进行调整的很少。

培训后缺乏调研反馈。培训结束后，培训组织者主要通过问卷、访谈、填写意见书三种形式对已有培训效果进行调查，而且这些形式中以书面调查居多。书面调查的形式看似比较正规，但大部分书面收集都是例行公事，流于形式，并不进行统计反馈，更不会将反馈结果作为接下来的培训计划、组织与实施的依据；培训组织者与参训教师面对面的交流与沟通能够最快速、最及时地反馈培训中存在问题和培训效果，而培训组织者与参训教师这种面对面交流所占的比例低于50%；还有22.5%的参训教师在培训后从未接受过培训组织者任何形式的征询。培训组织者既不能及时有效地发现培训中存在的问题，又不能根据现有问题和参训教师的需求、意见和建议对接下来的培训进行调整，必然导致培训效果不好。

三、改进对策

（一）充分发挥教育主管部门在幼儿教师职后培训中的主导作用

教育主管部门在教育改革和发展中扮演着至关重要的角色，"教师培养需要国家的支持，教师培训更需要国家支持"。① 改进非学前教育专业幼儿教师职后培训的现状，必须充分发挥教育主管部门在幼儿教师职后培训中的主导作用，具体可以从以下几个方面入手。

1. 整合培训平台，构建教师专业发展学校

1986年，美国卡内基教育和经济论坛发表的题为《明日的教师》的报告，提出了教师专业发展学校(professional development schools，简称PDS)的概念。PDS是由大学与中小学合作，将教师职前培养、在职培训和学校改革融为一体的机构。教师专业发展学校的构建能够有效整合培训资源，整合后的培训平台可以解决教师缺乏职业背景或职业准备的问题，从而促进在职教师的专业发展。这种模式能够为缺乏幼师专业系统培

---

① 管培俊：《关于教师教育改革发展的十个观点》，《教师教育研究》，2004年第7期。

训和学习的非学前教育专业幼师的职后培训和专业发展提供一个良好的职后培训平台。教育主管部门通过构建教师专业发展学校，能够让非学前教育专业幼儿教师在PDS中一方面通过与其他教师、学员的交流改善教学实践，提高自身专业素养，另一方面在"以学习为中心"的氛围中，树立终身学习的概念，不断反思自我，主动提升自己。

2. 细化幼儿教师职后培训规划

教育主管部门应该加强幼儿教师职后培训的宏观管理，重视幼儿教师职后培训制度建设，建立新型幼儿教师职后培训制度，进一步细化幼儿教师职后培训规划，对不同类别的幼儿教师采取不同的职后培训策略，确保幼儿教师职后培训形成系统，真正满足教师的实际需求。一方面，要结合非学前教育专业教师特点制定具有可操作性的职后培训规划，对这一群体的职后培训机构的设立、培训方式的确定、考核办法的实施、经费来源的保障等各个方面做出明确的规定，把非学前教育专业幼儿教师职后培训纳入规范化轨道，保证培训的针对性开展。另一方面，要将这类规范规划以年计划、半年计划的形式向各类幼儿园下发，以便幼儿园能够根据培训时间、地点、内容合理安排教师参加培训。

3. 加大对非学前教育专业幼儿教师职后培训扶持力度

教育主管部门应该在制度政策层面上强化对非学前教育专业幼儿教师职后培训重要性的认知，增强相关责任人的使命感与责任感，无论是资金、管理还是政策方面，都要加大对非学前教育专业幼儿教师职后培训的扶持力度。各级教育主管部门应设立幼师职后培训专门管理机构，全面担负起幼师职后培训的规划、实施和评估工作。在保障幼师职后培训顺利开展的同时，更应根据非学前教育专业幼儿教师的特点构建符合不同层次需求的培训网络、培训团队、培训内容，提升非学前教育专业幼儿教师的专业素养，使职后培训真正成为促进他们专业成长的有效途径。

4. 重视调研与反馈，加强对培训的分析与调整

必须重视对非学前教育专业教师培训的调研和反馈，了解这类教师已有经验技能及职后培训的真正需求，以此为基础建立行之有效的培训设计，保证培训内容、培训方法和考核标准的科学性。与此同时，要完善该类教师职后培训的追踪与分析，引导培训组织者深入该类群体进行调研，对进行过的各类培训及时分析效果、总结经验，了解参加培训后的幼儿教师在实际教学工作中的实施效果，合理调整培训策略，使以后的培训设计更加科学、合理，培训方式更有针对性，评价体系更加科学有效，真正激发幼儿教师参与培训的积极性。

（二）充分发挥幼儿园园所的执行者和承担者作用

1. 拓展园所合作，构建多元化教师职后培训基地

拓展园所合作，建立以单个园所为基地的幼儿教师职后培训网络模式。在这样的模式下，可以充分挖掘网络体系中各个园所自身的特色和优势，将优势作用发挥到最大，同时很好地规避自身劣势，从而构建多元化的幼师职后培训基地。[①] 这个培训网络中的所有幼师可以在这一网络中接受各个模块的专业训练，尤其是对于非学前教育专

---

① 李毅：《开展多元化园本培训，促进教师专业成长》，《学前教育研究》，2002年第4期。

业幼师而言,他们在幼儿教育中的"先天不足"可以在这个培训网络中得到全面的改善。

2. 建立非学前教育专业幼儿教师园本培训规划和个人培训档案

针对非学前教育专业幼师的园本培训规划,既要考虑到非学前教育专业幼师的专业发展阶段性特征,开展师徒帮带、观摩交流、反思式教学等各种类型的培训,提高非学前教育专业教师的专业技能、教学水平、综合素质;又要充分考虑到非学前教育专业幼师的现实需求,以需求为导向开展园本培训,在满足专业发展需求的同时兼顾教师的个性发展,建立"教师职后培训个人档案"①,将非学前教育专业幼师作为单独类别,为他们制定个人专业发展的系统规划,掌握他们职后培训的进度、专业发展中的优势、需要解决的困难,从而提高培训的针对性和实效。

3. 丰富非学前教育专业幼儿教师园本培训内容与形式

在培训内容的选择上要立足于非学前教育专业幼师的岗位实际和自身特点,致力于提升这个群体的教学实践技能,在实践中发现问题和解决问题。注重教学研究,致力于提升非学前教育专业幼师的教学能力、教学质量,形成其独特的教学风格。职后培训在形式上要注重激发非学前教育专业幼师的参与感。沟通与对话、合作与交流、批判与反思应成为这一培训中的重要组成部分。通过集中备课、案例分析、教育会诊、参与式培训等丰富的培训形式,给培训的接收者自主选择的机会,锻炼他们自我教育和提升的能力,让非专业幼师在获得知识经验的同时,树立终身学习的理念,有效规划自身专业发展路径。

4. 加大对非学前教育专业幼儿教师职后培训的资源投入

针对非学前教育专业的幼师群体,要加大职后培训的人力、物力、财力资源投入,保证培训经费,建立专业的培训师资团队,提供系统的培训资料与设施,给予充分的培训时间保证,为他们提供适宜专业成长的培训机会,必要时可以通过奖酬分配、职称申报等手段激发这类群体参与培训的积极性,让职后培训真正落到实处,促进这类教师的职业发展。

(三)充分发挥非学前教育专业幼儿教师的主体能动性

1. 建立培训菜单,明确自身培训需求

这类教师应在此过程中充分思考自身专业发展中的优势及劣势,发现自己急需提升的能力与急需解决的困难,同时结合自身的实际对自己需要的培训进行梳理,按照重要程度和紧急程度为自己构建培训需求菜单。这样既可以帮助教师及时梳理发现自身的培训需求,又可以帮助园所结合教师的培训菜单安排适宜的培训项目。

2. 拓展交流渠道,主动表达培训诉求

这类教师因其在培训诉求上的独特性,更需要培训组织者予以特别关注。可以主动拓展诉求渠道,通过递交培训需求菜单、与园所负责人面谈、发电子邮件、通过网络留言板留言等多种形式向培训组织者表达自己对培训的需求,及时反馈对于某次具体培训的意见或者建议,获得培训组织者对于非学前教育专业幼儿教师这类特殊群体的关

---

① 柳倩:《非学前教育专业教师园本培训的现状、问题和对策》,《学前教育研究》,2008 年第 12 期。

注,以期参加更符合自己需要的培训。

3. 构建互助群组,发掘培训新形式

这类教师由于个体成长经历和专业背景的不同而各有所长,可以在教育主管部门和园所组织的培训之外主动拓展新的培训形式,构建起互助群组,以自己的优势和特长为资源在群组成员间相互交流,以最小的投入获得最大的收益。此外,还可以通过学前教育专业的学历进修与专业书籍的涉猎来巩固相应的专业理论基础;参与一些音乐、舞蹈等培训机构的培训,既弥补专业技能不足,又发展个人特长。

幼儿园尚美文化建设的实践探索

吴彩娟*

摘　要：基于"美是和谐"的本质理念，建设幼儿园尚美文化，有助于统领各方力量，创建品牌名园。幼儿园尚美文化建设的实践探索还存在着诸多问题。幼儿园尚美文化建设的改进策略有：凝练铸造尚美精神文化、持续建设尚美物质文化、动态健全尚美制度文化。

关键词：尚美文化；幼儿园；文化建设

学校发展的重要一环就是学校文化建设。中小学校园文化研究已成果斐然，核心呈现出"生态""人本"等多元化的状态。由于幼儿园文化建设起步较晚，因此，对幼儿园文化建设怎样体现因园而异、因地制宜，怎样实现理论引领实践操作，还需做进一步研究。

一、幼儿园尚美文化建设的理性思考

（一）幼儿园尚美文化释义

幼儿园文化是学校文化的组成部分。尚美，就是崇尚美。幼儿园尚美文化，就是基于美的观点，确立"为促进每一位教师的职业发展营造美丽家园"的管理理念，以"求真、尚美"为园训，营造"心仪美、创造美"之园风，建设一支形象美、语言美、情操美的教师队伍，促进幼儿健康、快乐、全面、和谐地发展。

（二）幼儿园尚美文化的构成因素

1. 幼儿园尚美精神文化

精神文化是学校文化的灵魂。学校精神文化由学校成员的价值取向、信仰、态度、情绪、兴趣、思维方式和职业道德等共同组成，通过学校师生的精神面貌、校风、教风和学风等方面体现出来。[①] 马克思说："对美的追求是人类的本能。"美无疑是真与善的最高境界。古希腊哲学家赫拉克利特主张"美在和谐"，柏拉图的美学观点尽管很复杂，但也主张"美是和谐"。冰心也曾说："美的真谛是和谐。"在和谐理念的浸润中，和谐可以朴素地理解为人类本能追求的"美"。

2. 幼儿园尚美物质文化

物质文化是学校文化建设的基础。学校物质文化是指校园所处的外部自然环境、校园内部的规划格局，以及校园建筑、雕塑、绿化和文化传播工具等各个方面所形成的文化环境。幼儿园应遵照"尚美"核心精神，基于"美是和谐"办园理念，全方位地建设幼儿园物质文化，外显和谐之美；应重视整体规划，避免遗漏细节，尽量挖掘和利用可能的教育资源，将"尚美"校园的构想和设计外显化、物态化。

＊　吴彩娟，女，常州幼儿师范学校，中学高级教师。

①　黄崴：《教育管理学》，中国人民大学出版社，2009 年，第 164 页。

3. 幼儿园尚美制度文化

制度文化是学校文化建设的保障。学校制度文化具体表现为学校为了有效运作而形成的各种符合学校实际的传统习惯、仪式、规章制度等。遵照"尚美"核心精神，将尚美理念渗透在体系架构、规章制度、工作流程、岗位职责、价值观念和风格特色中，融入"以人为本"思想，引入合适的竞争与激励机制。

二、幼儿园尚美文化建设实践的主要问题及原因分析

本研究个案是常州市某幼儿师范学校附属幼儿园。该园从 2007 年 10 月园舍奠基之初，就以"美"为统领建筑工程与内涵发展的总思想，锤炼"尚美"文化主题，秉承初衷，用实践折射出对"美是和谐"本质的诉求。

（一）幼儿园尚美精神文化建设方面的问题及原因

该幼儿园基于"美是和谐"办园理念，构想了以"尚美"为主题的办园宗旨、管理理念、园风、园训和统一的价值观念，确立了尚美认识层面。同时，开展了家乡名人引领等尚美教育特色活动，并且以"尚美"精神为总领，以幼儿发展"和谐美"为宗旨，构建了面向每一个孩子实施的完整的园本化课程体系。

1. 存在的问题

教育宣传尚显薄弱。该幼儿园教师对本园办园理念的知晓程度，能烂熟于心的人数占比为 26%；看到了知道，但不能背诵的占比为 70%；别人说起时能知道的占比为 2%。对园训、园标的知晓程度，看到了知道、不能背诵的人数占比为 54%。由此可见，该园虽然重视了门厅、公共走廊、行政区域等醒目位置的文化布置，但是尚美精神文化还没有形成宣传的场，缺乏动态更新，静态的文字呈现并没能内化到人员的意识中去，造成幼儿园"尚美"精神文化的"独孤"现象。

节庆活动缺乏统领。各类节日典礼、学术研讨、文体娱乐、社会实践、人际关系也属于精神文化范畴。从幼儿园的主题教学课程和常年教育活动资料分析，尽管该园也针对尚美核心精神开展了家乡名人宣传、专场音乐会、与社区联动等园本特色活动，但是对独具本园特色的仪式规划、庆祝庆典仍然不够重视，没有凸显"尚美"主题的统领。

课程文化还需商榷。课程文化属于精神文化的范畴，是学校品牌建设的核心。在建设课程文化的具体操作层面上，如何汇集凸显"尚美"主题、"美是和谐"的本质理念，该园还没有展开思考、构想和规划。

2. 原因分析

专家引领欠缺。该幼儿园在研究与实践中，没有聘请擅长学校文化建设专题研究方面的专业人员，缺乏相关领域的专家资源，在尚美文化建设的创意、立意、规划与实践的过程中，基本处于自我摸索的状态。

开放办园不够。精神文化的建设要注重形成园所、社区和家庭的教育合力，综合系统地考虑幼儿园、社会、家庭等相关因素。该园虽然有家长开放日、家长助教、与社区联动等多种开放形式，但家长群体、社区群众了解办园理念、课程特色还不够，对姐妹幼儿园的开放程度有待提高，尚美文化理念的传播和优质教育资源的辐射还有待加强。

（二）幼儿园尚美物质文化建设方面的问题及原因

该幼儿园从规划格局、园舍建筑、雕塑装饰、绿化布局等各个方面，努力使"尚美"

精神、"和谐"理念物态化。一是精心设计园标,凝练呈现理念;二是颂扬家乡名人,营造高尚氛围;三是注重专业品质,完善设施设备;四是外显呈示动态,建设园本课程。但幼儿园尚美物质文化建设方面依然存在一些问题。

1. 存在的问题

视觉识别系统有待完善。该幼儿园设计了美观独特的园标,在门厅标记、装修装饰等方面都有设计呈现,但是在全园的统筹安排和统一规划中还是考虑得不周全,不能时时处处体现出尚美品牌,比如幼儿园的理念体系、课程特色、规章制度、家园手册、标准字体等系列内容,还不能自觉地朝着整体的"尚美"视觉识别系统建设方向发展。

环境创设定位还需调整。该幼儿园教师对本园园舍建筑的评价,认为美观大气的占44%,认为比较美观的占50%,认为一般的占6%。教师对幼儿园绿化环保建设方面的评价,认为很好的占32%,认为较好的占64%,认为一般的占4%。唯美的园林设计与幼儿教育教学并不能很好地相融互动,篱笆的种植阻碍了孩子们进入园林的脚步,生长缓慢的树种不能为幼儿夏季活动撑起绿茵。从"尚美"的理念层面理解,幼儿园的园林设计既要美观、安全,更要体现幼儿教育的专业性,在艺术美的追求与专业性的需求之间达到和谐的状态。

信息技术运用水平还需提升。该幼儿园建设了自己的网站,网站的页面布局、大体色调、图案设计等方面总体能够显示出"尚美"文化的基调。但是网站的细化内容、信息更新则存在不平衡和不协调的现象,教师还亟须提高使用电子邮箱、微信、QQ群同家长交流的意识,幼儿园向基于数字平台的教育管理转变的进程需要加快。

2. 原因分析

经费预算计划不能及时调整。幼儿园的日常经费预算以年度为周期,维护了财务管理的安全性,但使得基层的实际工作有时难以灵活开展。比如绿化园林建设,随着使用功能的改变,要做相应的功能定位调整,不是短时间内能够实现的,列入年度经费预算按轻重缓急排序就需要等待很长时间。

(三)幼儿园尚美制度文化建设方面的问题及原因

学校制度文化具体表现为规章制度、习惯仪式等方面。该幼儿园将尚美理念渗透在规章制度、工作流程、岗位职责、价值观念和风格特色中,制度生成追求完善,制度执行追求灵活,使得幼儿园制度文化蕴含和谐之美。但该园在尚美制度文化建设方面也存在一些问题。

1. 存在的问题

制度蕴含尚美还需斟酌提升。对本园教师评价制度合理性的评价,认为很合理的人数占40%,认为较合理的占46%,认为一般的占14%。物质文化建设外显尚美理念操作性较强,与之相比,制度文化建设蕴含尚美理念则不容易找到抓手和切入口。该园积累多年的制度文化建设还缺乏主线索,没有明确的抓手,尚美理念在制度建设中还处于虚化的状态。

制度生成执行尚待与时俱进。制度的制定总是滞后于实际问题,制度的执行也会出现问题。评价操作过程中的诸多碍于情面、走过场现象,大量的量化评价也会出现方向性偏差,难以真正起到过程指导和监控作用。

2. 原因分析

人员配备明显不足。由于地方性政策的规定,绝大多数幼儿园做不到按照国家有关标准配备教职员工的数量。国家规定每个班级配备二教一保(两位教师、一位保育员),但该地区只能配备二教半保;国家规定每 150 名幼儿配备 1 名专职保健教师,该地区往往多是 500 名幼儿配备 1 名专职保健教师;管理人员的配备更是紧张,兼职情况居多。各类人员配备明显不足,尚美制度文化建设困难重重。

队伍建设没有止境。该幼儿园教师对本园培训和学习氛围的评价,认为很浓的人数占 44%,认为较浓的占 48%,认为一般的占 8%。由于师资力量比较薄弱,该园实践尚美文化建设往往不能彻底落实。教师践行、传播尚美文化方面还有明显不足,对尚美文化主题性的理念学习不够,在遇到新情况和新问题时,园部的直接决定偏多,倾听一线底层教师的意见较少,指向解决问题的结果过急,思考和谐美的统筹很少。

三、幼儿园尚美文化建设的改进策略

(一)凝练铸造尚美精神文化,统一价值观念

1. 理解内化尚美理念

美是人的本质力量的感性显现。而人的本质力量是在认识世界、改造世界的实践活动中形成和发展起来的,不是凝固的,而是发展的、变化的。[1] 因此,幼儿园的管理者、教师、职工、幼儿、家长,这些不同的对象因为自身的实践活动不同,对尚美含义的理解、对尚美追求的情感、对尚美实践的程度都是存在差异的。尚美就是崇尚和谐。在这样理解的基础上,来对其所构想的"尚美"精神文化体系进行再度观照和审视,对园训"求真 尚美"、园风"心仪美 创造美"、办园宗旨"为提升每一个孩子的生命质量奠定美好基础"、管理理念"为促进每一位教师的职业发展营造美丽家园"就会产生一种更加亲切、深入的认同,而幼儿园的总体发展目标"创建品牌名园 提升生命质量"也就成了全体人员自觉接纳、长久铭记的统一价值观。

2. 提高教师参与程度

"为促进每一位教师的职业发展营造美丽家园",落实到实践中,教师应该是美丽家园的建设者,是美丽家园的主人。一方面要开展尚美精神文化教育活动,注重教育内容的可感性、教育形式的丰富性和教育方式的有效性,以家乡名人、身边榜样、同行典型的事迹教育人鼓舞人,使得幼儿园尚美精神深深地烙印于每个教师的思想上、意识里,使幼儿教师逐步自觉地将其外显到行动上。[2] 另一方面要消解教师的心理压力,消除教师的职业倦怠,以尚美理念提升教师观念,以"心仪美 创造美"的尚美园风陶冶教师的性情,以"求真 尚美"的园训引领教师的行为,努力克服幼儿教师付出较多回报偏少、家长和社会的期望值非常高而政府给予的关心支持不足等种种因素导致的心理压力问题,使其自发自觉地以主人翁的姿态和身份,共同实现办园宗旨"为提升每一个孩子的生命质量奠定美好基础"。

---

① 刘叔成,等:《美学基本原理》,上海人民出版社,1987 年,第 37 页。
② 郑绍红、何昌昊:《幼儿园教师园文化认同缺失的原因与对策》,《学前教育研究》,2010 年第 11 期。

3. 培育统一价值观念

各学校应从思想认识上积极引领全校教职员工澄清关于学校发展理念和价值观的问题,营造一种文化氛围,与全校教职员工共享统一的核心价值观,巩固学校文化的根基。[①] 学校文化建设要充分体现办学理念,用主题理念去统率和领导全校的一切工作,从而形成一种强有力的理念鲜明的文化力量。[②] 围绕尚美核心,开展健康向上、丰富多彩的文娱庆祝、社会实践、社区服务等活动,进一步创新文化活动内容,拓展文化活动领域,注重各种仪式的创立和举行,把尚美文化理念渗透到日常教学和生活中,深入到教师和幼儿的内心,培育出独具特色的尚美主导意识,产生强大的向心力和凝聚力。

4. 重整园本体验课程

一是定位园本课程目标。"尚美":崇尚美,崇尚和谐之美。"乐心":陶冶性情,使心里快乐。"体验":亲身经历,实地领会。通过"尚美乐心"体验课程建设,发展幼儿的审美情趣和情感,促进幼儿健全人格的形成。二是整合园本课程内容。以玩味奥尔夫音乐为切入口,与主题活动相结合,与一日活动相融合,与领域活动相整合,于游戏时空中践行,在序列活动中升华,构建整体的游戏化园本课程。三是创新园本课程实施。明确实践途径,加强信息化建设,重"尚美",求品味。重组功能性场馆建设,重"乐心",能体验。尝试课程建模。实施"尚美乐心"体验课程,促进幼儿朝着崇尚美、享受美,心情愉悦、心灵纯净的方向发展。

(二)持续建设尚美物质文化,落实因园制宜

1. 创造浓郁的尚美物化氛围

物质文化作为一种外显文化,是对学校内隐文化的简约而真实的表征。要精心设计幼儿园尚美标识的物化方案,努力追求视觉识别表现的标准化、专业化管理。幼儿园的主色调既要能反映出尚美的雅致大气,也要能适合幼儿的天真童趣,焕发勃勃生机。园标悬挂、园训呈现、园风外显、字体符号、教师着装、公共走廊、专业功能室的文化布置等,应做到美观适切、色调和谐、主题突出、相互呼应,凸显出本园特有的标识,通过多途径全方位的视觉冲击和反复强化,加深教师、幼儿、家长等各类相关人员对尚美精神的印象和记忆。应使"尚美"精神、"美是和谐"理念外显化、物态化,对教师和幼儿的价值观念、生活态度及行为方式产生潜在不断的影响。

2. 重新审视尚美定位

从幼儿教育专业需求的角度,重新审视幼儿园尚美物质文化建设的现状。协调成人的评判标准与幼儿的活动需要。重视整体设计,积淀文化底蕴,秉承优良传统,遵循教育规律,修改完善幼儿园尚美物质文化建设方案。[③] 景观环境要能强烈地吸引诱导幼儿与一棵树木、一块石头、一片草地、一堆泥土进行积极互动,健全完美人格,陶冶高尚情操,真正起到"春风化雨、润物无声"的作用,尽可能多地为师幼提供适宜的活动空间和创造动力,实现绿化、观赏、休憩与活动等功能于一体。

---

① 黄崴:《教育管理学》,中国人民大学出版社,2009年,第169页。
② 吴志宏:《学校管理理论与实践》,北京师范大学出版社,2002年,第221页。
③ 黄盛男:《幼儿园文化建设探析》,《教师博览(科研版)》,2012年第12期。

3. 安排缓急，整体推进

整体设计、分步实施。认识到幼儿园的尚美物质文化建设不可能一蹴而就，需要秉承初衷、坚持不懈地去设计规划、传承调整、革新完善。按照尚美总体要求整体设计规划格局、园舍建筑、雕塑装饰、绿化布局，分析物质文化建设项目的轻重缓急，在实践中分步实施，把"尚美"长远设计的理想性与现实实践的可能性有机结合起来，使得幼儿园尚美物质文化建设不慌忙、不马虎、不浮夸、不急于求成，一步一个脚印地实现整体推进。

（三）动态健全尚美制度文化，凸显以人为本

1. 论证尚美制度总领抓手

在学校制度文化的建设中，既要坚持制度的严肃性、规范性和延续性，同时也要把握好制度实施的灵活性、教育性和时代性，还要能够体现民主性、公平性，充分培养校内成员思想深层中的制度意识。① 将尚美理念渗透在体系架构和组织流程中，渗透在岗位职责和规章制度中，渗透在价值观念和风格特色中，使得幼儿园制度文化蕴含和谐之美。必须理清建设主线索，找准抓手，尚美理念在制度建设中不能处于虚化的状态。

文化建设的核心在于更好地推动人的发展，要从有利于教职员工和幼儿的长远发展这一角度出发，规避短视眼光，切忌急功近利，乐于安静等待，无论是理念输出、环境创设还是制度建设、活动开展，都要注意以人为本这个核心原则。② 尚美文化建设也正是利用优秀健康的尚美文化来推动人的健康发展，进而通过人的健康发展来推动幼儿园的健康发展。

2. 以人为本完善制度生成

美是和谐的办园理念，落实到规章制度的制定上来，似乎难以体现。和谐之本义正是事物各方面出现得恰到好处、配合得也恰到好处，事物总体面貌终端呈现出和谐美的状态。学校制定各项规章制度，也正是规定各级各类人员各司其职，在各自的岗位上做到恰到好处，协调各级各类人员以最佳状态相互配合，从而使得学校的整体事业呈现出和谐美的发展状态。因此，规章制度本身是具有一定强制性的，但是规章制度的制定是可以因事因人而变化的。

制度是严肃的，也应该以人为本、开放民主、与时俱进，逐步生成合理、合法、合情、完善的制度文本，做到没有"显性缺失"和"隐性缺失"。制度"显性缺失"的表现是制度空缺不全，各项制度不能互相衔接和补充，内部各项要求体现不出和谐一致；制度"隐性缺失"是指制度形同虚设，不便于理解执行，不具有较强的可操作性。

3. 以人为本细化制度执行

制度执行要重视"以人为本"。一是坚持公正公平。二是当"以幼儿为本"与"以教师为本"发生冲突时，应该做到"以幼儿为本"优先。三是当教师群体利益与干部队伍

---

① 黄崴：《教育管理学》，中国人民大学出版社，2009 年，第 172 页。
② 向阳，李翠莲：《倡导以人为本，构建和谐文化——幼儿园文化建设初探》，《中国校外教育》，2011 年第 11 期。

利益发生冲突时,要坚持做到"教师群体"利益优先。要建设一支理念领先、业务精良、乐于奉献的干部队伍,使其在实际工作中做到自觉地履行干部职责;同时,也要培育出一支富于专业使命感、充盈自身价值感、自得其乐的教师队伍。

为儿童营造快乐的读书校园

刘春友 *

摘 要：书香校园是学校文化建设的重要内容。邗江区实验小学积极打造书香校园，开展了以下工作：改建图书场馆，完善硬件设施；健全管理制度，科学规范管理；利用有限资源，发挥最大作用。

关键词：学校文化；书香校园

美国教育家布莱森说：任何一所学校的环境都在默默地对孩子们发表演说，而且孩子们的确会注意它，不知不觉中受到熏陶和影响。环境是一本"立体的教科书"，是一门"隐性课程"。图书馆应成为学校文化的重镇之地，成为读书人的诺亚舟。

一、改建图书场馆，完善硬件设施

在"新邗江新教育"大背景下，教育均衡发展给予了邗江实验小学新的生命与发展契机。2014年，学校抓住逸夫楼校安工程改造的契机，重新建设学校图书馆，潜心打造书香校园，倡导师生"读经典的书，做有根的人"。

逸夫楼门厅处，"春江花月夜"主题诗墙，完美展现了瓜洲古镇的春之韵、江之景、花之美、月文化、夜浪漫的独特风情，各楼层墙壁上是关于瓜洲的名人诗作石刻。"潮落夜江斜月里，两三星火是瓜洲"是张祜对夜景的赞美；"春风又绿江南岸，明月何时照我还"是王安石对家乡的思念；"楼船夜雪瓜洲渡，铁马秋风大散关"是陆游对报国的愤恨……漫步逸夫楼，仿佛走进诗性的殿堂，到处都能感受到书香的气息。

按照学生年龄特点，考虑到"俯拾皆有书"的原理，学校打造了"醉花间""满庭芳""倚西楼""燕山亭""沁园春"五个以词牌命名的学生书吧，每个书吧个顶个精彩。以低年级学生为服务对象的"醉花间"和"满庭芳"，色彩相对艳丽，座椅相对矮小，书架均以童话中的森林、大树、城堡、木屋、水车为原型建造，置身其中便有童话世界的感觉；以中高年级学生为服务对象的"倚西楼""燕山亭"和"沁园春"，拥有更大的馆藏量，以湖蓝为主色调，调皮的线条勾勒出儿童的活泼。书吧内外还配置了可坐可卧的半圆形T台，学生累了，可以休息一会儿，增添了人文关怀。学校不仅为学生打造了书吧，也为教师创设了环境典雅、资源丰富的阅览室，名为"竹里馆"，主要由两个阅览区组成：一个是专业阅读区，里面摆放着与教师专业成长有关的业务书籍、教学杂志、师德专辑等；另一个是闲暇阅览区，摆放着养生类、休闲类的杂志，同时提供咖啡、茶叶等。教师阅览区域设计得如同咖啡厅一样，从物质上、环境上为教师提供阅读享受。闲暇时光，教师们可以借阅读代替休息，享受宁静的心灵空间。

学校还充分挖掘现有资源，利用楼道等一切可以利用的空间，建立了五个流动图书

---

* 刘春友，扬州市邗江区实验小学，校长，中学高级教师。

角,为学生创设了优雅、温馨的阅读环境,提供了充足的书源,让学生课间也能徜徉在书的海洋中。学生只要走过或者路过,都会驻足翻上几页,即使是几页,也是满心欢喜,而阅读和精神上的浸染,使得学生文雅许多。课间或者午间,每个小小的平台处,都是人最多的,或站或坐,姿态不一,但只有一个主题,那就是阅读。

二、健全管理制度,科学规范管理

为节省师生的时间,学校在提高工作效率上做文章、下功夫。图书专职管理员边工作、边学习,加强练兵。一是勤整理,对师生归还的图书每天及时归类上架;二是勤检查,对师生在借阅时抽乱、插错的书籍勤查找;三是勤过目,经常到书架旁去看一看,对图书的位置了如指掌,从而为师生查找资料节省时间,提高效率。除此之外,学校先后制定并逐步完善了一系列规章制度及工作细则:文献资料的采编、加工、保管、赔偿、清点、剔旧等图书室业务操作规定;图书工作人员、学生管理员的岗位职责;读者的借阅规定等。各项规章制度的健全,使图书馆工作有章可循、循序渐进,减少了工作的随意性、盲目性,促进了图书室工作的规范化管理。

同时,邗江实小也十分重视各项培训工作。一是对教师的培训:每学期初先对教师宣讲图书室各项制度,借阅时间、借阅要求等,然后由教师向学生宣讲,让所有学生都了解借阅制度。二是对学生的培训:为了让学生能顺利借到书,每学期对他们进行借书培训,如图书排架方面的辅导,怎样选择适合自己阅读的书;教育学生爱书,对学生提出看书的要求,如看书前要先洗手,并要把手擦干,养成夹书签的习惯,告诉他们修补损坏的书籍的方法。三是对班级小管理员的培训:小干部队伍建设分担了很多管理任务,确保了图书的正常流通,也使学生的管理能力得到了发展,综合素养有了提升。

三、利用有限资源,发挥最大作用

(一)开创阅读天地,拓展阅读时空

1.专用阅读课堂

为了增强阅读效果,邗江实小将国家课程中的语文课每周加开一节课,作为阅读指导课,地点就在逸夫楼图书馆。教师们带领学生走进阅览室,一起徜徉在书的海洋里。每周年级社团也在相应阅览室开设一堂课外阅读作为校本课程。每学期规定好必读书目,每月一本,由语文教师有计划、有目的地进行阅读指导,开展好书推荐课、阅读指导课、读书交流会等,带领学生潜心阅读经典美文,领略中外名著,吟诵古今诗文,开展文字游戏活动,在大量的阅读实践中培养学生良好的阅读习惯和兴趣,提高学生的阅读能力。

2.保障阅读时间

晨间阅读。每天早晨,学生进班后即开始大声朗读课外书,提高阅读效率。学生在这一时间段可以阅读本年级推荐的必读书、选读书,也可以根据自己的兴趣选择自己喜欢的书来阅读。

午间阅读。12:40~13:10为图书馆开放时间,各年级喜爱读书的学生根据自己的喜好进入书吧进行阅读,教师专人陪同读书,巡视指导,做到专时专用。全校一千多名学生每周按阅览安排表轮流进入各年级专门的阅读教室阅读。在这个天地里,学生管理员自主管理,真正实现了学生的天地学生做主。

与留守儿童共读。邗江实小有近千名学生中午在食堂就餐,他们要么离家较远,要么无人照应,其中相当一部分是留守儿童。学校为了让这些孩子在阅读上享受家的温暖,每天15:00低年级放学后,安排专门的教师在图书馆分年级和这些孩子开展读书活动,教师们有的陪孩子们静静地阅读,有的开展读故事、评故事活动,有的进行好书推荐,有的和孩子们玩文字游戏……孩子们在这里读得尽兴,议得热烈,学得开心……一个个徜徉书海,其乐无穷。

(二)优化评价体系,保持阅读热情

1.提供展示平台

邗江实小图书馆中央的空地上,是学校的乐渡舞台,阅读课上,如果有片段表演,可以到这个舞台上尽情展示。学生们席地而坐,看台前的同学发挥自己的表演特长。学校的报告厅也是学生们汇报表演的重要地点。课本剧表演、诗词朗诵、演讲比赛……学生们在这些地方自由地表达,放飞自己的梦想。邗江实小还充分利用"红领巾广播台"这一平台让各班好读书的学生向全校学生推荐新书,讲自己阅读的故事,交流读书的体会,汇报读书的成果,分享阅读的快乐。

2.举办读书活动

每年4月为学校的读书节,读书节为期一个月,为学生提供节日般的阅读盛宴。在活动中学生以校园剧的形式汇报经典诵读,以课本剧的形式表演书中的故事,以手抄报的形式展示阅读的积累,以演讲的形式宣讲自己读书的故事,以征文的形式汇报读书的收获,以"图书跳蚤市场"的形式交换读过的图书……在读书节的舞台上,学生的身心自由地发展,焕发了灵性,开发了潜能,智慧的火花不断迸发,创造的能力不断提高,真是"好雨润物细无声,书香沁心益成长"。

3.奖励读书先进

各班级在每月末根据学生读书的量和质评出一名"阅读之星",颁发"阅读之星"卡,以此鼓励学生好读书,读好书。班级每月举办一次读书交流会,同学们根据平时的表现和读书交流会上的风采评选出班级读书大王、小博士、采蜜大师,并在下个月的第一次红领巾广播时给予全校性表扬。通过这一系列评比,进一步激发学生阅读课外读物的兴趣,让兴趣这把钥匙更好地开启学生的心扉,引导学生走进知识的大门。

4.展示阅读成果

三至六年级的学生每月就自己读的书写一篇读后感,各班每月评选出优秀读后感并打印出来在班级供大家交流学习,优秀的作品还向学校广播台和各级报刊投稿,学校每学期出一期"尖尖角"习作集,目前已经出版16期。学生通过多渠道展示自己的作品,体验到成功的快乐。到目前为止,邗江实小的学生有200多篇诗词、作文发表于《中华诗词》《江海诗词》《语文报》《关心下一代周报》《七彩语文》《邗江诗词》等报刊上。成功的喜悦也进一步调动学生走进图书馆读书、借书的热情,兴趣这把钥匙也更好地开启学生的心扉,引领他们走上阅读之路。

学校创新教育的思考

卢大鹏*

摘　要：时代的发展呼唤创造型人才的培养。首先要正视创新教育与传统教育的区别；其次要扮演好创新教育中的关键角色；最后要从四个方面积极实施创新教育。

关键词：创新教育；创造潜能

创新是一个民族进步的灵魂，是一个国家兴旺发达的不竭动力。联合国教科文组织提出了"学会生存"和"学会关心"等教育主题，其核心是发展学生的创造精神和创造能力，因此"学会创新"是我们21世纪教育改革最为基本的内容和目标。未来的社会将具有三个特征：新奇性、多样性、暂时性。新知识和新发明将以惊人的速度增加，所有观念、生活形态与生活用品都将很快被新的事物代替，一般的智力劳动由电脑取代，留给人们更多的是创造性的劳动。因此，让学生学会创新是时代赋予教育的历史使命和光荣职责，未来社会的竞争，实质上是人才的竞争，特别是创造型人才的竞争，时代的发展呼唤创造型人才的培养。

一、正视创新教育与传统教育的区别，树立正确的教育观、人才观

不能把创新教育与传统教育完全割裂、对立起来。我们要正确地看待二者之间的关系，创新需要在传授知识的基础上开展，然后关键是教育、引导学生要有创新意识、创新观念。

传统教育是历史形成的，在传播知识方面发挥过积极的作用。传统教育偏重于对学生的"传道、授业、解惑"，实际上是一种继承型的求同教育，而创新教育是以开发受教育者创造力为宗旨，以培养创造型人才为目标的教育思想、教育观念、教育方法组合成的教育体系，创新教育虽然不是一个独立的教育层次或教育类型，但它可以与现行的各种教育结合，渗透到教育的各个层次、各个领域。

传统教育最重要的任务是传授知识，而创新教育的任务是开发智力，激励思维，增强学生思维的流畅性、独创性、灵活性、变通性。传统教育中，教育主要靠经验提高质量，而创新教育则主要在传授知识的基础上开启智力，激发创造思维，培养创造个性。传统教育中教师的主导作用主要体现在引导学生理解和记忆教学大纲中规定的教学内容，而创新教育要求教师发挥的主导作用是有效激发学生的发散性思维，发展学生的创造才能。与传统教育不同，创新教育在评价教师的教学时，不仅要看教师讲述是否清楚，知识信息是否被学生记住，以及教师对各教学环节的安排是否合理、组织是否紧凑，更要看在教学过程中学生积极性、主动性、创造性的发挥程度，以及其思维活动的质和量。因此，创新教育与传统教育在教学内容、方法、评价等方面有着显著区别，要求我们

---

* 卢大鹏，扬州市邗江区杨庙中学，校长，中学高级教师。

认真学习创新教育的理论与方法，自觉改革传统教育中束缚学生创新能力发展的观念和方法。

二、教育工作者在创新教育中的角色

德国著名教育心理学教授戈特弗里·海纳特曾指出："倘若把创造力作为教育的目标，那么实现的前提就是创造型的教师。"他们富有创造性的言传身教更是对学生创造性的激励。一个成功的教育工作者应当以下列三种身份投入到创新教育实践：学生创造潜能的释放者、学生参与教育的合作者、学生身心发展的同路人。

1. 学生创造潜能的释放者

著名的教育家陶行知在创办育才学校期间就明确地提出"创造教育"的思想。他所倡导的创造教育的核心是释放受教育者的创造力，他认为"儿童的创造力是千千万万祖先至少经过 50 万年与环境适应斗争所获得而传下来之才能之精华"，创造力具有普遍性，"处处是创造之地，天天是创造之时，人人是创造之人"。他指出解放儿童创造力有五条途径：解放儿童的头脑，解放儿童的双手，解放儿童的嘴，解放儿童的空间，解放儿童的时间。束缚学生创造力的因素很多，结合我国教育的实际情况来看，学生负担过重是主要因素。针对这种情况，教育部于 2000 年做出减轻中小学生过重负担的决定，各地教育主管部门纷纷制定相应的减负措施，如江苏省教育厅提出小学毕业实行免试入学制度，除中考和高中外，各级教育行政部门不得组织统一考试，学校不得按考分排列名次张榜公布、不得分快慢班等，同时加强了初、高中的理、化、生实验考查。创新教育遇到了十分适宜的气候，青少年的创造潜能一定会释放出来。

2. 学生参与教育的合作者

早在 1952 年，一位叫卡尔·罗杰斯的美国学者在哈佛大学组织的一次"课堂教学怎样才能影响人的行为"的主题研讨会上，首次提出了"以学生为中心"的观点，引发了一场有关教育观念问题的大讨论，这就是著名的"罗杰斯挑战"。1998 年"教育的前沿"会议又把"从以教师为中心向以学生为中心转变"定为那次会议的主题。这二者探讨的共同主题是"以学生为中心"，这个道理也正是开发创造力的秘诀。创新教育是以未来的创造者为主体的教育，这种教育成败的关键在于学生能否成为学习的主人，能否主动而积极地学习。学生参与教育的程度是对创造教育水平的衡量，在引导学生参与教育的过程中，教师更应该成为学生的合作者，而不仅仅是指导者。

3. 学生身心发展的同路人

在创造力培养的过程中，教师应该与学生携手合作，同步前进，做学生身心发展的同路人。创造力的培养者之所以要与被培养者同步发展，是创造力培养这一特定任务的需要。一方面，培养创造力是一个相互影响的过程，必须遵循平等性原则。另一方面，培养创造力也是一个从相对到绝对的渐进过程，随着工作的开展，被培养者的创造力会逐渐增加，如果培养者总是停留在原有水平上，就会不适应形势的发展，不能满足工作的需要。由此观之，从事创造力培养的教师必须与学生并肩前进，共同发展。

三、实施创新教育的几个层面

实施创新教育是一个艰苦的探索过程，需要在长期的实践中摸索并加以总结。实施创新教育需要根据知识经济对创新型人才素质的要求，遵循创新人才成长的规律。

1. 让学生走向社会、走进自然,激发创新欲望

所有创新人才都必须具有内在的强烈的创新欲望,创新欲望不是外力作用的结果,也不可能形成于"象牙之塔",而只能来自于丰富多彩的生活。

一方面,要引导学生走进自然、学会观察,在观察中发现不同事物的相似性和差异性,在此基础上产生好奇心和对未知事物的兴趣。在一定条件下,好奇心和联想直接转化为创造的冲动和内在的欲望。另一方面,要特别重视社会实践。只有在社会实践中,才能把握经济社会发展的特点、趋势,也才能准确地了解经济社会发展内在的创新需求,而创新正是对这种社会创新需求的积极应答。

可见,创新欲望的激发需要环境的创设,需要生活的经验。奇妙的自然世界、丰富的社会生活,是人们产生创造欲望的基础和源泉。走出课堂,走出校门,走进自然,走进社会,对创新欲望的激发具有极其重要的意义。

2. 在教学过程中使学生得到间接的创新体验

间接的创新体验是学生的创新意识、创新精神、创新能力培养的重要措施,其主要途径是实现教学模式的创新,即在教学过程中使学生得到间接的创新体验。对人类以往的创新过程及活动的了解,就是一种虽然间接的但却十分重要的创新体验。这也是人类的创新活动及过程得以绵延、续展的重要环节,人们也正是首先从这种间接的创新体验中得到对创新的初步认识。因此,教学过程就不应当仅仅是一个抽象的知识传授过程,而应当是或更为重要的是对人类创新活动及过程的揭示、分析,并使学生有所启迪。间接的创新体验还需要对创新成果的直观了解。如,展示创新成果,让学生间接地步入创新的世界;介绍创新成果,使学生了解创新的过程;用现代化手段对重大创新活动及成果进行模拟式再现,帮助学生获得关于创新活动的直观感受;等等。

因此,在课堂教学中要多让学生发表意见,充分调动学生的创造性思维,鼓励学生集思广益,锻炼学生思考、探索、解决问题的能力。

3. 实现知识的综合化,改革学科课程

创新需要扎实的基础知识及专业知识的支撑。因此,我国教育中注重基础的传统和优势必须得到肯定,决不能把创新能力的培养和注重基础知识对立起来,从一个极端走向另一个极端。从一定意义上讲,创新能力的培养离不开对基础知识的强化,但同时,创新所需要的基础知识包含许多新的内涵,知识的综合,学科间的交叉、渗透与融合,以及对知识的综合运用能力,这也是创新人才素质的重要特征。

知识的综合化要做到:第一,在尊重学科与课程的相对独立性的同时,注重不同学科、课程之间的渗透、融合。例如:可以把当代自然科学、技术科学的最新成果引入社会科学、人文科学的教学,把人文社会科学内容也引入自然科学、技术科学的教学。"培养有科学头脑的企业家,有经济头脑的科学家",这种呼吁准确体现了创新人才素质的新特征,也为当前及今后的课程改革提供了现实的依据。第二,逐步建立相应的综合课程。开设综合课程,使学生了解各门学科知识之间的内在联系,学会从多维的视角系统地思考问题。所谓综合课程,绝不是若干门传统课程的机械拼凑,而是旨在综合运用多种学科知识解决重大问题的能力训练。第三,改革学科课程,强化活动课程,优化环境课程。因人制宜,因材施教,适当开设一些选修课程,如英语口语、工艺美术、音乐、

电脑等,让学生在美妙的音乐旋律中产生灵感,在美的创作中产生丰富的想象,激发起创造的欲望和激情。活动是学生学会创造的动力机制,环境是育人条件,学校不妨注重这两门课程的开设,让学生在活动课的广阔天地中充分展示自己的创造才能,并把创新思维的训练引入各门学科及课堂的教学,使之成为教学改革的重要内容。例如:语文教学不应仅仅拘泥于文字的考证、词语的解释、语法的分析,而应着力于语言运用能力、人文素质的培养,尤其应注重对创新思维潜能的开发。语文课堂应给学生无限的空间,让畅想的思维自由飞翔,每节语文课都应有真情的交融、高峰的体验、心潮的激荡、灵感的爆发。其他学科教学也都应该流淌着创新精神的活水,直接孕育创新思维的诸多品质,在创新思维潜能开发中发挥各自独特的作用。

4. 给予学生创新的时间和空间

学生所有的创新活动,都必须有充分的时间和空间作为保证,这一点在创新教育的设计与实施中应当得到高度的重视。第一,加快教学改革步伐,改进课堂教学的方法,尤其要充分运用现代化技术和手段,切实提高课堂教学的效果,用尽可能少的时间有效地完成必需的教学内容。第二,运用终身学习、终身教育的理念,按照创新人才成长规律的要求,适度调整并减少课堂知识教学的内容,并对有关内容进行科学合理的选择。第三,使学生从沉重的作业负担中解放出来,尤其是从根本上改变机械重复的"题海训练",着重于创新思维和能力训练。显然,能否留给学生更多的创新时间和空间,不仅已构成创新教育的重要内容,也是按创新教育要求深化教育改革的目标之一。

要确立起适应知识经济本质要求的创新人才培养模式,并有效地实现创新教育的目标,还必须正确处理以下三个关系:一是创新与传统的关系。创新教育既是对传统教育的突破和超越,也是对传统教育创新精华的继承和弘扬。二是理论与实践的关系。创新教育呼唤理论的建设,但重要的是勇于实践。三是借鉴与特色的关系。既要积极地借鉴已有的成功经验,又要注重自身特色的形成。正确处理这三个方面的关系,无论对创新教育理论研究的积极推进,还是对创新教育实践的有效深化,都具有十分重要的意义。

漫步竹西佳处　感悟文化育人

缪永留*

摘　要：文化建设是学校建设的重要内容。扬州市竹西小学打造"竹西"文化：构建"为了每一个儿童的生长"的文化理念；塑造"竹有疏影映桃李，墨绽清香满园芳"的环境文化。

关键词：学校文化；文化理念；环境文化

"淮左名都，竹西佳处……"如千年流淌的唐诗宋词，位于古运河畔的竹西清秀隽雅，充满诗情画意。坐落于此的扬州市竹西小学，东倚大运河，南临古邗沟，西傍瘦西湖，北枕蜀岗余脉。自建校以来，一代代竹西人在碧水修竹的滋润和怡养下，躬耕实践，潜心化人。竹韵墨香，只为每一个儿童的生长；种桃种李，倾心打造古代文明和现代文化交相辉映的"竹西"校园。

一、理念文化——"为了每一个儿童的生长"

唐人杜牧曾赋："谁知竹西路，歌吹是扬州。""竹西"因此得名。宋人姜夔歌《扬州慢》一曲，更让竹西成为士人追寻的文化"基点"，历代文人争相来竹西探幽访胜，创作出咏竹西的词赋千余首，赞竹西的书法画作更是难计其数。"竹西"因竹而闻名，因文而流芳。竹西小学是中国书法特色学校、全国硬笔书法教学实践基地、江苏省中小学书法特色学校。多年来，竹西人坚持"竹文化"与"书法文化"并进的办学思路，坚守"竹"的气节，涵养"墨"的芳香，瞄准打造融合"竹""墨"等特色元素的现代学校文化的办学目标，立足校园特点，以"竹"文化为突破口，深度挖掘，从"竹"的品格中汲取教育的力量，在"墨"的余韵中营造教育的氛围，以"办一所为了每一个儿童的学校"为宗旨，不断探索，努力实现解放每一个儿童的理念，服务每一个儿童，成就每一个儿童的教育愿景。

校训是一所学校的灵魂。"写端正的字，做有节的人"是竹西小学的校训，是学校培养人才的核心理念。"正"是一种为学的习惯，"节"是一种为人的品质，从书法的"摆正、握正、坐正、写正"起步，倡导师生做"懂礼节、有气节、守节度、亮节操"的人。

校风是一所学校的精神旗帜。"端正、有节"的校风，是对师生在思想、行为及态度上的基本要求。教师端正为教，有节为范；学生端正求真，有节尚善。

教风是教师教学的标尺。"正直有爱、虚心有恒"的教风是衡量教师道德、品质的准则。"正直有爱"期许每一位教师公正无私地关爱每一个儿童，传递爱，弘扬善；"虚心有恒"期许每一位教师像竹子一样虚怀若谷，教学相长，不忘初心，坚韧求索。

学风是一所学校的气质。"思能静、行有节"的学风是竹西师生治学精神、治学态度和治学方法上的目标，冀望竹西师生学习竹子安静、有节的特质，学习上善思、力行，

* 缪永留，江苏省扬州市竹西小学，校长，中学高级教师。

思考问题冷静专注，言行举止有理有节。

二、环境文化——竹有疏影映桃李，墨绽清香满园芳

1. 标识文化：渲染美誉的标识印记

标识文化是学校形象的代名词，是学校为了将其办学的宗旨和文化内涵传达给公众而建立的视觉、听觉相结合的立体式的形象系统。竹西小学精心设计了校徽、吉祥物，创作了校歌，着力建立丰富形象的标识文化体系。

校徽。以绿色为基调，根据文字"西"字变形而来，令人印象深刻。以竹为叶，以笔为竿，重新构造出竹西之"竹"，营造水墨意境，又有毛笔的笔刷之感；而"笔"中有节，彰显了特色——写端正的字，诠释了校训——做有节的人；竹叶相互依偎，寓竹小师生共同成长，突显了学校"为了每一个儿童"的核心理念；"竹"背后弯曲的流线型图案代表流淌千年的古邗沟之水，生生不息，滋润万物，标明了学校的地理特征。校徽将文字与实物结合，形象生动地突出了主题，整个设计简洁流畅，一目了然又不乏生动。竹西小学校徽如图1所示。

校歌。表明学校特殊的地理位置——邗沟河畔、学校的基本理念——解放每一个儿童、学校的愿景——成就每一个儿童等元素。

图1 扬州市竹西小学校徽

吉祥物。吉祥物是学校的象征，体现了学校的理念和精髓。竹西小学设计了两个竹笋娃娃作为学校的吉祥物，以突显"竹文化"：黄色与绿色体现了竹的清雅灵动，寓意着竹小学子生机勃勃。设计两个娃娃是表示"个个"，以体现"为了每一个学生"的办学理念：每一个孩子，都是充满希望的笋娃；每一次拔节，都是生命最美的绽放。两个竹娃分别取名为"节节"和"静静"，取自学风"思能静，行有节"，以期学生思考问题时能冷静，言行举止能有理有节。两个竹娃娃手拉手，张开双臂，寓意学生在学习、生活中都能友好相处，相互合作，并且以最大的热情接受新事物，广交新朋友。吉祥物的形象活泼可爱，新颖独特。

2. 环境文化：点缀墨香的肥沃土壤

"学校无闲地，处处可育人。"近几年，竹西小学先后改造了校舍，美化了校园自然环境，营造了特色人文环境。学校从与孩子关系密切的角落入手，以"竹"之精神为环境文化建设的核心，融入了"竹西文化"及"墨香文化"，将美化功能与实际功用相结合，生成了道道精美别致的微景观，让校园"写"满孩子的故事，洋溢"家"的温馨，力求打造优美、舒适的环境文化。

学校的四栋楼的楼名"本固楼""性直楼""心空楼""节贞楼"，取自白居易的《养竹记》，凸现竹的品质，彰显学校的育人要求。

学校因地处"竹西佳处"，校内的几条主干道分别命名为"竹西路""淮左路""月明路""绿杨路"。以古诗词中的扬州别名及景点命名校园道路，传承了历史文化。

校园内一个个角落、一面面墙壁都在诉说着竹西的历史、竹的品格、"为了每一个儿童"的办学理念。漫步竹西校园，能感受到扑面而来的文化气息。

3. 精神文化：润物无声的涓涓细流

精神文化是师生精神自由成长的指示航灯,竹西小学依托"竹"文化底蕴,从"竹"的精神品格中汲取教育的力量,构建了"端正、有节、虚心、有恒"的"竹西四德",让全校师生形成共同的价值追求,从而获得提升。

竹是端正的,人更应该是端正的。学校倡导师生不仅要写端正的字,更要成为正直的人。有节是做人的原则。在诱惑面前,保节;在利益面前,正节;在大义面前,亮节。

虚心是竹的品格。竹子中空,象征虚心;枝干挺拔劲秀,有凌云之志。作为中国书法特色学校,竹西小学以打造写字教育特色为突破口,让师生从书法中汲取坚守的力量,磨砺顽强、坚持的精神,形成坚韧有恒的品质。

校报取名《春筱》,读者主要是学生。筱,小竹之意,寓意竹西的孩子像春天的小竹子一样打好基础,积蓄能量,充满活力。校刊取名《竹迹》,读者是教师,记录竹西教师的成长印迹。

4. 课程文化:引领梦想的远航动力

课程文化是校园文化建设的核心。竹西小学以"为了儿童的生长"为目标,在实施国家课程、地方课程的同时,积极开发富有学校特色的校本课程,逐步形成了以儿童为中心的课程文化体系。

学校站在儿童的立场,以保证国家课程的教学质量为前提,加大教学密度,提高学习效度,从而提升课堂的教学效益,解放儿童的时间。学校以"兴趣激发、能力培养、素养形成"为基点,倡导"以生为本、关注生成"的生态课堂,逐步形成了"直入主题、建立模型、即时练习、当堂反馈"的教学路径和"注重细节、层次分明、张弛有度、简约明快"的教学风格。

学校立足孩子的兴趣,为他们提供了丰富的"菜单式"校本课程,让他们根据自己的爱好和特长自主选择。校本课程丰富多彩,如:低年级的绘本阅读、软陶、硬笔习字等;中年级的演讲与口才、剪纸、软笔书法、声乐等;高年级的扬剧、葫芦丝、科技制作、电脑绘画、黑白线描、篮球、足球等。学校编写了《竹西文化》《竹西四德》《黑白线描》《墨香流韵》等校本教材,以保证校本课程的有效实施。

《竹西文化》共分为十二章,从竹西的缘起说起,内容涉及竹西的诗词、字画、谜语、风景介绍等,图文并茂,让学生在欣赏了解的基础上产生兴趣,进而产生研究的需求。《墨香流韵》包括三个板块:"楹联匾额"包括楹联和匾额的历史、文化、分类、书法欣赏几个方面,引导孩子寻到书法的"根",找到民族的"魂";"卷牍墨香"包括从西汉起至明代书法欣赏及书法家的简介,能让学生充分领略到我国历史上书法的魅力所在;"丹青传神"介绍了中国山水画的历史。《竹西四德》依据"竹"的精神分为"端正篇""有节篇""虚心篇""有恒篇",全书通过历史名人故事,向学生述说德行的重要性,故事形式引人入胜,内容更是小中见大。

竹西小学的教师怀着"为每一个儿童"的心,让"竹娃娃"们在这里生根发芽。

漫步竹西佳处,我们感受到文化育人的浓浓氛围。竹西小学校园文化的生动实践,给竹西娃娃们提供了更为广阔的生长空间,教师们也有了更加明确的成长方向。

为了每一个儿童的生长,竹西人一直行走在路上。

学校领导力研究(3篇)

摘　要：教学领导是学校领导的重要方面,学校教学领导包括校长领导、教师领导和班主任领导,讨论其内涵、价值与问题,培养校长、教师和班主任的领导力,对于学校改革与发展具有积极的现实意义。

关键词：领导力；教学领导

小学校长教学领导力的研究

曹璐明 *

校长领导力是指在学校领导环境和领导体制下,校长个人对学校的人、物、财等众多因素的综合作用力。一个好的校长就是一所好的学校,学校教学质量的好坏很大程度上取决于校长教学领导力的高低。提升校长教学领导力是提高学校教学质量的需要,也是学校教师教学能力不断发展的前提。

一、小学校长教学领导力存在的不足

校长的教学领导意识淡薄。很多人把小学校长看作是一个行政管理人员,却忽视了校长教学领导的角色。教师也总认为校长是监督者、检查者和评价者,使教师和校长之间无法处于一种平等的地位,而只是简单的上下级关系,教师甚至很排斥校长走进他们的课堂。这样校长也就被大家孤立开来,领导意识逐渐淡化,慢慢放弃了对教学的领导,把教学的任务完全丢给教师自己去处理。

校长疏于对在职教师教学能力的培养和锻炼。刚毕业的新教师进校之后,在教学上可能经验不足,学校总是会安排相应的培训和辅导,帮助新教师适应新的岗位。但是一旦再次进行教师招聘,学校就会把主要精力投入到下一批人员的培训中。教师长时间缺少学习,教学质量就会停滞不前。

校长滥用竞争、奖惩机制,教师之间无法团结,形成教学合力。为了教学效果的提高,很多校长强调对教师教学能力的考核,让他们在竞争与奖惩中受到制度的约束和压力的碾压；突出优胜者而忽视教学能力较弱的教师,造成同事之间关系不良,不利于教师的健康发展,教研中难以形成"学习共同体"。

二、小学校长教学领导力不足的原因

校长自身的原因。大部分小学校长都是从一线教学中脱颖而出的优秀教师,他们拥有丰富的教学经验和较高的教学水平。但是,一旦他们走上校长这一岗位,就意味着他们要承担更多的责任。从 1985 年至今,我国的小学逐渐实行校长责任制,又称"一长制""首长制"。校长是学校的最高领导者和决策者,对外处理公共关系,贯彻教育方针

---

* 曹璐明,女,扬州大学教育科学学院,硕士研究生。

政策,对内全面领导学校教育教学和行政工作,对全体师生员工负责。[1] 目前,校长很多时候都把工作中心转移到管理学校各项复杂的行政事务上来,没有更多的时间和精力顾及课堂教学工作,对教学的关注相对减少,校长对教师教学的领导也就无从谈起。

传统观念的影响。在传统的教学管理模式运作过程中,教学工作安排要经过以下程序:校长与主管教学的副校长将工作计划传达给教务处主任,教务处主任召开教研组长会传达布置,再由教研组长通知到备课组及全体教师。校长站在最顶端,以领袖的姿态生活在教师之间,很少与教师有正面的、直接的沟通;而教师与校长也保持适当的距离,在教师来看,校长是他们的领导,主要负责下达各种决策计划,并且监督他们相关的教学工作是否顺利完成。校长负责行政事宜,教师负责教学事务,彼此没有交集。"时间久了,即使有改革的意识、合作的欲望,似乎又缺乏彼此的价值认同和情感的支持。"[2]校长既不能及时发现教师教学中的难题,帮助教师走出教学的困境;又不能做到及时为教师提供最需要的支持和机会,不断促进教师的专业发展和教学水平的提高。

学校管理制度的制约。学校以校长为首开展教育教学工作,其组织结构主要有教研室、教务处、教研组、年级组、备课组和班级,层次很多,中间环节复杂,教育教学工作不是靠校长一己之力就能完成的。"看似微观的课堂教学改革实则是异常复杂的系统工程,无论改革目标的提出还是改革方案的确定实施,都是牵一发而动全身的过程,完全依靠学校组织实施的课堂教学改革很难得到所有相关人员的支持。"[3]教学质量的提高需要校长的教学领导,也需要教师之间的通力合作。一方面,通过笔试和面试来选拔招聘教师,强调教师的知识水平,校长不能全面了解应聘教师的教学水平,部分教师的教学技能并不都是完备的,需要入校后继续学习;另一方面,学校大多实行竞争机制和奖惩制度如"末位淘汰"制,教师团队凝聚力不足,缺乏团队精神与合作意识,教学工作是各自行事,极大地影响了校长教学领导力的提升和教学质量的提高。

三、提升小学校长教学领导力的策略

(一)革新传统观念,校长要成为自觉的终身学习者

校长要扮演好教学领导者角色,必须不断充实和更新教育教学的专业知识与技能。身为一校之长,要不断学习,革新自身的教育理念并融入新的教育思潮,在充满机遇与挑战的基础教育改革中激流勇进,成为一个自觉的学习者。[4] 校长要成为自觉的终身学习者,要有强烈的自我约束意识,能够随时接受新的知识,转换自己的角色,明确自身的定位,不能仅仅把自己定位为一位管理者,校长也是一位教师。要在运用行政管理理念推动学校积极健康发展的同时,挤出空余时间不断加强专业理论知识和技能的学习。校长不能只是坐在办公室里,远离一线教学课堂。校长要走进课堂、走进师生,即使不给学生上课,也要参加教学反思讲座、教学课例研究。通过这些活动,校长可以了解当前教师在教学中遇到的问题,及时组织和开展专题教研活动,研究改进的方法,有效解

① 葛新斌:《学校组织与管理》,北京师范大学出版社,2015 年,第 56 页。
② 徐继存:《嵌入现实教学中的教学论思考》,《课程·教材·教法》,2014 年第 1 期。
③ 车丽娜,等:《山东省基础教育课堂教学改革的分析与反思》,《教育研究》,2015 年第 12 期。
④ 郁益民,周明星:《浅论小学校长领导力的提升途径》,《上海教育科研》,2009 年第 3 期。

决教师在新课改中遇到的难题,让教育教学质量上一个新台阶。

(二)开辟多元途径,为教师教学水平提高创造条件

首先,校长可以利用校内资源,开展一些校内在职教师培训,如周末教学辅导班、专业知识学习课程、教学技能提升课程等,加强教师培训工作,在校内慢慢"打磨"他们,帮助他们提高自身的教学水平。其次,校长要鼓励教师成为研究型教师,协助他们开展行动研究,为教师提供机会和帮助。教师只有对自己课堂教学进行细致的观察和分析,才能在了解的基础上得到提升。再次,校长要为教师提供良好的人文环境,良好的环境可以让教师乐教、学生乐学。校长应该引领全体师生创造一个文明、有序的学习环境,树立良好的教风和学风,尊重、支持教师的教学工作。最后,校长要试图发掘一些校外资源,在校与校之间建立沟通联系的平台,加强校际联系,形成校外交流渠道,多校组织教师共同学习、培训、交流,让他们有更大的空间去观摩、学习优秀的教学课例,有更多的机会与优秀的教师一起交流和学习关于教育教学的问题,提高教学质量。

(三)优化校长管理机制,建构和谐教学团体

正如成功的企业需要卓越的领导者和优秀的团队一样,好的教学质量也需要优秀校长的带领和优良团队的协助。学校教学质量的提高需要校长的教学领导力,也要依靠全体教师朝着共同的目标努力奋斗。"学校不是孤岛,他们需要支持和帮助。每一个学校都由多种多样的利益主体构成。如果学校真的发生变革的话,这些利益不同的个人和团体对学校教育目标的理解和参与学校的活动也必须能协调一致起来。"[①]现在的很多教师,他们的教学水平停滞不前,却不去学习新的教学理念和技能,故步自封。因此,一方面,校长在教师招聘之时要严格把关,为学校吸纳真正优秀的教师。同时,通过"以老带新""师徒教学"等方式加强新老教师之间的教学协作,老教师可以帮助新教师迅速掌握教学技能,新教师的加入也为老教师注入新的教学理念。另一方面,校长要正确运用奖惩制度,建立竞争激励机制,但是绝不能导致恶性竞争,校长要坚持"不拔高优胜者、不贬低后进者"的原则,允许后来者居上,在教师之间形成良性的竞争,在竞争中相互合作。同时,通过推行绩效工资制,充分调动教师教学的主动性和积极性。教师在合作中相互竞争,在竞争中相互学习,有助于教师间建立一种和谐的、健康的教学团体,提高教师整体的教学水平。

小学班主任领导力提升策略研究

吴晨晨*

班主任领导力,是指班主任以自身专业知识及决策、沟通、组织等能力为基础,秉持学生是教育主体的教育信念,带动学生积极参与班级管理,优化整合教学资源,高效实现班集体目标的行为过程。知识包括教学知识与管理知识。能力素养包括教学能力、

---

① 车丽娜,等:《山东省基础教育课堂教学改革的分析与反思》,《教育研究》,2015 年第 12 期。
* 吴晨晨,女,扬州大学教育科学学院,硕士研究生。

沟通能力、组织能力、决策力。专业知识是基础,能力是领导力的重要体现。

一、小学班主任领导力存在的不足

1. 专业知识不足。班主任的专业知识包括教学知识与教育管理知识。教学知识包括专业的学科知识、教学法知识、教育心理学知识、个人实践经验知识等;教育管理知识主要包括学生组织知识、交往沟通知识、决策知识等。在班级管理中,班主任易忽视教育管理知识的系统学习,缺少对领导知识的补充,主要依靠教师之间的交流总结教育经验,可能缺乏科学性,不具有理论的延伸性,经验化代替了理性化[①],影响领导能力的发展。

2. 决策力低,班级目标及规划制定不合理。决策力主要包括分析判断力、前瞻洞察力、创新性、责任性等维度。在教育实践中,部分班主任分析学生学习生活需求的能力不足,洞悉小学生成长发展需要与愿景能力不够,制定的班级目标过高或过低,或盲目跟风,不符合学生发展的需要。目标制定后,不能够积极执行,目标走向形式化。

3. 班级组织协调能力弱,小学生参与班级管理的积极性不高。小学班主任班级组织协调能力主要体现在学校任务的组织实施,班委的选取与任命,开展班会、家长会,组织春游、沙龙等课外学习活动,配置各种教育教学资源等。组织活动时,一要调动、激励学生参与,二要合理分配参与人员的活动任务。组织是组建班集体与实现班级目标的重要途径,若班主任组织协调能力弱,则会影响班级的凝聚力与目标的达成。

4. 交往沟通能力弱,教育资源利用率低。资源的开发与利用,受班主任组织与沟通能力的双重影响。良好的沟通能力能够把教育资源转化为教育力量。低效沟通的课堂,师生之间易产生隔阂,互不理解;缺少沟通的教师团体,易出现互相埋怨、指责的现象;班主任与家长之间缺少必要的沟通,是造成家校矛盾的主要原因。

二、小学班主任领导力存在问题的原因分析

1. 班主任自身的原因。班主任教育信念不明确,提高决策、组织、沟通等能力的意识不强。班主任领导力是在班主任与小学生之间的相互作用中形成的,班主任领导与学生主体两者并不冲突,班主任的领导力因学生的主动积极参与而实现,班主任提高领导力更有利于学生自我管理能力的发展。若班主任对学生成长要求关注度不够,对学生心理发展熟知程度不足,对学生主体性发挥不够重视,班主任领导力的出发点与落脚点就不明确。班主任对工作的认可程度、职业追求,对学生发展负责等成就动机不强,是影响班主任主动提升领导力的内因。

2. 学校管理的原因。学校在班主任人员选择上多与教师的教学成效挂钩,教师教学能力越强,担任班主任的概率越大,这直接导致班主任超负荷的工作量,而繁重的工作则使班主任制定班级的发展目标及规划时忽视小学生的需要。在实践中,班主任的有限权力在无形中影响教育资源开发的力度。"在现有的学校管理体制下,班主任在学校教育中仍然处于一种孤立无援的状态,学校尚未形成一个协调一致的有利于班主任开展工作的制度环境。"[②]再者,学校班主任评价更关注班级纪律、成绩、卫生等显性

---

① 洪明:《领导力视角下的班主任工作》,《少年儿童研究》,2011年第4期。

② 齐学红,黄正平:《班主任专业基本功》,南京师范大学出版社,2014年,第57页。

的评价标准,与班主任领导能力方面的联系不明显,影响班主任对领导力的关注及其自身能力的提升。

三、小学班主任领导力的提升策略

1. 树立坚定的教育信念,秉持学生是主体的教育观念。教育信念是班主任成长的动力源,影响着班主任领导力的发挥程度与发展高度。高尚的教育信念是小学班主任实施教育工作的精神激励力量。班主任应形成正确的教育观念,不断更新教育理念,并将合理的教育观念应用于班级管理之中。首先,应关注学生的发展特征与成长需要,努力形成参与式的领导风格。参与式领导最大的特点是让群众参与管理,体现学生、师生之间的相互协作。其次,注重小学生的情感态度的变化,让学生对班主任产生敬重感,从而提高班主任的领导力。再次,班主任要协调与任课教师、家长的关系,明确一切为了学生的共同目的,加强组织成员之间的相互依赖和相互协调,实现学生的健康、快乐成长。

2. 班主任主动提高决策、组织、沟通的能力。一是提高决策的有效性。班主任应关注国家的教育目的与学校的培养目标、学生的心理需要与时代特征,协同任课教师、家长与学生参与班级目标、规章制度的制定。二是做好班级组织工作。任命班委时,采用民主的选取方式,体现班级管理的公平;组织班级活动时,选择具有时代性与生活化的主题,满足小学生的兴趣与需求,激励学生共同参与。三是提升交流沟通能力。班主任首先要学会倾听,倾听学生的诉求、任课教师的反应、家长的需求;在集结各方面意见以后,做好协调工作,使小学生尊重每位任课教师,班主任与任课教师之间平等相处、移情换位、互相理解,进行家访,明确家访的目的与任务,做好家访的后期追踪等;与学校领导沟通,表达学生的发展需求,在开展校外活动时积极寻求学校的支持与帮助。主动寻找发展途径,与专业人员多交流、多合作,总结、反思自身的领导经验。

3. 在教师教育中,注重培养小学班主任的领导力意识,培养其领导、决策、组织、沟通能力。在教师教育中做好小学班主任领导力含义、构成要素、具体要求、一般实施程序等知识的教育,提升班主任对领导力的认知。再者,培养小学班主任制定、规划与实施目标的能力,提升其处理班级事务、与人沟通合作、判断与决策事务的能力,使新任班主任或在职班主任能够尽快掌握班级管理的规律,发挥班主任领导力的积极主动性。

4. 学校建立良好的班主任工作管理机制,协助班主任工作,为班主任领导创设情境。一方面,学校应放开小学班主任选拔的范围,考虑教师的工作量、工作能力,尽量选择教学任务较少的教师。另一方面,学校应赋权增能,将一些权力交付班主任,并积极协助、指导班主任开展工作。建立保障制度,充分给予班主任选取、整合教学资源的权力,使班主任能充分利用资源组织班级活动,依据学生的发展特点,调动学校、社会力量参与班级建设,创造促进学生成长的班集体。一方面,在班主任评价结构上,应增添对班主任领导力的考察,细化领导力的评价指标。另一方面,学校要支持与满足班主任专业发展的需要,开展教师培训,搭建小学班主任合作沟通的平台,建立资源共享的小学班主任领导力案例库,提升班主任发展领导力的主动性与积极性。

教师非正式领导力现状分析及提升策略

徐 璐*

教师领导力包括正式领导力与非正式领导力。其中,非正式领导力是指没有职权与特殊头衔地位的普通教师,凭借自身的专业知识与能力、道德修养与情感等自发地、主动地对学生、其他教师及学校产生影响。目前,社会及学校管理者对教师领导力的培养与提升往往较多关注教师的正式领导力,而忽视了教师的非正式领导力的开发与培养。教师的非正式领导力有利于激发教师的自发性与主动性,有利于促进教师个体及群体的专业化发展。

一、教师的非正式领导力存在的问题

教师对非正式领导力主体认识不清。首先是学校的管理层对于教师非正式领导力的主体认识不清,仍然停留在教师正式领导力层面。普通教师本身对于领导力的主体也没有认识到位,并没有意识到自己其实也可以是"领导",也可以发挥领导力,所以对于参与学校的管理、决策等活动并没有什么意愿,往往是被动地接受学校上层的指挥。

普通教师在领导意愿及能力方面有所缺失。普通教师缺乏通过自身的专业知识与能力、道德修养与情感等自发地、主动地实现教师的自我领导与教师团体间的领导。这不有利于教师个体及团体的专业发展。

二、教师非正式领导力存在问题的原因分析

校长的领导理念落后。校长的领导理念会直接影响到教师非正式领导力的发展。惠特克(Whitaker)开展了一项对中层学校管理者的研究,得出结论:"校长识别关键的教师领导者,让他们参与决策过程并以一种非正式的方式使用他们。校长必须能够识别关键的教师领导者,在学校变革的过程中使用这些个体……在研究中,低效的校长不能够识别出非正式的教师领导者。"[1] 目前,由于部分校长的领导理念过于传统,没有及时地注意到发展提升教师非正式领导力的重要性。

教师组织结构等级分明。我国教师管理具有"等级制""精英化""工具性"倾向,究其原因在于教师组织结构过于单一、等级分明。普通教师在教学方面,除了努力发展成为学科带头人、骨干教师、特级教师等优秀教师外,没有其他发展路径。而这些优秀教师的评选名额往往很少,因此大部分教师在这样的组织结构中依然会处于最底层,进而失去领导与发展的意愿。

三、提升教师非正式领导力的策略

1. 营造良好的学校文化氛围

教师所在学校的文化氛围对于提升教师非正式领导力有着十分重要的影响。在积

---

* 徐璐,女,扬州大学教育科学学院,硕士研究生。

① 杜芳芳:《教师领导力:迈向研究日程》,《外国教育研究》,2010 年第 10 期。

极的、开放的氛围下,教师之间会分享专业知识,为了上好一节课大家群策群力,针对某个新的教学方法或理念进行探讨。在这样的环境下,教师会主动地参与专业学习,有效提高教师自身及整个教师队伍的专业化水平。因此,应该营造良好的学校文化氛围,全力推动教师之间相互尊重、相互信任、民主、平等、和谐、团结的同事关系的形成,发扬团队合作精神,推进教师专业共同体的发展,更好地发挥教师非正式领导力的作用。

2. 校长转变领导理念

教师非正式领导力的提升,需要校长转变传统的领导观念。一方面,校长要从"集权"走向"分权",赋权予教师,让更多有领导潜能的普通教师参与到学校的决策与管理中来,这样不仅有利于教师群体的发展,也有利于学校的变革;另一方面,校长应该从关注领袖教师转向关注普通教师群体的发展,要相信每个教师都具有发展的潜能,而作为校长要具有发现教师潜能的眼光,给普通教师提供更多发展的资源和机会,赋权予教师,发挥教师非正式领导力的作用。

3. 优化教师组织结构

要想提升教师非正式领导力,需要优化教师的组织结构。改变现在教师间的等级结构,缩小骨干教师、学科带头人、特级教师等领袖教师与广大普通教师之间的距离,在对领袖教师投入培训资源的同时,也要考虑普通教师的发展。创造更多领袖教师的角色,发挥他们的领导作用。"在教学改革的实践运行过程中,适当的行政促动是必不可少的,而过分的行政干预却会导致教师的消极怠工和专业颓废,这就需要在教学改革中处理好行政干预与专业自主的关系。"[1]学校应该适当减轻行政领导色彩,将更多的时间交给教师,突出教师潜在的教育影响,促进教师非正式领导力作用的发挥。

---

① 车丽娜,等:《山东省基础教育课堂教学改革的分析与反思》,《教育研究》,2015年第12期。

学校文化建设(笔谈)

摘　要:学校文化是学校建设的重要内容,管理文化、班级文化、课堂文化、环境文化建设是学校文化建设的重要组成部分,一些学校的探索具有借鉴价值。

关键词:学校文化;管理文化;班级文化;课堂文化;环境文化

用多维管理模式构建立体校园管理文化

王　云*

维扬实验小学为了让孩子的人生更精彩,确立了"崇文明理"的校训。十多年来,维扬实验小学强化学校管理,以课程改革为中心,形成了书香校园、科技创新两翼齐飞的办学特色。

现代管理学之父彼得·德鲁克在《管理》一书中把管理与文化明确地联系起来,他认为最高层次的管理也是一种文化。多年来,维扬实验小学将校园管理的过程看成是探索管理文化、优化管理路径、促进管理规范的过程,找准管理工作的切入点和着立点,强力推进,做到因事而谋,应势而动,不断深化,全面提升管理水平,努力构建和谐生态,全面提升校园的精神气质和师生成长质态。具体而言,主要是推进三大管理。

一、流程管理——让每个人知道做什么、怎么做

"流程管理"最早出自于企业管理,企业内部改革的核心是流程,流程是所有企业运作的基础。企业再造之父、美国著名管理学家迈克尔·哈默指出:对于21世纪的企业来说,流程将非常关键。优秀的流程将使成功的企业与其他竞争者区分开来。清华、北大的客座教授石真语在《管理就是走流程》一书中也提出这样的观点:"没有规范流程,管理一切为零。制度管人,流程管事;制度明权责,流程出效益。一套规范流程,让管理不错位、不缺位、不越位,确保制度清晰、责任到位、管理规范、全员高效。"

为了进一步规范管理,2014年暑假,维扬实验小学组织七个部门,制定了72项工作流程,全面指导学校各项工作。《学校工作流程》的出台,让每个教师做到有章可循,有据可依,工作效率大大提高。新教师入职维扬实小,首先学习与自己相关的工作流程。即使是一个毫无经验的教师,按照流程执行,也能按部就班地完成备课、候课、上课、作业布置与批改、班主任管理等相关工作。

学校加强流程管理,不是为了给教师更多的约束,而是想通过一定的规范,让师生获得自由发展和自主提升的广阔空间,从而促进师生的共同成长。流程管理,让每个人知道做什么、怎么做,促进了管理的规范化,完善了学校的制度文化。

---

*　王云,扬州市维扬实验小学,校长,中学高级教师。

二、级部管理——促所有人努力齐步走、向前走

"级部管理"源于企业的扁平化管理模式。当企业规模扩大,管理层次减少而管理幅度增加时,金字塔状的组织形式就被"压缩"成扁平状的组织形式。学校的发展带来办学规模的扩大,而学生的增加又使学校管理的压力逐渐变大。实行低重心管理,即以级部主任为核心的级部管理负责制是缓解学校管理压力的有效途径。

2013年春季学期,维扬实验小学建构了以分管校长、部门管理、级部管理三级管理为基础的扁平化管理模式,将学校公转和级部自转有机整合,级部考核和个人考核相互捆绑,构成了多维、立体的管理架构,在健全管理机制的同时,丰富了管理内涵,增强了教师自我管理、自主发展的意识,促进了管理自主化。

每日三巡:通过当日总值、相关部门、级管会的三级巡查,让教师们强化自省意识,促进自我完善。每日三巡涉及教育教学各个层面,从学生进校、晨诵检查、晨会情况、随堂听课、教学资料检查、大课间活动检查、课间常规,到饭班管理、放学管理及值勤工作等,有校园总值的每日巡查及反馈,有教导处的随机检查,有级部间的互相检查,有不同部门的联合摄像。以多管齐下的管理模式让管理者了解平时教学管理中的真实状态,同时通过自省式的精细检查促进各级部互相学习,不断完善管理方式。来自校园不同层级的巡查,突出"真、全、细"的特点,真实反映教师最基本、最真实的工作状态。

每日一报:各级行政领导和级管会成员关注教育教学常规,细致检查,发现亮点,找出问题,及时记载、反馈。每天各层级巡查的内容均需汇总于当日总值,并由总值整理汇总,反馈给各级部,同时将相关信息在学校网络群通报公布。每日一报要求做到有检查,有反馈,有促动,有改进。

每月一评:在学校层面组织每月一评的工作,评比与考核挂钩,以评促改,促进各级部相互学习、相互借鉴,实现各级部的共同成长。在级部管理中,一方面加大级部自主管理力度,将课务安排、教师培训等权力下放,鼓励级部开展有个性、有针对性的活动,挖掘级部的管理特色,提升级部主任的管理水平,努力构建级部的管理文化;另一方面,行政管理人员深入到相关级部,详细了解级部的管理方式,帮助级部进行整理、提炼、挖掘,提升管理水平。学校各部门高度重视,努力让每月一评起到促进自省、改进行为、推进发展的作用。

级部管理,可减少管理层次,扩大管理半径,使管理线条更明晰,管理结构更合理;可创造性地发挥级部的团体作用,变个人激励为整体激励,促使所有人努力向前走。

三、绩效管理——为不同人搭平台、得成就

人对精神、物质奖励的需要是普遍的,社会越发展越是如此。适度有效的激励,可以激发和保持下属工作的主动性和积极性。绩效管理制度是学校管理的核心制度。绩效管理有利于实现优劳优酬,是与教师教学行为联系密切的管理规范,是提高员工积极性和提高教育教学质量的有效手段。美国费城的NCO财务系统公司数据管理奖励办法,使员工的工作效率平均提高了25%。微软公司的实绩晋升制度,有效激发了员工的工作积极性和潜在的创造力。

维扬实验小学不断完善绩效考核方案,通过量化管理、科学操作,引领全校教职工处理好领导与教师、班主任与非班主任、骨干教师与非骨干教师、老教师与年轻教师之

间的关系,形成每月动态化考核,激励教师的工作积极性,实现文化管理的能动作用。为调动全体教师的积极性,使他们树立竞争意识,学校建立健全教师岗位设置的管理机制,在保持稳定的前提下,逐步引入竞争机制。学校计划在2018年岗位设置时,拿出5%的岗位在同职级中竞争上岗,最终实现高职低聘、低职高聘的校园竞争生态环境。

班级文化建设的实践与思考

张志强*

班级文化建设是一项长期的综合性的系统工程,也是学生班级日常生活质量提升的重要内容。班级文化的核心是构建适应并促进学生自主发展的文化,以培养学生积极向上的生活态度,形成相互尊重、彼此信任、积极进取、宽松和谐的氛围。

一、处理校园文化与班级文化的关系

班级文化是校园文化的一部分,校园文化又在潜移默化中影响着班级文化。作为学校的基本组织单位——班级,其运行最基本的外部环境便是校园。因此,要创建独特的班级文化,就不能不结合本校校园文化的特点及它对班级文化的规定性进行细致思考,正确建立和处理校园文化与班级文化之间的关系。

首先,班级文化建设的目标、方法要与校园文化协调一致。班级文化不能脱离校园文化存在,班级文化建设要对现有校园文化中某些要素加以整合,如发挥学校科技馆、教师博物馆等场馆的教育功能,结合班级情况,拟定相应班规,开展班级活动。

其次,班级文化反过来也会推动校园文化发展。以班级文化建设为载体,推进校园文化建设,是校园文化建设的有效途径。如对校园文化周中的"义工体验日活动"进行二次开发。义工体验即志愿服务,各班轮流开展,一年也只不过轮到一次。笔者将志愿活动纳入班级活动,每学期组织一次,走出校园,全班参与,并命名为"小橘灯志愿活动"。建班以来,先后开展了"平安夜义卖平安果,资助四川贫困学子"与"众说纷纭扬城广场舞"社会公益调查等活动。此后,在班级的倡导下,志愿活动走向年级,后来学校正式成立"翠岗小橘灯志愿者协会",以班级或年级为单位,开展不同类型、丰富多彩的志愿活动,形成学校的德育品牌活动。再如班级实行无人排车,逐步推广至全校各班;建立班级诚信超市,不少班级也加以效仿。

二、处理物质文化与精神文化的关系

班级物质文化与精神文化之间是相互统一的。物质文化建设不可或缺,宜人的教室环境有利于良好班风的培育,但精神文化建设更为重要。真正的班级文化建设的目标,是从文化育人的角度实施班级管理,用班级文化的氛围来熏陶学生,帮助学生养成习惯,最终使学生在"无意识"中养成一定的人文素养,不断完善自我,铸造人格精神。

目前,有些班级的布置仅停留在表面,虽有图书角,但只是一道摆设而已,图书品种良莠不齐,图书管理员似有若无,并未真正体现其功用。要真正建设好班级图书角,需

* 张志强,扬州市翠岗中学,一级教师。

精心设计和规划,配套的图书借阅制度和读书活动必不可少。笔者所在班级的学生为图书角取名为"书虫书香"图书角,希望每位学生"甘愿做一只书虫,游走于蔓蔓书香",并设计藏书章,图书角滚动式发展,藏书已达 600 余册,期刊也有 10 多种,有效地满足学生的阅读需求,大部分学生也养成了阅读习惯。此外,班级"缪脆角"诚信超市培养了学生的诚信意识,小组合作风采展示宣传版激发了小组间的竞争与合作意识,饮水机促使学生养成节约意识,拒绝饮料、矿泉水入教室。

三、处理制度文化与活动文化的关系

制度文化是班级文化建设的主要内容。当学生开始明白自己是班集体的主人、活动的主体时,班主任又要转化为导师身份,指导学生拟定班规,对班级事务进行分工安排,用班规看守班级,让班级有序高效运转。成立学习部、纪律部、卫生部、生活部、宣传部、组织部、体育部、阅读部等部门,分管班级各项事宜;建立值日班主任制度,每天两位学生轮流担任班主任助理,负责班级日常事务。由相应部门拟定班规或制定规则,使部长的选举、科代表的任命、各岗位人员的分工调整、教室座位安排,均有章可循。班级定期召开不同类型的会议,如班委会、值日班主任会议、学习小组组长会议、各部门内部会议等,商量班级各项事务,逐步形成自主管理。同时,开展丰富多彩的班级活动,活跃班级气氛,充实班级生活,营造平等、和谐、充满人情味的人际关系,形成团结友爱、奋发向上、共同发展的班级文化。

除以上三对关系外,班主任还要正确建立和处理与任课教师、家长之间的关系,形成三位一体的教育同盟;处理班级主流文化与非主流文化之间的关系,建设和维护利于学生成长的文化氛围;处理社会文化与班级文化之间的关系,让学生合理看待各种社会现象;等等。

打造生命化课堂,培养持续学习力,促进自主发展

蒋晓美 *

在我们身边的课堂上,经常有这样一种现象:教师或眉飞色舞地演说着,或捧着课本"说文解字",或满黑板地写着一题多解的方法……随之而来的是口头禅式的询问:"懂了吗? 听明白了吗?"响应老师的是部分学生的附和"懂了""明白了"。然而,学生的作业却是问号一片,"×"也不少,考试更是"糊里糊涂"。这让笔者想起运动场上教练训练运动员的不同:教练只是示范者和引领者,运动员才是真正的主角,只有这样才能出成绩。教师的真正职能是什么? 教师应该是学生学习的引领者和指导者,教师真正需要做的是帮助学生成为一名自主的学习者,而不是去替学生学习。

如何打造出能够培养学生可持续学习力、促进学生自主发展的生命课堂呢? 校长不能只寄希望于个别自觉实行课改的教师。学校需从行政上构建一个能激发学生探究学习的高效课堂模式,让更多的教师让出讲堂位置;班级也需要组建学习小组,让更多

---

* 蒋晓美,女,扬州市翠岗中学,副校长,中学高级教师。

的学生成为学习的主角。只有这样的教育教学管理,才能唤醒个体的"心智自觉",激发学生的学习潜能,提升其可持续学习力,促进学生自主发展。

以笔者所在的扬州市翠岗中学为例,学校的小组合作机制、"锚点探究"教学法,就融入了这样的教育理念——教师的作用是教学生学会自主探究,学会合作交流。学生围绕"锚"有计划地、主动灵活地、有效地学习,通过合作、探究去获取知识、应用知识、解决"锚点",真正理解和掌握基本的知识与技能、思想和方法,获得广泛的活动经验后,便逐步实现从"学会"到"会学"的转变。这样的课堂,能够使教师在充分发挥学生间相互影响、相互启发的教育作用之余,适当做点拨、引领和提升,所有学生在组内和全班都有参与、展示的机会,其合作意识逐渐内化、学习能力不断提高,这样能为学生将来适应社会、实现可持续自主发展打下坚实的基础。具体而言,翠岗中学采取了以下策略:

1. 优化小组合作机制,激活学生自主学习、自主发展的潜能

小组合作按"组内异质、组间同质"的原则,根据性别比例、兴趣倾向、学习水准、交往技能、守纪情况等合理搭配,每组4~6人。各班组建学习小组后,设计小组文化(小组名称、活动口号),拟定小组计划,确定竞争目标。此后以小组为单位,参与班级黑板报、宣传栏布置和班会、团队活动的策划、主持等学校各项活动,组与组之间比早读、比跑操、比纪律、比进步、比成绩、比贡献、比能力、比才艺……小组活动制度有自主制(自主分组、自主订目标、自主学习、自主展示)、交流制(小组沙龙,定期交流)、评比制(定期进行学习形式、学习成果的展示、评比)。这不仅激发了个体竞争意识,而且凝聚了小组的智慧和人心。在合作竞争的过程中,学生感到自己是集体的主人,积极地参与各种活动,学习也成为自己的事,变"要我学"为"我要学",有效地解决了学习动力问题。

以前有的学生上课不爱发言或爱开小差,实施小组合作后,学生们采用轮流汇报交流的方式,使每个人都注意力集中,因为每个人都有可能代表本组发言。现在学生不仅在校期间开展自主学习、合作竞争,而且假日里也组成了学习共同体,一起学习,一起活动,增强了集体荣誉感和责任意识,激活了自主发展的潜能。

2. 创新"锚点探究"模式,激发学生探究学习、合作学习的兴趣

"锚点探究"教学模式的流程是:首先创设情境、导入新课——"引锚";接着分自学尝试、合作交流、展示点评三部分自主合作探究——"探锚";然后归纳总结——"悟锚";再到自主检测——"固锚";最后小组评价、拓展提升——"省锚"。此模式成功的关键在于"锚点"的设计,"锚点"通俗地说是激发学生思考、探究、解决的问题。引锚是根据学生的发展需求,提供与真实情况基本一致或类似的情境,并从情境中选择与所学内容密切相关的真实事件或问题——"锚",以启动教学。全课设计可以是一个主问题的设计,引发一连串的追问,激发学生探究的欲望;也可以由一个问题解决的范式探究,引发学生对同类问题的归类探究,从而起到举一反三、触类旁通的作用。全课的结构可以是并列式,也可以是层递式。

在实施过程中,"引锚"是为了激发学生的学习兴趣,调动学生的学习积极性,是首要条件;"探锚"是为了培养学生自主、合作和探究的能力,使学生成为学习的主人,是核心环节;"悟锚"是为了帮助学生提炼、总结规律和方法,更好地完成意义建构,是最

终目标;"固锚"是为了帮助学生巩固所学知识,是有效途径;"省锚"是为了促使学生加强反思,更好地促进自我发展,是基本保障。

大多数学生的挫败感来自于学习的失败,"锚点探究"教学模式能培养学生的自主学习能力,让学生在自学尝试、合作交流、展示点评的自主合作探究中找到学习的乐趣。一旦学生有学习的兴趣,就会自主学习、深入探究、快乐合作。

3. 培养持续学习毅力,点燃学生自主发展、持续发展的激情

学生需养成自主学习、持续学习的好习惯。但好习惯的养成非一日之功,需点燃自主发展、持续发展的激情。

方法一:制订"自主发展、持续发展的规划",解决持续学习的动力问题。这个规划是学习小组的共同愿景,它在价值取向上,通过班级文化的布置,营造学习勤奋、合作竞争的氛围,培养学生的学习能力,提高学生的学习品质,帮助学生树立终身学习的理念。在具体操作上,一要有切实可行的奋斗目标;二要注重过程管理,特别是学习时间的管理和教育资源的整合;三要培养学习中的正向行为。

方法二:首先,建立完备的班规班纪,以之作为自主发展的保障。如:班级公约、诚信公约、值日考勤、劳动卫生、作业交纳、班级活动、课堂纪律、黑板报评比等。其次,通过各种方式去促进、引导、督促目标的达成,如典型引路、定期检查、互相交流、自我检查、期中及期末总结及家长、同学、老师、班主任相互督促等。最后,要对照目标不断矫正学习行为,促进班级、个人成长。

方法三:放手让学生去探究,教师树先进典型,以提高学生的自我教育能力。以班会为例,以往的班会是教师讲学习,收效不明显。开展小组合作后的班会让学生策划、学生主持、学生汇报,结果形式多样,内容丰富多彩。例如,翠岗中学布置了"荣誉墙""状元榜""星光大道""艺术长廊",其目的是树立身边的榜样,让不同层次的学生在自主选择中提升素质,做到追有目标、学有方向。这些评比帮学生找回了自信,而先进典型的宣传与表扬,点燃了更多学生学先进、赶超先进的自主发展、持续发展的激情。

省四星级学校创建带来的思考

梁淑星*

四星创建是学校发展的大计,因为它关系到学校发展的规划与前途;四星创建更是地方教育主管部门的大事,因为它代表着一个地方教育发展的水准。四星创建工作从最初网上申报材料的上报,到后来相关材料的整改,再到省评估院专家的现场考察,可以说学校往往要经历长期的等待。其中,现场考察能帮助学校诊断现有问题,明晰学校发展的目标,理清管理的思路和措施,最大限度地发挥以评促建、以评促改、以评促发展的评估效应。现场考察和评审工作,带给学校管理者更多的思考,下面结合笔者所在的海门市证大中学的四星创建工作谈点认识和思考。

---

* 梁淑星,女,海门市证大中学,副校长,中学高级教师。

一、上级主管部门重视是学校发展的先提

一所学校，无论办学时间的长短，在当前的教育大环境下，都要在变革中发展，在迎接挑战中成长。尤其是年轻的学校，创星将面临前所未有的考验和挑战，从教师到学生，从教学到后勤，从制度到文化，从外部到内在，考验是全方位的，挑战也是多方面的，需要大家直面考验、迎接挑战，在困难中寻找发展机遇，艰苦奋斗，奋发图强。学校要顺利通过星级学校的评审，一切工作的顺利开展都离不开市委、市政府、教育局对学校的鼎力相助和大力支持。无论是学校的前期建设，还是学校的后续发展，市委、市政府必将投入大量的财力、人力和物力，用于打造学校的物质文化环境和添置或更新学校的设施设备，使得学校的办学条件得到改善。当然，有时这些投入还不够，与省评估院的创星要求还有一定距离，学校的现代化需要有更多的经济支撑。这时，作为学校管理者，就应该通过更多渠道争取市委、市政府的政策、财力支持。学校要满足四星的要求，第一条就是班级规模和学生人数，这就要求教育主管部门在招生政策上予以一定程度的倾斜，另外随着办学规模的扩大，势必会带来师资、学生、后勤等诸多方面的变化，所以继续争取人力、物力、财力支持势在必行。

二、队伍建设是学校发展的关键

创星对师资的要求比较高，尤其是各个层面的骨干教师和优秀人才。参评学校往往会遇到师资的瓶颈，各个学科存在不平衡现象，有的学科找不到学科领衔人，没有领头雁，谈什么携手共进、共同进步呢？因此，学校发展要求校长关心教师的成长，组织青年教师成立研究会，号召教师多读书勤思考，鼓励教师爱岗敬业，组织教师制定专业成长发展规划，鼓励教师参加教科研活动，关心教师生活，使教师安心工作、热心教学，并不断发展成长。

古人云："上下同一者胜。"假如教师队伍的潜力得到进一步发挥，学校的未来将会更加美好。所以后阶段对教师的培训和提升将是学校发展的重点工作。一是要让教师形成自觉的自我提升的需求；二是学校要创设或者搭建更多的平台，供教师展示与提升；三是与兄弟学校结盟，形成教师发展共同体，促进教师相互学习、成长进步。参评学校可制订一个三年规划：争取培养1~2名省特级教师；市骨干教师、学科带头人等争取各学科全覆盖等。

三、学校管理决定学校工作成效

专家来学校现场考察希望看到的是学校从上到下井井有条，忙而不乱。目前，学校在管理方面存在这样两个突出问题：一个是"忙"，学校领导很忙；一个是"多"，学校行政人员多。这其中也许有历史方面的原因，但是不得不承认管理人员超编现象的存在已使不少学校的管理遭遇很大的挑战。领导多不一定是好事，教育主管部门对学校行政人员的人数也是有规定的，那么学校就要抓住三年一期的中层干部的竞选活动，精心组织和筹划安排，挑选出适合管理岗位的优秀人员，更加高效、务实地加强对学校的管理。

学校图书馆和实验室的管理有待加强。评估发现，一方面专职实验员人数不够，另一方面图书馆管理人员偏紧，业务素质还有待进一步提升，对电子管理系统的操作不熟练，更缺少对新书、好书的推荐。懂教育的人都知道：一个学生综合素质的全面发展与图书馆、实验室息息相关，因为阅读关乎着学生一生的发展，对提升他们的涵养和素质起着不可或缺的作用，而实验影响着学生的动手能力，关系到学生能否学以致用、服务生活。所

以,学校要高度重视这两个场所的人员配给和培训,让这两个举足轻重的场所发挥它们应有的作用。如在分流教师时,可以考虑把一部分责任心强的教师转到实验室岗位。

另外,学校的临时工比较多。他们的辛勤劳动换来了学校后勤工作的稳定有序,但是人员多势必带来财政开支的增加,减少学校的办公经费,也影响到教职员工的办公条件和待遇,所以后勤可以实行社会化,把参与后勤管理的相关人员解放出来。

四、关注细节,精细管理,加强环境文化建设

1. 图书馆——阅读的主阵地要最大限度地发挥功效

目前,证大中学存在以下问题:图书质量不高,更新速度不快;图书馆开放时间太短,管理人员业务水平有待提高。学校应对症下药,研究对策,解决好相关问题。(1)改善师生的阅读环境。(2)添置更多、更好的图书,淘汰一部分质量较差、已经过时的图书;购买图书的时候要精挑细选,选择贴切学生的学习与生活、提升学生阅读兴趣的书籍。(3)对图书放置的位置要精心布局,把质量好的、学生喜欢的书放在近门的地方。(4)增加图书的开放时间,多途径地进行新书和好书的推荐,营造浓厚的阅读氛围,丰盈师生的精神世界。总之,学校要把阅读作为一项非常重要的工程,作为学校的文化建设抓手,图书馆的管理、设施、设备、图书的推荐和更新等方面需要进一步提升。这些都要以制度为根基,结合实际扎实落实于管理之中。

2. 实验室——不能只是一种摆设,要最大限度地发挥作用

目前,证大中学存在以下问题:学校实验室、标本室、功能教室的数量虽已经足够,但老化的现象依然比较普遍。专职实验员人手偏紧,年龄偏大,业务不熟悉。台账资料缺少原始的记录。通用技术教室简陋、陈旧。现有的创新实验室没有能很好地利用起来。针对目前的教学设施、设备情况,要认真地排查,挖掘潜力。同时要争取市政府、教育局的支持,尽快完善、更新基本的设备设施,增加现代化的功能教室、创新实验室,以满足学生多方面的学习需求。当然,当务之急是要加强实验室的管理力量,规范实验的流程,开齐、开足所有的实验课程,完善实验记录,提高学校设施、设备的利用率。

3. 学生宿舍——加强内务管理,创设积极的环境文化

以证大中学为例,目前学校的住宿条件总体不错,但学生的内务管理普遍有待加强,学生物品的摆放比较零乱。这是独生子女的通病,也是平时管理的盲区,尽管宿管每天检查进行亮分评比,扣分统计表也发放到各个班级,但是重视程度不一样带来落实情况的差异,班主任没有时间和精力天天深入一线督查。如何将这块工作与考核有效挂钩,这是要重点思考和研究的问题。同时,如何实现从宿舍管理到宿舍文化建设的转变,值得我们关注与思考。

总之,四星建设考察留给学校管理者很多的思考。作为学校管理者,我们要抓学校的建设与发展,更要抓人的发展,抓学校文化建设。如:第一,高考大背景下学校的发展。现在学校围绕高考转没有错,但是现在的高中教师太辛苦了,不少教师过着早五晚九的生活,教师太累以后,其他很多事情就做不了。如何解决这一问题是高考路上一直要思考的问题。第二,学校定位与特色建设。学校到底是什么样的定位,应建立什么样的管理体系与学校文化,值得深入思考。第三,办学理念。我们的理念要接地气,怎样让理念真正渗透到每一个层级,真正为大家所接受并付诸行动,值得深入思考。

"三导一清"教学模式的探索(3 篇)

摘 要:"三导一清"课堂教学模式以主体教育理论、建构主义为基础,旨在提高课堂教学有效性,其操作流程为:"导学→导练→导悟→自主完成当堂清"。"三导一清"模式可在小学多门学科中运用,并根据不同年级、不同学科、不同课型适当加以调整。

关键词:三导一清;教学模式

实施"三导一清"模式 建立小学优质课堂

田宗祥*

"三导一清"课堂教学坚持教师为主导和学生为主体相统一的原则,坚持教学理论与教学实际结合,力图形成一套适合农村小学各学科、富有生命力的课堂教学模式,推进课堂教学改革。

一、"三导一清"课堂教学模式的理论基础

该模式的理论基础如下:一是"教师主导、学生主体"的教学观,即倡导"自主、合作、探究"的学习方式,利用恰当的语言或借助现代教育媒体引导、指导、倡导、督导、诱导、疏导学生学习知识、掌握技能、开发思维,使学生学会学习,努力打造活泼而富有理性的课堂。二是建构主义教学观,即学生是建构知识的主体,教师在学生主动建构意义的过程中扮演帮助者和促进者的角色。三是布鲁纳的发现法,即在教师的启发下,学生主动地探索,掌握解决问题的方法及步骤,研究客观事物的属性,发现事物发展的起因和事物的内部联系,从中找出规律,形成自己的概念。

二、"三导一清"教学模式的操作纲要

"三导一清"课堂教学模式的操作流程为:"导学→导练→导悟→自主完成当堂清"。这四个环节是"三导一清"课堂教学的基本环节。它可以在一节课中使用,也可以在某一教学片断中使用。在具体实施的过程中,需要根据不同年级、不同学科、不同课型适当加以调整。

1. "导学"

"导学"是指在实际教学中创设问题与情境,引导、指导、督导学生进入主动学习的情境,产生需要学习的心理倾向与自主探究的学习动机。做到目标让学生去确定,问题让学生去发现,过程让学生去探索,方法让学生去寻找。

2. "导练"

"导练"是以教师引导为主导、学生训练为主线、师生共同活动的过程。"导练"是

---

* 田宗祥,扬州大学教育科学学院附属杨庙小学,校长,中学高级教师。

在学生掌握基础知识的前提下,寻找出学生的"最近发展区",教师设计不同梯度的练习,使学生对知识进行深度理解、掌握,并将其转化为能力的一种课堂教学实践活动。"导练"环节的操作策略:

练习的内容要有针对性,要从教学目标和学生实际出发,突出教学重难点,做到有的放矢,要兼顾思维训练和技能训练,练习的难易程度和数量也要与学生的能力和需求相符。

练习的形式要多样化,可采用自主性练习、合作性练习、探究性练习与延伸性练习等形式;练习的题型要注意封闭题型与开放题型、顺向题型与逆向题型、专项练习与综合练习等交错运用。

练习的设计要有层次性,练习的设计要有坡度,要遵循由易到难、由简到繁、由基本到变式、由低级到高级的发展规律。要本着因材施教的原则,针对学生个体差异设计不同难度的练习,促进全体学生在各自原有的基础上有所提升与发展。

练习的反馈要体现及时性,信息反馈要及时,反馈的形式可多样,对反馈信息的处理要科学。对于典型问题可放大辨析,在对比中加深理解;而对于个性化的情况,则可个别辅导。

练习的组织要有准备,教师要充分考虑学生实际与教学目标之间的联系,围绕训练点把握好预设和生成的关系。在实际操作过程中,要积极发挥教师的主导作用,调控练习的过程,包括习题的临时增删、节奏的随时控制、要求的适时调整等。

3. "导悟"

"导悟"是指教师在导学、导练后引导学生感悟,教师通过精心设计的问题或富有启发性的总结,引导学生探究感悟,将教材的知识结构内化成学生的认知结构。教师在备课时要解决"悟什么、怎么悟"的问题。"悟"就是要理解和领会本节课的知识、方法、规律。此外,教师还可以通过布置适当的、与本课感悟目标相关的课外任务,让学生将本节课的感悟向外延伸、拓展,巩固感悟的内容,提高感悟的效果。对于不同层次的学生,"悟"的程度和要求也应有所不同,对于基础较差的,能理解并会简单运用所学知识,便达到了"悟"的要求,而对于学习好的学生,则要求达到举一反三、触类旁通的程度。"导悟"环节的操作策略:

(1)问题引导法。在一般的课堂教学中,教学过程的延伸主要是靠提问来进行支撑的。高质量的问题是教师研究教材与设计教学的结晶,它们具有角度优美、形式多样、内涵深厚、激发力强的特点,在教学上能够发挥出高质量的引领、激发、牵动作用。

(2)诵读导悟法。诵读导悟法就是通过引导学生读书,体会词语句子的准确意思、字里行间的思想感情、篇章布局的逻辑思路、语法修辞的规律特性、声调韵律的搭配布置等。反复诵读能让学生感悟文本内涵,从中获得启迪。

(3)活动领悟法。活动领悟法指教师通过设计动手操作、小游戏、合作交流、切身体验,以及观察、实验、推理等活动,让学生的心智得到锻炼,并且伴随这种心智运动的过程领略知识的动态生成,在自我的充分体验中进行感悟。

(4)评判悟情法。评判悟情法指教师通过列举生活中的事例,引导学生进行是非判断,在评判中激发学生的情感,使其形成对善恶、是非的自我感悟。

（5）争辩悟理法。争辩悟理法指采用辩论的方式，让学生对所学知识进行巩固，进一步吸收、内化、升华。"真理越辩越明"，通过辩论，学生的思维获得训练，情感得以交流和表达，认识得以共同提高。

（6）分析比较法。分析比较法是指教师把彼此间具有某种联系的教学内容放在一起，加以对比分析，以确定其异同关系，并使学生认识其本质差异，从而多方面、多角度地感悟事物的特征。

（7）引导反思法。引导反思法指教师在交流总结时，引导学生反思整个探究的过程和所获得的结论的合理性，让学生在反思中"提炼"方法，学会学习。

4."自主完成当堂清"

"自主完成当堂清"是指当堂学习任务及作业当堂完成，以提高课堂教学效益。这是"导学、导练、导悟"三者的载体，是课堂教学成效的体现，更便于减轻学生过重的学业负担，便于教师及时调整教学策略，采用更有效的教学方法，提高课堂教学效率。"自主完成当堂清"环节的操作策略：

教师要督促学生独立完成学习任务及作业，对学生适时进行指导，教师在这个过程中要了解哪些学生真正做到"当堂清"。

"当堂清"的内容要以基础题和重点题为主，教师要精心设计作业题目，紧扣教学内容，做到目的明确，针对性强且形式多样。作业要适度，以使绝大多数学生能够巩固知识所学，形成技能，达到基本的教学要求。

"当堂清"的量要适当，争取课上完成，提高完成效率，教师要尽量做到及时反馈，使学生将所学的知识内化为操作能力。

"当堂清"的方式可以多样化，如书面练习、口头回答问题、检查背诵任务、讨论等。教师可根据不同的课型、不同的内容，因材施教，因生施教，选择适合自己课堂的"当堂清"的方式。

"当堂清"的作业提倡分层，对"学困生"增加基础知识的作业量，减少有难度的作业量。作业内容应是所学知识的直接应用，学生通过复习教材有关内容可以直接找到答案。对"中等生"保持难度，使其努力完成发展目标。教师在对这类学生布置作业时，要注意使他们在确保完成基础目标的基础上，努力完成发展目标，一般要求学生在理解知识的基础上，对知识能进行一定的再加工，能进行简单的应用。

保证70%左右的学生做到"当堂清"，教师要能清晰地了解学生课堂活动中掌握知识的情况，能根据学生的实际，有的放矢地大幅度减轻学生过重的学习负担，提高学生的学习质量。

三、"三导一清"课堂教学模式的策略

为了让"三导一清"教学模式广泛运用于不同学科、不同课型之中，我们开展了"三导一清"课堂教学模式分学科、分课型的变式应用研究。研究主要涉及该模式在不同教学过程中的逻辑步骤和操作程序、教师与学生在模式实施中的行为方式、教学情境创设与教学支持条件，便于教师理解、把握和运用。形成了不同学科、不同课型的操作策略，主要包括：

数学学科：新授课、练习课、复习课、试卷讲评课。

语文学科：阅读课、练习课、复习课、习作指导课。

英语学科：新授课、复习课。

"三导一清"模式下的语文课堂教学

徐再传 *

"三导一清"中的"导学"环节侧重于引导学生对文本中知识的掌握，"导练"侧重于对文本中语文能力的训练，"导悟"则侧重于对文本情感价值观的感悟，"自主完成当堂清"则是侧重于对一节课的教学效果的评价。在教学《詹天佑》一课时，笔者更是感受到了"三导一清"课堂教学模式给语文课堂带来的转变。

一、"导学"让课堂结构更紧凑、更清晰

"三导一清"课堂教学模式四个环节的时间分配约为 15 分钟、10 分钟、5 分钟、10 分钟。四部分时间使用可集中、可分散，可根据具体情况适当调整。笔者在进行《詹天佑》的教学设计时，第一课时侧重于"导学"，第二课时侧重于"导练""导悟"，两节课的作业都要"自主完成当堂清"。第一课时的教学任务是扫除基本的字词障碍，基本读懂课文，整体感知课文结构。第二课时的主要任务是通过詹天佑的言行感悟詹天佑严谨的态度和为国争光的思想，通过"开凿隧道"和设计"人"字形线路感悟詹天佑的杰出才干和创新精神。

第一课时的"导学"重在引导学生对课文中知识点的学习，如，在"扫除基本的字词障碍、基本读懂课文"方面，笔者主要采取了"啃骨头"的方法，也就是逐小节朗读的方法，逐小节找出生字（重在读准音、看清形）、生词（重在理解、辨析词意）、易读错词（如多音字重在辨音），一一指点到位。在"让学生整体感知课文"时，笔者提出了一个统领性的问题"詹天佑是怎样的人？"，以及两个延伸问题"本文是通过一件什么事来写詹天佑的？""课文哪几个自然段是具体叙述这件事的？"让学生知道课文是总分总的写法，了解文章的中心句和过渡句，这是对语文知识的学习。

二、"导悟"让教师语言更简练、更有效

"三导一清"课堂教学模式更侧重于教师引导的有效性。教师的引导在课堂教学中表现为问题的有效，它要求教师备课时要去掉课堂教学中空泛的、浅表性的问题，设计出简练有效的对话。

以往教学《詹天佑》这篇课文，笔者会问学生很多问题，大多是以一问一答的方式进行，高耗低效。比如，教学第二、三小节时，总觉得块块都要讲到，于是"詹天佑是在什么情况下主持修筑京张铁路的？""当时的情况怎样？""当地的情况怎样？""全国的反应如何？"……一连串的问题脱口而出，学生答得云里雾里，教师讲得也不知所云。其实这些问题都指向了一个方向，那就是激起学生对清政府和帝国主义的愤恨。这才是需要"导悟"的地方。笔者这次只问了一个"导悟"性问题："一边读一

---

* 徐再传，扬州大学教育科学学院附属杨庙小学，教师。

边回想詹天佑修筑铁路的一些细节,想一想,这两段话中哪些句子,让你的心不平静了?请你把它划下来,想一想为什么这些句子让你不平静?"带着这样的问题,学生很快就说出了"愤恨"的情感,并找到了相关的句子加以证明,笔者趁势对每个句子的能力训练点进行了训练,这就是"导练"。讲解四五六小节时,笔者重点提出了一个统领性的大问题,引导学生感悟:"詹天佑在修筑铁路的过程中分别遇到了哪些困难?詹天佑是怎么说的?怎么做的?怎么想的?分别表现了詹天佑的什么精神?"学生很快就找到了答案:从詹天佑"勘测线路"过程中的言行感受到他严谨的态度、爱国主义精神和为国争光的思想;从"开凿隧道"和"设计线路"两件事中感受到詹天佑的杰出才干和创新精神。最后一小节笔者主要让学生感悟前后照应写法的好处。学习的过程非常轻松。

三、"导练"让课堂空间更开放、更灵动

"导练"是以教师引导为主导,以学生训练为主线,师生共同活动的过程。"导练"是在学生掌握基础知识的前提下,寻找出学生的"最近发展区",设计不同梯度的练习,让学生深度理解、掌握知识。

在教学《詹天佑》这一课时,笔者设计了这样一个开放性的问题:"你想象一下当时中国人民会怎样议论呢?如果是你,你会怎么说?请你写下来。"这个问题是基于学生对前面问题的理解而设计的,有一定高度的问题,其目的在于促使学生进一步深入人物内心世界,与人物共情。学生们有的说:"詹天佑你为中国争了光,真不愧是伟大的工程师,我为你骄傲!"有的说:"今天真是扬眉吐气啊!詹天佑你为我们出了一口气,让帝国主义者看看,我们中国也是有工程师的,我们的工程师并不比他们的差!"……这样既达到了升华情感的效果,也活跃了思维,有效地进行了语言训练。这样的课学生怎么会不喜欢上呢?此外,笔者还设计了"如果有一天你坐火车到八达岭,站在詹天佑铜像前,你心里会想些什么?"这样的开放性问题,也收到了较好的效果。

四、"自主完成当堂清"让课堂作业更快捷、更实效

"当堂清"是指学习任务和作业当堂完成,以便及时了解真实的学情,检查教学效果,提高课堂教学效益。"当堂清"是"导学、导练、导悟"三者的载体,是课堂教学成效的体现。当堂完成作业便于教师了解学生的领会程度和存在的问题,当面指导,做进一步重点讲解,解决带有普遍性的问题;便于减轻学生过重的学业负担;便于教师及时调整教学策略,采用更有效的教学方法,提高课堂教学效率。"自主完成当堂清"也是为了彻底清除假作业、抄作业等不良的学习风气,减轻学生的课业负担。

在实际教学中,第一节课笔者确保学生至少有 5 分钟的写字时间(这是指净写字的时间),第二节课完成补充习题上的题目,基本上能完成 70%。在课堂上写,学生都写得认真、工整,教师也能及时指导,效果比较好。

灵活运用教学模式,使"清"更高效

张姣君 *

在"三导一清"四个环节中,"自主完成当堂清"要求:对"学困生"增加基础知识的作业量,减少有难度的作业量;教师及时了解学生作业完成的质与量,要能及时处理学生的信息,及时调控教学目标、内容、方法和时间。教师要将不能"当堂清"的学生定为"日清"对象,在课后及时进行反馈。对于刚进入小学学习的一年级新生,如何让他们尽快适应并喜欢上小学的学习和生活,笔者做了一些思考与探索。

一、"清"习惯,打好基础

习惯不是一两天能养成的。作家史铁生在《习惯的力量》中说:"我们每天高于90%的行为是出于习惯。"这就是说,倘若我们能看清并改掉坏习惯,看清并且坚持好习惯,我们至少就能在人生路上得 90 分。关键在于看清自己,并经常地"自我评估"。西班牙有句谚语:"自知之明是自我改善的好开始。"笔者认为,好的学习习惯对于一年级的小学生来说非常重要,养成好的习惯才能打好学习的基础。我们要用一天、一个礼拜,甚至一年的时间来培养学生各种良好的学习习惯,如写字习惯、读书习惯、听讲习惯等。我们要不断地关注学生,了解他们的学习、生活的动态,随时调控自身的教育教学的方式与方法,做不到"当堂清",也做到"日清""周清"和"阶段清"。当学生们习惯成自然的时候,作为教育者的我们才会感受到真正的快乐,学生也会学得轻松。

1. "清"写字习惯

写工整美观的字是一年级学生需要掌握的重要本领之一,良好的写字习惯对写好字起着重要的作用。笔者将学生良好的写字习惯的养成作为写字起步阶段的"当堂清"的任务。正式写字之前,我们可以利用教学挂图、课件插图、教师示范、模仿练习、"握笔我最棒"游戏等一系列手段教会学生正确的握笔姿势和基本笔画的书写,在正式写字时就会有"水到渠成"的感觉。如苏教版语文教材一年级下册《识字1》一课,因为是新学期的第一课,在教学设计时,笔者留了充分的时间指导孩子写字,《新课程标准》要求每天要留十分钟的时间给学生写字。"提笔即练字"。在开学的第一课,动笔之前,笔者领着所有的学生复习了"写字姿势歌",动笔之前每个小朋友都要做出正确的写字姿势来,即"三个一":"一尺""一拳""一寸"。笔者会请出姿势正确的孩子给全班同学做示范,也会走进学生中间一个一个检查学生的坐姿和握笔姿势,保证每个孩子的姿势都正确,然后才动笔完成第一节课的生字描红和临写的任务。孩子从第一天起就养成了时刻保持正确的写字姿势和认真写字的习惯。依照惯例,笔者会在写得好的字上认真地画上一颗漂亮的红五角星。有了第一颗五角星,在接下来的写字中孩子们会得更多的五角星。写字习惯做到了"当堂清"。如当学到课文《怀素写字》和《他得的红圈圈最多》两篇课文时,充分利用文本,通过对比学习怀素和邓小平爷爷是怎样写字

---

* 张姣君,女,扬州大学教育科学学院附属杨庙小学,一级教师。

的,进一步激发学生要好好写字的欲望,通过不断地鼓励,一年级的学生就会养成良好的写字习惯,做到写字任务"当堂清"。

2."清"听讲习惯

除了写字,上课能认真听讲也是一年级的学生需要养成的重要习惯。因为只有认真听讲了,孩子们才能和教师进行互动、有条理地表达、大胆地想象、有感情地朗读。听讲习惯的养成也要做到"当堂清"。学生是否认真听讲,关键还取决于教师的教,这就要求教师课前要充分准备,精心设计问题,做到以学生为本。如苏教版一年级语文《咏华山》一课,教师用上了课件辅助教学,让学生直观地感受华山的高,"自古华山一条道",当看到华山的石阶时,学生都不由自主地"啊"起来,笔者提问:你们为什么会发出这样的声音呢?学生们会告诉笔者,因为他们觉得这一级一级的石阶看起来很窄,感觉很危险。笔者接着追问:他们在登华山时,会遇到哪些困难呢?有了图片的直观认识和问题的引导,学生会充分发挥想象,说出会遇到的困难,想象能力和语言表达能力得到了锻炼。课文中"他们沿着山路艰难地爬上山顶"一句,学生们读得有声有色。又因为图片的出示,教师问题设计得环环相扣,教室里的小手总是举得高高的。

一年级学生需要"清"的习惯还有很多,如上课该怎么举手、回答问题的习惯、行走的习惯、吃饭的习惯等,需要我们一点一滴地去训练、去培养,我们有义务更有责任在一年级学生的"白纸"上,画上五颜六色的图案,埋下一颗颗"好习惯"的种子,为他们将来的学习和生活打下坚实的基础。

二、"清"拼音,提高效率

学好汉语拼音很重要,因为汉语拼音是学习语文的有效工具,是一年级学生学习语文的"拐杖",学会汉语拼音就能自己认读语文课本和课外注音读本中的生字,并流畅地读下来,从书中知道很多道理;汉语拼音还可以纠正乡音、土语,帮你学好普通话;在信息化飞速发展的今天,学好汉语拼音还可以用拼音输入法打出汉字,既快又准确;学好拼音才能学会查字典,会查字典了,学习上的困难就更容易克服了。在一年级学习汉语拼音的两个月里,教师要做到每天都能将学生所学的汉语拼音知识"清"掉。让每一个学生都能拿好、用好这根学习语文的"拐杖"。在学习单韵母"ɑ o e i u ü"的几天里,教师可以充分利用课堂时间教学生正确的发音方法,由于比较容易,可以在课堂上用"开火车""根据嘴型猜字母"等有趣的方式让孩子读字母,检查孩子的发音,做到学习任务"当堂清"。学到声母、复韵母及声母和韵母相拼时,孩子会遇到拼读的困难,怎么办呢?教师可以选择"组团拼读"和"重点指导"相结合的方式。"组团拼读"就是将在一组的学生划分成若干个小组,以小组为单位组团进行拼读。组团拼读的好处是能让暂时读得不怎么好的孩子跟上其他孩子的节奏,教师也能在小组内及时发现学生在拼读中出现的问题,及时纠正读音,做到汉语拼音拼读的"当堂清"。对于掌握得特别不好的学生,笔者采用的是"日清"的方法,课堂内不能完成的拼读,将在课后选择一个合适的时间对这些孩子进行"重点指导",单独教他们拼读,将一天内所学的拼音"清"掉。"当堂清"和"日清"相结合提高了学生学习拼音的效率。拼音学习结束,笔者所教班级的大部分孩子都已经能够进行自主拼读并阅读有拼音的短语或句子,能力更强的学生已经能进行自主阅读了,为日后的语文学习打下了良好的基础。

三、"清"作业,检测效果

对于一年级的孩子来说,他们从幼儿园过渡到小学,刚成为小学生的他们适应小学生活需要一个过程,教师在整个过程中除了做好教学工作,也要成了孩子们的伙伴、朋友。"写作业"对于他们来说是很大的一种变化,作为孩子的老师,要引导孩子了解为什么要写作业,不要让写作业成为他们的负担,影响他们学习的兴趣。"低年级学生不留书面作业"这是上级教育主管部门所规定的,教师应该严格遵守。如在学完苏教版一年级语文《司马光》一课后,学生们都能在课上完成《习字册》中的描红和临写的任务,对于《补充习题》则采用分层作业的形式。对于暂时的"学困生"只要求他们完成最基础的看拼音写词语等题目;对于学习能力比较强的学生,笔者则要求他们完成包括续写话这样的题目,给他们语言实践的机会,将上课所学的知识内化为学生的语言展现出来,检查学生上课听讲的效果,让每一个孩子都尝到轻松完成作业的喜悦。"清"作业,可以还孩子一个愉快的课间生活、丰富的校外生活,给孩子一个快乐的一年级、快乐的童年。

《开明国语课本》的"儿童中心"取向及其启示

陈 艳*

摘 要：《开明国语课本》中"儿童中心"取向一方面关注儿童及儿童生活本身，另一方面以儿童的视角关注成人社会实践。前者可从选题选材、文本形式、语言表达和图文结构几方面进行细化和分析。《开明国语课本》的选文、语言和儿童视角对我国现行语文教材具有启发意义。

关键词：《开明国语课本》；"儿童中心"

近年来，社会各界人士对当下使用的小学语文教材颇有微词。对于优秀的经典作品，孩子们不是去欣赏，而是痛苦地背诵。针对这一现状，我们需要反思，为什么成人觉得有着重要意义的语文教材，孩子们却无法体味？究其原因，主要是教材中儿童视角的缺失，教材的成人化现象较为严重。针对小学语文教材中的成人化现象，一些学者开始结合儿童中心的理念对教材进行研究。而《开明国语课本》可以说是民国时期以儿童为本位的小学语文教育观的结晶。

1923 年，教育部颁发了《新学制课程标准纲要小学国语课程纲要》，最终以政策的形式将儿童中心的思想确定下来。在此基础上，1932 年，由叶圣陶编写课文，丰子恺亲自绘制插图的《开明国语课本》出版，可以说"儿童中心"理论是此次教材编写的核心依据。

一、《开明国语课本》"儿童中心"取向的解析

《开明国语课本》一方面关注儿童及儿童生活本身，另一方面以儿童的视角关注成人社会实践。前者又可从选题选材、文本形式、语言表达和图文结构几方面进行细化和分析。

（一）关注儿童及儿童生活本身

1. 选题选材：多取材于儿童日常生活

《开明国语课木》的编辑要旨明确指出了这套教材的组织思想之一是"取材从儿童周围开始，随着儿童生活的进展，逐渐拓张到广大的社会"。

开篇是《早上起来》，没有文字，只有四幅场景图，它截取了儿童早上起床后的刷牙、洗脸、和家人吃早饭，最后在家人陪同下上学去的一组温馨画面。这时的儿童既有对家庭的依恋，也有对新的学校环境的好奇、憧憬和不安，在家长的陪同下，儿童开始走出家庭世界。选材"开学第一天"，真实而又能激起学生共鸣。接下来，第二课的《早上好》，截取的是儿童在学校和老师打招呼的场景。教材考虑到刚入学儿童的心理特点，努力营造出亲切的氛围，画面中既有和蔼的老师，又有和自己一样上学的小朋友，使儿童自然地融入学校生活。接下来的几课，教材向儿童展示了丰富多彩的学校生活：五

---

* 陈艳，女，扬州大学教育科学学院，硕士研究生。

颜六色的花儿争相开放,课后小朋友们一起玩拍球游戏,课上老师教大家看书等。总之,教材贴近儿童的生活经验,从家庭经验出发,逐步过渡到学校生活,通过现实的学校场景和活动的呈现,使儿童能更好地适应学校生活。

2. 文本形式:以"儿童文学"为主

"小学生即是儿童,他们的语文课本必是儿童文学的",这样"才能引起他们的兴趣,使他们乐于阅读,从而发展他们多方面的智慧"。① 同时,《开明国语课本》在编辑要旨中也明确规定"本书以儿童生活为中心","尽量容纳儿童文学及日常生活上需要的各种文体"。因此,教材编者选择了那些"有曲折有含蓄而且含有优美壮美滑稽美等的儿童文学"作为教科书的主要文本形式。下面,试从儿童文学的角度对这套教材进行文本分析。

首先,《开明国语课本》中的诗歌所占比例非常大,尤为突出的是儿歌和儿童诗。例如第一册的第四课《红花开》:"红花开,白花开,红花白花朵朵开。"对于刚入学的儿童,这样的语言正合适,浅显易懂,读起来也朗朗上口。考虑到这个年龄阶段儿童的形象思维特点,他们对花的最直观感触,就是花的颜色。而对百花齐放的景象,用"朵朵开"一词来形容,直白形象又不失活泼。

其次,精心选择和创作儿童小说。儿童小说具有幻想性和故事性,它符合儿童好奇、爱幻想的行为特点。例如,在游记体讽刺小说《格列佛游记》中"小人国"的片段基础上,创作了《我被缚住了》《我饿了》《人山》《小人国》四篇相连的小文章。其中,"我"被他们喂吃的场面描写,"每人拿只篮,篮里都是吃的东西,我一口就是十篮","我一口就是一大桶"等,对儿童来说是奇特与震撼的,大大拓宽了儿童的想象空间。

再次,编排多种类型的儿童故事,有动物故事和生活故事等,如《十只猪过桥》《小猫姓什么》等。一方面,在拟人化的动物故事中介绍其特点和生活习性,满足儿童对自然的求知欲;另一方面,从儿童的生活和视角出发,用儿童的话语呈现其天真的想法和奇特的想象。

最后,选取古今中外有名的带有讽刺意味的寓言故事,进行再创作,例如《板上两只羊》《龟和兔子赛跑》等。故事中不仅有妙趣横生的情节,而且人物形象鲜明。同时,寓言都没有直白地揭示教训,而是将寓言中的哲理渗透在故事情节中,不为写寓意而写寓言。它更为注重儿童的个体体验和自由思考,让儿童在读故事时体会寓意,从而真正地理解寓意。

3. 语言表达:词、句、语调等切近儿童口语

针对课本里的儿童故事,基于"儿童中心"的小学语文教材应有完整而细腻的故事情节,以便学生感悟理解。例如,在游记体讽刺小说《格列佛游记》中"大人国"的片段基础上,创作了《一个大人》《把我拾起来》《我望下面就是家乡》三篇相连的小文章。"我"在逃亡过程中,心想:"如果追到了,我们的船不要被他一把拿下?""如果被他们发现了,怎么好呢?"一系列儿童式的心理活动,都能激起学生的大胆想象和阅读兴趣。

此外,《开明国语课本》的"材料活泼隽趣,字里行间,流露天真气氛,颇合儿童脾

---

① 叶圣陶:《叶圣陶和儿童文学》,少年儿童出版社,1990 年,前言。

胃"。因为以儿童为中心的小学语文教材避免了儿童成人腔的出现,尽可能地使用贴近儿童语气语调的字、词或句子。《开明国语课本》中的课文站在儿童的角度来编写,贴近儿童口语,充满了童趣。例如课文《太阳》:"太阳,太阳,你起来得早。昨天晚上,你在什么地方睡觉?"从儿童的视角,用儿童的口吻,表现儿童的心理,写出儿童可贵的好奇心和求知欲。还如课文《绿衣邮差上门来》:"薄薄几张纸,纸上许多黑蚂蚁。蚂蚁不做声,事事说得清。"课文使用有趣的比喻和拟人,给信以生命,给信以情感,给信以色彩,把信写得活泼有趣。因此,我们可以看出,《开明国语课本》在文本的语言表达上,更为切近儿童语言表达的特点及规律,语句简短,充满童趣,处处渗透着儿童的想象和好奇心。

4. 图文结构:符合学生的认知和审美

打开教材,儿童首先关注的是插图是否好看有趣,然后再阅读课文。由此可见,考虑到儿童的认知规律和阅读需要,小学语文教材中需重视插图的使用。而由于当时编辑与印刷的手段和方式等的局限,插图仅限于黑白,即便如此,"插图以墨色深浅分别绘出,在我国小学教科书中创一新例,是为特色"。① 除此,这套教材中的另一重要价值是插图与文字的相得益彰。

刚入学的儿童识字量有限,他们以形象思维为主,注意力容易放在具有表象性的插图上。因此第一册和第二册的图片数量较多。例如第三课《先生好》,图画是学校里学生和老师见面打招呼的场景,再手写上点明打招呼语句的内容。插图与文字的有机配合,使整个版面呈现出画面的美感,符合学生认知规律,并启发儿童想象、帮助儿童理解课文内容,从而潜移默化地陶冶儿童的审美情操。而随着儿童认字量的增加,阅读和思考能力的增强,儿童思维从形象思维过渡到抽象思维,教材中的插图所占的版面逐渐减少,严谨的印刷体取代了手写体。到第五、六册,文字成为主体,插图在关键内容上起辅助理解的作用。

总之,根据儿童的特点,整套教材中的插图,丰子恺绘制得丰富多样、精美到位、活灵活现,并充满童趣,还有一定的启示作用,易被儿童接受和喜爱。

(二) 以儿童的视角关注成人社会实践

1. "学校即社会":逐步对儿童展示成人社会

杜威强调:学校应该"成为一个小型的社会,一个雏形的社会"②,因为教育源于社会的需要,儿童的生活并非与社会生活完全隔绝。《开明国语课本》带领儿童走入学校后,便开始循序渐进地向儿童展示更为广大的社会生活。例如《怎么不种花》一文,告诉儿童有关农作物的常识,原来"菜也会开花"。继而到《农人种田》一文,告诉儿童人们的吃穿都要靠劳动所得。而随着儿童年龄的增长,生活经验的不断积累,思维能力的不断增强,教材向儿童展示衣食住行的更多的方方面面,为他们长大后走入社会做好准备。

《开明国语课本》的另一个特点,就是它还向儿童展示社会生活中现实的一面。如

① 张灵:《民国国语教材受捧引热议》,《21世纪》,2011年第1期。
② [美]杜威:《杜威教育论著选》,赵祥麟,王承绪,编译,教育科学出版社,2014年,第21页。

《比虎更凶猛的东西》，文章内容写的是孔子及其学生和妇人的对话，虽然凶猛的老虎害死了妇人的几代家人，但她还是不愿离开，因为比虎更为凶猛的还有捐税和劳役。《开明国语课本》并没有把世间描写得十分简单，而是如实地描写给儿童看，让学生真实地看清社会，这对于儿童是有意义的。

2. "从做中学"：注重儿童的个性化体验

《开明国语课本》中的《大家开店》《拿什么做店柜呢?》《你做买卖》《买东西》等课文，儿童可以根据课文内容和插图情境，以小组为单位，组织课文中的开店、买卖东西的活动，从而在游戏过程中懂得做买卖的相关知识，儿童可以以自己的视角体验成人世界。而从另一角度分析，教材把教学活动化，让儿童成为活动的主角、学习的主体，教师要做的就是创设情境，积极引导。

从语文教育史的角度梳理"语文"一词的流变，从学理上辨析关于"语文"一词的各种阐释，还原"语文"的本义，即"语言（口语）文字（书面语）"。对于低年级阶段的儿童，发展语言能力至关重要。如现代语言学认为：儿童语言的发展是在活动中获得的，是儿童生理成熟和环境教育因素相互作用的结果。因为在与外界相互作用的活动过程中，"儿童变成了太阳，教育的各种措施围绕他们而组织起来"。① 正如杜威强调的，那些"不通过各种生活形式或不通过那些本身就值得生活的生活形式来实现的教育，对于真正的现实总是贫乏的替代物，结果便形成呆板，死气沉沉"。② 因此，学校教育应强调"从做中学"，基于学生的现实生活，提供各类学习材料。

二、对当代小学语文教材的启示

温儒敏认为，《开明国语课本》是民国时期最出色的教材之一。因为这套教材尊重儿童的天性，内容适合孩子，插图充满童趣，少有成人化的说教，课文和设计循序渐进，有梯度，遵循语言习得的认知规律。反思现今教材，其启示如下。

1. 立足儿童的生活取材，提倡"儿童中心"的教材选文

"儿童中心"小学语文教材的选文应同时具备思想性、艺术性和趣味性，以家庭、学校、社区、社会、自然为选文线索，以认识生活、学会学习、了解自然、关注文化为人文线索进行选文。从"儿童中心"的视角出发，要求尊重儿童的兴趣，注重儿童文学作品对儿童学习的积极作用，重视经典、典型的文学作品在语文教材中的地位。

有统计表明，现行小学语文教材中的儿童文学作品比例占绝大多数，而且体裁多样。可以说，在"量"上达到了一定要求。而在"质"上呢? 文本分析发现，很多篇章在编排纳入之时，由教材编者根据自己的某种对儿童文学的感觉进行了删节、替换或调整，因此这些文章带着成人的视角、观念或思想的烙印，并非实际意义上的儿童文学。

依据埃里克森的理论，处于这一阶段的儿童面临的主要任务是勤奋学习。苏教版教材中也大量出现赞美儿童学习的词汇，例如"认真""勤学苦练""起早贪黑，不知疲倦""日夜奔驰，勇往直前"等。具体例文有："从小就喜爱写字，是个好学上进的孩子"的著名书法家怀素；勤奋刻苦，"用汗水和心血浇灌出"成功者手中鲜花的司马光和童

---

① 吴履平：《20世纪中国中小学课程标准·教学大纲汇编：语文卷》，人民教育出版社，2001年，第16页。
② ［美］杜威：《学校与社会·明日之学校》，赵祥麟，等译，人民教育出版社，1994年，第6页。

第周；善于把勤学好问和观察思考结合起来的北宋科学家沈括；"从小就对小虫子非常着迷"的昆虫学家法布尔；等等。而用名人、伟人的标准来要求儿童，本身并无问题，问题可能在于数量太多，导向过于成人化。因此，诵读这样的课文，儿童接受的是社会化的规训，他们用仰慕的目光看待教材中的伟人，除了崇敬，也感受到羞愧与自卑。

2. 尊重儿童语言规律，重视"儿童中心"的教材语言

"儿童中心"的小学语文教材应符合儿童语言学习和发展的规律，致力于满足儿童对语言的审美需求。因此，对于文章的语言，应避免简略化的倾向，不应把文学本来特有的复杂的演进过程或故事的曲折发展过程都去掉，应保留故事中人物细腻的心理描写等。"儿童中心"的小学语文教材还应避免文章中儿童成人腔的出现。因为儿童的世界是丰富多彩的，儿童语言的表达也应该是形式多样的。教材要尊重儿童语言的特点，贴近儿童的语言生活，选取一些带有儿童原汁原味的语言的文章，不要让生动的儿童语言变成成人道理的复制品。

3. 依据儿童视角特点，关注成人社会实践

一方面，孩子具有独特的视角去体现与探索成人社会，儿童观察世界的角度较之成人更富有创造性和多样性，他们可以更加直观和多变地觉察到一些被忽略的东西，因此，教师需要创设一定情境，让学生在实践中加以体验，并关注每一个学生的个性化体悟。另一方面，也要认识到孩子的模仿能力。孩子的模仿能力很强，高速发育的大脑让他们在模仿他人方面表现出远远超越成人的行为水平。例如，在家庭关系中，孩子会刻意地去模仿，学习成人化的思维习惯和行为模式，用以解决家庭的情绪危机。所以，对成人社会的个性化体验和优秀的模仿能力，是孩子成长中必不可少的。

总之，《开明国语课本》全面贯彻了"儿童中心"的理念，以文质兼美、富有童趣的儿童文学为其主要内容，又按照儿童身心发展的规律组织课文，处处透露出教材编制者对儿童的尊重和关怀。鉴于当前应试教育的影响，现行小学语文教材必须再次强调"儿童中心"的理念，以生活为线索建构教材的内容体系，竭力为儿童营造学习语言的真实生活语境。这一理念，不仅仅要贯彻于课程标准等制度文件中，更要落实到具体的教材编制上。

从《轱辘轱辘转》看小学生绘本阅读

赵海红 *

摘　要：《轱辘轱辘转》绘本有以下特点：游玩成叙述对象，吸引孩子进入游戏场；精心设计玩伴，调动孩子参与游戏过程；巧妙创设情节，引领孩子在游戏中成长；图文幽默风趣，让孩子享受精神愉悦。

关键词：绘本阅读；小学生

　　自孩子两三岁起，笔者就陪着孩子陆续读了很多书，基本上以世界知名童书为主，但6年来一直伴随着孩子成长的，孩子空闲下来就看的、最爱不释手的还是理查德·斯凯瑞的《轱辘轱辘转》，而且每次都看得津津有味、沉迷其中，每次都有新的发现和惊喜。让人不得不叹服作者的魅力，难怪作者曾言："我不希望我写出的书是那种读过一遍以后就放在书架上，从此被遗忘的书。如果人们将我的书读旧了，甚至破到需要用透明胶带粘起来，是对我最大的褒奖。"[①] 陪伴孩子阅读的过程中，笔者深切体会到这套荣获过美国爱伦·坡特别奖，风靡世界40余年的金色童书具备如此吸引力的关键因素在于好玩。作者斯凯瑞巧妙地抓住了孩子好玩的天性，重新界定了儿童阅读的新概念，一改格林童话、安徒生童话、伊索寓言、鹅妈妈童谣等传统儿童文学作品承载着明显道德训诫的创作风格，着重凸显了阅读的娱乐性、愉悦性功能。可以说，斯凯瑞笔下的阅读就是一场游戏，阅读过程就是和书中那些可爱的动物朋友们一起玩，孩子们就在玩中真切地体会到阅读所带来的快乐，在生命之初就深深地爱上了阅读。

一、游玩成叙述对象，吸引孩子进入游戏场

　　"金色童书"系列的精品之作《轱辘轱辘转》就充分地体现着作者创作中的游戏精神。该书以小猪一家开车到海边玩为主要内容，一路上的所见、所闻、所言、所做就构成了全书的主线索。到海边玩本身就对孩子充满了吸引力，还带上一篮子好吃的，真开心啊。小读者们立即跟随着猪爸爸、猪妈妈、猪小妹、猪小哥一起愉快地进入了阅读情境，也进入了作者巧妙设计的游戏场。更何况旅行是一种极佳的创作视角，可以顺其自然地移步换景，信息容量非常大。所以全书中容下了470多种形状各异、奇思异想的车，加上作者的巧妙组合，读来浑然不觉杂乱：什么鞋垫配送车、酸黄瓜运送车、南瓜车、扫帚滑轮车、五人座铅笔车、老狼旅行车、奶酪车、牙膏车等等，应接不暇，大大开拓了孩子们的想象空间。作者还给这些车配上了司机，书中那些超级可爱又滑稽的动物们闪亮登场。一群可爱的动物开着自己心仪的车在路上忙碌着，自然会发生众多意料不到的趣事，让整个旅行充满了惊喜，同时也调足了孩子的阅读期待。如小兔得意地开着洒水车，可洒水车的喷嘴坏了一个，书中写到"猪爸爸的小汽车遭到了凉水的突袭！这样的

* 赵海红，女，绵阳师范学院教育科学学院，副教授。

① ［美］理查德·斯凯瑞：《轱辘轱辘转》，漆仰平译，贵州人民出版社，2007年，第1页。

喷嘴儿可得找人来修修了"。① 配上一幅图,孩子一下子便身临其境。又如兔子太太喊道:"就倒在那里。""呵呵……所有的司机都把他们的货物倒在了那里(是指每个司机的原地倒下)。"②这样的处理让孩子开怀大笑。还有一个场面,作者先下伏笔,让孩子猜一辆大卡车上一大摞东西全被白雪覆盖着的是什么东西,下一页就出现了雪天路滑西瓜车翻倒,大西瓜顺着滑坡到处滚:"停下! 西瓜、西瓜,停下来!"③逃跑的西瓜让这些司机都很兴奋,追的追,笑的笑。全书的结尾处,小猪一家从海边归来时发现家门口有个礼物包,是猪爸爸旅行前去商店订购的礼物,现在已经送到了。去海边玩了一趟,还能收到礼物,这是多美好的事情哦! 这一结局的安排一方面给孩子留下了满满的幸福;另一方面首尾呼应,使得全书结构紧凑、圆融。

二、精心设计玩伴,调动孩子参与游戏过程

将孩子带入游戏场还只是阅读的起点,斯凯瑞的《轱辘轱辘转》中还精心设计了这场游戏中的重要玩伴——金虫子,和金虫子玩得真开心啊,它和小读者一起玩捉迷藏。一提到捉迷藏,每个大人的心中都唤起了美好的回忆,每个孩子的童年都充满了无穷的乐趣。斯凯瑞就是用这种最普通、最简单也最好玩的游戏进行创作。作者会提醒小读者去找金虫子,比如说:"嗨,金虫子……总是到处窜。"④这一页中肯定有,要很细心地找,金虫子有时候藏在了别人的车上,有时候露出半个小脑袋,有时候跑去捣乱了,有一次居然躲在一个正在睡觉的流浪汉身边,害得小读者找遍了所有车的每个角落都没有找到,简直是一个十足的调皮蛋! 不仅如此,作者还运用同色躲藏法,金虫子躲到了和自己一样金黄色的玩具配送车的喇叭上,这就增加了孩子的识别难度,同时也增强了孩子的观察能力、辨别能力。还不够,"金虫子可真喜欢到处冒险"。⑤金虫子正待在一辆被汽油弄得脏兮兮的旅行车中。巧妙的是作者不仅用金虫子来和孩子躲猫猫,还用金虫子来指引小读者关注画面之间的内在联系。刚刚这辆车是怎么被弄脏了的呢? 原来是汽车加油工把汽油喷洒在它身上了。那这个加油工怎么这么糊涂呢? 原来是另一位汽车清洁工在和猫女士吵架,喷嘴里的水洒到了加油工的眼睛里,他一转身只顾看哪里来的水,却忘了自己手里的加油嘴了,搞得这辆旅行车被汽油洗了。在金虫子的指引下,小读者关注并理清了这个复杂的关系,同时提高了孩子的观察能力和思维能力。这个可爱的小不点金虫子一藏一躲一闪一现,颇得孩子的欢心。正是因为作者很准确地抓住了孩子"喜玩""爱玩"的天性,就在书里和你一起玩,真叫孩子爱不释手啊,一口气看了两个多小时,还怎么都不愿意放下书。更重要的是作者非常"善玩",如智者般带着孩子游戏,在玩中培养了孩子的观察能力和思维能力。

三、巧妙创设情节,引领孩子在游戏中成长

《轱辘轱辘转》中最值得关注的还有皮皮狗和毛美丽警官之间展开的惊险大追逃。皮皮狗的出场就与众不同,"天啊,快看! 皮皮狗快把所有的计时器都撞倒了"。⑥作者画了一路过来被撞弯了腰的计时器,还有一个压在车轮下,即将撞上一个胆战心惊的停车计时器,这场面非常惊险,下面是一句"皮皮狗,一个糟糕的司机"。顽皮、调皮也是

---

①－⑥ [美]理查德·斯凯瑞:《轱辘轱辘转》,漆仰平译,贵州人民出版社,2007 年,第 19、21、62、25、39、7 页。

孩子的本性,作者告诉孩子这样的行为是不正确的。接下来就是毛警官追他,要给他开罚单。皮皮狗一路横冲直撞,一路逃一路跑,毛美丽警官一路追一路赶,眼看着就要追到了,皮皮狗又跑了,孩子们也跟着一路着急,一路惊险,一路骂骂咧咧,就这一跑一追,构成了全书另一条主线。作者总是会想办法让孩子进入紧张的追逃中:"瞧! 疯狂的皮皮狗也跟着它呢! 毛美丽警官还在追皮皮狗吗?"① 在很多车和飞机中,我们就自然开始去寻找皮皮狗和毛警官,终于找到皮皮狗飙车飞过一堆乱七八糟的行李,到处找都找不到毛警官,也和作者一样带着"毛美丽警官还在追皮皮狗吗?"的疑问进入下一页。在下一页中进入眼帘的是大型的移动公寓房,拉了猪仔一家满满 4 节车,以及很多其他的大大小小的车,不细心一定发现不了毛警官,因为她只露出了半截尾巴,这对孩子的观察力和从局部探知整体的能力又是一个挑战。在惊险紧张的追逃中,不但提高了孩子们的观察能力,还在需要对皮皮狗开罚单中培养了孩子们的秩序感和正义感,真可谓一举多得。

四、图文幽默风趣,让孩子享受精神愉悦

斯凯瑞的行文轻松风趣,处处洋溢着作者满满的童心。如小猪一家来到了猪奶奶的农场,胖姑姑和威利表弟正在卖新鲜的玉米呢。这些玉米可真诱人啊,爸爸张嘴就咬了一口。"爸爸,别急啊!"妈妈说,"等把玉米煮熟了再吃!"这里作者做足了铺垫,前文中猪小妹让猪小哥看汽车大赛,猪小哥说:"我快饿死了,没力气看。"猪妈安慰他耐心点:"马上就可以吃饭了。不过我们得先到猪奶奶的农场停一下,去买几个新鲜的玉米。"这时候如果是猪小哥冲上去就啃玉米,小朋友觉得很合情合理,但斯凯瑞让老爸张嘴就啃,就取得了出乎意料的喜剧效果,再加上老妈的一句"等把玉米煮熟了再吃!"② 就逗乐了孩子。大人还不如小孩有自制力哟,俨然有小孩队胜利的姿态。《轱辘轱辘转》中的配图往往让人过目不忘,对孩子心理微妙处的把握和描摹比比皆是,有一幅图画的是送鱼车,鱼正往外掉,飞翔的鱼即将飞进正在睡觉的猪爸爸嘴里。③ 睡着还飞来美食,这可是孩子最梦寐以求的事啊,这就大大增强了斯凯瑞金色童书系列的吸引力,让孩子在阅读中享受轻松与愉悦。

这个作品孩子百看不厌,得益于作者幽默风趣的语言;简单有趣的情节设计,将整个阅读过程转变为孩子参与玩的过程,孩子和金虫子躲猫猫,帮毛美丽警官追皮皮狗,和小猪一家一起去海边玩。孩子的阅读身份不自觉间发生很大的变化,不仅是知识的接纳者、阅读的旁观者,更是游玩的同行者、情节的开发者,可以说,这本书真正将孩子带入了阅读世界。

---

① - ③ [美]理查德·斯凯瑞:《轱辘轱辘转》,漆仰平译,贵州人民出版社,2007 年,第 51、47、57 页。

小学语文综合性学习的行动研究

王 俊*

摘 要：综合性学习是小学语文课程的重要模块。语文综合性学习活动包括主题与内容的选取、小组合作、活动开展、活动成果展示及学生评价等内容。行动研究有助于完善语文综合性学习。

关键词：小学语文；综合性学习；行动研究

语文综合性学习与识字写字、阅读、写作、口语交际并列，属于语文课程的五大内容之一。它是语文"听说读写"能力的综合运用，还沟通了语文学科和其他学科，沟通了书本学习和社会生活。实践活动是其主要呈现形式，自主、合作、探究则是其主要学习方式，提高学生的语文素养和综合素质是其最终目的。笔者进行了一次小学语文综合性学习行动研究。

一、小学语文综合性学习活动主题和内容的选择

（一）根据学段目标来选择主题和内容

二年级属于低段，仔细阅读《义务教育语文课程标准（2011 版）》语文综合性学习低段的目标与内容："对周围的事物有好奇心，能就感兴趣的内容提出问题，结合课内外阅读，共同讨论；结合语文学习，观察大自然，用口头或图文等方式表达自己的观察所得；热心参加校园、社区活动。结合活动，用口头或图文等方式表达自己的见闻和想法。"① 这三方面内容浩如烟海，考虑到语文综合性学习的内容应综合发展各项语文能力，能包含各学科知识，并和学生生活相结合，为使研究尽量全面，笔者初步设想确定一个大的主题来开展包含这三种内容的长线活动。

（二）根据学生的实际生活来选择主题和内容

生活是教育的源泉。生活中有着丰富的语文综合性学习的教育资源，从生活中而来的主题和内容不仅具有实际的教育意义，还为学生所熟悉和喜爱。

本次语文综合性学习活动的起始时间为学期初，正值一元复始、万物复苏的春天，在语文教材二年级下册第二单元中，既有关于春天的诗歌、成语，又有关于春天的课文。学生身处浓浓的春意中，朦胧地感觉到春季的特点，喜欢表达对春季的感受，也喜欢提出各种疑问。但由于年龄小，对熟悉的事物不会进一步关注，无主动观察、认识和参与的意识，也不会去深入研究头脑中偶尔出现的问题。如果有了教师的引导和指导，他们就会萌发极大的热情。所以这次开展与春天相关的语文综合性学习活动，从春天开始，以后逐步了解其他季节。

---

* 王俊，女，南通市北城小学，教师。

① 《义务教育语文课程标准（2011 版）》，北京师范大学出版社，2012 年。

（三）根据学生的兴趣来确定主题和内容

"勤学者不如好学者,好学者不如乐学者",活动的主题、内容还应从学生感兴趣的事物中进行选择,不但要做到新奇、有趣,还要符合学生的能力水平,让学生在活动中产生愉快体验,从而激发并保持学生活动的积极性。与春天相关的内容很多,具体了解哪些方面关键还要看学生的兴趣。笔者采用填表的方式来调查学生的兴趣点(见表1)。

表1　春姑娘的背篓

春姑娘背着背篓飞到了人间,在她的背篓里装满了送给我们的礼物。你最喜欢哪些礼物呢?请在它后面的"□"里打"√"。关于你选中的礼物,你想对它有怎样的了解呢?可在后面提出几个问题。

春姑娘的礼物	我的问题		
春天的天气　□	问题1:	问题2:	问题3:
春天的鲜花　□	问题1:	问题2:	问题3:
春天的小草　□	问题1:	问题2:	问题3:
春天的树木　□	问题1:	问题2:	问题3:
春天的小动物　□	问题1:	问题2:	问题3:
其他:	问题1:	问题2:	问题3:

通过这张调查表来了解学生的兴趣所在,确定接下来活动的内容及分组。最后收到调查表41份,统计如表2所示:

表2　学生对春天事物兴趣的调查

内容	选择人数	所占百分比
春天的天气	6	14.63%
春天的鲜花	15	36.59%
春天的树木	5	12.2%
春天的小草	6	14.63%
春天的小动物	7	17.07%
其他	2	4.88%

确定了活动主题,了解了学生的兴趣后,根据《语文课程标准》上对语文综合性活动低段的目标,将活动分解为以下内容,如图1所示:

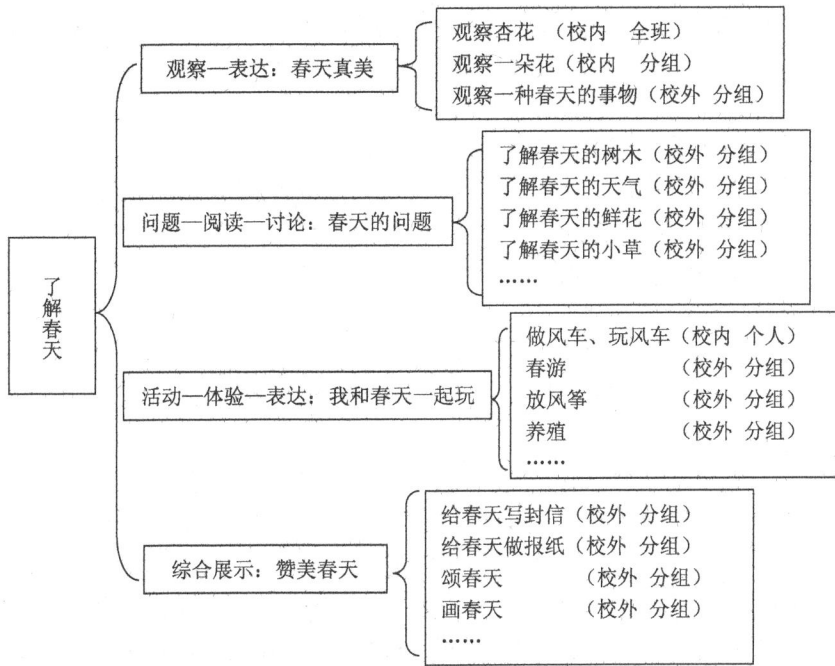

图1 "了解春天"活动计划

二、小学语文综合性学习活动中的小组合作

（一）根据发展性和经济性相结合的原则分组

在分组过程中，教师一般要遵循以下几点：一是学生自愿，这是学生自主性的体现；二是"组内异质、组间同质"，适合小组内的合作和小组间的角逐；三是每组以 4 到 6 人为宜，这样在完成任务时，基本人人有事可做，也便于控制。①

本次语文综合性学习活动的对象二(2)班学生年龄小，独生子女多，合作经验欠缺，情感不稳定、不理性，让其自由成组，会导致学习小组有的人数众多，有的寥寥无几。为了每个学生的发展，首先采用"组内异质、组间同质"的分组原则进行分组。根据学生平时表现，首先将他们分为有责任心守纪律的和不守纪律爱游离于任务之外的两种，再继续细化：具有高度责任心的，具有一定管理能力的，头脑活络会出主意的，家长上班时间自由的……根据"组内异质、组间同质"原则将全班41人分为6组左右。在分组后根据学生的意愿可将不同组的同质学生进行互换。在校外进行小组活动前，因家庭住址原因也根据同样的方法进行调整。

（二）根据活动方式、学生情况确定不同的分组方式

在语文综合性学习整个长线活动中，会采用多种活动方式，根据不同的活动方式、学生情况的改变，分组方式也各不相同。在分组活动时，因为教师一人要顾及全体学生，分组的方式相对来说要保守一些，由教师考虑综合情况进行分组。而在校外，有了家长的帮助，分组方式相对自由一些，可以让孩子根据自己的兴趣自由成组，然后微调。

---

① 潘洪建：《中学综合实践活动指导》，高等教育出版社，2011 年，第282 页。

分组的方式还应根据学生的表现进行调整,因为几个"调皮鬼"总是游离在活动外,甚至影响小组完成任务,所以在"春天的问题"活动中,几个调皮捣蛋的学生单独成组,由笔者担任组长在整个活动中全程监控指导。

当学生掌握了小组合作学习的方法,在小组合作中游刃有余时,分组的权利就可以完全交给学生了。如在最后一个活动"赞美春天"中,学生完全是根据自己的兴趣自由组合,并在活动的过程中,自然产生小组长。

(三) 由有领导小组过渡到无领导小组

小组长是一个小组的核心人物,在活动中要做好组织协调工作。在活动开展初期,每个小组长都是精心挑选出来的。在活动前、活动中,还对这些组长进行了培训:传达任务要清晰,要用商量的语气;要学会掌控时间,及时制止与活动无关的事;可以和最贪玩的同学结对,形影不离……

但是长此以往,小组长的能力会越来越强,其他学生与他们的差距会越来越大。一些学生的惰性越来越强,习惯于一切听组长的,失去自己的思考能力,因此变有领导小组为无领导小组。在遇到小组需要讨论的事情时,就要求学生每人都要思考,每人都要做规定时间的发言,每人都要简单记录别人的发言。然后对照目的,选出或综合出最好的方法。在分配任务时,各人自己领取觉得比较擅长、能够完成好的任务……让人人都做小组的主人,为小组出谋划策,让每个人的能力都能得到提高。

(四) 在合作中学习合作

学生虽然年龄小,但本身就具有一定的合作能力,不同的经历又决定了每个学生具有不同水平的合作能力。在南通教育局倡导的教学十二字方针"限时讲授、合作学习、踊跃发言"的践行下,二(2)班的学生早在不同的学科中接触过合作学习,了解合作的基本方法。但学生的合作能力较低,许多合作还是停留在形式上,其倾听、沟通、交流、协调等能力还需提高。因此,在此次活动中,根据学生情况运用了一系列方式来提高学生的合作能力。

针对学生爱表现、不愿倾听的特点,一开始,笔者就与学生一起学习一种语言形式,在和小组成员交流时,这样开始自己的发言"我赞同你说的,我也觉得……""我想给你补充一下……""我有一个跟你不一样的想法……"在运用这些语言之前,自己必须有一个思考的过程,还必须认真倾听别人的发言,通过改变语言的形式来改变思维的方式。而且这样的语言都是商量的语言,适宜相互沟通。让学生在这样的发言过程中,学会沟通学会合作。合理分工是合作中十分重要的一点,因此在每次规划任务时,每个小组成员都应领到任务。小组中出现争议是时有发生的,这是学生思想碰撞的过程,要引导学生有一颗包容之心,然后用嘴说清,用耳听清,用脑想清,选择最利于目的实现的意见。

三、小学语文综合性学习活动开展

(一) 指导学生制订合理可行的计划

1. 提供样表,指导学生制订活动方案

"凡事预则立,不预则废",活动前,先和学生制订活动方案,对行动的各个细致步骤,各步骤的时间、地点、负责人、行动过程等,都要明确,从而让行动更加有序、可行。

制订方案的过程也是学生实践、体验的过程,每次制订活动方案时教师的指导还应根据学生的情况有所变化,由扶到放,逐步深入。教师提供的活动方案表如表3所示:

表3 观察一朵花

孩子们,你们可以动用身体的各个器官去感受,相信你们一定能找到花儿的美!注意安全,还要学会合作哦,祝你们一切顺利!

寻春人员:		安全监督员:
组长:		记录员
(第一步,找找校园里有哪些花,时间8分钟)校园的花儿有:		
(第二步,小组里确定要观察的花,时间5分钟)我们观察的花儿是:		图片:
(第三步,观察其中一朵花,时间20分钟)一朵花的特点: (看一看:大小、整体样子、花瓣、花蕊、花托、颜色…… 摸一摸…… 闻一闻……)		

这是"观察一朵花"的活动方案表,是学生第一次进行小组活动的方案表,他们没有走出教室进行小组活动的经验,因此笔者提供的这张活动方案表十分详细。在活动前,指导学生认真学习这张活动方案表,让他们明白活动方案应包含的内容。在学生有了一定的基础后,放手让孩子制订的部分就多一些。

活动方案的论证是制订活动方案的必要组成部分,可以小组里自行论证,全班集体论证,对活动方案进行完善。

2. 指导学生选择、运用各种活动方法

要完成一个个细化后的任务,需要运用各种各样的方法,如观察、采访、实地调查等,这些方法有的是学生已掌握的,有的还需要在实施前进行指导。指导方式要生动有趣才能吸引学生,如对于低年级的学生,可以采用创设情境自主体验、观看视频等方式。对于方法的指导还要体现层次性,根据学生掌握的情况,层层深入。

以"观察一朵花"的活动为例,观察法是这个活动主要运用的方法。之前观察杏花的活动中,学生已经知道观察顺序为由远及近,从整体到部分。虽然学生对观察方法已经有了一定的掌握,但在写杏花时,学生的细节描写太少。考虑到这一点,笔者先和学生玩了"找不同"的游戏,让学生在最短的时间内找到相似的两幅图中的不同处,从而明白细致观察的重要性;然后指导学生选择一朵花进行观察,务必通过看一看、闻一闻、摸一摸的方式,仔细观察花儿的花瓣、花蕊、花托等,从而更好地掌握观察方法。

（二）在学生自主活动的基础上加强教师指导

1. 引导学生紧扣目标进行活动

语文综合性学习的活动性，对教师的操控力、指导性要求更高。教师要时刻关注学生的表现，适时给予指导和帮助。学生年龄小，注意力容易分散，因此教师要注意引导学生在规定的时间内，集中注意力，做与目标相关的事，引导学生积极地完成任务。而在小组校外活动时，教师无法陪同，因此，在此之前，教师和家长进行联系，征求家长的意见，家长表示会陪同孩子，保证孩子的安全，并在孩子努力后仍有困难时给予帮助。

2. 引导学生自己解决困难。

有怎样的经历才有怎样的能力，当学生遇到困难时，要耐心地指引他们自行解决。如"我和春天一起玩"的活动中，较多学生对饲养春蚕感兴趣，可蚕从哪里来呢？笔者引导学生"想一想，这个问题我们可以怎么解决？"对学生提出的有效方法进行肯定，并让他们各自行动，一些学生失败后，鼓励他们不灰心，引导他们求助他人，最后学生通过在班级 QQ 群求助家长解决了这个问题。在这一过程中，学生花费了大量时间，看似走了不少弯路，但他们有思考、有行动，学会了求助，懂得了坚持，还体会到了经过自己的努力最终取得成功的快乐。

3. 以突发情况作为教育的契机

语文综合性学习是开放的、生成的，在活动过程中会因为这样那样的原因，出现许多事先没有想到的问题，这些问题有的是学生智慧的结晶，有的是学生弱点的暴露，教师要善于抓住这样的契机，对学生进行教育。如一个星期六，一个家长在 QQ 群里发信息："××妈妈，在吗？孩子们约的地点具体在哪里？我们在秦灶新村转了几圈了，都没有找到？"笔者意识到是学生校外分组活动遇到麻烦了，立即去了解情况，原来一组学生约定了下午在秦灶新村见面，可是却没有具体的时间，也没有明确具体的地点。最后在家长的努力下，他们终于聚集在了一起。第二天，笔者引导学生反思，学生明白了在活动前要更细致地考虑问题，更细致地规划。

（三）指导学生清晰、多样化地呈现活动成果

1. 指导学生整理、创编展示材料

展示资料的准备过程也是语文综合性学习活动中的一个实践、学习过程，教师可以通过指导学生整理资料来回顾活动的实施过程，丰富活动体验，并提高学生总结、整理的能力。

展示资料一般就是学生的活动成果。一种活动成果是学生的文字记录、手工制作，搜集的文字、图片资料，活动中拍摄的图片、视频等，内容比较丰富、杂乱，教师要指导学生根据资料内容或活动过程抑或两者的结合对这些资料进行汇总、筛选、排序、整合。另一种活动成果则是学生在活动中的感悟、心得、收获等，还没有形成物化的成果，因语文综合性学习指向语文能力的提升，所以教师一般指导学生将其用口头表达或文字创作的方式呈现出来。这项创作同样在小组中进行，在小组成员的分工协作中可以提高速度，也会因思想的碰撞而提高效率。

2. 根据材料特点、学生水平选择展示方法

为了将活动成果精彩地呈现在大家的面前，指导学生进行活动方式的选择尤其重

要。可以让学生根据资料选择汇报的方式，如：图片、视频等形象资料较多的，可采用PPT展示的方式；文字记录较多的，可采用观察日记、演讲等方式；实物资料较多的，可采用展示实物和口头演讲相结合的方式。小话剧、歌舞、绘画、制作展、亲子展示等，都可以根据实际情况来选择。

在活动初期，教师的指导可以多一些，如"春天的问题"活动中，笔者提供了各种展示方式：图文结合、拍视频、做手抄报、动物知识节目等，学生可以选择自己喜欢、自己擅长的方式进行演练。活动开展后期，完全由学生自己选择、创造小组展示的方式。学生创造出了许多新方式，如童话剧、电台热线电话接听等。

3．在展示过程中相机指导

展示的目的仍是促进学生的发展。教师应鼓励学生全员参与，给所有人锻炼的机会，无论学生的水平如何，都可以发挥自己的优势和特长。对学生的展示同样要进行指导，让学生在展示中有更好的表现。如在"观察一朵花"的展示时，笔者指导他们首先要向大家介绍组名，然后告诉大家自己观察的是什么物体，最后才开始汇报。各小组都比较保守，许多小组就是一人来读写话。笔者肯定了他们的写话，并提出建议：希望更多的孩子能上台展示，展示的形式可以再新颖一些。在第二次展示"观察一种春天的事物"时，上台展示的学生多了，形式也多样化了。有的小组几个组员分别读了写话的各个自然段，有的小组有口头介绍的，还有在旁边配合着举起图画的……

四、小学语文综合性学习活动中的学生评价

（一）评价表先行，给学生一个标准

评价具有让学生认识自我，了解自己的优缺点，发扬长处，改正缺点的作用。评价的前提应是让被评价者清楚地明白什么行为是应该有的，什么行为是应该避免的。因此，为确保活动的高效完成，活动前就应告知学生评价内容、标准，以此来指导学生的活动，也可对学生的行动进行约束。

如在分组活动前，笔者就将评价表给了学生，然后和学生一起阅读评价表中的评价项目，目的是让学生明白，在活动中必须做到"认真动脑，能完成自己的任务""能认真倾听别人的观点""能主动与他人配合""能为汇报出谋划策""在遇到困难时，积极解决"，在活动的整个过程中还要始终"遵守纪律"，这样才能够每项都得到三颗星，拿到奖励。知道了评价的标准，对行为就有了约束力，也有了努力的方向。

（二）及时评价和总结性评价相结合

关注学生在活动中的表现，看到好的做法及时给予表扬，是对被表扬学生的一个鼓励，也是对所有学生行动的一个引导。如在"做风车"的活动中，有学生的材料没有带全，此时一个同学将她的材料分给了需要的人，笔者教育大家学习这个孩子乐于助人的精神。在接下来的活动中，无论谁不会做风车，旁边的同学都会主动帮忙，全班学生变成了一个其乐融融的大家庭。同样，对不恰当行为的及时制止、提醒或适度批评，也是对全体学生的一次鞭策。此外，开展总结性评价，包括小组内的自评互评和教师在活动结束后给学生写的评语。这样通过自评、互评、他评，学生能够对自己的表现了解得更加全面，有益于扬长避短。

活动作文教学中教师的主导作用

——以《木头人》活动作文教学实录为例

刘 耀*

摘 要：活动作文教学重视学生的主体性，注重学生在活动过程中的参与和体验，注重知识的积极获取和主动建构。而这一切离不开教师的积极有效的引导。在活动作文教学中，教师的主导作用主要体现在引领目标、诱导兴趣、引导体验、指导方法和多样化激励反馈上。在活动作文中，学生们尽情地游戏，真实地体验，快乐地表达，能激活生活和写作的潜能。

关键词：活动作文；小学语文

现行的《义务教育阶段语文课程标准》强调学生是学习的主体。语文课程必须根据学生身心发展和语文学习的特点，爱护学生的好奇心、求知欲，鼓励自主阅读、自由表达，充分激发他们的问题意识和进取精神。① 重视学生的主体地位和学习需求，发挥学生的自主学习能力，是适应教学改革的需要，毋庸置疑。而教学活动是师生共同参与的复杂多变的活动，教师在教学活动中的角色该如何定位，王策三先生认为，"要真正重视并切实搞好'学'，还必须强调更好地发挥教师的主导作用"。② 因此，教学就是教师激起、引导、强化和优化学生学习的过程，教师的所有努力都只是成为推动学生完成自主学习的助力。

但是，我们看到，以教师系统讲授理论知识的系统教学与教师指导学生自主、开放、创造性实际操作、体验、探索的以掌握技能、陶冶情操、培养问题意识为主要内容的活动教学，其主客体关系有着明显的差别。③ 简言之，在系统教学中宜发挥教师的主体作用，而在活动教学中则应充分尊重学生的主体作用。小学活动作文教学即是以学生的生活经验为基础，以学生的主动参与、亲身体验和乐于表达为基本特征的活动教学。

那么，教师如何在活动作文教学中较好地体现主导地位呢？下面笔者结合活动作文教学的课例来探析教师的主导作用的具体体现。

一、诱导兴趣

赫尔巴特把发展广泛的兴趣视为教育的主要目标之一，并认为主要是兴趣引起对物体正确的、全面的认识，它导向有意义的学习，促进知识的长期保持，并为进一步的学习提供动机。需要注意的是，教师在课堂教学实践过程的各个环节发挥的主导作用，需要和学生的学习实际相结合。在习作开始前开展诸如游戏、表演、竞赛等活动时，教师首先需要诱导学生的学习兴趣，激发他们参与活动的热情，引导他们进入活动情境；在活动

---

* 刘耀，无锡市清名桥中学，中学二级教师。

① 中华人民共和国教育部制定：《义务教育阶段语文课程标准》，北京师范大学出版社，2012年，第3页。

② 王策三：《论教师的主导作用和学生的主体地位》，《北京师范大学学报（社会科学版）》，1983年第6期。

③ 潘洪建，徐继存：《教学过程主客体关系研究之透视》，《绵阳师范高等专科学校学报》，1997年第3期。

过程中,教师利用学生的表达欲望,适时诱导学生进行口头和书面表达;在活动评价环节,教师仍然可以利用全班朗读习作、黑板报张贴习作、网络上传习作和报刊发表习作等多样而富有激励性的评价,诱导学生积极练笔和修改,让学生体验写作的成就感。

(一)诱导学生的参与兴趣

就像戏曲舞台上演员刚登场时,一亮相就赢得满堂彩,在小学语文活动作文教学一开始,教师就可以创设以学生生活经验为基础的富有趣味的情境,牢牢吸引学生的注意力,诱导学生进入设定的活动"场",并使其饶有兴趣地参与其中,为接下来的习作"热身"。如衡阳市宜阳小学彭辉美老师执教的《木头人》活动作文教学课的开头:

师:谁知道"木头人"的游戏怎么做?

生:不能动,不能笑,不能说。

生:要唱儿歌。

师:谁来示范一下?(生示范)今天我们就要来做这个游戏。我们要做一个外表不动、内心丰富的"木头人"。想好你的动作:手、脚怎样摆?头怎样歪?面部表情怎样?用一分钟时间来想。(生思考、议论)你准备摆个什么可爱或有趣的姿势做"木头人"呢?快快想,游戏马上要开始了。

游戏开始!

(生快乐地拍手唱儿歌:"山山山,山山山,山上有个木头人,不许说话不许动,还有一个不许笑。"念完儿歌,学生随即摆出了各种各样的姿势,有怒目圆睁样,有滑稽小丑样,有假装沉思样,有可爱甜美样……)

师:请同学们用眼睛的余光看看你周围的人都做了些什么动作,耳朵听听此时教室里有什么声音。

(游戏结束)

彭老师在课堂伊始采取的策略是,从学生喜闻乐见的日常生活中取材——"木头人"——每位孩子都熟悉的游戏,一下子就激发了学生们踊跃参与、积极表现的热情。其实,作文的源头就是生活。小学生作文的素材就来自他们的日常生活。活动作文教学是否精彩,首先就要看活动的创设离学生的真实生活有多远。学生只有有了真实的生活情境,有了真实的生命体验,才会有习作中真实的语言和情感。"脱离深思熟虑的行动的知识是死的知识,是毁坏心智的沉重负担。"[①]的确,很多学生就将写作文说成是"挤牙膏"。作文远离生活,自然无话可说。而我们的活动教学贴近生活,注重学生真实的感情体验,让学生讲自己想说的话,写自己想写的事,激发他们喜欢作文、乐于写作的情感,点燃他们的写作热情。

(二)诱导学生的表达欲望

活动作文教学的形式在于生动有趣的活动,但旨归仍是写作。教师在活动过程中,细致观察学生的表现,设计逻辑梯度明晰的问题,诱导学生的表达欲望,鼓励学生说出自己最真实的想法,并用笔写下来。笔者继续通过《木头人》活动作文教学课的片段来分析如何诱导学生的表达欲望:

---

① 杜威:《民主主义与教育》,王承绪译,人民教育出版社,1991年,第162页。

师：你刚才摆了一个什么姿势？或者你看到同桌的动作是怎样的？用语言来描述一下。

生：我刚才做了一个"睡美人"的姿势。

生：我看到同桌右手捏着鼻子，左手把两颊往上挤，眼睛眯成了一条线，像一只小狐狸。

师：真有趣啊！刚才你听到了什么？心里是怎么想的呢？

生：游戏刚开始时教室里静悄悄的，连一根针掉在地上也听得见，慢慢地，我听到一丝笑声，我想，一定是哪位同学在偷笑。后来，许多人都憋不住了，笑声越来越响。

生：我想让自己坚持的时间长一点，可是倒计时的十秒我却觉得比十分钟还长，我好累呀！可我鼓励自己要坚持，坚持就是胜利！

生：我好想开怀大笑，因为我快要憋不住了。

师：把你刚才看到的、听到的、想到的，写在作文纸上。

……

师：你把同桌的样子写得十分逼真，自己的心理活动也写了出来。如果你把自己的样子也写出来，那就更好了。能写出来吗？

生：好，我马上写。

（学生提笔写道：我的同桌站得笔直，双手捂住眼睛，只留出一道缝隙看着我。我做的动作更奇怪，我用手拉住眼角，用力往上拉，再把嘴张大，舌头伸出来，嘴里还不时发出"哈哈哈"的声音，像一只哈巴狗在伸出舌头散热。我发现同桌此时已经轻轻地笑了。我心想：如果我把这个动作再做一会儿，他肯定会开怀大笑的。于是，我又多做了一会儿，果然，他开怀大笑——手乱拍桌子，脚乱踩地板……）

师：（高高地翘起大拇指）你把自己当"木头人"的样子写得太有趣啦，老师看了都忍不住想笑出声来。

在这一过程中，教师一共提出三个问题，并做了适当的指导。学生仔细观察和认真思考过后，写作显得那么顺其自然和水到渠成。具体看表1：

表1 教师引导学生学会表达的能力训练

教师提问	学生作答	能力训练点
用语言描述自己的姿势和同桌的动作	生1：我做了一个"睡美人"的姿势。	想象力、观察力和口语表达能力
	生2：我看到同桌右手捏着鼻子，左手把两颊往上挤，眼睛眯成了一条线，像一只小狐狸。	
此刻听到什么？心里怎么想的？	生1：静悄悄……后来许多人都憋不住了，笑声越来越响。	观察力、联想力和意志力
	生2：努力让自己坚持更长的时间，感觉时间变得很慢；鼓励自己坚持到底！	
	生3：我好想开怀大笑，因为我快要憋不住了。	

教师提问	学生作答	能力训练点
把刚才看到的、听到的、想到的,写在作文纸上	生1:教师一说"开始",我们就开始唱起了儿歌:"……"但我还是憋不住了,终于笑了出来。(老师评语:缺少心理活动描写)	独立思考能力、想象力和语言表达能力
	生2:我的同桌站得笔直,双手捂住眼睛,只留出一道缝隙看着我……果然,他开怀大笑——手乱拍桌子,脚乱踩地板……	

　　学生在活动中尽情地表现着,真实地体验着,快乐地表达着。在这个活动中,教师就是"导演",为学生搭好表演舞台,现场指挥一个个"小演员"去尽情地展示自己的观察力、想象力和表达能力。

二、引导体验

　　体验是指学生积极主动参与活动的实践过程。那么,如何依据活动目标有序地引导学生主动参与活动、亲身体验和快乐表达呢? 笔者认为可以从观察、想象和思考三个维度进行分析。

(一) 引导学生观察

　　观察是一种知觉活动,分为内观察和外观察。内观察指主体由于环境的作用,视线由外反观自身,审视自我,观照自己的内心世界,是一种自省行为。外观察即狭义的观察,指细察事物的现象、动向等。在活动作文教学中,观察是思考和表达的前提。教师通过设计巧妙的问题,恰当地引导学生观察活动所在的"场",以及自身。还是以《木头人》活动作文教学课的片段为例:

　　师:请同学们用眼睛的余光看看你周围的人都做了些什么动作,耳朵听好此时教室里有什么声音。

　　(游戏结束)

　　师:你刚才摆了一个什么姿势? 或者你看到同桌的动作是怎样的? 用语言来描述一下。

　　生:我刚才做了一个"睡美人"的姿势。

　　生:我看到同桌右手捏着鼻子,左手把两颊往上挤,眼睛眯成了一条线,像一只小狐狸。

　　……

　　师:你把同桌的样子写得十分逼真,自己的心理活动也写了出来。如果你把自己的样子也写出来,那就更好了。能写出来吗?

　　生:好,我马上写。

　　……

　　师:现在老师带领一半人演"木头人",另一半人专门逗笑。逗笑的人尽量用语言、动作、表情来逗"木头人",看能不能把"木头人"逗笑,注意千万不能接触"木头人"的身体。游戏中,请逗笑的同学仔细观察"木头人"脸上的表情和身体姿态的变化,也请"木头人"仔细观察逗笑同学是怎样逗你笑的。

......

在这个教学片段里,教师先是引导学生观察包括同桌在内的周围人的动作,然后在分组后,继续引导学生分别观察对方的表情、动作、身体姿势和整个互动过程。学生饶有兴趣地表演、观察,乐在其中,同时无形中训练了自己的观察和语言表达能力。需要注意的是,教师引导学生反观自己的形象(即引文中加着重号的文字),是训练学生对自我的观察能力。所有这些,都是教师在牵引着学生有序观察,有层次观察,不断变换视角观察,这样学生才会写出那么妙趣横生的语言。

(二) 引导学生想象

传统作文教学缺乏科学有效的引导,让几代学生失去了天马行空的想象力,失去了表达真情实感的写作能力,造成了学生"见到作文头就疼"的窘境。而活动作文教学让作文课堂重新焕发生机,重新给学生插上了想象的翅膀。在《木头人》活动作文教学实录中不乏学生富有想象力的话语,比如各个学生摆出的千奇百怪的"木头人"造型:"念完儿歌,学生随即摆出了各种各样的姿势,有怒目圆睁样,有滑稽小丑样,有假装沉思样,有可爱甜美样……"也不乏创造性的想法:"她还是没有把我逗笑。其实,我一直在笑,只是她没有发现,因为,我的哈哈大笑的表情很有用,哈哈哈哈!"再比如:"我看到同桌右手捏着鼻子,左手把两颊往上挤,眼睛眯成了一条线,像一只小狐狸。""我的同桌站得笔直,双手捂住眼睛,只留出一道缝隙看着我。我做的动作更奇怪,我用手拉住眼角,用力往上拉,再把嘴张大,舌头伸出来,嘴里还不时发出'哈哈哈'的声音,像一只哈巴狗在伸出舌头散热。我发现同桌此时已经轻轻地笑了。我心想:如果我把这个动作再做一会儿,他肯定会开怀大笑的。于是,我又多做了一会儿,果然,他开怀大笑——手乱拍桌子,脚乱踩地板……"瞧,多么生动的画面,多么丰富的想象力啊!

(三) 引导学生思考

在活动作文教学中,引导学生积极思考有操作上的难度。一是活动教学现场气氛活跃,甚至喧闹,不适宜独立思考;二是小学生的思维能力较低,独立思考的习惯还没有养成。这其实也说明思考的必要性。具体来说,活动作文教学形式生动活泼,能有效地吸引小学生的注意力,但也容易导致学生"玩"而不"思"。因为"小学生普遍观察力弱,只重'看',不重'想'。他们可能注意事物的特点,但不会将生活中观察到的许多特点联系起来,在一个综合的整体上进行梳理和提炼,形成对具体事件的儿童认识"。[①]不少学生虽然积极参与活动,也乐在其中,但因为不会感悟反思、整理分析,无法提炼知识。零碎形象的记忆,难以形成完整正确的判断。他们写不出好的作文,正是因为他们"玩"而不"思"。因此,教师要引导学生从活动的表象深入观察和思考,培养学生独立思考、敢于质疑的思维习惯,引导学生细致观察、深入思考,形成自己独特的生命感悟,这就是作文教学的重要任务。我们仍以《木头人》活动作文教学为例,看看教师是如何引导学生独立思考的:

师:我们要做一个外表不动、内心丰富的"木头人"。想好你的动作:手、

---

① 张化万:《读懂儿童 搞好活动 促进表达——小学活动作文教学的再思考》,《语文教学通讯》,2011年第4期。

脚怎样摆？头怎样歪？面部表情怎样？用一分钟时间来想。（生思考、议论）你准备摆个什么可爱或有趣的姿势做"木头人"呢？快快想，游戏马上要开始了。

游戏开始！

……

师：真有趣啊！此时你听到了什么？心里是怎么想的呢？

生：游戏刚开始时教室里静悄悄的，连一根针掉在地上也听得见，慢慢地，我听到一丝笑声，我想，一定是哪位同学在偷笑。后来，许多人都憋不住了，笑声越来越响。

生：我想让自己坚持的时间长一点，可是倒计时的十秒我却觉得比十分钟还长，我好累呀！可我鼓励自己要坚持，坚持就是胜利！

生：我好想开怀大笑，因为我快要憋不住了。

……

师：你把同桌的样子写得十分逼真，自己的心理活动也写了出来。如果你把自己的样子也写出来，那就更好了。能写出来吗？

生：好，我马上写。

（学生提笔写道：我的同桌站得笔直，双手捂住眼睛，只留出一道缝隙看着我。我做的动作更奇怪，我用手拉住眼角，用力往上拉，再把嘴张大，舌头伸出来，嘴里还不时发出"哈哈哈"的声音，像一只哈巴狗在伸出舌头散热。我发现同桌此时已经轻轻地笑了。我心想：如果我把这个动作再做一会儿，他肯定会开怀大笑的。于是，我又多做了一会儿，果然，他开怀大笑——手乱拍桌子，脚乱踩地板……）

……

上述片段中，教师在引导学生思考时，设问具体准确，既有引导学生如何思考的具体方法，也有限定思考的时间范围。这种指令式的提问符合小学生简单的思维特征，避免了低效重复的思考。另外，教师在引导学生思考时，充分利用学生的观察结果，来激发学生合理推断和大胆想象的能力，如："你把同桌的样子写得十分逼真，自己的心理活动也写了出来。如果你把自己的样子也写出来，那就更好了。能写出来吗？"教师的激励性引导，不仅推进教学程序顺利展开，而且促进学生主动探索、积极思考。

三、指导方法

作文教学并不排斥写作技法的指导，只是反对一味地讲求方法，反对应试作文教学中的"为方法而方法"。作文的源头活水是生活，来自学生的已有经验。教师要做的就是引导学生进入创设的学生所喜闻乐见的活动情境中，并指导他们将自己的童真生活和丰富的情感世界像汩汩的流水一样，倾泻出来。在活动作文教学中，教师的方法指导主要解决两个问题："写什么"和"怎么写"。

（一）写什么

语文的外延等同于生活的外延，活动作文教学就是语文和生活的最佳结合点。在活动教学指导中，教师引导学生主动实践、亲身体验、积极探索，将所见所闻、所思所想，发而为声,行而为文,学生写作缘事而作、缘情而发。

当然,在活动作文教学中,教师要注意将活动部分和写作指导部分自然地衔接,"对活动的感悟和反思,是促成学生把活动经过更好更多地转化为有意义的生活经历的重要策略"。[①] 如《木头人》活动作文教学即取材于学生熟悉的游戏。在课堂上玩"木头人"的游戏,训练学生的观察、想象、思考和表达能力,引导学生将这个游戏最真实最有趣的姿态、场景、动作和画面记下来。学生既不会觉得写作如搜肠刮肚般的困难,又学会了写作的要领,并乐在其中。

(二)怎么写

晚清著名诗人黄遵宪倡导"我手写我口",开一代文气之风。在活动作文教学中,教师引导学生如何写作,最简朴的莫过于"我手写我口"。学生在主动参与、亲身体验、积极探索和认真思索之后,急欲表达什么,就写什么。言为心声,这样写出来的文字,所描绘的场景是最真实的,所刻画的形象是最真实的,所记叙的过程是最真实的,所抒发的情感同样是最真实的。如《木头人》活动作文教学中,教师就是这样引导的:

> "你刚才摆了一个什么姿势?或者你看到同桌的动作是怎样的?用语言来描述一下。"

> "把你刚才看到的、听到的、想到的,写在作文纸上。"

> "你把同桌的样子写得十分逼真,自己的心理活动也写了出来。如果你把自己的样子也写出来,那就更好了。能写出来吗?"

> "你们都是去逗笑别人的,不仅动作做得十分有趣,而且作文也写得惟妙惟肖,让人忍俊不禁。有没有谁写的是别人来逗你笑的呢?"

教师的作文指导融合在活动中,把写作变成游戏的一部分,浑然天成。所以,教师在指导学生"怎么写"时,没有教授语言如何修饰更华丽,结构如何打磨更精巧,文章如何立意更高超,而是让学生将看到的、听到的、想到的写下来即可。

活动作文教学不仅仅追求活动过程的愉悦和热闹,更要引导学生去体验、去思考、去表达,让活动成为学生写作的素材,成为学生的难忘经历。所以,在活动作文教学中,教师的主导作用并没有随着下课铃响而戛然而止,而是可以大有所为。教师可以通过激励性的评价,指导学生不断修改习作,鼓励学生通过多种形式(如全班朗读习作、黑板报张贴习作、网络上传习作和报刊发表习作等)展示作品,激发他们不断练笔的兴趣,让写作成为他们的一种生活习惯。

---

① 张化万:《读懂儿童 搞好活动 促进表达——小学活动作文教学的再思考》,《语文教学通讯》,2011 年第 4 期。

小学习作教学五步走

朱莲花*

摘　要：习作教学的至高境界就是要让学生学有所乐、学有所获、学会创新。五步习作法包括：仿写是桥，引领入门；口头作文，拉近距离；课堂指导，潜移默化；当堂赏析，趁热打铁；总体评价，一作一得。

关键词：习作教学；小学习作；写作能力

·

习作教学一直是语文教学中的一大难题。叶圣陶先生曾经说过："我当过语文教师，改过学生作文不计其数，得到一个深切体会：徒劳无功。"笔者从事小学语文教学工作二十余年，对叶圣陶的这句话感同身受。学生们一谈到写作文，都很害怕。如何提高小学生的写作水平，消除学生对写作的恐惧心理，使他们愿意写作、乐于写作呢？这正是我们小学语文教师在教学中颇感棘手的问题。为此，笔者进行了习作教学的实践与探索。

一、仿写是桥——引领入门

对于刚刚踏入小学大门的孩子们来说，他们处于写作的起步阶段，大部分学生对写作的知识和技巧一无所知。仿写则是培养低年级学生写作能力的一条捷径。仿写不仅能大大降低写作的难度，而且有利于培养学生的写作兴趣和自信心。笔者在教授人教版语文一年级下册《荷叶圆圆》一课时，就有这样的仿写训练。第一步笔者要求学生模仿课文中的语句写："荷叶圆圆的，绿绿的。荷叶是我的（　　　）。"第二步要求学生写："荷叶圆圆的，绿绿的。荷叶是（　　　）的（　　　）。"第三步要求学生写，"荷叶圆圆的，绿绿的。荷叶是（　　　）的（　　　），（　　　）用荷叶（　　　）。"以这种填空的方式循序渐进，渐入佳境。下面是童昕小朋友的仿写秀：荷叶圆圆的，绿绿的。/小蜜蜂说："荷叶是我的舞台。"小蜜蜂站在荷叶上，扇动着美丽的翅膀翩翩起舞。/小兔子说："荷叶是我的雨伞。"小兔子撑起小雨伞，哼着歌儿蹦蹦跳跳地到森林里去采蘑菇了。/小朋友说："荷叶是我的凉帽。"小朋友顽皮地戴上凉帽，高兴地和伙伴们出去玩了。

需要说明的是，仿写只是写作的一种方法，它不是抄袭，不是生搬硬套，仿写同样需要小作者的才情。仿写的过程，应该是灵动的，充满情趣的。在学生学习写作的起步阶段，教师一方面指导学生丰富自己的语言，扩展思维空间；另一方面要积极创设条件，巧妙引导，搭建各种平台帮助学生展示习作成果，体验成功的乐趣。

二、口头作文——拉近距离

到了中年级阶段，学生真正开始写作文。教师如果严格按教材的编排，除小练笔外，每学期只安排八次习作训练，对提高小学生的习作水平来说，是远远不够的。不过，

---

* 朱莲花，女，青海省门源县第一小学，特级教师。

教材加强了各单元知识之间的整合,让每单元学生学习的课文、口语交际及习作要求都围绕一个共同的话题整合成一个"语文园地"。因此完成每个园地的习作,无论是教师的指导,还是学生的准备,在时间和空间上都有了更大的拓展范围。教师可以根据每个园地的话题创造性地开展习作指导。虽然"书面"的习作每学期只有八次,但是"口头"上的习作却可以每课都进行。例如人教版语文三年级下册"园地五"的习作要求是用一两件事来写父母对自己的爱。而这单元的课文都是围绕"父母的爱",在教学《可贵的沉默》一课时,笔者就让学生说说父母亲是怎样疼爱自己的。由于在习作之前学生都有充分交流,进行了口语训练,因此本次习作非常成功。这样一种常态的"口头作文"训练,拉近学生与习作的距离,加深了学生对习作的理解。这样的训练,解决了学生怕作文,写作文无话可说的难题。

当然,个别学生即使有口头作文的铺垫也很难完成习作,对这小部分学生,笔者采取"默写"作文教学法。就是根据训练目标、学生的实际情况,有选择地读一篇作文,让学生用心聆听后,随即在作文本上写下来。要求是以听读的作文为原型,在此基础上创造性发挥而写成作文。于是,一篇"模仿"和"创造"结合的"默写"习作在笔下形成。

三、课堂指导——潜移默化

虽然有"口头作文"的铺垫,但学困生、怕写作的学生仍然不知如何下笔,如何谋篇布局。这时教师的课堂指导尤为重要。

首先,是审题。学生题审决定了学生取材的范围和中心的确定。例如笔者在指导《我最××的一件事》这篇习作时,先"下水"示范:"这个题目要求我们写作题材是'写事',并限定数量'一件',这件事我印象非常深刻,'××'是写作重点,必须详写,'最'字突出了印象'××'的程度,'我'字表明了这件事是自己亲身经历过的,而且表明了这篇文章的写作人称。"同时让学生拓展延伸"××"可以是"难忘、苦恼、感动、高兴、伤心、后悔……",让孩子们形成自己的"我之最"。教师指导中的"下水文"更应注重动态生成,教师在指导学生习作的过程中,师生共同经历完成习作的过程,在情感的交流和多维互动中,及时发现学生的习作需要,切实予以范例引导,让学生在思维的瞬间迸发出灵感与创造的火花。

其次,是指导学生列出提纲。在一个单元的课文学习中,找到原型课文编写提纲的格式和内容,学习写作方法。例如:笔者在教学三年级下册第三单元作文《写一个真实的我》时设计如下:(1)简要介绍自己的基本情况(略写)。(2)描写自己的外貌特征(详写)。只要把自己一两处突出的特点展现出来即可。(3)介绍自己的性格、爱好和特长、优点或缺点(详写)。(4)选取自己最突出的、与别人不一样的地方来写,这样才能让人知道你的与众不同之处,才会令人印象深刻。用精彩的语言来总结自己(画龙点睛)。先从单元课文和读写例话中确定编写提纲的格式和内容,再帮助学生找到原型,特别是写作方法。而这里笔者给孩子们的就是课文《画杨桃》和读写例话《我的自画像》,学生从中找到了写作的具体目的,完成习作也是自然的。

再次,要求学生写作时注重细节描写,如在写三年级下册园地五《父母的爱》时,让学生通过细节描写(父母的一个动作、一个眼神或一句不经意的话)来展现人物的个性,突出对孩子的关爱,这对突出作文中心起到点睛作用。如学生语絮:

"妈妈老是在我身边转着,唠唠叨叨地。在天气还不太冷的时候,她已拿出羽绒服来让我穿上;在我身体稍感不适的时候,她已端着冲好的板蓝根让我喝下去;在我刚吃完饭时,她已经把苹果洗好削好等着我吃……"

　　"每当我哭时,妈妈就安慰我;每当我感到自己像一只孤弱无助的小鸟时,妈妈就张开她那宽阔的臂膀,给我爱的温暖。"

　　"妈妈总爱对我唠叨,从白天到黑夜,从星期一到星期天。早上,她唠叨着要我上学路上小心;晚上,她唠叨着要我吃饭快点,赶快做作业;每天反复着……但我也习惯着、享受着她给我的唠叨和充满关心的话语!"

　　……

　　读着这些好句好段,些许欣慰涌上笔者的心头,孩子们在作文在叙事时知道以真实的事例、温暖的话语感染人等。

四、当堂赏析——趁热打铁

　　当学生写完全文后,在小组或全班读一读、听一听、看一看、议一议,同时教师的"病句诊所"也应及时开出"对症下药"的药方。对于作文通病,要点明方向,做出修改,并要求学生在习作中注意。经过同学们的议论和教师的评价,再让学生反复推敲、品味、辨析,然后进行全面的自我修改,最后誊写在作文本上并上交。当堂点评赏析,让每一个学生都得到了结果和反馈,同时又及时地受到了鼓励,写作的动机和信心也增强了。

五、总体评价——一作一得

　　目前的作文教学过程中,教师们付出了巨大的劳动,可是学生的作文水平往往得不到提高,究其原因,教师的评语泛泛而谈,满眼红色纠正,一定程度上影响了学生的写作兴趣。笔者以为,作文评价的多样性可以使上述情况得到改观。

　　(1)作文合作批改。当堂赏析后成文,学生作文中的问题仍然很多,可以先让同桌之间交叉批改。一般说来,同桌是一个优生配一个学困生。这样改,对学困生来说,可以促使他开动脑筋,对所批改的作文进行评议、批改。对优生来讲,他面对的是问题较多的作文,从字、词、句、段各个方面做批改,得到很大的锻炼。互改结束后,学生根据大家的修改意见逐句逐段修改自己的作文,充分感悟、体验合作学习带来的快乐。接着,让学生自我修改。最后,教师批改,教师还需把孩子们经过互改、自改两个回合后的习作从头浏览一遍,对改得好的进行肯定,对改得不全的进行补充,对误批的进行纠正。这种形式既评写作的同学,又评批改的同学;既提高学生的写作能力,又提高学生的鉴赏能力。

　　(2)侧重于鼓励。学生辛辛苦苦写出来作文,内心迫切期待自己的作文能得到老师的肯定、鼓励和表扬,在作文评改的实践中,进行多元化机制,学生、教师、家长共同参与的多向评价,要善于发现学生作文中的闪光点,并予以肯定和鼓励。

　　(3)一句话评语。作文评价不宜泛泛而谈,说些不痛不痒的评语。表扬,就说好在哪里,哪怕是某一个词用得好,也要大加赞赏;批评,就说这篇作文的症结在哪儿,一句话点到,让学生明白这次习作自己最应当注意的是什么。

中国和新加坡小学数学课程目标比较

史雪萍 刘久成 *

摘 要：中国《义务教育数学课程标准(2011 年版)》和新加坡《小学数学教学大纲》(2006 年)数学课程标准中课程目标的比较发现：中新两国都重视基础知识和基本技能，重视数学的价值，适应终身学习的需要；在"知识技能"目标、信息技术要求、对待解决问题态度上有所差异。比较研究启示我们，课程目标中应强调数学教育的功能、关注"信息技术"的要求。

关键词：中国；新加坡；小学数学；课程目标

新加坡作为一个深受儒家文化思想影响的亚洲国家，近年来在"国际数学与科学研究"（简称 TIMSS）等国际评估中成绩突出，以其为参照来总结反思我国的小学数学课程改革，大有裨益。课程目标是学生课程学习应达到的结果及其程度要求，是设计课程内容、开展教学活动、进行课程评价的基本依据。本文以我国教育部颁布的《义务教育数学课程标准(2011 年版)》①（以下简称《标准》）和新加坡《小学数学教学大纲》②（2006 年由新加坡教育部制定，2007 年使用，以下简称《大纲》）中的课程目标作为分析研究对象，总结特点、发现规律、提供借鉴。

一、中、新两国课程目标比较分析

中国《标准》中将课程目标分成总目标和学段目标两个层次，并从知识技能、数学思考、问题解决、情感态度四个方面进行阐述。总目标带有全局性、方向性和指导性。新加坡《大纲》中对课程目标的描述有"教育目标"和"结构与组织框架"两部分。"教育目标"是总体概述，"结构与组织框架"将"具体目标"以"五边形"的形式展现（如图 1 所示）。

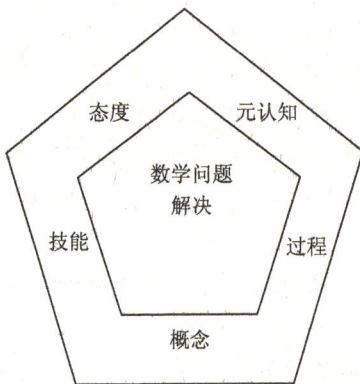

图 1 新加坡数学"五边形"结构

---

* 史雪萍，女，南京市太阳城小学，中学二级教师；刘久成，扬州大学教育科学学院，教授。

① 教育部：《全日制义务教育数学课程标准(2011 年版)》，北京师范大学出版社，2011 年。

② Ministry of Education Singapore. Mathematics Syllabus Primary. Singapore：Author, Curriculum Planning & Development Division,2006.

新加坡的数学课程将"发展学生数学问题解决能力"放在数学学习的中心位置,并认为问题解决能力的高低取决于五个互相关联的成分——概念、技能、过程、态度和元认知。中国《标准》和新加坡《大纲》中对课程总目标分别做了如下表述(见表1)。

表1　中新两国课程总目标

新 加 坡	中 国
1. 获得日常生活以及在数学或相关学科中继续学习所必需的数学概念和技能;发展获得和应用数学概念和技能所需要的过程性技能。 2. 发展数学思维与问题解决能力,并将这些技能应用在问题解决中。 3. 识别和运用数学思想间的联系,以及数学与其他学科之间的联系。 4. 发展积极的数学学习态度。 5. 在数学学习和应用中有效利用不同的数学工具(包括信息和交流技术工具)。 6. 从数学观念中产生富有想象力和创造力的成果,在此过程中提炼数学思想。 7. 发展逻辑推理、数学交流、合作学习和独立学习的能力。	1. 获得适应社会生活和进一步发展所必需的数学的基础知识、基本技能、基本思想、基本活动经验。 2. 体会数学知识之间、数学与其他学科之间、数学与生活之间的联系,运用数学的思维方式进行思考,增强发现和提出问题的能力、分析和解决问题的能力。 3. 了解数学的价值,提高学习数学的兴趣,增强学好数学的信心,养成良好的学习习惯,具有初步的创新意识和科学态度。

上述课程总目标表明,新加坡《大纲》将数学课程的基本目标定位于培养学生的数学问题解决能力上。让学生运用所学到的知识和技能去解决生活中的实际问题是数学教育的出发点和根本目的。中国课程目标可概括为三个方面:获得"四基",增强能力,培养科学态度。

(一) 两国课程目标的相同点

1. 重视基础知识和基本技能

中国《标准》中,知识和技能所需要达到的总目标是:"获得适应社会生活和进一步发展所必需的数学的基础知识、基本技能、基本思想、基本活动经验。"新加坡的《大纲》则指出,总目标是"发展必要的知识的获得和应用数学的技能和概念的过程性技能"。由此看来,中、新两国对知识和技能方面都提出了相应的要求,两国都非常重视基础知识和基本技能的培养。

2. 重视数学的应用价值

随着时代的发展,数学在各领域中的用途急剧增加。数学在教育方面也有重要价值,学生在学会数学知识作为今后应用的工具的同时,还能学会从数学角度看待问题,学会用数学方式进行理性思考,思考更有条理,表达更加清晰。数学教学在培养学生的抽象能力、推理能力和创新能力上,发挥着独特的作用。中国《标准》把"体会数学知识之间、数学与其他学科之间、数学与生活之间的联系"作为目标之一。新加坡《大纲》中也要求:认识和运用数学思想间的联系,以及数学与其他学科之间的联系。这些都说明两国都非常重视数学的应用价值。学生了解了数学的应用价值,并在实践中体会到数学的应用价值,自然就会提高学习数学的兴趣。

3. 适应终身学习的需要

当今世界是信息社会,职业的频繁更换使人的发展成为终身性的。为了不断增强终身发展的竞争力,终身学习也应运而生。数学作为处理客观模式的强有力的学科,在人的终身学习中起着特殊的作用。中国《标准》中指出:数学的基础知识、基本技能、基本思想、基本活动经验的获得,必须适应社会生活和进一步发展的需要。新加坡《大纲》也要求:获得日常生活以及在数学或相关学科中继续学习所必需的数学概念和技能。由此可以看出两国都将"终身学习"看作未来社会发展的需要。适宜的数学教育,必须满足学生的发展需求,为学生未来生活、工作和学习做好准备。

从课程内容上来看,中国和新加坡都在努力为学生未来做准备。如:当今社会发展对公民素养提出了更高要求,人们越来越多地需要对收集到的数据进行分析、处理以做出决策,统计图和统计表等统计方式在日常生活中已经变得很常见。因此,两国对培养学生的统计意识都非常重视。

(二) 两国课程目标的差异

1. 中国《标准》关注"基本活动经验"的获得

中国《标准》强调获得"四基",其中之一就是"基本活动经验",而新加坡《大纲》中比较注重的是能力的培养,并未提及"数学活动经验"。

"基本活动经验"是2001年基础教育课程改革以来出现的新名词。"基本活动经验是指学生亲自或间接经历了活动过程而获得的经验。"[1]"经验"是学生经历相关活动之后所积淀的内容,它既是活动当时的直接经验,也可以是延时反思的经验;既可以是学生自己摸索出的经验,也可以是受别人启发得出的经验。但不管是哪种类型,这些"经验"都必须转化为属于学生本人的东西。

好的数学活动经验具有主体性、实践性、可发展性和多样性。数学活动的教育意义在于,学生主体能够通过亲身经历数学活动过程,获得具有个性特征的感性认识、情感体验,以及数学意识、数学能力和数学素养。学生只有积极参与数学课程的教学过程,经过独立思考、探索实践和合作交流,才有可能积累数学活动经验。

2. 新加坡把"解决问题"看作数学教学的终极目标

中、新两国都将"问题解决"作为数学教学的重心,但在两国数学教学中,"问题解决"所扮演的角色并不一样。中国《标准》中,"问题解决"是与其他三个方面并列的内容,《标准》将"知识技能""数学思考""问题解决"和"情感态度"这四个方面看成是同等地位的。数学教学既要发展学生的知识技能,也要培养学生的数学思考能力、问题解决能力,还要注重学生情感态度的培养,四方面同时发展。但新加坡是把"问题解决"作为数学教学的最终目的。也就是说,所有的教学都是围绕着数学问题解决而提出的,其目的是更好地解决数学问题。这样的不同其实在本质上反映出的是两国教育理念的差别。

3. 信息技术要求有所不同

新加坡《大纲》强调:"在数学学习和应用中有效使用各种数学工具(包括信息和

---

① 史宁中,柳海民:《素质教育的根本目的与实施路径》,《教育研究》,2007年第8期。

交流技术手段）。"这表明了新加坡对于信息技术的重视。而在中国《大纲》中总目标部分并未提及有关信息技术的要求。

新加坡基础教育对"信息技术"的投入是非常大的。1997 年新加坡颁布的《资讯技术在教育上的总蓝图》中明确提出了以信息技术为基础的教学策略，要求设计新的课程，提供新的评估方法，以达到提倡教育革新的目标。由于该计划的实施，新加坡对信息技术教育进行了改革，在教学与评估上的主要改革措施有：学生的学习模式从消极地吸收知识转变为积极地寻找及运用资讯，以更有效地解决问题和进行交流。在新的教学策略下，学生能够在学习过程中主动地使用教育软件进行学习，培养学生独立学习的能力。新的资讯科技教学测试模式也能用于衡量学生的评估和使用信息、思考和交流等能力，可以对学生在数学学习和能力方面进行评估。

在中国，虽然已经越来越重视信息技术在教育中的作用，但一般只从教师入手，将重点放在教师培训上，缺乏将学生的学与信息技术联系在一起的措施。而我们的教师在教学实践中也只是将信息技术作为一种媒介，并未将其与学生实际紧密联系。其实，学生是学习的主体，从学生的学习入手，积极开发学习软件，有利于学生更好地学习。

二、思考与建议

通过比较不难看出，在课程目标上，中国和新加坡有很多的共同特点，但也存在一些差距，面对差距我们应当积极反思，吸收其有益的成分，从我国实际出发，唱响数学教育改革这个主旋律。

（一）课程目标应强调数学教育功能

新加坡已成功地把生存、安全扎根于自己的思想中，并把这种忧患意识和奋斗精神凝聚成指导自己思想和行为的基本观念。人多地少、经济小型和自然资源匮乏的特点决定了新加坡唯有办教兴邦，即从具体国情出发，充分利用其唯一资源——人，力求使新加坡成为高素质的国家，以增强其在国际上的竞争力。这样的环境使新加坡形成了一种务实的社会文化氛围。在教育上，则体现为一种务实的教育实践，数学课程目标中"以培养学生解决问题能力为中心"则充分体现了这种务实的思想——从解决实际问题出发，发展学生能力。围绕解决实际问题能力，在数学课程目标设置中更是明确提出培养学生"逻辑推理""数学交流""合作学习"及"独立学习"的能力。

中国《标准》在"总目标"中提出使学生"获得适应社会生活和进一步发展所必需的数学的基本技能"，并未具体指出是哪些技能。分成"知识技能、数学思考、问题解决、情感态度"四个方面之后也指出："总目标的这四个方面，不是相互独立和断裂的，在课程设计和教学组织活动中，应同时兼顾这四个方面的目标。"这样的"分散"导致教师在教学中不知道该如何兼顾这几方面的目标，要么设置的目标成为空谈，要么课程设置过于注重其他方面，少了"数学味"。

课程目标的设置应该强调数学功能，可以设立一个"中心点"，其他方面都可以为它"服务"，这样在教学设计时教师就可以目标明确。

（二）在课程目标中加入"信息技术"的要求

在信息爆炸的时代，信息技术是一种学习的工具；同时，培养学生的信息技术能力也是课程目标的一个方面。因此，新加坡对于信息技术非常重视。新加坡《大纲》在课程目标中就指出："在数学学习和应用中有效使用各种数学工具（包括信息和交流技术手段）。"后面的描述又提到："信息技术的介入能够帮助培养学生对数学的兴趣，丰富他们的学习体验，有助于他们成为独立的思考者和学习者。"不仅如此，对于如何在教学中结合信息技术，新加坡《大纲》也做了具体的说明。例如，《大纲》要求在中学低年级几何教学中，只要可能，教师应当创造机会让学生运用相关的信息技术工具进行几何性质的探究。

《大纲》对信息技术的重视使得在具体的课程实施过程中，新加坡坚持将现代信息技术用于教学中，尤其是几何内容的教学中，学生可以运用很多教学软件来演示几何图形的变化，这对学生空间观念的培养起到了很好的作用。在这方面我们可以借鉴新加坡的经验。

隔代教育背景下农村小学生数学学习困难转化策略

张　颖*

　　摘　要：隔代教育现象在当前农村普遍存在。不少隔代监护的儿童存在严重的学习困难问题，数学就是其中典型的学科之一。本研究通过问卷调查，从数学学习态度、数学学习方法、数学学习习惯、数学学习意志四个维度，对农村隔代监护儿童的数学学习困难的状况进行调查，提出隔代教育背景下农村小学生数学学习困难的转化策略。

　　关键词：隔代教育；数学教学；学习困难

　　随着经济的发展与社会的变迁，目前大量人员外出打工或经商，将孩子留在家里由孩子的祖辈照看，形成较为普遍的隔代教育现象。由于家庭教育的缺失、学校教育的局限等原因，不少隔代监护的儿童存在着学习成绩差、辍学率高，甚至儿童犯罪等严重的教育问题，这种情况在我国广大的农村地区显得更加突出。从学校的学习来看，许多隔代教育儿童存在着严重的学习困难问题，数学就是其中最典型的学科之一。

一、对隔代教育背景下农村小学生的数学学习困难的理性思考

（一）农村隔代教育问题

1. 隔代教育下儿童生活条件特殊

　　城乡发展不平衡是导致农村留守儿童出现的根本原因。城乡之间的经济发展差距与发展的不平衡使得农村经济越来越落后，为了保障家庭经济，大量农村剩余劳动力进城务工。由于他们工作流动性大，收入不稳定且较低等原因，大多数进城务工人员无法将孩子安置在身边，只能将孩子交给父母或其他亲戚照顾。① 据调查，我国农村隔代监护儿童已有几千万，其中90%以上都被托付给祖辈们临时监护。由此形成了隔代教育儿童的状况。

2. 隔代教育下儿童监护水平有限

　　对于农村留守儿童来说，祖辈的自身条件往往极大地限制了他们的成长与发展。在我国农村，祖父母及外祖父母辈的文化水平普遍不高，接受教育的程度也相当有限，在小学生的学习辅导上，他们很少能给予正确的指导。同时，由于祖辈与孩子的思想观念与生活方式有很大不同，他们之间缺乏有效沟通，因此这些上小学的孩子在成长的过程中缺乏精神方面的鼓励与指引，容易在道德或者人格方面会产生缺陷。此外，由于祖辈们年纪普遍较大，有的甚至身体状况不佳，他们并没有过多精力投入到孩子的学习和生活中，使得隔代教育产生了诸多问题。

3. 隔代教育下儿童情感匮乏

　　在隔代教育下，父母关爱的缺失往往导致隔代教育儿童的性格在某些方面产生缺

---

　　* 张颖，女，江苏省南通市海安县仁桥小学，教师。

　　① 阮梅：《世纪之痛——中国农村留守儿童调查》，人民文学出版社，2008 年，第16页。

陷,进而对学习产生不利影响。父母对于孩子的关爱,是祖辈们无论如何都替代不了的。一方面,隔代教育儿童与父母情感交流的缺失常使他们性格孤僻,不愿与同学交流,在学校的学习生活中享受不到学习的快乐,对于学习的兴趣也自然而然地受到影响。另一方面,祖辈们对他们的关爱基本停留在物质层面,他们关心的一般是孩子的基本生活问题,而无法深入其内心,导致一部分处于情感饥渴状态的学生在学校经常与别的学生产生摩擦,甚至走上违法犯罪的道路。

(二) 数学学习困难的内涵

1996 年,世界卫生组织将数学学习困难描述为:"学生的数学能力明显比自身应该具有的智龄、综合智力和年级平均水平要低得多,可以用个别施测的数学测试评估;数学学习困难没有视觉、听觉或神经功能缺陷,不会有神经科、精神病或其他障碍的继发现象。"[①] 钟启泉将数困生分为:(1)没有达到基本标准者;(2)学力低者;(3)智商与学习成绩不成正比,没有充分发挥学习潜能者。[②] 谢明初将数学学习困难定义为:智力、发育、感觉功能正常,情绪情感功能正常,并且能够得到公平的学校教育;他们不仅表现出计算方面的困难,还表现出抽象概念的理解或视觉空间能力方面的困难。[③]

综上所述,数学学习困难是指智力正常,神经功能没有明显失调,但在数学学习过程中,由于某种学习能力或技能的缺陷造成学习效果低下,未能依照数学课程的标准完成学习任务,智能与数学学业成绩严重不匹配。

二、隔代教育背景下农村小学生数学学习存在的困难与原因分析

为了深入了解隔代教育背景下农村小学的教育情况,本研究以江苏省南通市 Z 小学五、六年级部分班级的全体学生作为调查对象,该小学的主要生源地是其附近的几个农村,留守儿童所占比重较大,隔代教育的现象比较明显。通过问卷调查、座谈交流、口头采访、走访了解等方式进行研究,了解各种环境下隔代监护学生数学学习困难的现实情况。

(一) 隔代教育儿童自身存在的问题

1. 认知能力差

隔代教育背景下的农村小学生,年龄小,缺少生活经验,对事情的认知、处理上难以进行分析并做出正确的判断,做事依赖性较强。从三年级起,孩子从接受知识方面来讲难度明显增加,在比较、判断、逻辑推理能力方面是一个大的飞跃。父母不在留守学生身边,他们学习有困难时,在校能请教老师,在家却束手无策,导致学习成绩下降。调查发现,Z 小学学生数学学习存在的困难主要在运算能力、逻辑思维能力、空间想象能力和运用数学知识分析问题和解决问题的能力方面,其中以分析问题和解决问题上的缺漏尤为突出。

2. 数学学习兴趣不够浓厚

调查中,很多孩子反映,数学内容过于呆板和无趣,因此学生对于数学往往是抱着

---

① 张超,朱其超,等:《数学学习困难学生及其教育对策研究综述》,《宿州教育学院学报》,2013 年第 4 期。
② 钟启泉:《差生心理与教育》,上海教育出版社,1994 年,第 85 页。
③ 谢明初:《数学学困生的转化》,华东师范大学出版社,2009 年,第 6 - 8 页。

抗拒的态度。许多隔代监护儿童常常完成不了数学作业，课上听讲也不专心，思维不能与老师的讲课合拍。他们感兴趣的仅仅是那些具有游戏性的学习内容。

3．数学学习方法不够科学

翻阅学生的作业本和试卷时发现，很多孩子对学习数学的常用方法都不能很好掌握。问卷调查结果显示，多数孩子没有课前预习的习惯，课上不能专心，课后不注意总结反思，尽管有时下很大的工夫，但仍无法取得明显的学习效果。

4．缺乏良好的数学学习习惯

调查显示，80%的孩子没有好的学习习惯，课前不预习、课上不听讲、课后不复习。数学是一门逻辑性比较强的学科，如果不能一环套一环地认真学习，就会"掉链子"，导致数学学习困难。

（二）原因：家庭教育缺乏，社会关注不够

1．缺乏亲情关爱

隔代教育儿童长期与父母分开，并与知识水平有限的祖辈生活在一起，心理上无法及时得到引导，遇到学习困难也没有人可以倾诉，这就导致学生长期面临巨大的学习压力，从而无法以积极、轻松的心态学习，由此进一步导致学习效率十分低下。

2．祖辈监护人精力与能力不足

在隔代监护背景下，由于祖辈们的年龄普遍偏大，因此没有充分的精力和能力去关心孩子的成长，爷爷奶奶通常只关心孩子的衣食住行，缺乏和孩子的心灵沟通，导致学生无法从家庭获得学习帮助，学生负担越来越重，进而出现各种各样的心理问题，学生的学习力不从心。如果学生无法从家庭获得帮助，那么学生的学习困难就会与日俱增，并进一步导致学生更加抗拒数学的学习，造成恶性循环。

3．社会各界关注不够

目前，各级教育管理部门已制定了一些规章措施，以保证进城务工人员的子女能跟随父母就近入学，在一定程度上解决了相关的问题。但由于体制的原因及城乡之间在经济水平等方面存在的差距，还有许多进城务工人员无法把子女带到打工地学习和生活。

三、隔代教育背景下农村小学生数学学习困难的转化策略

（一）用心营造，为隔代教育儿童构建和谐的生活学习环境

生活学习环境是造成隔代教育儿童学习困难的一个重要因素。和谐的生活学习环境对于学生的学习成长十分重要，但这种影响通常是潜移默化的，所以往往会被人们忽视。环境对小学生发展的影响是全方位的，从行为、习惯到观念的形成，无所不在。

1．营造民主、轻松的课堂氛围

课堂氛围对于学生学习兴趣和学习效率的影响非常大，教育的本质是基于爱的理念传播知识。但由于农村的经济发展程度不高，经济发展水平偏低，许多人不重视教育，因此农村的教师数量相对较少，一个教师往往要负责教许多学生，这样就导致教师的教学压力过大，教师没有充足的时间和精力去关注隔代教育儿童的心理状况，无法及时引导孩子的心理，导致一些学生的心理负担越来越重，对数学学习也越来越抗拒。因此，构建民主的课堂氛围，多渠道地加强对隔代教育儿童的关注，多和学生沟通交流，了解并及时解决学生存在的学习困难,提高学生学习数学的兴趣,具有重要的教育意义。

2. 创建开放、有趣的课堂教学

兴趣是最好的老师,对数学有了兴趣,才能积极地参与到数学学习中去,主动地完成学习任务,提高数学成绩。调查发现,数学学习存在困难的隔代教育儿童普遍认为数学过于枯燥和无趣,学习的难度很大,因此这些学生对数学存在抵触心理,既不愿意认真听讲,又不愿意完成课后作业,无法完成数学学习的任务,学习效率得不到保障。由此,教师的一个首要任务就是帮助学生提高学习数学的兴趣,使他们愿意学习数学。

另外,调查中发现,78%的孩子希望成为课堂的"主人公",希望自己是一个探索者、研究者,通过自主探索、合作交流的方式学习数学知识。鉴于此,在数学教学中宜多开展研究性学习,即学生在老师的启发引导下,独立自主地学习、合作讨论,在学生已有知识经验和生活经验的基础上,让学生通过个人、小组、集体尝试等多种方式,充分自由地表达、质疑、探究、讨论等,为学生提供一个广阔、开放的学习空间。

(二) 精心设计,引领隔代教育儿童进行有效的数学学习

1. 重视基础知识的教学

隔代教育儿童由于长期缺乏管束和督促,学习基础相对于非隔代教育儿童而言较为薄弱,而基础薄弱其实就是造成数学学习困难的一个重要原因。学习能力的提升,必须以基础知识的进步为基调。数学这门学科不同于其他学科,数学学科各知识点之间联系密切,常常"一环套一环"。多数隔代教育儿童的学习主动性比较差,课上不理解的课后往往不会去请教老师、同学或者自己思考,长此以往,会造成数学学习越来越困难。教师在课堂上多给予关注的同时,还应当利用课间、午自习的时间,与学生进行一对一的交流,了解他们的困难之处,进行点拨、指导,帮助他们及时巩固当天所学知识,为后续学习奠定良好的基础。

2. 加强学习方法的全面指导

对于隔代教育儿童中的数学学习困难生而言,正确的数学学习方法将直接影响学习数学的效率,掌握正确的学习方法才能做到事半功倍,这是提高学习效率的重要前提。因此,教师要特别关注隔代教育儿童的数学学习方法的全面指导。除了课堂上引导学生"仔细听、认真想",抓好课堂学习,使学生学会倾听,学会观察,学会反思,善于思考与表达外,还应注重课前预习和课后巩固,引导这些学生做好课前预习,加强课后巩固,及时复习等。

3. 注重学习意志力的养成

由于隔代教育儿童自我控制和自我调节的能力相对于非隔代教育儿童而言要差一些,教师在数学教学中要有意识地在创设情境中设疑,磨炼学生学习数学的意志。教师可根据自己的能力来教学生,要创造出一些困难的局面,增强学生的数学学习能力。当然设置困难的情况时要注意学生的实际认知水平,让学生可以跳一跳就摘到果子。千万不能设置不切实际、过难的问题,那样反而会增加学生的负担,适得其反。如此,教师才能帮助学生进一步增强自我控制、自我调节的能力。

(三) 耐心指导,培养隔代教育儿童良好的数学学习习惯

著名教育家叶圣陶说过:"教育是什么?往简单方面说,只须一句话,就是要养成

良好的习惯。"良好的学习习惯是促进学生往正确积极的方向发展的关键。首先,教师要注意培养学生乐听的习惯;其次,教师要培养学生好做的习惯;再次,教师要培养学生勤思的习惯;最后,教师要培养学生善问的习惯。通过学生的问,教师不仅能发现隔代教育儿童所存在的特殊的数学学习困难,有针对性地提供教的机会,而且能培养学生的质疑精神,消除学生畏惧老师的心理,使师生关系更融洽。[1]

(四) 爱心浇灌,针对隔代教育儿童的特征进行多元化导引

1. 鼓励父母与孩子多进行交流互动

教师应当通过各种途径的宣传,鼓励父母在工作之余通过电话和网络等形式与任课教师与学生多联系,以了解自己孩子的学习和生活情况,鼓励孩子的点滴进步,关注其成长与发展,增强与孩子的交流和互动,让孩子能够充分感受到父母的关爱,使父母的教育不至于完全缺失。另外,建议孩子的父母尽量在本地就业,如果不能实现本地就业,至少应当保证父母中的一方留在家中或者家附近,以照顾孩子的生活,监督孩子的学习,弥补家庭教育中的缺漏,保证家庭教育的高效。

2. 呼吁相关责任人共同关注

学校需要更多地联系家中的隔辈老人,让他们认识与积极接受新的教育理念,与时俱进,更新自己的教育观,尽量用现代化的教育理念去关爱、教育孩子,对孩子进行必要的道德、学习方法的教育。尤其要注意对于犯错的孩子,不能无视其缺点,而应立即指出并让其改正。对于孩子探求新事物的思维萌芽应该积极培养,不能横加指责而抹杀其创新的想法。

政府对于隔代教育儿童的问题自然应当承担较大的责任,应给予一定的政策支持与保障。有关媒体应当在关爱隔代教育儿童、维护隔代教育儿童的权益、帮助隔代教育儿童的父母正确履行抚养责任等方面发挥更多积极正面的作用。通过电视、网络、广播等媒体的宣传,呼吁社会关注农村隔代教育的问题,发动社会公益组织关注隔代教育儿童的问题,营造出关爱隔代监护儿童的良好社会环境。

3. 营造良好的社区教育环境

社区不仅是人们居住与生活的场所,也是一个教育的重要场所,儿童教育是家庭、学校和社区的共同责任。社区环境的基础是一片区域附近的住户,这是隔代教育儿童的主要活动场所。社区对隔代教育儿童的家庭情况较为了解,熟悉的社区环境对孩子有更大的吸引力和教育力。另外,社区也是监督孩子行为的重要力量,社区人员能够及时制止孩子的不良行为。在家庭教育难以到位的情况下,完善的社区教育更具有重要的教育价值,社区可以通过多种形式对孩子进行积极正面的教育,如成立课后活动中心,开展丰富的文体交流活动,或者成立兴趣小组,或者组织开展公益劳动,这样既培养了隔代教育儿童的劳动观念和创新意识,又丰富了他们的课外生活,营造了良好的社区教育环境。

---

[1]　曾彬:《我国隔代教育研究述评》,《内蒙古师范大学学报(教育科学版)》,2007 年第 2 期。

尊重差异，促进数学自主学习

孙 建*

摘 要：改善学生的学习方式，促进学生能力的发展和提升，是广大教育工作者孜孜以求的目标。实施数学差异教学能够促进学生自主发展。在差异教学中，满足学生自主学习的各种需要，视"差异"为可开发利用的资源，能够促进和优化学生的自主学习。

关键词：差异教学；自主学习；数学教学

在深化基础教育课程改革的过程中，改善学生的学习方式，追求学生个性发展，使学生在学习的过程中能够愿学、乐学，最终促进学生能力的发展和提升，一直是广大教育工作者孜孜以求的目标。在此过程中，差异教学和自主发展是被广泛提及的课题。在笔者看来，差异教学与自主学习存在必然的关联，前者建立在后者的基础之上，两者的理念也是相同的，差异教学能够促进学生的自主发展。

一、差异教学能有效促进学生的自主发展

1. 差异是自主性的本质特征之一

自主性的本质特征之一就是差异，如果自主学习不涉及差异，那它是实行不下去的。当每一个学生自主学习的时候，他们肯定是千差万别的。华国栋教授是这样理解自主学习的特点的：第一，学习来自自身的内在修行，自主，不是教师强加给学生的，不是家长强加给学生的，是学生自己愿意学的。第二，要善于学习，要会学习。学生愿意学，但是不会学，这样不可能自主。第三，在会学的基础上，在掌握课本的基础上，要能够超越课本，超越教师，这是自主学习的最高境界。自主的最高层次是创新。在达到一定要求的基础上，能超越教师，超越课本，这就是自主。例如，有的阅读是教师叫学生读的，但不是学生自己要读的，这不是自主学习。同样的阅读，有的会读，有的不会读，这也不叫自主。有的读的时候抓住关键词语，不断提出问题，加深理解；有的读的时候是在照本宣科；有的是"小和尚念经，有口无心"。可见人与人之间是千差万别的。

2. 差异教学与自主学习互为基础

（1）自主学习需要以差异教学为理论指导

自主学习是与传统的接受学习相对应的一种现代化学习方式。以学生作为学习的主体，学生自己做主，不受别人支配，不受外界干扰。自主学习是通过阅读、听讲、研究、观察、实践等手段促进个体持续变化（知识与技能、方法与过程、情感和价值的改善和升华）的行为方式。教师应通过自主学习的开展，教学生学会求知、学会做人、学会交往、学会劳动、学会生存，使其具备与现代化社会需要相适应的学习、生活、交往、生产及促进自身发展的基本素质。在自主学习的学习方式中，学生能形成强烈的学习动机，增

---

* 孙建，江苏省扬州育才实验学校，教师，硕士。

加学习的兴趣,从而愿学和乐学;学生能掌握多样化的学习技能和方法,从而会学和善学。学生在自主学习中,真正成为学习的主人。而差异教学是指在班集体教学中尊重学生差异,满足学生个别的需要,以促进学生在原有基础上得到充分发展的教学。

(2)差异教学需要以自主学习为主要形式

差异教学可界定为:在班集体教学中立足学生的个性差异,满足学生个别学习的需要,以促进每个学生在原有基础上得到充分发展的教学。[1] 学生在准备水平、学习兴趣、性格、能力、认知风格等方面存在明显差异,每个学生都是不同的。所以,实行差异教学,首先要尊重学生差异的存在。学生的差异是一定存在的,教师在实行差异教学时,就要立足于学生的个性差异,以多种形式的教学内容、教学过程和教学成果来满足学生不同的需要、适应学生不同的学习风格或兴趣等,给每个学生提供适合他们自身的发展方式,促进他们最大限度的发展。也正因为学生存在着差异,教师在教学中,要尽量留给学生较多的自由支配的时间,让学生自由地选择他们愿学、乐学的内容和喜欢的学习方式,那样的差异教学才是学生愿意接受的,才能够形成学生愿学、乐学的积极状态。

(3)差异教学与自主学习具有相同的价值追求——学生的自主发展

自主学习和差异教学的理念本质上都是为了促进学生的学习和发展。差异教学和自主学习都是为了让学生能更好地学习,能够在自己适应、乐意的环境中进行学习,学习得更加轻松和快乐,进而提高自身的学习效率,使学生各方面的能力都能得到更大的发展。

我国经历的历次课程改革,所追求的目标和落脚点无一例外都是学生的发展。新课程改革以来,立足于时代背景,与时俱进,我们对于实践能力和创新精神的追求更加迫切。差异教学和自主学习是与新课改所追求理念相切合的,也是能有效促进学生自主发展的。

从我们的选择策略来看,在新课程改革的理念中,课程强调选择性,内容强调开发和改革,教育方法强调多样化,最终促进学生的发展实际上也是在这个基础上自主发展。

二、尊重差异,促进学生自主学习的有效策略

1. 满足学生自主学习的各种需要,增强自主学习的有效性

自主学习最本质的特征是:学生的学习自己做主,学生的学习过程是相对自由的,不受外界干扰。学生在一个乐学、愿学的积极状态下进行学习。而差异教学恰恰能够为学生提供这种可能。差异教学追求教学与每个学生最大限度的匹配,能够满足自主学习的不同需要,想必学生在自己适应的环境下进行自主学习,学生的自主学习才有可能有效和高效,从而增强学生学习的有效性。比如苏教版数学一年级下册《认识图形》的教学,是在上册学习了正方体、长方体、球等立体图形的基础上进一步学习对应的平面图形。由于学生有生活经验、学习准备、认知风格、学习兴趣等方面的不同,很难找到一个能够面对全体的统一的教学方式。而在差异教学中,却能很好地处理这个问题。

---

① 华国栋:《差异教学论》,教育科学出版社,2001年,第24页。

在设计《认识图形》这一课时,在认识图形的过程中,面对学生客观存在的差异,笔者采取了这样的教学方式:让愿意通过摸获得直观感受的就去摸,让愿意借助实物去画的就去画,让愿意去观察的走近去近距离观察,让愿意去讨论的和同学进行讨论。这样的教学方式,能够激发不同学生的学习兴趣,让学生拥有学习的自主权,满足了不同学生对自主学习的各种需求。

2. 尊重学生的差异,开发学生的差异资源

差异教学承认差异的存在,并且尊重差异,理解差异,但不是消极适应差异,而是对差异进行具体分析,促进差异往优势方向转化。差异在教学中不是包袱,而应当作资源开发利用。比如在教学苏教版数学二年级上册《厘米和米》这一单元的时候,在学生们初步学习了厘米和米之后,笔者要求学生们回家后量一量一些生活中物体的长度。次日,一名学生突然问笔者:"老师,您的腰围多少,我们能帮您量一量吗?"笔者回答:"可以啊,不过老师这里只有一把米尺,你们要想一想办法。"学生们很感兴趣,立刻就开始思考起来。

学生1:拿着米尺不动,请老师沿着米尺转一圈。

学生2:用绳子围着老师的腰一圈,量绳子的长度。

学生3:我的手一拃长是10厘米,只要数一数有几拃。

学生4:我只要把老师的皮带取下来,一量就知道了。

……

学生们围绕着笔者的腰,一个个认认真真地思考着,用他们充满个性、充满智慧,甚至充满创造性的方法测量出了笔者的腰围。正是由于学生之间存在差异,学生对于这一问题都有着自己不同的思考和解决办法。在此过程中,笔者没有局限学生的思维,没有评价哪种方法是最好的,而是强调不管使用什么方法,只要是自己想出来的、适合自己的就是最好的方法。这样立足于学生个性的差异,充分尊重和理解学生的差异,把差异作为资源,让学生在不断的探索和不同方法的交流、碰撞中,发散了思维,满足了学生不同的学习需求,激发了每个学生的学习潜能,扬长避短,最大限度地促进了每个学生的发展。[1]

总之,差异教学力求实现教学与每个学生最大程度的匹配,学生学习方式、途径的适应性得到了保障。同时,在差异教学中保障了学生的选择自主性和选择的反复性。只有学生对学习的内容、方式、策略有了自主选择权,并且在学习过程中,根据自身的学习状态,多次重新选择合适的学习活动,这样的自主学习才能真正被称为自主学习,学生的自主学习也才能在学习过程中不断得到优化。

① 王平:《浅谈学生差异性资源的有效利用》,《新课程研究》,2015 年第 9 期。

三个转变，打造活力数学课堂

彭国梅*

摘　要：高中数学课要以学生为中心，围绕学生的成长进行课堂教学。数学活力课堂的打造，需要从枯燥的课堂走向鲜活的实践，从教师的一言堂走向学生的各抒己见，从教师的数学教育走向学生的数学素养。

关键词：高中数学；课堂教学

数学课程应体现数学教育的基础性、普及性和发展性，要面向全体学生，适应学生个性发展的需要，使人人都能获得良好的数学教育，不同的人在数学上获得不同的发展。这就要求高中数学课以学生为中心，围绕学生的成长进行课堂教学，注重数学教学与学生成长阶段的特点相结合；构建以生活为基础、以学科知识为支撑的课程模块；强调课程实施的实践性和开放性。为此，笔者对中学数学课堂教学进行了一些思考和探索，致力于活力课堂的打造。

一、从枯燥的课堂走向鲜活的实践

理论往往是灰色的，尤其是数学课程内容与现实的生活经常存在脱节的问题，加上数学知识具有高度抽象性，学生极易产生恐惧心理与畏难情绪。刚开始教学的时候，笔者仅仅就教材讲教材，就知识讲知识，将教材中的定义、定理、公式进行推导与分析，但课堂的氛围往往是沉闷的，学生不但不会，就连起码的学习积极性都消失了，考试的成绩也是惨不忍睹。笔者及时与学生进行交流。"老师，不是我不想学，而是数学课太让我害怕了，无论我如何努力，我的数学成绩都太让我失望了！每当我想学习的时候，数学题直接让我有想睡觉的感觉，能不能让数学再可爱一点呢？""老师，我觉得对数学就是想说爱你不容易！""我觉得跟数学直接没有办法沟通！"

为了改变上述现状，笔者认真地对自己的课堂进行了反思。首先，数学教学从书本到书本，没有联系现实生活中的材料，让学生感觉学习数学与日常生活没有关联，学习数学就是一种既折磨大脑又折磨精神的沉重负担，数学也就成了一门没有吸引力的学科。其次，虽然对理论的内容进行了认真的解读，但没有建立在学生的生活经验及学生已有的数学知识基础上，因而学生的理解可能存在着较大的偏差，学习难度也加大了。基于这样的反思，笔者致力于将数学课堂变成学生爱听的课堂，想方设法将课堂变成学生能够听得懂而且乐于听的课堂。于是，笔者不断地收集与数学教材相关的素材，在学奇偶性时给学生讲了他们熟悉的生活中的美丽的图形；在学函数模型时，给学生列举了身边的数学，比如买房贷款的问题；在学习数列求和时，给学生介绍了高斯的故事；在学立体几何，研究空间中点、线、面的关系时，让学生们用书作为平面、用手中的笔作

---

*　彭国梅，女，江苏省扬州市邗江区公道中学，高级教师。

为线动手操作,用教室里的墙角、用门作为教学资源等,教会孩子们发现身边的数学素材;等等。在课余时间,笔者不断地看书和教学资料,学习别人是如何上好每一节课的,用心捕捉学生身边发生的每一件事情,将一些素材和事例记录下来做成卡片,标上可以适用的教材,以便在上课的时候可以随时找到相应的素材。

经过笔者的不懈努力,数学课堂不再枯燥无味、面目可憎,课堂上认真听讲的学生越来越多了,学生上数学课的热情也明显高起来了。但是这种积极性只有在笔者讲故事的时候才会出现,离开了故事,学生就会出现不认真听讲的状态,同样,考试的成绩也仅仅是一些学生有所提高,还没有很大的变化。所以,还必须让更多人都动起来。

二、从教师的一言堂走向学生的各抒己见

在知识增长比较缓慢的时代,教师讲,学生听,是我们的基本教学模式和基本学习方式。这样的教学方式方法在当时是合适的,所谓一朝学习,终生受用。但如今终生受用的知识越来越少了,生活中越来越需要不断地补充新知识,而这种补充来自于自我学习,特别是积极的探索性学习。激发学习的积极性,最重要的是把学习知识变成探索问题。因此,在学习中能不能学会寻找问题、发现问题、分析问题、解决问题,成为衡量学习成败的根本标准。学生是课堂的主体,课堂是学生成长的地方,只有发挥学生的主体作用,我们的课堂才会有生命力,课堂才能成为学生成长的摇篮。反思过去的做法,虽然是进行了一些课堂的改革,但是也仅仅是教师的一些改变,依然是以教师为中心,还没有把学生的主体作用发挥出来,学生只是在课堂上被动地听教师讲,并没有主动地参与、主动地思考、主动地探索,只是一味地接受、一味地记忆存储。事实上,高中学生在思想上已经逐渐走向独立与成熟,他们已经开始思考自己的人生,密切地关注着社会,也能够迅速地掌握新知识,敢于尝试。他们是活力无限的,有着极大的潜能。因此,数学课堂必须要适合学生的思想实际,激发学生的参与热情,吸引他们的眼球,抓住他们的心,当然还要注重数学思想与学生成长阶段相结合。于是,笔者开始了大胆的尝试,让学生主动收集他们感兴趣的、擅长的数学问题,让他们主动地采集,大胆地讨论,在争论中明辨是非,在讨论中确立正确的价值导向。在每一节数学课前,笔者都要求学生收集一个主要知识点或者关于一种数学思想方法的问题串,层层深入。在课前由学生自己选择或者毛遂自荐,要求其讲述自己分析题意、把握本质的过程,讲解自己遇到的问题是如何转化的、解题后的反思等。学生走上讲台进行学习成果发布的过程,既是数学思维、数学能力的锻炼,也是学生将理论知识与实践有机整合的过程,同时大大增强了学生的自信心,极大地调动了学生学习的积极性。这样的课堂有利于突出学生的主体,教师只是一位引导者,让学生感觉到数学学习并不是教师说教,而是他们自己经历的过程。如此,学生关注数学问题多起来了,同学之间的交流、探索也多起来了,并且学生们开始注重收集和整理了。

当然,数学学习要面向全体,要让每一个学生都不同程度地有所得,教师必须要因材施教,要调动所有学生的积极性。另外,对于学生优秀的表现、精彩的解题、全面的剖析要及时肯定,对于讲解中暴露的问题要进行及时的诊断。从教师的一枝独秀逐步走向学生的百花齐放,这样的课堂必将是满园春色关不住、硕果累累压满枝。

三、从教师的数学教育走向学生的数学素养

在传统教学中,学习知识是目的,通过问题帮助掌握知识是手段。在现代学习中,学习知识是手段,能够运用知识解决问题才是目的。教师要教会学生灵活地利用知识,准确地说,即学会利用现代信息平台和技术手段获取、掌握、运用知识。但是,当前教育的现状是中学数学课的教学更多考虑的是学生的考试成绩,考虑学生是否在数学考试中取得高分。很多人说"得数学者得天下",这就充分说明了数学对于高考的重要性。这也意味着数学课堂必定会不遗余力地强调分数,以考试的成绩来衡量一切。这也导致教师们的课堂教学还是习惯于轻车熟路,较普遍地沿用"讲解—接受"这一模式,重点放在对数学定义、定理、公式的传授,精力放在对数学例题、习题进行细之又细的分析,进行一次又一次的强调。"上课记题目,下课看题目,考试做题目,一考题全错"的现象也普遍地存在。于是,贴近生活不见了,数学学科的特色削弱了,学生成了解题的工具,数学能力全无,数学思维缺乏。当数学课只是追求分数,失去了生活时,也就失去了它的活力和生命力。

数学课程就是要让学生能结合在课堂学习和社会实践活动中获得的数学理论常识,运用理论联系实际的学习方法和数学的思维方法,理性地、慎重地做出最好的判断和选择,养成观察与分析问题的能力,培育健全人格,学会取舍,确立理想信念,为终身发展奠定基础。因为从学生未来成长的角度来思考数学课堂的教学,必然要考虑学生身心成长的需要,必然要考虑学生终身成长所需的核心素养的培养。因此,数学学科教学的最主要目标是培养学生的数学学科的核心素养,使学生具有较高的知识修养、较深的理解能力、独到的见解。而这对传统的学习方式,无疑是个巨大冲击。对于每一节课笔者都设定了这样的程序:知识、问题呈现—分组合作探究—大组交流发言—问题深入研讨—归纳整理。在知识呈现后,让学生带着问题去看书,教师可以根据教学内容进行适当的知识或文化背景的拓展,进行情感价值观的引导,让学生了解书本上的一些基本的理论和原理,包括以往学习的基本理论,再对问题进行分析,形成自己的观点;然后按小组展开讨论,加强学生之间的合作交流,使他们拥有善于发现的眼睛,让学生学会取长补短,学会吸收新思想,学会优化自己的解法,学会正确取舍。在小组讨论的基础上,形成本组的基本观点,然后让小组代表走上讲台,代表本组做总结性的发言,鼓励学生积极参与,大胆走上讲台说出自己的思考,训练学生的口头表达能力,增强学生的自信心,锻炼学生的综合能力。在不同的小组发言后,教师再做进一步的引导,指导学生对学习资源进行再整理,构建自己的知识系统,实现知识、能力的再增长,让学生从实践中发现问题、努力去解决问题,在经历成功、遭遇挫折、找到转机、达到目标的洗礼中形成更深入的思考,培养学生坚忍的意志、顽强的斗志、执着的精神,促进数学素养、数学能力的全面发展。

数学活动课"钟面上的数学"教学实践与思考

张晓林　匡莹萍*

　　摘　要：数学活动经验的积累过程是学生主动探索的过程,以探索为主线设计数学教学过程,开展数学活动教学的实践,进行教学评价反思,有助于提高数学教学的有效性。

　　关键词：数学教学；活动教学

　　初中数学(江苏科学技术出版社出版)教材中,大多数的章节均设计了"数学活动"教学内容,在末尾编排了一个"课题学习"。笔者主持了扬州市教育科学"十二五"规划课题"初中数学活动课的教学理论与实践研究",近日课题组匡老师开了一节"钟面上的数学"数学活动实践课。紧扣"数学活动经验的积累过程是学生主动探索的过程"的理念设计教学过程,对数学活动教学进行了课后反思与评价。

一、以探索为主线的教学活动设计

活动一　观察与思考

观察钟面,拨动指针,讨论说出钟面上与数学有关的知识。

设计意图：让学生初步认识钟面,为从感性向理性飞跃做好准备。

活动二　操作与探究

(1) 转动时针、分针到相应的时刻,小组合作探索并说出每一时刻时针和分针构成的度数。

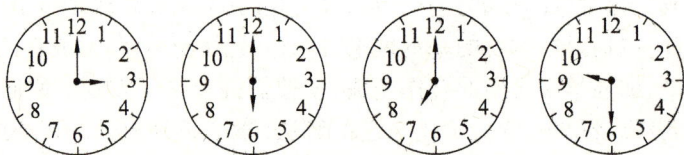

(2) 观察钟面上时针、分针的转动,思考并计算出时针和分针的转速。

(3) 小组合作解决问题：① 从 1:00 到 1:30,时针和分针分别转动了多少度? ② 从 3:52 到 4:08 时针和分针分别转动了多少度?

(4) 学生讨论,并通过解决的问题抽象概括出数量关系"转动角度 = 转速×时间"。

设计意图：通过具体问题情境,让学生在转动指针的过程中,探索蕴含的数学知识,进而解决简单问题,积累直接数学活动经验。

活动三　转化与建模

(1) 提出问题：在 3:00,时针和分针构成的角度是 90°,多长时间后分针

---

　　* 张晓林,扬州市田家炳实验中学,校长,中学高级教师；匡莹萍,女,扬州市田家炳实验中学,中学一级教师。

能首次追上时针呢？学生转动指针，观察分针追上时针重叠的过程，在同一个钟面上画出前后两个时刻时针、分针的位置，体会"追击"过程中的相等关系。

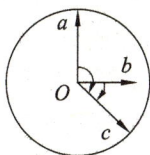

（2）提出问题：解决的问题与学过的什么数学问题类似？学生讨论，并类比得出钟面上的追击问题与行程问题中的相等关系一样"分针转动角度−时针转动角度＝初始夹角"。

（3）提出问题：能否根据找到的相等关系，列出方程求解？学生讨论，合作探究，设出未知数，列出方程解决问题。

设计意图：通过动手操作、小组讨论、合作探究理解钟面上指针重叠问题可类比行程问题中的追击问题解决，引导学生通过建立方程模型解决问题，积累间接数学活动经验。

活动四　拓展与运用

提出问题：在12点时，时针和分针重叠，多长时间后时针和分针再次重叠？一天之内时针和分钟可以重叠多少次？学生转动指针，动手画图，小组讨论，找出相等关系，列出方程解决问题。

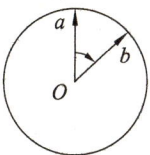

设计意图：使学生体验解决问题的过程，初步形成模型思想，提高学习数学的兴趣和应用意识，积累专门设计的数学活动经验。

二、数学活动课学生评价分析

问题1：你解决了数学活动中提出的哪些问题？

设计意图及分析：了解学生知识层面的目标达成情况，考查学生是否了解本节活动课的内容及其对此内容抽象概括的能力。学生回答情况可分为三种类型：

（1）学生认为自己解决了以下问题："时针、分针每分钟转多少度"，"观察分针、时针转动的角度"，"时针、分针的数学问题"，"在钟上能看出哪些数学问题"，"钟面问题"等。这样的答卷总计有8份，占全班的百分比为22.9%，反映了部分学生没有能够抓住或者不能够很好地提炼概括主要内容。

（2）学生回答以下问题："多长时间后时针与分针垂直或重合？""如何求出任意时刻时针与分针所成的角？""一天中时针与分针可以重叠多少次？"等。这样的答卷总计有13份，占比为37.1%，反映部分学生基本了解主要内容，但回答不够全面，不够精练。

（3）学生在答卷中研究"钟面上时针与分针的追击问题"和"钟面上的追击问题"，"用一元一次方程解决钟面上的追击问题"等。这样的答卷总计有 14 份，占比为 40%，反映部分学生了解主要内容，掌握解决该问题的数学思想且回答准确、精炼。

问题 2：在活动中，你能与同学合作吗？在与同学的交流中，你得到了那些启发？

设计意图及分析：了解学生参与活动课的"活跃度"的目标达成情况，考察师生、生生合作交流的程度。学生回答情况可分为两种类型：

（1）学生在答案中表示，"要勤于动脑筋"，"他们告诉我怎样更清楚理解题目"，"我明白了要动手去实践，善于观察和发现问题"等。这样的答卷共计 4 份，占比为 11.4%，反映只有很少一部分学校不能与老师、同学进行良好的互动，或者交流流于形式，没有或很少有启发。

（2）学生在答卷中表示，"通过讨论解决了时针与分针的重叠、垂直情况"，"交流的过程很有趣，从中更容易寻找出答案"，"数学也可以动手做"，"通过同学交流，能帮助自己排忧解难，个人离不开集体"，"团结力量大"，"学会了与人合作与分享"等。这样的答卷共有 31 份，占比为 88.6%，反映绝大部分学生能够与老师、同学进行良好的互动，从合作交流中得到问题解决的启发。

问题 3：在活动中，你遇到了什么困难？你和小组同学是如何克服的？

设计意图及分析：了解学生解决问题的"过程性"目标达成情况，考查学生合作的精神，以及克服困难，从意见不统一到基本统一想法的过程。学生回答情况可分为三种类型：

（1）学生在答卷中表示，基本没有困难，不必讨论或只需稍作讨论就解决了。这样的答卷共有 4 份，占比为 11.4%。

（2）学生在答卷中表示，有困难，通过小组讨论顺利地克服了困难，并且能形成统一意见。这样的答卷共有 29 份，占比为 82.9%。

（3）学生在答卷中表示，有困难，通过小组讨论也没能克服困难，没能形成统一意见。这样的答卷共有 2 份，占比为 5.7%。

问题 4：通过本次活动，你对生活与数学的联系、数学在解决实际问题中的作用有哪些新的体会？

设计意图及分析：了解培养学生应用数学意识的目标达成情况，考查学生把实际问题转化为数学问题，并通过数学建模解决问题的能力。学生回答情况可分为两种类型：

（1）不能理解用数学知识解决该问题的，有 1 人，占比为 2.8%。

（2）能够理解钟面上的数学问题，碰到困难能够想到用数学解决实际问题的，有 34 人，占比为 97.2%。

问题 5：本节课与平时的课堂教学有什么区别？你觉得这种教学活动方式对你的数学学习有什么样的影响？

设计意图及分析：了解学生对数学活动课的接受程度，考察数学活动课这种教学活动方式对学生数学学习的影响。学生回答情况可分为两种类型：

（1）认为数学活动课与平时课堂教学没有区别，对自身数学学习没有影响的，有 1

人,占比为2.8%。

（2）认为数学活动课比平时的课堂教学效果好,对自身的数学学习产生正面的、积极的影响的,有34人,占比为97.2%。

三、数学活动课教学实践思考

通过本节数学活动课的教学,在反思教学过程、分析学生评价的基础上,收获颇多,主要有以下几点:

1. 学生学习方式改变的思考

在本节课中,学生刚开始拨动钟面寻找与数学相关的知识,后来转动时针、分针发现时针、分针的转速,最后在钟面上观察分针追上时针重叠的过程并转化为"追击问题"。整个过程中,学生都是主动地动手探索,并通过小组合作,成功地将所体会的过程加以转化,从而达到了积累数学活动经验的目标。

2. 课堂教学形式改变的思考

传统追击问题的应用题的数学课堂,大多都是采用"教师示范分析数量关系＋学生模仿"的模式,而在这节课里面,体现了多种教学形式,学生动手在钟面上实验,小组交流讨论每次的实验心得,小组合作找出相等关系,在类比得出与追击问题和行程问题的相等关系之后由学生主动走上讲台讲解,师生合作交流,生生合作交流,每一次都是创新,使得数学课堂形式更加丰富。

3. 教学评价方式改变的思考

课程《标准》指出:"应全面评价学生在知识技能、数学思考、问题解决和情感态度等方面的表现","评价不仅要关注学生某一阶段的学习结果,更要关注学生在学习过程中的发展和变化","应采用多样化的评价方式"。在这节课中,体现了学生的活动过程,展现了学生思考问题的表现。在操作与探究过程中,需要抽象出数量关系"转动角度＝转速×时间",在转化与建模的过程中,需要抽象出数量关系"分针转动角度－时针转动角度＝初始夹角",这些环节里面,不同学生的抽象概括能力的差异就显现出来了,教师根据不同学生的实际情况,给予不同的指导,这有利于教师充分关注到每个学生的发展,为多样化地评价学生提供依据,提供过程性的资料,便于教师更加科学合理地评价学生。

有效应用示意图　开启数学思维之门

徐　军　谈　悦*

　　摘　要：示意图在数学教学中具有重要的功能。但示意图在解决问题过程中的应用价值还没有充分实现。画图意识与画图能力协调发展的策略有：变被动为主动，唤醒学生的画图意识；规范画图的基本元素，提高示意图表达题意的准确性；展现多样性，丰富示意图有效应用的内涵。

　　关键词：示意图；数学教学

　　长期以来，我们对诸如情境图、主题图等的研究较多，过于关注学生是否会看图、说图、分析图意，而忽视了学生画图能力的培养。调查研究发现，学生画示意图的意识和能力发展呈现出极大的不平衡性。一方面，由于教师对示意图非常重视，在课堂教学中不断地强化提醒学生画示意图，学生的画图意识得到了提升；另一方面，由于教师对示意图的有效应用指导不到位，学生不能在解决问题时主动地画出合适的示意图，示意图的应用价值还没有得到充分体现。那么，如何去有效地应用示意图，做到画图意识与画图能力协调发展呢？

一、变被动为主动，唤醒学生的画图意识

1. 调动激励机制，使学生乐于去画图

　　在一年级上册数学教材中有这样的一道题：从前往后数，第 5 只是鹿，从后往前数，第 8 只是鹿，一共有多少只小动物？问题提出之后，引发了学生的讨论。生 1："我知道，5 加 8 等于 13 只。"（其他学生纷纷表示赞同。）师："真的是 13 只吗？小朋友们再想一想？"生 2："我不同意，我是用画图的方法做的，答案不是 13。"师："你是怎样想的，能给大家看一下吗？"生上台展示，如图 1 所示。

图 1　生 2 所画的示意图

　　师："这里的黑圆圈表示什么？白圆圈又表示什么？"生 2："黑圆圈表示的是小鹿，白圆圈表示其他小动物，这样最后一数就知道一共有多少只了。"（多好的思路啊！）师：

---

　　* 徐军，扬州市江都区真武中心小学，一级教师；谈悦，扬州市江都区真武中心小学，一级教师。

"小朋友们,你们说他的方法好不好啊,要不要向他学习?"师:"我们就用他的画图方法来再做一遍好吗?"后面的教学中,又出现了一道类似的题:小朋友们在排队,小明的左边有6个人,右边有8个人,这一队一共有多少人?从学生的作业反馈来看,全班34个人,只有7人没有写出来,写出来的人中大部分都画出了示意图。

从上例可以看出,正是因为教师对这位同学的大加赞赏,引得其他人羡慕不已,从而让画图这一思想方法也在其他学生脑海里留下了深刻的印象,这才有了后面学生第二次遇见变式题时的优异表现。由此可见,对画图意识的适当引导是很有必要的,关键是要把握好时机,尤其是在学生数学学习的启蒙阶段更要注意这种意识的培养。

2. 强烈的感官刺激,让学生体会图形的魅力

五年级解决问题的策略教学中,有一道这样的例题:计算:$\frac{1}{2} + \frac{1}{4} + \frac{1}{8} + \frac{1}{16}$。笔者在教学中,首先让学生试着去独立完成,不出意料,学生都使用了通分的方法,而且都在抱怨通分太烦了。

接着,笔者再出示图2:

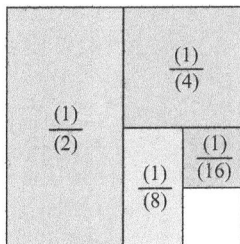

图2 笔者所画示意图

然后,笔者组织学生讨论算式与图形的联系,使学生明白:求这一行数的和其实就是求图中阴影部分的面积,所以,也可以用总面积去减空白部分,即:$1 - \frac{1}{16}$。生:"啊,这么神奇,方法太巧妙了!"师出示$\frac{1}{2} + \frac{1}{4} + \frac{1}{8} + \frac{1}{16}\cdots\cdots + \frac{1}{512}$并提问:"你还会用通分的方法去做吗?有更好的方法吗?"生:"不会啦,只要用$1 - \frac{1}{512}$就行了。"师:"那你们认为用画示意图的方法来理解这道题好不好?"生:"好!"

在这个案例中,笔者巧妙地利用数形结合的思想,让学生思维产生激烈冲突,一种新方法的出现,将很麻烦的问题迎刃而解,怎能不给学生留下深刻的印象呢?小学教学内容中有很多适合画示意图的典型题,我们只要在平时做个有心人,多收集一些,尤其是几何图形板块之外、能体现出数形结合的典型题,利用典型题的教学,就能起到以点带面、事半功倍的效果,大大提高教学的效率,同时也能培养学生主动画图的意识。

二、规范画图的基本元素,提高示意图表达题意的准确性

示意图是指在数学教学活动中为了达到某种教学目标或者解决某个数学问题而作的图,示意即表示意思,此为图示的最终目标,而图则是为实现目标而借助的一个载体,

示意图的特点就是简单明了,它突出重点,忽略很多次要的细节。在实践中,有的学生则认为画出来的图越简单越好,甚至忽略了题中的基本元素,这样反而没有对解决问题起到正面作用。因此,教师在教学中一定要引导学生画出规范的示意图。笔者曾对这样一道题进行过调查分析:用长200厘米、宽150厘米的红布做直角三角形的小红旗,小红旗的直角边分别是20厘米和12厘米,这块红布最多可以做多少面这样的小旗?

这是一道适合五六年级学生的题,有一定的难度,学生易错的地方有两个:一是用大的面积去除以小的面积,而不考虑实际情况;二是没有注意到是剪三角形的小旗,而忘记了去乘二,但只要学生画了示意图就可以有效地避免以上两个错误。从调查中笔者发现,大部分学生在解这一道题时都用到了画图法,但是正确率却不高,为什么呢?示意图不规范是正确率低下的主要原因之一,我们不妨对部分不规范的图进行简单分析。

一个学生只知道在长方形中作直角三角形,不考虑两种数据之间的关系,这个示意图不仅无效,还严重干扰了学生的思维,如图3所示。

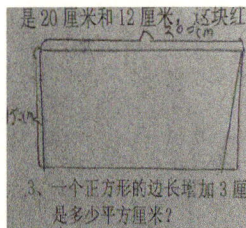

图3 一个学生所画的示意图　　　图4 3个学生所画的示意图

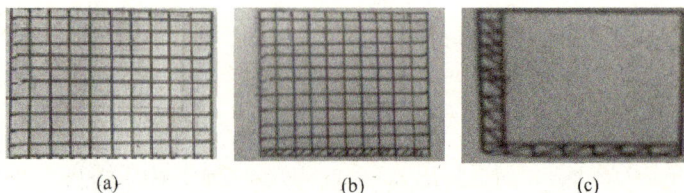

从图4中的3个示意图中可见,学生有画示意图的意识,但还不会简单明了地画示意图。瞧,这些的示意图过于烦琐,操作浪费时间,长此以往,也会让学生产生讨厌画图的情绪。

图5是唯一的一幅线段示意图,非常清晰地标出长200厘米里有几个20厘米,宽150厘米里有几个12厘米,以及多余的6厘米。但在解答时最后少了120乘2,看似偶然,其实是必然,因为线段示意图只能反映出数据之间的倍数关系,并不能形象地表示出能剪多少个三角形,所以这道题根本就不适合画线段图。

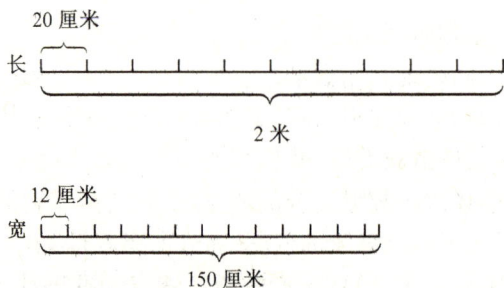

图5 线段图

调查显示,有71.9%的学生画示意图,但解题的正确率只是47.6%,可见学生所画的示意图有效率并不高,这就要求教师在教学中必须指导学生画规范的示意图,这样才能真正地体现示意图的有效性。示意图的规范并不是指某一道题必须大家用一样的示意图,而是指对所画示意图的基本元素的规范,比如:大小比例关系、位置关系、标出主要数据等。只有在学生画示意图时,教师进行正确的引导,才能帮助学生更准确地理解题意,有效地去解决问题。

三、展现多样性,丰富示意图有效应用的内涵

1. 形式的多样化

不久前,笔者与一位年龄稍大的同事聊天时,提到关于示意图的研究,他的第一反应是:噢,原来是线段图啊。后来我们就在反思,连教师们提到示意图,都直接等同于线段图,那在他们的课堂中,还会给学生展示出形式多样的示意图吗? 还会接受学生画出来的形形色色的示意图吗? 答案不言自明。因此,首先应该更新部分教师的陈旧观念,使他们认识到示意图是根据问题的需要而绘制出来的,是题意的一种直观表达,它的形式具有多样性,有线段图、直条型、字母型、数字型、表格型等。还要鼓励教师在日常教学中,结合不同的课例,向学生展现不同形式的示意图,使学生了解示意图的多样化。

2. 画法的多样化

同样一个问题,因学生对题意理解程度上的不同、各人喜好的不同而呈现出多样性。比如高年级这道题:小明把720毫升果汁倒入6个小杯和1个大杯,正好都倒满。已知大杯的容量是小杯的3倍,小杯和大杯的容量各是多少毫升? 在分析题目时,有的学生用表格示意图,有的学生画出了线段示意图,有的学生用图形示意图表示,而且我们发现随着学生能力的提高,画出的示意图形式更加多样,在教学中,我们都应该给予肯定及鼓励。

3. 用法的多样化

一道题可以画出不同的图,其实一幅图也可以为多道题所用,在一年级的教学中,笔者经常引导学生画出这样的示意图:1、2、3、4、5、6、7、8、9、10。这其实是一个数字示意图,它可以帮助我们解决很多道题目:7的前面有几个数? 后面有几个数? 与4相邻的是哪两个数? 这些数里单数有几个? 双数有几个? 在10和1这两个数中,6更接近谁? 有了这个示意图,我们解决以上的问题是不是轻松多了? 所以在今后的研究中,我们可以做一些典型题的收集、甄别的工作,注意示意图用法的多样化。

4. 应用的多样化

多样化不能仅仅体现在一道题或者一个示意图上,我们的着眼点要大一点,在示意图的应用范围上呈现出多样性。也就是说示意图的应用不能只是局限在几何图形这一板块上,应拓展到如"数与代数""统计与概率""综合与实践"等板块的应用研究中,多搜集一些几何图形外的典型题,尤其是能体现数形结合思想的题,对学生加以引导,这样才能让示意图的价值得到充分发挥。

著名数学家华罗庚曾说过:"数缺形时少直观,形缺数时难入微。"可见数形结合思想贯穿在数学学习过程的始终,是学好数学的关键,而有效应用示意图解决问题则是关键之关键。有效地应用示意图,能帮助学生顺利地打开数学思维的大门,走进神奇的数学王国。

初中英语课堂教学交际策略的探讨

袁复恩*

摘　要：初中英语课堂教学交际活动有待改善。其教学策略主要有：输入策略、话题策略、情景策略、意义策略、准确性策略、零纠错策略及表达策略。

关键词：课堂教学；交际活动；教学策略

　　课堂应该是师生共同创造、共同分享的课堂，课堂活动就是师生相互依存、相互作用的交际活动。然而，初中英语课堂教学交际活动效率低下，教学策略的研究有助于改善课堂教学交际环境、丰富活动内容、优化活动过程、不断提高交际活动的实效性。

一、英语课堂交际活动问题

　　长期以来，初中英语课堂教学交际活动的低效性问题十分突出，归结起来，有如下几条：（1）课前5分钟开展的"值日报告"（duty report）、"自由谈话"（free talk）等口语活动形同虚设；（2）"师问生答"、齐声朗读的活动多，而师生、生生互动过少；（3）"角色表演"（role-play）或小组活动（group work）多为照本宣读或照本宣科，"伪交际"现象十分突出；（4）教师的干预性（interfering）评价，使语言交流的自然性、流畅性等受到干扰或破坏；（5）多数教师多年坚持语法讲解，导致口语教学趋于"边缘化"。上述问题，由来已久，根深蒂固，是造成"哑巴英语"的现实表现形式。为此，有必要挖掘一些有益经验，改善初中英语课堂教学现状，提供有可操作的改进建议。

二、英语交际策略及其实施

1. 输入策略

　　"输入"涉及内容与方法的问题。就内容来讲，首先，要明确教材是最重要的资源之一。教师要积极深入挖掘教材资源，精心研究教材，熟悉教材，把握教材脉络，只有这样，才会游刃有余。另外，网络资源的作用不容忽视，要求教师不断开发网络优质资源，科学合理有效地使用多媒体，丰富课堂教学生活，促进学生全面发展。关于方式方法问题，要明确三点。其一，积极营造学英语用英语的课堂气氛。其二，注意输入的"可理解性"和"可接受性"，让学生有一种"跳一跳，就能够得着"的感觉。其三，教师的语言输入方式要适宜、得体，要有亲和力。众所周知，在第一语言习得的过程中，家长、保姆，尤其是母亲在孩子语言发展中做出了基础性贡献，国外称之为"baby-talk"或"caretaker talk"。

2. 话题策略

　　话题策略，要求以话题为基础（topic-based），激活、拓宽交际渠道，不断培养学生的

---

　　* 袁复恩，青海省海东市乐都区教育局，教研室主任，特级教师。

语言表达能力。教师选择话题时,应注意三个方面的问题。一是突出话题与学生生活的适切性、联结度。话题与生活关联度越强,越有利于激发学生的活动兴趣,越有利于发展学生的语言表达能力。现实生活中,一方若发现对方对所谈的事毫无兴趣,他就会自觉转换话题。课堂教学也是如此。二是话题不宜过大或过于正式。如,environment protection, pollution, anti-corruption 等话题对初中生来说,就显得大了些,也过于正式。假若就一个刚刚看过的电视节目、一条新闻、天气情况、公交车迟到的事实、上学迟到的原因等话题组织学生展开讨论,学生便会很感兴趣。教师让学生充分表述一个话题,就必须给学生充分的话题思考时间,要经历一段沉默期,不要随意掐断或转换话题,要耐心听取学生的各种表达,耐心等待,这样便会有精彩的生成和意外的收获。三是话题的转换可以是偶发的、自然的、开放的,不应该提早设计。试举一例,当大货车在窗边驶过所发出的轰隆声不堪入耳时,要求学生就 noise pollution 进行讨论,其效果要好于教师在教案中早已安排好的话题讨论。

3. 情景策略

积极创设情景是英语教学的一条不可或缺的基本原则。学习者可以在创设的情景中得到历练、提升。如,在圣诞节、元旦来临之际,要求学生进行节日活动策划,采用小组合作、竞争的方式,择优选用精彩作品,以便在学校层面上展示。教师必须珍视每次集体活动的机会,搜集每天发生的动人故事,激发每个学习者的兴趣之源。我们强调要加大语境下的词汇选择性输入,强化词块输入。要保证情景使用的效果,力避"只提供情景,不补充词汇"或"只提供词汇,不创设情景"的两个极端现象。

语境决定词汇,词汇丰富语境,这就要求教师设计交际活动前,要充分设计好语境,并做好相关词汇的准备。如,组织"到食堂用餐"交际活动,就得给学生提供食品、水果和饮料等方面的词汇,做到词汇、语境一体化。谈到"地震"的话题或谈自己对地震的感受时,教师提供的词汇除 earthquake 外,还要提供 strike, shake, shock, tremor, hit, rock, damage, destroy, shatter, flatten 等相关动词;若需要,还可提供 earthquake relief(赈灾),post-disaster reconstruction(灾后重建),quake victims(遇难者),relief work(救援工作),medical team(医疗队),international contributions(国际援助),rescue team(救援小组),relief goods(救援物资)等。此种方式旨在尽力满足学生的交际需要。

4. 意义策略

交流是语言实践的目的,也是语言学习的手段。只有通过有意义的交流才能学会一种语言。保证有意义的交流就要通过实践活动来保证。先看一组对话(T:Do you like English? /S:Yes. /T:Why? /S:Because interesting.)。此例中的"Because interesting."从书面语的角度讲,存在一定的语法错误。但若从口语的角度讲,没有什么问题。也就是说交流没有出现问题。有时,我们还听到学生用"interesting"来回答,交际也没有问题。这就是意义为先的显著表征。

学生因词汇量少而不敢言表固然是事实,但教师可以允许学生讲英语时夹杂汉语。陈琳教授为各位教育同仁提供了如下经典范例(A:Yesterday my father took me to see a 京剧. It was wonderful. /B:Oh, what is it? /A:It was 霸王别姬. I liked it very much.)。从上例可以看出,中国人讲英语,不是不会讲,而是不知道怎么讲。只要沟通时表达得体,不受惧怕、焦虑等情绪的影响,即使夹杂一点汉语,也是可以接受的。可见,语言的"可接受性"在交流过程中的作用应引起我们足够的重视。

在意义为先的理念下,我们还可尝试很多有益于学生语言发展的新途径。如讲故事,讲故事教学的最大优点就是便于开展开放式的听说训练。学生在听故事时都有自己的理解和感受,每个学生对故事的情感体验也各不相同。让学生预测故事的情节发展,发挥想象力续编故事、改编故事,点评故事中的人物或事件,以及让学生小组合作对故事的某一部分进行互补式阅读(Jigsaw Reading)等活动都是值得尝试的教学活动。

5. 准确策略

在英语表达方面,我们时常关注两个问题,即准确性(accuracy)和流利性(fluency),孰重孰轻,争论不一。实际上,准确性比流利性更为重要。有专家认为,如果学生说出来的语言非常流利,但发音不准,令听者不知所云,等于白说,无任何交际意义。因此在教学中尤其是小学、初中阶段,教师要十分注意学生的语音,要求发音准确,切实发挥"重复"(repetition)在教学中的作用,当学生有交流困难时,教师应通过重复的方式予以强化,确保交流顺利进行。

6. 零纠错策略

不难发现,当学生回答问题时出现语音或部分可能性语法错误时,教师就会予以干预(interfering),不时打断学生,导致交际"失联""脱节"。在交流实践中,只要能够达意,不引起误解或闹出笑话,出现一些语音、语法或用词错误,是允许的,也是不可避免的。在口语课上,教师应尽量鼓励学生开口讲,有错误时不必当时打断、要求重说改正。按照母语习得的规律,在逐渐掌握语言能力之初,语言是不可能完全正确的,只有在不断的语言实践中,才能逐渐做到准确。这就是说,学生在进行语言交流时,教师应采取零纠错策略。值得一提的是,教师要积极使用交际通行法则,不断使用重复(repetition)、委婉询问(polite request)、澄清(clarification)、等待(waiting)等方式,确保交流的畅通。试举一例,当一个学生表述一件事情、表达一种思想或提出一条建议、意见时,教师首先要有一种"积极的倾听"(active listening)意识,其次要引导学生在相互交流的过程中保持一种相互赏识、相互肯定的心理,并予以积极的"承接"或回应,Lewis给我们提供了如下范例: Really? /That's interesting. /Were you? / Did you? / Has she? 本范例中,有肯定,有重复,更有澄清和等待,这就是我们期待的有效的交际。

7. 表达策略

语言知识不能代表交际能力。知识有限,但交际能力无限。能用学过的英语做一件事情或表示一个意见就是交际。教师的工作就在于给所有学生提供交际的机会,使语言表达成为他们学习生活的一种新常态。

在表达方面,我们力求在促进表达、分层表达和完整表达等方面有所尝试。首先,坚持"量体裁衣"的教学原则,针对不同层次的学生,采取不同形式的提问方式(different questioning),对学困生则多用封闭式提问(closed questions)或展式性提问(display questions);对学优生则采用开放式提问(open questions)或参考式问题(referential questions)。其次,针对阅读课,教师宜采取分段叙述(paragraph retelling)与整体叙述(story retelling)相结合的方式进行处理,如,初二第五单元 *Reading* 部分,

《当代教育评论》（第 6 辑）
征稿启事

组编单位：

扬州大学基础教育研究所　山东师范大学教师教育学院

主　　编：

潘洪建　徐继存

出版发行：

江苏大学出版社

主要栏目：

热点冰点（论文每篇 6000 字左右；笔谈每篇 3500 字左右）

理论纵横（学术性强、观点新颖的文章，每篇 6000 字左右）

专题研究（专题性文章或课题研究成果，每篇 4500 字左右）

学校领导（中小学管理、课程教学改革，每篇 3500 字左右）

课程教学（中小学各科课程与教学论文，每篇 3500 字左右）

来稿要求：

1. 关注现实，短小精悍。

2. 观点明确，富有新意。

3. 言之成理，持之有据，表达流畅（初稿务必打印、修改、校对，电子版投稿）。

4. 除笔谈文章外，每篇应有"内容摘要"与"关键词"。内容摘要应为文章主要观点之提炼，字数 200 字左右；关键词 3~5 个。

注释体例：

来稿（笔谈除外）需直接引用文献 5 个左右。文献出处可同时采用脚注格式。引用要具体、明确、准确。期刊引用必须标明著者、文章名、刊物名称、出版年、期，图书引用必须标明著者、译者、著作名称、出版社、出版年、页码。引文基本格式如下：

著　　作：周振甫：《周易译注》，中华书局，1991 年，第 86 页。

期刊论文：何龄修：《读顾诚南明史》，《历史研究》，1998 年第 3 期。

学位论文：石绍宾：《城乡基础教育均等化供给研究》，山东大学博士学位论文，2007 年，第 17 页。

报　　纸：谢希德：《创造学习的新思路》，《人民日报》，1998 年 12 月 25 日。

投稿邮箱：ddjypl@163.com，来稿务必注明作者姓名、性别、单位名称、职称、职务、电子邮箱、手机号码、单位地址、邮政编码等信息。

热忱欢迎广大高校教师、中小学教师与校长、在读研究生投稿。

征稿截止时间：2017 年 6 月 10 日。

《当代教育评论》编辑部

2016 年 11 月 25 日

课题是 *The Storm Brought People Closer Together*，针对暴风雨来临前、来临时及来临后，先是要求学生进行分段叙述，教师及时整理重点词汇或词块，板书到黑板上，在分段叙述的基础上，再进行整体叙述，取得了很好的教学效果。最后，积极组织小组讨论，要求学生就讨论情况进行记录，突出说写结合，克服了"说能说得出，写却写不上"的状况。

英语角色扮演教学的问题与对策

——来自杜威学校的启示

杨　辉*

摘　要：角色扮演教学法在英语教学中具有重要意义，然而也存在一些问题。优化角色扮演教学法的对策有：学生掌握角色扮演的主动权，教师充当协助者；给学生充分的准备时间，补充英语词汇量和表达方式；学校尽可能提供实验室给学生体验各种生活的机会，或者教师确定的主题尽可能联系学校生活；教师注重角色升华，关注同一主题的再创作。

关键词：英语；角色扮演教学法；杜威学校

角色扮演教学法是指在教师设定的某种情境下，学生扮演预定的角色来模拟、重现相应的情境，从而充分了解角色的行为特点的教学法。在角色扮演的过程中，学生能够感受到社会上不同角色的生活，增加各种生活体验，习得适应社会的各种情操，为将来进入社会生活做准备。但是由于中国英语教学环境、条件、学生人数等多方面的影响，角色教学法存在不少问题。

一、英语角色扮演教学法在实施中存在的问题

首先，学生缺乏角色扮演的主动权。英语教材一个单元各个部分多以对话的形式呈现，在教学过程中，教师会根据课文中的对话，要求学生小组合作，学生讨论并选择自己所要扮演的角色，这些角色已经固定好，部分学生根本不了解角色的特点、行为习惯和语言风格。学生以小组的形式在讲台上不像是角色扮演，而更像一组组重复的"朗诵"，相同角色的台词几乎是一模一样，语言表达没有感情色彩，角色之间没有较多的互动与交流。这样的英语角色扮演教学法不仅不能发挥学生的主动性，更不能激发学生学习英语和进行口语表达的兴趣。

其次，学生英语词汇缺乏，不能自由诠释角色。也有教师在角色扮演的过程中尝试着让学生用自己的语言诠释角色，而不是通过课本对话禁锢学生的思想，然而学生并不能像老师预想的那样流利自如地进行角色扮演。由于学生词汇量相对缺乏，并不能自如地表达自己、诠释角色，经常导致在角色扮演的过程中出现冷场的局面。教师迫于无奈，为了保证教学的正常进行，不得不为学生提供对话进行参考，最终致使学生练习口语、角色创造的机会越来越少。

最后，角色扮演的情境或主题脱离学生生活体验。由于学生大部分时间都待在学校，过着"两点一线"的生活，加上一些父母对孩子过分溺爱，事事替孩子分担，以致学生在社会上亲自接触、体验各种角色的机会很少，学生不了解所扮演的角色平时都需要做什么事、说什么话，自然不知道该怎么去表现角色，不知道该用什么语言和周围的人

---

* 杨辉，女，扬州大学教育科学学院，硕士研究生。

交流,甚至在表演的时候出现冷场的情况。

二、优化英语角色扮演教学法的对策

1. 学生掌握角色扮演的主动权,教师充当协助者

在传统的教育教学过程中,教师是主导者,学生没有选择学习内容的权利,只能被动地接受知识,不管知识是否与学生已有的经验相关。这样的师生角色不适合角色扮演教学法的实施。首先,教师不用安排学生具体的角色及工作,只需要及时暗示,给他们帮助即可。在杜威学校,脱了粒的小麦或磨出的面粉的分配就以戏剧表演的方式展开,儿童根据自己的生活体验,有的扮演农民,有的扮演磨坊工人。在儿童的认知里,农民需要把小麦运到磨坊,磨坊工人把小麦磨成面粉,农民只需要给磨坊工人酬劳,就可以把面粉运回家做面包。在整个过程中,演出的舞台、农场和磨坊用大木块建成,还需要运货车运面粉。然而儿童的生活体验毕竟是有限的,他们不太清楚时代变了,现在农民附近没有小磨坊可以用来磨粉,必须把麦子运到很远的大面粉厂,面粉厂里会磨许多农场的小麦,当农民需要面粉时,到附近镇上的食品厂购买就可以了。这时教师就需要帮助学生理解近代运输怎样把小麦从农场运到面粉厂,面粉厂把面粉从厂里分送到各地,需要一些时间。学生在教师的说明后自然知道在整个过程中需要安排的角色也不仅仅是农民和磨坊工人,还需要铁路工人、各地城镇的食品商等。其次,为了使表演成功,需要做许多准备,比如农场的设备,教师还需要帮助儿童理解怎样制作和使用设备。最后,儿童能够通过生活体验和想象准备各幕的表演,但是对于儿童在表演中所需要的相当复杂的各幕的逻辑安排,教师必须予以帮助。在杜威学校,教师在制订表演计划时,给每个儿童一大张纸和一支铅笔,让他们绘制出简图,代表先前考虑好的想法,做出剧中事件的图解,其中圆圈代表城镇,方块代表农场,线代表铁路。在杜威学校,教师也绝不会去评价学生戏剧表演的好坏,从不强调儿童的表演技巧,关注的是孩子们的表演兴趣。不同的戏剧表演都代表着学生的观念、生活体验,没有所谓的对错之分,只要符合孩子们心中的目的,孩子们在表演中得到了满足,就达到了戏剧表演的目的。总之,教师的作用始终在于帮助儿童,通过指导和预见,排除情境中过分困难的因素(如寻找材料和太细致的准备工作等)①,以避免表现中的"障碍"和在"放慢"的过程中所造成的兴趣的减弱及努力的浪费。

我国英语角色扮演教学法在实施中应该借鉴这样的师生关系,让儿童成为角色扮演的主导者,而教师在儿童需要帮助时及时提供帮助,充当协助者。在这种自由的角色扮演过程中孩子们的认知不断扩展,既能让每一个儿童的生活经验不断得到新的刺激和强化,又能满足孩子们的表现欲。英语教材每个单元都是由一定的主题组成的,同一个主题需要一到两周的时间进行学习,学生可以利用这一周的时间查阅资料,亲身体验,与同学讨论决定布置怎样的场景、安排哪些角色、说什么样的台词、用什么道具来代表交通工具,孩子们还可以多方面考虑服装设计、服装设计、表演姿势等,尤其是儿童亲自动手画出表演时所用的舞台布景,无疑能提升孩子的审美素养。例如牛津译林版英语 7A Unit 5 *Let's Celebrate*! 这个单元以各种节目的庆祝为主题,*Reading* 部分主要介绍

---

① 梅休,等:《杜威学校》,王承绪,赵祥麟,等译,教育科学出版社,2007 年,第 76 页。

了西方万圣节,在万圣节那一天孩子们会将自己装扮成各种形象,如鬼、国王等,并且戴上面具,自己亲手制作南瓜灯,孩子们还会和邻居们玩"不给糖就捣乱"的游戏。针对这样的单元,为了让学生了解不同的节日,教师可以让学生以小组为单位选择一个节日进行表演,自己设定相应的角色和台词,设计自己的形象,思考用什么样的话语才能让邻居甘愿给糖,该怎样去布置教室等,教师只需要在学生需要帮助时提供帮助。

2. 给学生充分的准备时间,补充英语词汇量和表达方式

造成学生上台无话可说的原因大部分是教师上课安排的角色扮演都是临时性的,学生只有较短的准备时间,来不及了解角色扮演的相应背景,更没有时间去亲身体验,学生站在讲台上不知道说什么,对角色扮演产生了恐惧感,久而久之,学生便不太擅长在讲台上发言。在杜威学校,一年才会安排一个主题的研究,比如头三年,儿童的兴趣在于人,包括人们的活动和生活的产物,所以在头三年杜威学校主要安排家务作业,谈论家庭生活的经验,戏剧表演也是围绕儿童能够接触到的生活场景,比如:邮递员送邮件、母亲为家庭准备寒衣、准备午餐等,即使是儿童所熟知的生活场景、事件,教师都以学生亲身观察、体验为基础让学生安排戏剧表演。随着年龄的增长,学生的思维能力和想象力得到提高,杜威学校在第四年集中研究古代文明和社会生活通过发现和发明而得来的逐步发展。他们丢下眼前食、衣、住、行等生活方面的安逸,以及设施的方便,想象并探索有关原始人如何取火、如何狩猎、如何耕种、如何制作石器、如何制作帐篷和露营、如何合作等生活故事,表演青铜时代的社会组织等历史场景。① 第五年,对世界各大洲若干大规模的移民和探险活动展开研究,古代文明、发现和发明及移民和探险生活也不是学生平时能大范围接触到的生活体验,但是教师会给学生足够的时间展开调查研究,了解古代文明的发展过程,学生可以通过查资料,阅读有关早期移民区的记载。像殖民地和革命这样的主题,学校会给学生一年的时间学习讨论,把有疑难和分歧的事情发展成为特定的问题,学生必须依靠自己的能力去查找资料,依靠自己的判断把资料应用到问题解决上来。

杜威学校给予学生充分的时间去了解并探索主题。尽管我国教育不可能复制杜威学校的教学,也不能给予那么长的时间让学生自己探索一个主题,但是我们可以学习借鉴杜威学校的教学理念和精髓。因为英语是语言学科,注重在生活场景中的使用,所以一般会以主题的方式进行教学,一个单元涉及的主题都是一致的,一个单元的课程需要一到两周的时间去教学,那么就可以给学生一周时间去搜集材料,切身体会主题情境,并且准备角色扮演所需要的道具,布置相应的场景,特别是角色所需要表达的语言,在课后时间做好充分准备,保证角色扮演时能够进行流利的交流。例如在牛津译林版英语 7A Unit 2 *Let's Play Sports*! 中,学生可以通过查阅资料了解不同的运动怎么表达,如:basketball,football,volleyball,tennis,swimming,running 等,每种运动都有哪些运动明星,怎样去问别人最喜欢的运动或运动明星,如:What do you do in your free time? Do you often play football? Who is your favorite football player? 等。学生更需要了解如何表达喜欢某种运动,如:like,enjoy,love,be good at 等。学生在查阅的过程中需要了解他

---

① 肖晓玛:《杜威学校艺术教育特色探略》,《美育学刊》,2013 年第 9 期。

所需要表达的尽可能多的词汇,以便角色扮演的时候能够自如地表达自己,不让词汇成为角色扮演的障碍。

3. 学校应尽可能提供学生体验生活的机会,主题应尽可能联系学校生活

我国采用班级授课制,学生在学校过着教室、食堂、宿舍三点一线的生活,学校考虑到安全问题也不建议带学生去校外体验生活,家长出于关爱处处替孩子解决好所有问题,以至于孩子不管在学校还是家庭中都无法亲身体验各种角色。然而,杜威学校设置了各种实验室,比如工场、缝纫间、纺织和美术工作室等,孩子们能够在实验室里实践自己的想法。杜威学校里,学生如果想对谷类食物如玉米和燕麦进行研究,就可以去纺织工作室做一些谷物袋或者在纺机上织地毯,另外一些学生还可以到工场,要求帮他们制作运货车、家具设备等。关于农民生活的研究,学生可以去农场研究动物,通过观察了解到母牛大部分的时间都是花在吃草上,并且吃得很快,从不咀嚼,这时候教师便可以给学生说明,草营养很少,母牛必须吃很多草,但是它们进入草原时经常有被食肉动物捕食的危险,因此不得不很快地吃草,于是母牛把吃到的草滚成球,留在第一个胃里,在休息时喉头肌肉再把草球带回嘴里进行第二次咀嚼,然后咽到第二个胃里。学生通过细致的观察是可以察觉到母牛吃草很快,并且没有咀嚼这一现象的,在教师解释之后,学生也更能理解为什么有些母牛没有在吃草嘴巴却不停地在咀嚼。学生有了亲身的观察体验就能自觉将教师讲的知识内化为自己的认识。

英语角色扮演教学法的实施过程中,教师主题的确定可以首先从学生身边可以接触到的生活体验着手,比如图书馆借书、小卖部购物、食堂就餐等。英语教材的主题本身就比较贴合学生的实际生活,这又降低了主题确定的难度,但是教师却很少组织学生融入其中去感受。例如牛津译林版英语教材 7A 一共 8 个单元,分别是 *This Is Me*,*Let's Play Sports*,*Welcome to Our School*,*My Day*,*Let's Celebrate*,*Food and Lifestyle*,*Shopping*,*Fashion*。就购物而言,学生去小卖部买东西是最常见的现象,可是却很少有同学有机会感受小卖部收银员、老板的角色,不知道他们在平时生活中都需要面对什么事情,最常说的话是什么。教师可以联合小卖部让学生进行角色体验,分批安排学生在小卖部打工,分担收银、打扫卫生等工作,让学生对买东西和卖东西这样的场景有一些了解,并根据自己的了解去准备道具、台词等,那么学生的角色扮演就不会单调枯燥或出现冷场的局面了。为了角色扮演主题的多样性,学校可以像杜威学校那样安排一些实验室,数量可以从少到多,一点点实践,比如说先安排一个烹饪实验室,当学习 *Food and Lifestyle* 单元的时候,让学生能够在实验室里自己动手做一些自己喜欢的事物,感受一下原材料的清洗、切块、翻炒的过程,下次角色扮演学生就知道如何去扮演母亲或者厨师,知道该用怎样的行为表现他们的辛苦,同时能增强学生的动手能力。英语是一门语言学科,学英语最主要的目的还是用语言交流,英语教学关注学生对周围事物的观察,培养学生关心动物、热爱生活的积极的价值观,所以学生与农场(或者动物园)、社区保持合作是必要的,学生可以去农村观察动物,去社区感受不一样的邻居、职业,在英语教材里都有像 wild animals,neighbors 这样的主题。

4. 注重角色升华,关注同一主题的再创作

我国大部分的角色扮演都是学生在教师的指导下,模仿教师提前准备好的对话模

式,学生准备的时间有限,经常匆匆忙忙上台进行角色扮演,并没有多少个人的思想、创作。然而,学生在课后进行回顾、反思时便会发现自己的不足,总结当时角色扮演时该用怎样的行为表现角色特点,用什么语言恰当,但是学生没有机会去弥补,因为同一主题的角色扮演只有一次。在杜威学校,戏剧表演会安排两次,每一个作业常常从戏剧表演开始,以戏剧表演结束。比如杜威学校中"为家庭服务的社会性作业"的主题,这个主题涉及很多具体的社会性服务,例如各种食物必需品、与食物相关的动植物、职业等。这个班级是以"磨坊工人"的努力开始的,在初次的戏剧表演中,学生只是通过简单的道具、角色分配来表演,在准备期间,各幕之间的逻辑安排、表演计划的制订、图解的设计都是在教师的帮助下完成的。而到学期结束,戏剧"棉花"整体上要比"磨坊工人"更复杂,学生在了解棉花生产、批发、零售的全过程之后,指定角色,明确提出整个过程的各个步骤,把剧中提到的地方列成表,并将相应的角色写在相应地方的上方。学生通过第一次戏剧表演了解到排练的需要,在排练过程中很快了解扮演的角色,能够按照正确的顺序演出每个步骤。两次同一主题的不同戏剧表演,表明了学生想象能力和实践能力的增强。

　　借鉴杜威学校的经验,我们要相信学生的想象能力和实践能力,学生在角色再创造时一定可以更全面、细腻地表现角色特点。在我国英语教学中不可能花那么多时间让学生在课堂上探索农作物的生产、批发、零售的各个环节,但是教师可以把这些作为课后及家庭作业,让学生自行讨论,并且在一周或两周后进行同一主题的角色再扮演,那么学生就可以利用课后及吃饭等时间一起讨论这个主题,以便角色更丰满,剧情更丰富。这样的讨论是有趣的,学生在一起商量探讨,也能增强学生之间的合作。

实用 有效 生活化

——来自英国数学教学的启示

田宗祥*

摘　要：英国小学数学教学特点鲜明，对我国教学具有下述启示：关心每一位学生的发展；注重过程和能力的培养；建立平等的师生关系；注重实际应用的教学思想。

关键词：数学教学；英国教育

最近，笔者有幸参加了江苏省小学数学教师赴英培训活动，在为期三周的学习中，笔者对英国数学教学和英国文化有了进一步的认识和了解，期间我们实地考察了曼彻斯特部分中、小学并观摩了部分课堂，感悟和体会颇多。

一、考察学校背景

奥尔德姆休姆文理学校（Oldham Hulme Grammar Schools）是一所有着 400 多年历史的英国私立学校，创立于 1611 年，这里的 Schools 使用了英文的复数，因为这所学校包含了从 3 岁到 18 岁的学生，囊括了英国高等教育以前的所有学制。这所学校是曼城最大最好的私立学校，有 1000 多名学生，有 100 多名教员，还有 100 多名后勤工作人员。师生比大约是 1∶10，如果算上后勤人员，那教职员工与学生的比不到 1∶5，这个比例目前在我国是任何一所学校都不能比拟的。这所学校的学生在 7 岁前是男女生混班上课，7 岁以后分男女班，学生上课是独立的，而课间活动是一起的。

到该校后，我们发现这么优质的私立学校，其校门及其他设施都非常简单，在这一点上与国内有着非常大的区别，在江苏不要说是市区学校，即便一般的乡镇学校都有着豪华气派的大门，镶嵌着金光闪闪的校名。而在英国，一般学校都有着较长的历史，但都比较小，不起眼，学校的大门也都很简单。就我们已经考察过的几所学校而言，学校里的硬件设施都比国内好不了多少，甚至在有些方面还不如笔者所见到的国内的乡镇学校。在参观教师办公室的时候，笔者发现有好几台正在使用的电脑还是十多年前的旧型号、老式显示器。由此可见，我国教育与英国教育的差距，并不是在硬件设施上。

二、教学观摩

第一节：七年级数学复习课

数学教师是一位印度裔女老师，因为是复习课，她这节课的教学结构与国内的复习课相仿。教师通过三大组练习题，串联各个知识点。教师运用多媒体，逐题出示，学生回答讨论，正确则课件中出现礼花与欢呼。笔者观察了一下，这个班有 15 人，全是女生。学生的身高体重差异比较大，在课堂上参与的积极性也有差异。

---

* 田宗祥，扬州大学教科院附属杨庙小学，校长，中学高级教师。

练习题组一：$\frac{1}{2}$ of 30？（30 的二分之一是多少？）6＋4＋9＝_？ 7＋_＝12？ Four hundreds and two as number？（四百和二如何写数？）Find the missing number 6\9\12_？（找规律 6、9、12、_？）20/2＝？ 4＋4＋4＋4＝_？ 东南的反义词是什么？ 6 乘 5 是多少？ 1 小时是多少分钟？ 一个世纪是多少年？

练习题组二：100 的四分之一是多少？ 18 除以 2 是多少？ 57 接近哪个整十数？ 1000 的二分之一是多少？ Bulls eye on a dartboard？ 本来是 2℃，又冷了 9℃，现在是多少度？ 10 乘 15 是多少？ 把 7、8、4、3、6 中的奇数相加和是多少？ 二十几中的数哪个是平方数？

练习题组三：100 的四分之三是多少？ 10 的平方加 9 是多少？ How many edges in a cube？ 4.35 的五分之一是多少？ 90 的百分之十是多少？ Mode of 3\3\5\6\6\4\9\3？ $8^2＋2^2＝$_？ Grams in $\frac{1}{2}$kg？ 两天有多少小时？

这些题目内容和学生生活联系紧密，但不可思议的是，这些几乎是国内小学三、四年级的内容。教师引导学生逐题练习，引导学生讨论交流，在教学方式上与国内类似。课结束前五分钟，教师向我们展示了学生近期主题学习的材料，不同国家与种族的数字书写系统研究。学生利用这个 5 分钟时间继续探讨交流。

第二节：十年级数学统计课

这个班上有 16 人，全是女生。执教教师是一个英国人。上课的时候，有好几次学生故意挑刺儿，说教师的小于号写得不标准，每次都写得不一样，教师欣然承认并擦改了几次。学生的种种表现让笔者想到学生的自由、教师的宽容。

这节课的内容是调查与统计。英国的教学内容一般都很实际与实用，这一节课（包括下面一节课）就有所体现。学生统计个人生日时间，先做原始的统计表，获得数据后，进行整理、叠加，形成新的统计表，再将统计表形成折线统计图。师生之间的交流非常自由。同样，临下课前，教师也布置了相关主题学习的内容，建议学生统计自己喜欢的题材，并制成统计图表（统计与概率的内容，在苏教版教材中体现得非常充分，相对老版本的教材而言变化较大，新增了很多这个方面的内容，可能也是吸收借鉴了英国的教学理念与课程内容）。

第三节：十年级三角形面积计算

这个班有 20 人，全是男生。课始，教师出示三个不同的三角形，让学生在练习本上（学生的练习本上全部有方格）画出这三个三角形，并自己求面积。一定时间后集体评讲，回顾三角形面积计算方法的推导过程。这一点类似国内课堂上的基础练习（复习导入）。有一个细节是这样的，教师在学生作业的时候，几乎没有行间巡视，而是让学生独立作业。教师也没有直接要求学生停笔抬头，而是提前 30 秒钟预告："你们还有 30 秒钟时间"，不像国内，教师喊停必须要停，给学生一定缓冲，这也算是对学生的尊重。学生和教师都使用计算器进行计算，连 82＋62 这么简单的口算题也要用计算器。教师在评讲的时候，还故意出错，让学生指出来，这一招国内优秀的教师也是常用的。课堂的第二个阶段是各种变式练习，第一个练习比较简单，直接运用公式，套入数据计算。接着是各种变式练习，尽管教师下发的作业纸上有图形（各种三角形，给出不同的条件），但教师还是要求先画图，再计算周长与面积。这个环节类似于国内的巩固练习。课的第三个阶段是知识与能力的实际运用，出示相应的测量工具、探讨各种实际问题，比如学校草坪面积的测量与计算等。学生分4人小组，进行讨论交流，首先他们要讨论的是测量的顺序（步骤），在各个步骤中用到的测量方法与工具，具体测量的分工等，为下节课实际测量做准备。

三、启示与思考

（1）关心每一位学生的发展。在英国实行走班教学。学校设立班级，也设有类似国内班主任的教师岗位，学生一到校就到班级报到注册，清点人数。然后根据自己的能力，选择到相应学科相应层次的班中上课。比如七年级数学分四个层次，学生根据自己的数学水平选择相应的教室上课（与我们国内意义上的一个班的学生不同，一天的学习并不总是在一起），一个学生可以选择A层次的英文，C层次的数学等，这样真正能做到因材施教，每个学生拥有属于自己的量身定做的课程，最大程度上照顾到学生各科的差异。学校实行助教制度，上课的是教师，而教室里还坐着1~2位助教，助教会在学生的行为上、学习上及时地给予必要而有效的指导。教师讲完后，助教帮助有困难的学生，并参与到学生分组中，和学生一起练习或讨论学习内容。而班级学生人数通常只有20个左右，可见每一个学生所能受到的重视程度有多大。

（2）注重过程和能力的培养。英国国家课程中的数学除了明确成绩目标外，在学习大纲中规定了学生应从事的活动，而不像传统的教学大纲那样着重于"知识点"。新的《MPA世纪数学》等教材都突出学习过程，注重学生的数学活动，特别是探究活动。对各种数学结论包括公式、定理、法则等则远远不及我国的数学教学那么注重，不仅数量少，而且对于记忆的要求也不高。在学生最后的考试中，会给学生发一张纸，纸上都是学生平时学习、考试可能用到的各种公式，所以英国的学生不需要背诵记忆公式。他们需要做的是识别与应用公式，这一点和国内的差别较大。这一特点体现在课堂上，大多数是教师组织学生参与一系列活动，如实验、游戏、讨论等，让学生自己去发现规律，获取知识。学生学得主动、活泼、主动。所以英国教师非常重视各类教具的制作，借助颜色的反差、形状的新异吸引学生，且便于操作使用，使学生乐于参加数学活动。我们在走进课堂听课、走进教室参观时都发现了大量个性十足的教具。英国的教师认为，这样做便于学生自己发现，记得牢。

（3）课堂教学中建立平等的师生关系。教室里座位的放置是较为随便的，教师通常不是十分严肃地站在前面讲课的，而是较为随和地坐着，或站在学生中间，师生关系十分融洽，教学氛围的和谐也值得一提。学生可以坐在座位上举手（手指）发言，教师永远是以商量的口吻来应对学生的提问或回答，及时给予鼓励和表扬。

（4）注重实际应用的教学思想。英国的课堂教学关注社会生活、关注实际、强调体验、注重服务于实践、注重应用。这也许与英国的学校课程设置有关，在教材编写、题目设计上，注重与生活情境、社会活动相联系，既可扩大学生知识面，也能了解数学在现实生活中的运用，而且可以提高学生的求知欲，增强数学的吸引力。英国更注重一些课程的实用性，比如烹饪、服装设计、木工与车床等，学生可以培养爱好或提高动手能力，为今后的工作、生活打下基础。我们所参观的几所学校都设有培养这些工作、生活技能的专门教室。

　　我国目前更多是关注升学率、考试成绩，而英国关注的是孩子的快乐、兴趣和自主发展。在这方面我们国内的教育工作者还有很多工作要做。

英语语篇语境词汇教学的实践

周迎春 *

　　摘　要：目前高中英语词汇教学中存在很多问题,影响了学生综合运用语言的能力的提高。高中英语词汇教学有：摒弃传统的机械枯燥的词汇教学和学习方式,充分利用课本中的阅读篇章的语篇语境,通过阅读,了解语境,根据文章的主题猜测所出现的生词大意,讨论,点评,运用各种练习,达到高效掌握生词的目的。

　　关键词：词汇教学；词义猜测；语篇语境

一、现行高中英语词汇教学存在的问题

1. 词汇教学方式枯燥,机械,单一,低效

高中课堂里最司空见惯的词汇教学方式就是：新单元开始之前,教师要求学生利用早读课时间背诵、记忆单词表里的单词、读音及所列出的中文含义。上课前教师检查,一般有两种方式。一是讲义形式的默写：给出英语单词,要求写出中文意思,或给出中文意思,要求写出英语单词。二是口头的形式听写：教师报中文意思,学生写英语单词；或是教师报英语单词,学生写出中文意思。学生默写不出来的再重默。重默不过关就罚抄。当学生都能默写出来时,教师就以为万事大吉了。可是经过这种死记硬背的方式记住的单词,学生很快就会忘记。尤其是在学习了新单词之后,会很快冲淡学生对前面多学单词的记忆。面对这样高的遗忘率,教师只有反复地重复前面的检查方式。这种方式打击了学生的学习积极性。

2. 未能充分利用课文文本语境

我们利用教材教语法、教词汇、教句型。但教师过多的干预,把课文文本的学习肢解得支离破碎。词汇、短语和句型有讲义,阅读有阅读讲义,语法有语法讲义。学生只要背了单词之后,几乎都可以脱离教材,拿着教师编写的讲义上课、练习和复习。教材几乎成了一个摆设。而教师编写的讲义是基于教师自己对课文文本的理解。而学生几乎没有反复阅读课文文本,体会文本及单词、短语和句型在文中的用法的机会。

3. 教师过多的讲解和扩充

由于教师"不放心",在教授生词时,恨不得把字典上的词的相关用法全部灌输给学生。导致课堂上出现以下现象：教师不断地讲解,学生疲于记笔记,抄写单词的各种用法和搭配。教师把学生当成一个装知识的"口袋",以为把这些知识倒进学生的袋子里就行了。但口袋最多能盛知识,不经过大脑的组装和吸收,永远无法灵活运用这些知识。学生就算记住了,也只是记住了一些孤立的、毫无意义的词汇。而且,学生连课文中出现的词的基本意思都还没记住,就要被迫去记那么多的拓展意思和搭配。这有点让学生"还没学会走就要让他跑"的意思。

---

　　* 周迎春,女,海门市证大中学,中学二级教师。

4. 不注意学生根据语境猜测词义的能力的培养和指导

英语新课程标准要求学生要有根据语境猜测词义的能力。但我们平常的词汇教学中很少有专门的根据语境猜测词义的训练。就算有也不过是在阅读理解中遇到相关题型时简单地跟学生提一提。所以每次阅读理解练习中，学生失分较多的一类题目就是词义猜测题。可能一些教师会在高三的时候以一两节课的形式给学生讲一些根据语境猜测词义的技巧，如举例法、解释法、词义复现法等。但要让这种能力成为一种习惯，不是靠一两节课就可以培养起来的。需要从高一开始就不断地潜移默化。只有经过长期的训练，学生才能把在语境中猜词这一做法内化成自己的习惯。

二、利用教材 *Reading* 部分语篇语境进行词汇教学的必要性

1. 语言不能独立于语境而存在

词汇的学习必须在真实的语境中呈现才有意义。而能够提供最真实的语境的，莫过于语篇。词汇教学也应该放在语篇下进行。只有语篇能够提供最真实的语境。学生在反复的语篇阅读过程中才能真正掌握单词的适用语境。语言教学应该帮助学生从语篇的角度来理解语言，学习语言和使用语言；要注意学习语篇的功能和语篇的结构模式。学习者在一定的语境中接触、体验、学习和使用语言，了解语言各要素是如何相互联系并根据需要传达意义的。语篇承载要求教师避免孤立地教单词，在词汇教学中始终要以语篇为单位，特别是要从单元的主题出发，多角度地挖掘单元主题的内涵，利用和选择教材听说读写任务中出现的语篇或根据学生的生活实际和时代的发展采用新鲜的语篇，不断丰富词汇所在的语境。

2. 反复阅读语篇，可以提高单词的复现率

按照新课程标准的要求，高中学生在毕业时需要掌握 3500 左右的词汇。然而教材中的词汇复现率过低，学生对学过的词汇似曾相识，但并不能确定词义。因此有意识地多次复现所学词汇是词汇教学的重要环节。在实际的利用 *Reading* 文本语篇语境进行教学的过程中，学生有阅读、猜词、讨论、教师点评、填空练习、写作输出等各个环节。在这些环节中，学生不断地接触到丰富的语境及生词，于是在不知不觉中熟悉和掌握了单词。

3. 培养学生在语境中猜测词义的习惯，提高学生的阅读能力

几乎所有的生词，都是学生在没有接触任何生词表的前提下，通过阅读文本，从文本中猜测而学来的。平常点滴教学的渗透和培养，在不知不觉中让学生养成了根据语境猜测词义的好习惯，这有利于阅读理解能力的提高。

三、利用教材 *Reading* 部分语篇语境进行词汇教学的操作步骤

Step 1　阅读文章，了解文章大意；

Step 2　根据所了解的文章大意，猜测文章中所出现的生词的意思；

Step 3　以小组的形式进行讨论，交流自己的猜词结果；

Step 4　再次阅读，体会在猜词过程中存在问题的生词，并反复阅读其所在的语境；

Step 5　巩固练习。

下面就以牛津高中英语模块二第一单元的 *Reading* 部分 "*Boy missing, police puzzled*" 为例说明具体如何操作。文中生词见表1。

表1 M2U1 *Boy missing*, *police puzzled* 生词学习单

New words	Chinese meaning	New words	Chinese meaning
puzzled	_____	show up	_____
step up	_____	aboard	_____
incident	_____	possibility	_____
due to	_____	detective	侦探
alien	外星人	take charge of	_____
disappear	_____	case	_____
witness	_____	journalist	_____
spaceship	宇宙飞船	make up	编造
creature	生物	amazing	_____
flash	_____	evidence	_____
UFO	不明飞行物	injury	受伤
assume	_____	dismiss	_____
construction	建筑,施工	look into	_____
occur	_____		

本文是一篇关于男孩丢失的文章,而在男孩走失的同时有很多关于外星人造访地球的传说和报道,整个案件让警方也很头疼。关于外星人造访地球的话题,学生在学习这篇课文之前已经有一些接触,而且也比较感兴趣。文本是一篇新闻报道,难度不算很大。学生直接感知整篇文章,不通过教师设计的阅读任务一步步去理解,也能明白文章大意。

Step 1 阅读文章,了解文章大意,熟悉文本所描述的语境

1. 学生在没有任何预习和词汇学习的前提下,静心阅读本篇文章(建议时长12分钟,学生阅读至少两遍)。没有明确语境,影响学生对文本的理解的生词会在表1中标注出来。学生可以做参考。

2. 用简单的文字写出自己所读到的文章大意。

3. 小组成员交流自己所写的大意,并抽两到三组向全班汇报他们在交流之后统一达成的对这篇文章的大意的理解(此步骤旨在保证全班同学,哪怕是基础比较薄弱的同学都能根据自己的理解,与小组成员交流,听别的组的汇报及教师的点评,能够熟悉文本语境)。

Step 2 再次静心阅读文章,并根据文章语境猜出表1中生词的含义(实在猜不出的空在那)

要求:不允许查阅字典;不允许查阅课后生词表;不允许与同学交流,必须独立完成

Step 3 小组成员之间交流各自的猜词结果

要求:问了小组成员之后才确定的单词要专门用红笔标注。回答的同学必须解释

为什么自己有这样的猜测。小组记录员记录下组内有争议的及组员们没有人能猜出的词。禁止查字典或课后生词表。

Step 4 全班讨论

1. 提出有争议的或全小组成员都无法猜出的单词,知道的小组给出他们的猜词结果,以及理由。教师做出点评。如果全班都有疑问,则可以让学生查阅字典并根据语境挑选出他们认为适合的含义。教师给出点评。

2. 教师对于一些难点给出解释。dismiss 这个词所在的句子是: ..., while we haven't dismissed this idea, we are looking into other possibilities as well. 句中的 while 表示"然而",这一用法对于高一的学生来说是完全陌生的。教师可以给出一些例句,让学生总结出 while 在句子中的新含义,进而理解文本中 while 句的含义并明白 dismiss 的含义。学生根据课后生词表,校对自己的猜词结果。

Step 5 回归课本,再次阅读

带着这些猜测的词义,学生重新回归文本,仔细阅读文本内容。尤其注意在猜词过程中自己存在困难和疑惑的地方(再次仔细阅读,一是为了更好地熟悉文本语境,二是更好地体会生词在这些语境中的用法)。

经过以上步骤,学生已经对本文的生词所能运用的语境有了一定的了解。对本文文本语境也进一步熟悉了。

Step 6 巩固练习

1. 根据文本语境填空

教师将课文中的句子重新整合改编,使之含有明确的与文本相关的语境,并将句子挖空,让学生根据语境选择合适的单词短语填入空格。

flash	assume	occur	show up	aboard	take charge of	make up	witness
creature	evidence	injury	dismiss	puzzled	step up	incident	due to

题目(略)

2. 翻译下列句子并注意体会画线词在句中的含义及用法。

设计意图:再一次突出这些单词所在的语篇语境。

题目(略)

3. 运用下列单词短语,写一个这篇新闻报道的 summary。

step up	incident	due to	alien	disappear	witness	assume	occur	possibility
take charge of	case	dismiss	make up	amazing	evidence	look into		

电子书包环境下小学英语教学问题与对策

吴　娴*

摘　要：电子书包背景下的英语教学存在资源问题、模式问题和评价问题。优化电子书包教学的对策有：加大投入、进一步提升试点软硬件配置水平，不断丰富教学资源；强化培训、进一步提升教师信息化应用水平，凸显发展性评价。

关键词：电子书包；英语教学

随着信息技术的飞速发展，把多媒体网络技术运用于教学，已成为现代化教育改革的必然趋势。电子书包为学生提供了一个新的媒体平台，改变教学模式和学习方式，创建电子书包环境下的新型教学结构和教学模式。2010年年底扬州市S小学率先使用"尝鲜"版的"电子书包"，电子书包采用双屏设计，一边是墨水屏，一边是电子屏。然而，"电子书包"项目试点中发现的问题有待探讨。

一、主要问题

1. 电子书包背景下的英语教学资源问题

电子书包试点班级的硬件主要有教师机和学生机（以平板电脑为主）、电子白板、投影仪。调查表明，S小学的电子书包主要使用的是平板电脑。学校为电子书包的试点班级配备了专门的电路系统，网络主要采用光纤接入。电路系统基本能满足需求，但无线网络往往不能满足教师机和学生机的交互。比如，网速慢导致电子教材不能下载，教师便无法快速地分发学习资料；教师机与学生机无法连接，教师就不能看到学生的操作。网络的不稳定影响了正常的教学。

调查发现，69%的师生认为电子书包所提供的英语教学资源非常好用；89%的教师认为电子书包能够提供丰富的英语课外知识；74%的教师认为电子书包所提供的英语学习的测试题库非常丰富。电子书包教学系统主要有电子教材、多媒体课件、媒体素材、练习题库等，电子书包的构建需要大量的优质教学资源和完善的网络平台。

笔者在使用时发现，小学英语的教材比较多，电子教材有时候与当地的教材版本不符。作为支撑电子书包教学活动的核心内容，电子教材并没有完整的文字、图片、音频、视频，仅仅是课本教材的电子呈现，没有充分发挥电子书包的优势。在非试点班级的课堂教学中，教师使用多媒体课件，而电子书包课堂中的课件也多以"教师讲授"为中心，这与普通信息化环境无异。小学英语学科需要大量的音频和视频资料，电子书包所提供的也是非常单一的。与课程相关的音频、视频、图像等内容陈旧，画面质量差。虽然电子书包也配套了相关题库，但知识点较陈旧，强调单词和短语的巩固，学生自主练习的习题较少。

---

* 吴娴，女，江苏省扬州市三元桥小学，一级教师，硕士。

2. 电子书包背景下的英语教学评价问题

教师固守传统课堂教学评价。在课堂中教师为了获得真实的教学反馈,会设计课堂教学评价表,内容通常包括:教学目标、教学内容、教学过程、教学效果等。这些评价指标一般都比较笼统,学生在填写的时候可能不太理解评价内容,态度比较随意。

考核测试评价的可信度不高。74%的教师认为电子书包所提供的英语学习的测试题库非常丰富。电子书包为课程设计了配套的测试,学生在完成练习之后提交答卷。教师可以查看学生在线测试结果,及时了解学生的学习效果。但由于学生的测试可能是在课后或者在缺乏教师和家长的监督下完成的,他们可以借助电子书包的网络环境获得答案,因此降低了测试结果的可信度。而且由于题库的题目是个性化的推送,题量有限,无法满足题海战术。很多家长在电子书包之外还会为孩子选择各种辅导资料,这部分的练习反馈教师也无法获得。

评价主体和评价结果单一。即使是电子书包环境下的课堂教学,其评价主体仍然以教师为主。电子书包为学生也提供了评价机会,但是由于学生没有能力全面、客观地进行评价,所以教师在教学中常常不提倡这种评价方式。

评价难以涉及口语能力。英语的学习强调听说读写。学生的书写能力可以从课堂知识检测或者课后测试中体现出来,而检测学生的口语能力就有一定的困难。在电子书包的课程资源库中学生能听到标准的英语发音,但是系统却不能纠正学生的发音,只有在现实的教学中才能完成纠正行为。书写能力强的学生,在电子书包的反馈系统中能表现优异。口语能力很难体现。

二、原因分析

1. 试点经费投入不足,电子书包系统本身存在问题

电子书包本身存在局限性。为了不影响学生的视力,我校使用的电子书包是墨水屏,但是界面的刷新率和灰度都偏低。此外,电子墨水屏幕很薄,不如 LCD 屏等耐压。

数字资源的数量与质量问题。当前大部分电子书包没有获得正版教材的授权,有时候教授教材时还需要学生翻阅纸质的课本。不可否认,随着教育信息化建设,资源库的数量已经很丰富了。但是国内小学英语教材有多个版本,配套资源库差异也很大。总体来说以人教版和北师版的配套资源库居多,而我校采用的上海牛津版的就很少。不同版本的动画素材有多有少,教学设计和题库的差异也比较大。优质资源就更匮乏了。

电子书包面临着"性能滞后""项目冗余"的尴尬,仅仅依靠一个电子书包构建数字化学习空间,实现教学模式的改革,显然是不现实的。电子书包要改变自身的窘境必须要扎根传统课堂教学情境,在现有的课堂模式下提升教学的有效性。

2. 教师培训力度不够,试点英语教师信息化素养达不到要求

教育改革必须立足课堂教学,课堂教学必须依靠教师,因此教师对改革的理解、教师的职业素养与技能直接关系到教育改革的成败。但教师培训力度不够。在电子书包的试点学校也需要多开展校际交流,观摩其他学校的电子书包优质课,借鉴成熟的教学案例、接受专家的培训与指导。而这方面的工作开展力度不够。

三、问题的解决对策

1. 加大投入,进一步提升试点软硬件配置水平,不断丰富教学资源

电子书包在基础教育中的推广应用,既是一个技术问题,也是一项政策问题,更是一个经济问题。尤其是在我国基础教育已经实现义务教育的普及化阶段,电子书包作为一项全新的教学辅助工具,具有较为明显的现代性、教育性和便捷性。但电子书包推广需要进一步拓展与丰富教学资源。

扩展电子书包的自身资源。电子书包作为一项全新的多媒体辅助教学手段,在小学英语课堂中的辅助教学作用随着技术的成熟不断得到强化。但对于小学的英语课堂教学而言,需要大量的情境对话和交流,仅仅依靠目前电子书包内的电子课件资源肯定难以满足需要,所以需要对其进行扩充和完善。

提升电子书包的英语教育功能。由于受到成本控制、专利技术保护等因素的影响,现有的电子书包的硬件配置与其他品牌的平板电脑相比仍存在较大的差距,时常出现卡顿或不兼容的现象。在实际的小学英语课堂教学中,这些性能上的不足会影响其在教学中的效果。所以电子书包配置需要不断提升性能,实现功能的更新换代。

改进电子书包的英语教学性能。作为小学英语课堂的多媒体辅助教学工具,电子书包的英语教学功能是师生最为看重的,但也有些师生会担心学生长期使用电子书包会降低书写能力,人机交互的教学方式会影响师生的有效沟通等。所以,强化电子书包的英语教学辅助功能的同时,还要消除师生家长的疑惑。除此以外,我们还要认识到除了电子书包本身的系统问题,还有其他的配套硬件问题。电子书包课堂教学依赖无线网络,无线网络的带宽速率会影响教学效果。随着移动 4G 网络的普及,这一问题在不久的将来会得到解决。另外,试点班级还需要配备电子白板、投影仪等。

2. 强化培训、进一步提升教师信息化应用水平,凸显发展性评价

新课改强调,教师和学生是双主体,在课堂上教师扮演教学活动的设计者和组织者,在教学中引导和促进学习者的学习;而学习者则是教学活动的合作者和支持者。因此,应强化小学英语教师队伍培训,提升现代教育技术教学能力。电子书包构建的新媒体教学环境更需要教师的高信息素养,如果教师没有相应的教学资源库的使用与操作能力、资源库的制作能力等,电子书包的教学就没办法落到实处。因此,学校和教育部门需要组织相关的专业培训,聘请精通现代教育技术的行业专家,加强小学英语教师的硬件和软件使用能力。校际之间加强合作,组织观摩示范课和优秀课、交流研讨,不断提高教师的教育理论水平、教学设计水平和执教水平。

凸显发展性评价,营造师生互动,优化教师现代教育技术评价方式。除了对教师的信息化培训以外,还需要对学生开展相关的专题培训,营造良好的师生互动模式。例如,许多小学生的打字速度较慢,要组织学生进行打字训练。只有提高了学生的电子书包操作和程序使用能力,才能使学生对电子书包学习产生浓厚的兴趣,进而促进自主探究和合作学习。同时也要优化小学英语教师的现代教育技术评价方式,注重过程性评价,凸显发展性评价。

浅谈地方史教学的作用与对策

徐长友 *

摘　要：地方史教学能够调动学生学习历史的积极性，巩固统编历史教材中基础知识的作用；它是进行爱国主义教育的重要途径，还可以培养学生观察社会的能力。地方史教学的策略有：坚持地方史教学的科学性原则；注重思想教育；摆正地方史学教学和统编教材教学之间的关系；教学必须生动活泼、形式多样。

关键词：历史教学；地方史

《全日制义务教育历史课程标准（实验稿）》指出："要充分开发利用乡土教材和社区课程资源。乡土教材和社区课程资源对学生的历史学习和历史感悟大有裨益。""我国是历史悠久的文明古国，全国各地都有数量可观的历史遗迹、遗址、博物馆、纪念馆、档案馆、爱国主义教育基地，以及蕴含丰富历史内容的人文景观和自然景观，这些资源也应当因地制宜地加以利用。"历史教学的实践证明：要想获得理想的历史教学效果，最大限度地发挥历史教学的社会功能，必须对地方史教学予以重视。

一、地方史教学的作用

1. 地方史教学能弥补统编教材的不足，培养学生学习历史的兴趣

中学统编历史教材是对祖国历史的全面综合、概括，适用于全国各地，具有"遥远性""全国性""抽象性"的特点。它不可能对各地的历史详情地进行细节叙述。在教学中适当补充有关的乡土历史，是对统编教材的一种补充，还可以使学生接受更具体、更生动的教育，提高学生学习历史的兴趣。杜威认为：传统课程最明显的弊病就是与儿童的个人生活和经验相分离，若要建立儿童在学习知识上的兴趣，必须消除他们的实际生活与课程之间的脱节。在他创办的芝加哥实验学校中，历史教育就是从社区、乡土历史开始的。因为学生对生活的环境比较熟悉，未学历史之前，他们所看到的是自然状态的事物，如房屋、道路、街道等，一旦他们接触到历史事实，了解到这是当时历史事件发生的地址，或了解到这些历史事实的发生竟然就在自己熟悉的周围环境里，他们听起来就会倍感亲切，注意力就集中，情绪就振奋，易于展开想象再造过去的历史景象，便于理解和记忆，从而收到良好的效果。例如，扬州是全国的历史文化名城，已有二千多年历史，有广陵王汉墓、唐城遗址、宋城遗址、瘦西湖、平山堂、四望亭、文昌阁等众多的名胜古迹，讲解扬州的悠久历史，可加深学生对家乡的了解，培养他们热爱家乡的热情，熏陶他们对美的追求，更可以极大地调动学生学习历史的积极性。

2. 地方史教学有助于加深和巩固统编教材中的基础知识

学生学习历史知识时，对抽象的历史概念、错综复杂的历史事件，以及历史事件之间的因果关系难以掌握。教师讲授如不得法，就会造成学生死记硬背的现象。引起这

---

* 徐长友，江苏省扬州市第一中学，中学一级教师。

种状况的原因之一,就是学生缺乏生动活泼的教育,生活面太窄。而教师如果注意在统编教材中挖掘地方史教学的材料来配合统编教材的教学,不仅可以使基础知识具体化、形象化,还可以活跃学生的思维,开发学生的智力,使统编教材中的有关知识活起来。例如:利用学校处在大运河畔的特点,在讲述隋朝大运河时,教师带着学生来到古运河畔,实地介绍古运河邗沟段的历史。如果教师对隋炀帝下扬州时的景况进行描述,就能把学生带到一千多年前的历史环境中去。这样直观、实地的考察和讲述,使学生们对古运河的历史有了比较正确和深刻的了解:邗沟不是在隋炀帝时才开凿的,而是早在隋炀帝之前就有了,这样必然加深和巩固学生对隋朝大运河方面的基础知识。

3. 地方史教学是对学生进行爱国主义教育的重要途径

地方史教学具有直接性和具体性的特点,在对学生的教育过程中可以发挥课堂上的教具、模型、图片不能发挥的作用,产生强烈的感染力。地方史上的志士仁人、先贤遗德、民风教化,可以培养学生热爱家乡的思想品质。例如,扬州邗江区沙头镇曾出现过一名全国金融巨子叫胡笔江,但他生前不忘桑梓父老,为家乡办学校,修水利,发展医药卫生事业,受到了家乡人民的赞誉,这样的名人名事,就发生在我们家乡,这既是我们家乡人的骄傲和自豪,更是我们后人学习的榜样。乡土史上革命英雄的斗争事迹更是我们进行爱国主义教育的最好教材。家乡人民和全国人民一样,历来具有反抗外来侵略、反抗民族压迫的光荣传统。

无论在古代、近代还是现代,家乡名人不胜枚举,他们是家乡人民的骄傲,为学生们熟悉,每每讲起,学生们对这些著名人物的敬仰便油然而生,不少同学说:"过去只知道家乡风景美。现在才懂得家乡的可爱,在于它是无数抛头颅洒热血的革命先烈的故乡,是造就英雄的故乡。"很多同学决心继承革命先烈的优良传统,努力完成祖辈们未竟的事业,把家乡和祖国建设得更美好。

4. 地方史教学可以培养学生观察社会的能力

"由于历史教材总是浓缩地反映某一时期的政治、经济、文化、社会生活等方面的内容,它不可能在每个历史事件的描述上都形象生动,因此教师在课堂教学中要适当借助一些史料。"[1]在地方史教学过程中,地方史资料的搜集,以及资料的分析和处理运用,不是教师单方面的事,而应是学生积极参加的活动,学生在教师指导下搜集、整理、评价资料的过程中,必然要接触到社会实践,利用有关史料来分析历史事件,这样就能培养学生观察社会的能力,这是一般性的历史教学所不能起到的作用。

二、地方史教学的对策

1. 坚持地方史教学的科学性原则

地方史教学中坚持马列主义历史唯物主义观点,坚持科学性原则,这是利用地方史进行教学取得成功的前提和关键。第一,地方史料中不可避免地会有不健康的成分,尽管这些材料相传甚广,甚至家喻户晓,也不应把它们列为地方史教学的内容。第二,地方史料中的一些传说、故事等经过民间艺人的加工,往往与历史本来面貌不相符合,我们必须认真地分析鉴别,去伪存真、去粗取精,千万不可把历史上的故事同民间文学中

---

[1] 黎瓘:《中学史料教学反思》,《中学历史教学》,2012 年第 6 期。

的故事混为一谈。

2．地方史教学必须注重思想教育

把对学生进行思想教育放在地方史教学中的首位，这是由历史教学的任务决定的。历史教学不仅要向学生传授历史基础知识，还要培养学生观察分析社会的能力，更要教育学生树立热爱家乡、热爱祖国的思想品质。值得注意的是，在地方史教学过程中，我们必须有意识地挖掘地方史中生动具体的思想教育素材，不应该离开具体的史实去慷慨激昂地讲一番爱国爱家乡的大道理，更无须生拉硬扯地外加一条政治尾巴，这样就会把思想教育抽象化、概念化、庸俗化，是绝对收不到好的教学效果的。

3．摆正地方史学教学和统编教材教学之间的关系

地方史教学是统编历史教学的补充，应该摆正它们之间的关系。笔者认为：首先，在课时计划安排上，应在保证统编教学计划实施的前提下，穿插安排地方史教学的时间，不可以本末倒置。其次，在教学内容上，应该注意尽量避免将与统编教材毫无关系的地方史作为教学内容。当然如果时间许可，则另当别论。最后，在地方史料的观点处理上应该同统编教材保持一致，否则学生会无所适从。当然如果有矛盾，可以作为研究和讨论性的问题，切不可以用地方史料的观点代替甚至否定统编教材的观点。举个例子说，关于我国历史上的民族英雄问题，教科书观点是只有在历史上为捍卫整个中华民族利益而英勇抗击外国侵略者的人物像戚继光、郑成功等才称得上民族英雄，而不能把历史上国内某一民族反抗另一民族的领袖或将领如岳飞、文天祥等称为民族英雄。因此我们在讲乡土史这方面的材料时在观点上必须与统编教材保持统一。扬州明末出现的著名抗清将领史可法，我们应当如何称呼，是称抗清将领呢，还是称民族英雄？学生由于受到小说、连环画、广播电视等宣传的影响，多数认为史可法是当之无愧的民族英雄。这样地方史料中的观点同教科书中的观点就产生矛盾。面对这种情况，在运用这一地方史料教学时，一方面要注意保持同教科书观点的统一，另一方面可以利用"第二课堂"组织专题讨论，让学生畅所欲言。例如：民族英雄的概念是什么？史可法能不能称为民族英雄？这样在地方史教学中既保持同统编教材中关于民族英雄观点的一致，又开阔了学生视野，培养了学生探索、研究的兴趣。

4．地方史教学必须生动活泼、形式多样

一是结合参观历史遗迹、博物馆、烈士陵园，实地考察调查等。二是指导学生搜集有关乡土资料，包括家史、校史、村庄史等进行分析整理。三是指导学生写作地方史小论文，这是地方史教学的高级形式，是把学生对地方史的认识由感性上升到理性的重要一步。但是它必须在学生具备相当的地方资源并对某一有关方面的地方历史有了一定的感性知识的基础上才能去完成。例如，在学习隋朝开凿大运河时，可以指导学生绘制隋朝大运河扬州段。清代刘文淇在《扬州水道记》中写道："隋文帝于扬州开山阳渎，盖由茱萸湾至宜陵镇，达樊汊，入高邮，宝应山阳河以达于射阳湖……大业所开邗沟系就开皇山阳渎又广开之。"可以增强学生对大运河的直观印象。

现代教育技术在构建学习型历史课堂中的作用

——以"西安事变"课堂教学片段为例

何小敏*

摘　要：现代教育技术有助于活化教材、培养能力、提升素养。现代教育技术在历史课堂教学中的应用表明，现代教育技术在构建学习型课堂方面具有重要作用。

关键词：教育技术；学习型课堂；西安事变

在历史教学中实施自主学习，是课改的必然要求。在学习型历史课堂上突破时空，让学生充分理解历史知识产生和发展的过程，需要恰到好处地运用现代教育技术，有效地创设各种情境，从不同角度展示知识的内在规律。所以，现代教育技术亟须与历史教学做到有效的整合，从而提高课堂教学效果，培养学生自主学习能力。在教学中，"西安事变"这一子目是北师大版历史教材第四单元"伟大的抗日战争"的重要内容，"中华民族到了最危险的时候"这一部分的重点。笔者根据课程标准的要求，整合教学内容，用现代教育技术引导学习型课堂。尝试着剪辑电影画面，配上解说词，把本不能再现的史实，逼真地展现在学生面前，便于学生自主学习历史知识。

一、现代教育技术预留自主活动空间

首先，下载电影《西安事变》，适当剪辑下载的电影资料，可以播放电影中的五个片段：（1）张杨"兵谏"，扣蒋；（2）宋美龄为和平解决而斡旋；（3）何应钦兵围西安；（4）周恩来代表中共去调停；（5）张学良送蒋归宁。接着，把采集的问题用多媒体课件投影到屏幕上："（1）张、杨发动西安事变的目的是什么？（2）国民政府和中国共产党方面是如何应对的？（3）西安事变最终如何解决？"这样，学生的好奇心和学习兴趣便被激发起来了。备课时，笔者怕操作失误，控制不好节奏，又为了图方便，还可以展示自己的多媒体才艺，就将课件设计成顺序式结构，上课时只需按键，课件便按笔者精心打磨的设计顺序播放演示。试讲时，这样上出的课成了一场"水课"，课堂热热闹闹，学生说说笑笑，学生也能按笔者的要求回答出教师希望他们回答的内容，虽然课堂非常顺利却总觉得这样的课堂很别扭？因为，"水课"缺少让学生投入的活动安排，缺少投入水中那小石子的动态生成接口。笔者为了让水顺利流淌，发挥教师的主观能动性，排除困难，或明示或暗示地将学生的思路引到电脑的既定流程上来，无形中忽视了学生的主体作用，在现代教育技术的辅助下，所谓的热闹课堂，也只是教师一头热的局面。究其原因，"水课"教学中学生毫无自主空间可言，扼杀了学生的主观能动性，忽视了"学生中心"，现代教育技术的背景下更加强化了学生的被动性，所以，尽管现代教育技术在让学生走进历史、体验历史、感悟历史方面有着传统教学方式不可比拟的优点，但它在

* 何小敏，女，江苏省扬州市文津中学，中学一级教师。

历史课堂中仅仅只是起到辅助性的作用，还需要留给学生自主活动的空间。笔者经过反思，改用现代教育技术中超链接的方式展示问题，根据学生的兴趣和动态生成，选择性地播放给学生看，在教学中适当留白，让学生这头"热"起来。

二、现代教育技术有助于突破自主学习的重难点

西安事变和平解决的因素是本课的重难点，学生难以真正明白什么是"以民族利益为重，中国共产党主张西安事变和平解决"。这里需要在下载的影片内容中配上材料（选用最新的学术研究成果，寻找利于学生理解和接受的措辞），运用直观的教学手段使学生身临其境，引导学生主动思考，形成问题链，进而展开讨论（见表1）。

表1　学习"西安事变"一课时的问题链、材料及小组讨论问题

问题链	材料	小组讨论问题
(1)"面对民族危机，张、杨发动西安事变，后来又是如何处理的？对中国的时局有什么影响？"	甲：哈！哈！哈！蒋介石呀蒋介石，你也有今天。你死了，我来做委员长的宝座。乙：哼！哼！哼！中国人打内战就太好了，让他们自相残杀吧！等到他们打到筋疲力尽的时候，中国就是我的了。丙：喔，上帝！日本想独吞中国，我们在华的利益怎么办？要解救蒋介石，促使西安事变和平解决。丁：蒋介石杀了成千上万的共产党人，就是杀他100次也不解恨。——《西安事变》历史剧解说词	判断材料中甲、乙、丙、丁是哪方政治势力？他们分别主张如何解决西安事变？
(2)"国民党内部处理西安事变的意见是否一致？""共产党方面又有哪些解决意见？""日本、英美方面对西安事变的态度是不是一样？"	现在唯一能够担当起统帅中国所有的国防实力统一抗日的只有蒋介石。如果战争爆发张学良说他一定要保护好蒋介石，这为和平解决西安事变提供了条件。——唐德刚《张学良口述历史》	材料中张学良和杨虎城既然实行"兵谏"，那么为什么不处决蒋介石？
(3)"面对如此复杂的国际国内形势，共产党人如何抉择？"	宋美龄不顾个人安危于二十二日在宋子文的陪同下飞抵西安，力劝蒋介石接受和平条件，宋氏兄妹作为蒋介石的全权代表开始与张学良和中共进行谈判；蒋介石被迫接受六项条件。——占善钦《中共与西安事变关系研究的难点热点问题》	根据材料并结合视频资料，分析宋美龄和何应钦同属国民党方面的态度分别是什么？
(4)"假如你是无党派人士，事变后你对蒋介石将如何处置？为什么？"	当时杀了蒋介石很容易，但是杀了蒋介石不仅与张学良、杨虎城两位将军发动西安事变的初衷相违背，也完全不符合共产党"停止内战，一致对外"的方针。反过来，如果西安事变得到和平解决，那就一定会结束反共内战，使全国的抗日民族统一战线能够迅速建立起来，早日实现全民族的抗日战争。——梅春英《西安事变和平解决的主要因素》	材料中蒋介石坚持剿共，共产党为什么还要派周恩来率领代表团去西安调停，希望西安事变和平解决？

学生联系五个电影片段、四段材料，经过体验、思考、判断，弄清了复杂的国际国内形势，从而对西安事变得以和平解决的原因有了深刻的认识，解决了问题的难点，最后，用无党派的身份判断出西安事变能和平解决的最重要的因素与意义。这样利用现代教育技术，针对教学内容重难点设置问题链，不仅仅是让学生从当下走进历史，而且使学生从心里走进西安事变，使学生理清事件的前因后果、表象本质。

三、现代教育技术是强化自主学习的精神食粮

每一位历史教师在教学中都会遇到这样的问题：如何让学生感悟历史？现代教育技术与历史课程教学的整合可以更好地让学生"神入历史"。历史学科具有思想品德教育和人文关怀的教学任务。笔者在"西安事变"的讲授中运用了现代教育技术手段，把英雄人物在历史事件中的表现淋漓尽致地展现出来，激发学生爱美恨丑，使他们对历史人物在重大历史事件中的活动产生情感的共鸣。例如，讲解时选择性播放的五个片段中，张学良的侠义之气、杨虎城的忠肝义胆、周恩来的慷慨激昂等溢屏而出。在观看视频的过程中，同学们感情起伏很大，时而瞪大双眼，时而紧锁双眉，时而敬仰之情毕露，甚至有泪花在眼眶中闪出。看到学生的眼睛，笔者知道一次灵魂的洗礼正在《西安事变》的授课中进行，他们深深地被这些先进人物在西安事变中的表现折服，也明白了这些人之所以伟大，能成为时代的英雄，就是因为他们在中华民族最危险的时刻，挺起不屈的脊梁，做出正确的判断。而这些不正是同学们要寻找的精神食粮吗？作为21世纪的青年学生，他们不仅要学习这些人的崇高精神，还要将这些精神发扬光大，为祖国的现代化建设贡献自己的力量。教学过程中，笔者也被同学们的情绪深深感染。

四、现代教育技术有助于构建学习型课堂中的师生关系

最后，切换几个镜头：柳条湖事件；蒋介石的不抵抗态度；东北人民的抗日斗争；共产党的抗日态度；西安事变；等等。进而设问：你认为应如何评价蒋介石？设计意图是通过事实铺垫、正反对比（如本课中蒋介石先"攘外必先安内"后"被迫同意停止内战一致抗日"）来看待蒋介石，指导学生正确评价历史事件中的历史人物。结果有同学给了这样一段材料，并对教师进行提问："与禁烟民族英雄林则徐相比，蒋介石参加抗战；与叛国投敌成汉奸汪精卫相比，蒋介石坚持抗战；与鼓吹'台独'的陈水扁比，蒋介石坚持'一个中国'。那老师您认为蒋介石是什么样的历史人物呢？"这一问题远远超出笔者的设计初衷。历史教学内容，随着现代教育技术功能的扩充，不再局限于教科书和教辅材料，实现了历史教学资源的丰富化，师生同时是教学信息的接受者和输出者，教、学双方因双重身份而共同处于启发与被启发、补充与被补充、引导与被引导的真正以教师为主导、学生为主体的合作关系之中，教师和学生更能获得情感上的共鸣。

高中"思想政治"课微课探讨

周佳桦 *

摘　要：随着现代信息技术的发展，新技术、新媒体的出现，微课逐渐进入人们的视线，许多地区纷纷开展微课教学。提升微课教学质量的策略有：教师要提高教学水平，灵活驾驭微课；增强设计微课的本领；坚持学生是第一位的，教育是为学生服务的。

关键词：微课；思想政治教学

当微博、微视频和微小说在影响着我们生活的时候，又一个新名词"微课"出现了，微课的出现绝非偶然，它有着技术的支撑，同时也适应了时代发展的要求，发展速度十分惊人。视频压缩与传输技术、无线宽带技术、移动终端的增多等都为微课提供了技术层面的支持。构建学习型社会、树立终身学习理念要求的提出，以及个性化学习需求的出现，为微课的发展提供了一片沃土。

一、微课的产生背景及定义

微课是从国外传到我国的，微课的雏形最早可以追溯到美国北爱荷华大学勒罗伊教授提出的六十秒课程，后来逐渐发展并不断完善。现今在我国引起极大关注的微课概念是由美国新墨西哥州圣胡安学院的高级教学设计师、学院在线服务经理戴维·彭罗斯在2008年提出的。

微课经历了三个发展阶段："微资源构成阶段""微教学过程阶段""微网络课程阶段"。与此同时，微课的内涵也在与时俱进，每一个发展阶段都有一个被大家广泛认可的概念。在微资源构成阶段，人们将微课定义为："微课是根据新课程标准和课堂教学实际，以教学视频为主要载体，记录教师在课堂教学中针对某个知识点或教学环节，而开展的精彩教与学活动中所需各种教学资源的有机结合体。"在微教学过程阶段，有学者认为，微课是指以视频为主要载体，记录教师在课堂教育教学过程中围绕某个知识点或教学环节而开展的精彩教与学活动全过程。在微网络课程阶段，有人将微课定义为："微课是为了支持翻转学习、混合学习、移动学习、碎片化学习等多种学习方式，以短小精悍的微型教学视频为主要载体，针对某个学科知识点或教学环节而精心设计开发的一种情景化、趣味性、可视化的数字化学习资源包。"①我们可以清晰地看到每个阶段关于微课的定义的侧重点各有不同，总体的趋势是定义逐渐发展的。

可以认为，微课是指借用现代信息技术，以一段由教师事先围绕某一个重点、难点、考点或者围绕某一教学环节录制的不超过十分钟的视频为载体，并且包含相关的教学设计、课件、课堂练习、教学反思等辅助性教学手段的，支持多种学习方式的一种新型在线网络视频课程。

---

　* 周佳桦，女，山东师范大学马克思主义学院，硕士研究生。

① 胡铁生，黄明燕，李民：《我国微课发展的三个阶段及其启示》，《远程教育杂志》，2013年第4期。

二、微课的功能

1. 微课使课堂更加生动

在教学过程中插入丰富多彩的视频,使课堂更加生动。由于语言和文字的出现以及学习载体的演进,人类教育经历了从口耳相传到私塾、书院、学校的变化。现代教育发展的一个显著特征就是发展速度更快了,幻灯片的出现就引起了课堂教学的巨大转变,现如今的微课必将使教学领域发生深刻的变革。从教育发展史可以看出,教师的教学经历了从单纯靠一张嘴、一支粉笔到借助现代化教学工具的变化,与之对应的就是课堂更加适合学生的"口味"了。

由于学生具有好奇心重、注意力不集中等特点,我们在课堂上播放一段短小精悍的视频,能够很好地吸引学生的注意力。思想政治课在大多数人的眼里都很沉闷枯燥的,大多数内容都是理论性的,所以思想政治课的确很需要能使课堂精彩一点的手段,微课的出现解决了很多教师的烦恼。课堂形式多样,可以把难点讲活,讲到学生的心中。

2. 微课有利于抽象问题的解决

教师在上课的过程当中难免会遇到一些抽象的、不好解释的问题,微课便可以弥补传统课堂的缺憾。由于学生的思维发展还不够成熟,一些他们没有接触过的抽象问题,很容易造成他们认识上的负担。如果教师可以事先录制一段解决教学中难点的视频,使学生身临其境,那么会获得事半功倍的效果。例如,高中思想政治课中讲到"识别公司的不同类型,了解建立公司的目的和条件,描述公司的经营与发展状况"时,公司对于高中生来说是一个很陌生的领域,因为他们还没有参加工作,对于股份有限公司与有限责任公司的异同这样的问题,他们是很难理解的。据此,教师可以准备一段短小的视频,让学生设置情境,跟着视频的节奏,慢慢走入公司中去,有利于学生掌握相关方面的知识。教师在讲课的过程中要注意"留白",即给学生留出独立思考的时间,不要把知识直接灌输给学生,学生如果只是被动地接受知识,那么将不利于他们的长远发展和能力的提升。

3. 微课有利于资源共享

许多教师都会把自己录制的微课视频传到区域性或全国性的微课应用平台上,这样教师就可以借鉴或者下载其他优秀教师的微课来供上课使用,这也有利于促进优秀资源在更大范围内实现共享。在借用其他优秀教师的微课时,我们不能盲目照搬,应该结合自己的课堂需求,对微课进行加工,为自己的教学设计服务。例如,使用视频剪接器,剪辑出最适合自己教学的那部分来,一般都是保留重点知识讲解的那部分,取其精华,去其糟粕。网络的发展,给课堂教学带来了很多便利,微课可以集百家之长。在小范围内,每个学科的教师可以集体录制微课视频,即教师们在一起集体备课,这样诞生的微课就是教师们集体智慧的结晶,视频的质量和水平也能够得到保障。

4. 微课给学生提供了丰富的课后学习资料

对于一些难点问题,学生可以课后再次观看微课视频,只要有网络随时随地就可以学习,微课为学生的课后学习提供了生动的复习资料,也满足了不同学生的学习需要。从时间上来说,学生可以根据自己的情况自主选择合适的时间进行学习,而且,根据自己的学习程度或不同目的,灵活选择进度和内容,不必担心因一时的分心而造成知识点遗漏的情况。① 由于微课视频的长度一般不超过十分钟,这个时间长度非常符合学生的视频留驻规律和学生的学习特点,所以他们在课下不用家长和教师督促,便可以花最少的时间对关键内容进行多次重复学习。在课下学习,可以减少课堂上学习的紧张感,对于那些上课时没有听懂的问题,学生可以在课下再次观看视频,并且视频可以暂停和重播,这样学生对知识的掌握就更加牢固了。通过多次的复习巩固,有些作业中的难点便可以迎刃而解了。

当然,微课制作困难,对教师的综合素质提出了挑战。一方面,因为有些教师不擅长计算机技术,他们在录制和制作视频时会遇到技术上的阻碍。另一方面,很多乡村学校的基础设施很差,电脑短缺,微课教学在这些学校很难开展。

三、思想政治课教学中应用微课的策略

微课来势汹汹,机遇与挑战并存,如何有效地规避劣势,是我们急需解决的问题。思想政治课教师也要采取相应的措施,积极探索微课的发展之路。

1. 思想政治教师要提高教学水平,灵活驾驭微课

因为微课存在着知识点碎片化的不足,所以教师需要发挥自己的教学智慧,用高超的教学手段来帮助学生学习全面系统的知识。每一次微课结束时都要有一个简短的总结,概括要点,帮助学习者梳理思路,强调重点和难点。② 教师还可以通过课堂设问,启发学生,提高学生的分析能力、推理能力和判断能力。课堂教学需要的是有价值的问题,所以教师要注意课堂提问的技巧,使学生产生知与不知的矛盾,打破原有的平衡状态,产生对知识的兴趣和渴望解决矛盾的诉求,愿意在教师的帮助下,利用原有的经验,加工和吸收新知识来解决问题,从而达到新的平衡状态。正如苏霍姆林斯基所说:"提高教育技巧,首先要靠自修,靠你个人努力去提高自己的劳动素养,而且首先是要提高思维素养。没有个人思考,不对自己的劳动采取钻研态度,那么任何教学工作都是不可思议的。"③ 教学是一门学问,让学生跳一跳才能摘到桃子,是教师们的共同追求。所以,教师要提高教学的技巧,弥补微课的不足。

2. 思想政治教师要增强设计微课的本领

由于微课注重对知识的传授,而思想政治课最看重的是学生情感的升华,因此思想政治教师要在微课的设计上多花心思,以此来弥补微课的这一劣势。在设计思想政治微课时,我们一定要严格区分智育和德育目标,区别对待,有的放矢,让微课在帮助学生实现知识、能力目标的同时,也不干扰学生从其他途径实现情感、态度和价值观目标。为了适应社会的进步和教育的发展,教师必须树立从"工匠型"教师向"专业型"教师转变的意识,避免闭门造车、停滞不前。教师要不断丰富自己的内心世界,要不断学习新技术、新知识,提高自己的业务水平,坚持与时俱进。教师不应该只把目光集中在教学大纲上,而忽视了其他方面的学习,只有当教师的视野比本学科的教学大纲宽广得多的时候,教师才能成为真正的教学能手。

---

① 于淑娟:《学校微课建设的问题与反思》,《教学与管理》,2015 年第 3 期。
② 黎加厚:《微课的含义与发展》,《中国信息技术教育》,2013 年第 4 期。
③ [苏]苏霍姆林斯基:《给教师的一百条建议》,天津人民出版社,1981 年,第 118 页。

3. 坚持学生是第一位的,教育是为学生服务的

我们在尝试任何新的教学方法时,首先都应该问问自己这是否适合学生。我们要把学生放在优先考虑的范围内,确保一切都是为了学生的发展服务。我们要用心灵去塑造心灵,尊重学生的需要,在讲课的时候不能只是一味地关注学生的学习成绩,还要注意学生的情感和思维等方面。教育和生产、实验不一样,教育只有一次,不可以重来,错过了就不可以弥补,我们不能把学生当作自己成功路上的试验品。因为思想政治课中有很多内容都不适合微课,所以教师不要一味地为了追赶教育潮流,为了完成教学任务,而忽视学生的发展。我们要尊重差异,具体问题具体分析,教师最了解自己的学生,只要教师能坚持上述要求,那么就一定能做出明智的选择。

在面对微课时,我们要始终坚信,微课只是起锦上添花的作用,绝对不是雪中送炭。微课只是教学时的一种辅助手段,我们要科学地分析它,避免盲从,理性对待微课。不可否认的是,微课给我们的课堂教学输入了新鲜的血液,它适应了社会发展和学生学习的需要,有着广阔的应用前景。随着对微课研究的不断深入,微课必将以更加鲜活的姿态出现在我们的面前。

基于科学实践视角的核心素养培养研究

——以物质世界领域研究内容为例①

王天锋*

摘　要：科学实践是用实践的方式去学习科学，其有利于学生科学素养的培养。从科学实践的角度出发，科学物质世界的学习既要关注教学内容的筛选，也要关注内在素养的提升，达成内外兼修的课程实施目的。

关键词：科学实践；核心素养；物质世界

科学实践作为一个新的话题，可以引领学生参与科学研究活动，促进学生科学素养提升。科学探究和科学实践往往交织在一起难以区分，科学探究是科学实践的一种形式，科学实践是对科学学习本质认识的扩展和丰富。科学实践主要包含探究实践和工程实践，以科学实践为经，以科学核心素养培养为纬，有助于拓展物质世界教学新视野。

一、科学实践视野下的学科核心素养

核心素养是指学生借助学校教育所形成的解决问题的素养与能力。根据日本学者恒吉宏典等主编的《授业研究重要术语基础知识》，核心素养指"学生在学校教育的学习场所习得的、以人类文化遗产与现代文化为基轴而编制的教育内容，与生存于生活世界的学习者在学习过程中所形成的作为关键能力的内核"。以科学实践为背景的学科核心素养的培养，主要是结合科学学科的特质，围绕对已知世界的重新发现和未知世界的探索发现，培养学生的综合探索能力和素养，让学生具有类似科学家的科学素养，从而在未来能够独立发现周围世界的奥秘。

科学探究向科学实践转变，源于这样的认识：儿童应该向科学家了解认识自然世界的过程，学习科学，儿童在课堂上要通过实践来建构科学概念，获得科学素养。

二、物质世界领域学科核心素养架构

物质世界是小学科学教学中的重要板块内容，物质世界主要涵盖的内容是物质和物质的变化，物质主要包括具体的物体和构成物体的材料，物质的变化主要包括物质的物理变化和物质的化学变化，此外物质的能量转换也是物质世界范畴的内容。

学科核心素养是基于学生在认识生存世界的过程中，内隐于脑海和手指之间，具有一定的稳定性和程序性，可以随时调取运用的能力结构。这种能力结构在科学学习进程中可以表述为对问题基于证据的解释，主要包含三个维度的项目：科学核心概念的理解、科学探究能力培养、科学与社会的关系。基于这三个维度，我们将科学学习过程中的核心素养罗列如表1所示。

---

①　"迈向科学实践：新世纪小学科学课程改革的国际比较研究"，国家社会科学基金"十三五"规划2016年度教育学一般课题（课题编号：BHA160086）。

*　王天锋，江苏省扬州市梅岭小学西区校，高级教师。

表1 科学学习过程中的核心素养

维度	内　容	核心素养
知识类素养	知道物质世界领域的一些核心概念，并从理解和认识的角度形成深度认识。	认识到世界的客观性和可解密性
		知道物质世界现象背后隐藏着规律
		知道物质、物体、运动、力、能量等概念
能力类素养	具有认识物质世界奥秘的能力，关注物质本身、物质的运动和变化、物质变化规律。特别注重在此过程中的讨论交流、逻辑推理、社会交往的实践和培养。	遵循从宏观到微观的顺序观察世界
		善于就观察结果和别人进行交流沟通
		会根据目的选择匹配的材料实验
		学会运用数学参与到物质世界的研究活动中
		用论证的方式阐述自己的观点
情感态度类素养	善于用所学到的知识改善生活，勇于用自己的科学知识和能力参与社会活动，形成理性的价值观。	知道科学能够改善生活，愿意运用科学改善生活
		主动参与班级、家庭、学校、社会与科学话题有关的公共事务
		遇事不慌张，逐步学会有条理地思考和处理问题
		意识到有些现象有外显和隐藏的，对隐藏的现象进行观察有利于揭开事物的真相

三、物质世界学科内容的特征分析

科学家将"物理学"界定为"关于物质和能量以及两者相互关系的科学"，物质世界的很多内容是儿童难以理解的，教学中一个重要的任务是关注儿童容易理解的那部分内容，弄清儿童不容易明白的内容，两者之间的距离就是儿童在物质世界科学学习中素养提升的空间。

物质世界内容从表面看只是一些诸如磁铁与磁力、温度与热量等现象，从素养的角度来说，儿童通过物质世界的学习，试图提出并回答有关我们所生活的世界的问题，儿童就是一个用系统的方法研究世界的小科学家。当儿童获得对系统研究的自由转移的能力之时，素养便由内而外自然生长。因此，我们应关注物质世界直观操作性强、研究方法弱的特征，引导儿童在学习中注重做，加强科学方法的渗透。应关注可观察性强、科学意义弱的特征，引导学生注重活动。关注朴素物理学科多、抽象科学理解少的特征，引导学生关注科学论证等技能，带领学生不陷入知识汪洋，让外显的行为和内隐的素养沟通提升。

四、物质世界学科核心素养的培养策略

（一）让世界成为客观的世界——开启核心素养培养通道

物质世界领域的科学学习内容对于学生而言并没有什么神秘的色彩，由于学生生活中处处可以看到，经常可以摸到常见物质和材料，故而对物质和材料存在的秘密缺失深度的观察和探索。而一个人科学素养中重要的起点就是要能够对身边微不足道的世界有足够的观察，从而投入持续的观察活动，获得一定的研究结论。

1. 换一个频道看世界

对于儿童而言,世界是色彩斑斓的,教师要能够通过课堂教学实践活动,让儿童从主动实践的角度来观察世界,从而看到世界的另一面。

以力的认识为例,学生对于力的抽象是无法达到的,他们眼里的力表现在橡皮筋被拉长需要力,火箭飞上天需要力,等等。从科学实践视角来看,要让学生从现象的角度提出实证,我们从哪些现象知道了力的存在,引导学生从橡皮筋长度变化、小火箭高度和位置的变化、橡皮泥形状的变化中体会力的作用。

2. 换一种方式教科学

世界是客观存在的,世界的秘密是可被发现的,探究是获得世界秘密的重要通道。以前的课堂教学用探究的名义进行告知,应该转变为"用探究的方式教科学"。用探究的方式教科学,对学生的很多能力不再默认为是合格的,而是用发展的眼光来看待。

以热空气的认识为例,我们很多时候默认儿童是知道热空气存在的,以至于在点燃蜡烛之后,也认为儿童知道蜡烛点燃了就会产生热空气,这样的认识剥夺了儿童自我发现的历程。在儿童的视野里,蜡烛点燃以后就是产生火焰,他们的注意力往往被火焰所吸引,往往还会联想到过生日时点燃蜡烛的场面,很少有儿童从情境中剥离出来,认识到世界的客观性。这就需要教师从探究的角度来教学:蜡烛点燃后,我们可以观察到哪些现象? 除了蜡烛上方空气变热了,还有哪里的空气变热了? 你能用什么办法获得热空气? 这样的引导会将学生的认识变得更加丰富,学生的认识习惯会从一点走向多点扩散。

(二) 让世界成为科学的世界——锤炼核心素养形成要点

1. 认知需求向交往需求转变

在课堂教学中,我们往往关注技术性的师生交往,这种交往是以知识传授达成为目标,一旦知识目标达成,交往便中断。学生是不同的学生,课堂就应该是不同的课堂,每个学生的需求因为学业、性别等因素的不同而发生变化,教师在课堂上应该尊重这种差异,研究教师与学生、学生与学生之间存在的交往障碍,从而让每一个学生都能得到应有的发展。

2. 外在证据向内在推理转变

费诺切洛认为,科学探究过程中的论证过程是非常重要的,科学论证的能力是个人的、内隐的心理历程与人与人之间外部的、社会的和外显的心理历程的融合。即科学探究中的论证虽然可以通过外在形式表现,但更需要内在的科学推理做支撑。内在推理是在证据和主张之间平衡的过程,自我确定的主张需要得到充分的理由支持,从而成为证据。在此过程中,儿童会在已有经验与外在信息之间进行权衡、评价、批判,最终选择一个最合理的、最能接受的主张,这个主张就是儿童认为最好的证据。

例如,在认识杠杆平衡的过程中,儿童对平衡的认识会从对称平衡走向非对称平衡,在对非对称平衡的认识中,儿童对是物体的重量影响平衡,还是距离支点的距离影响平衡进行不断的思考、论证,最终对平衡的影响因素做出自己的判断,为发现平衡规律奠定基础。

3. 单一思维向复合思维转变

在课堂教学过程中，由于物质世界的教学内容普适性比较强，因此学生很大程度上趋向于追求答案，而缺少对事物特征的认识和比较，习惯于用一种思维方式获得一种结果。作为素养的核心组成部分，思维的发展是课堂学习中的重中之重。

（1）在已有思维和目标思维间架设桥梁

课堂教学的任务之一是促进学生思维的提升，一节课的教学任务之一就是让学生从已有的思维走向既定的目标思维，教师要能够设置合理的脚手架，让学生意识到解决问题可以通过转化或者视角的变化获得证据，以此获得思维层次的提升。

（2）在问题群中促进思维的深化

小学生学习科学一般都是以线性思维形式参与，对问题的思考深度都显得比较薄弱。课堂教学中，教师需要针对儿童思维的这一特征，在纷繁复杂的问题情境中寻找到核心问题。儿童不具有这样的删繁就简的意识，是因为儿童不具有自我推进思维深化的能力，这就需要教师在课堂教学中通过指导和点拨提升儿童的这一能力。

问题群是教师围绕探究的诸多问题而设置的系列问题构成，这些系列问题围绕诸问题而分级展开，但更加切合学生的思维认识坡度，学生在长此以往的研究进程中，会获得对主问题和分级问题的甄别与认识，形成用分级问题支撑主问题的意识，从而提升发现问题解决问题的能力，这样的学习过程更加易于促成科学实践的开展。

以摩擦力的认识为例，核心主问题是：摩擦力是什么，怎么测量？分级问题可以分解成：物体为什么会运动？物体为什么会停止运动？物体在运动过程中受到的力和物体在停止运动时受到的力是否存在关系？存在什么关系？学生在辨析分级问题和主问题的关联过程中，形成系统的认识，便于深入理解问题的本质。

（3）在迂回之处促进思维的理解

学生的思维特点是一看就懂，一懂就结束，而这恰恰是未来素养中非理性的一个重要特征。课堂是思维练兵的跑马场，要让学生深入思考，就需要不断迂回。在迂回中让学生自我比较、自我发现解决问题的思路，利于个体对自我认识的监控和调节。

4. 得出结论向解释论证转变

儿童学习科学，从结论的角度来说，是有限而低效的，诸多结论是人类认识的已知产物，让儿童知晓只是知识的位置转移，只有获得科学营养的探究活动才是真正的科学盛宴。在探究过程中，从获得结论向学会论证转变，通过推理的方式建立知识，这将给儿童科学认知带来发展的空间。以热能的传递为例，热会通过固体传递，会从高温一端传向低温一端。这样的一个知识点对于儿童来说是容易知道的，金属勺子会烫手，烧烤的棒子也会传热，但是儿童真正需要的素养是，如何知道条形以外的圆形、柱形、正方体形的物体传递热的过程中是否也是从高温到低温？如何用实验来说明这一观点，这样的过程需要论证。

（三）让世界成为创造的世界——深化核心素养发展空间

核心素养的最终指向是为儿童未来的学习和生活奠定基础，从未来生活情境的角度出发，儿童应该是实践中的人、全面视野的人和精神重生的人。

1. 让儿童从掌握知识转向实践知识

儿童在物质世界的学习进程中,很多时候能实现对结论的肤浅掌握,并以此衡量自己是否获得了知识,却忽视了内在素养的建立。让儿童从学习知识转向运用知识,会促进儿童素养的提升。在研究磁铁的过程中,让儿童认识磁铁的两端有南极和北极这样的知识点,往往显得单一机械。教学中出示一块未标明磁极的磁铁,让学生去判断,当学生判断出错,发现标注的磁极并不指向南北方向的时候,真正的探究到来了,学生的实践活动均为了解开这个特殊的磁铁而努力。在此过程中,儿童运用知识而非接受知识,在实践的过程中,诸多科学素养自然得以发展。这也启示我们只有打开课堂的空间,才能给予儿童素养生长的空间,让儿童在实践中创造知识。素养是伴随着知识生长的,素养生长知识必然生长,知识生长则素养未必生长。

2. 让儿童从看到局部转向看到整体

阅历是素养的主要组成因子,儿童的眼界宽了,其素养也会获得增长。在物质世界的学习过程中,儿童认识规律是受限的,一定是遵循着人类对物质世界的认识规律的,即先学习经典物理,后学习能量守恒和电磁学等联系转化思想的内容。而人类对经典物理的认识超越,恰恰是人类不断突破自己认识局限,从旧我走向新我的历程。从固定不变到发展变化,从一元论到相对论,从现代到后现代的发展,正是儿童素养中所缺失的营养,就是用超越当下常态的眼光看待物质世界的存在。

在学习认识温度和使用温度计的过程中,人类对于温度的认识是经历了一个过程的,温度的诞生首先需要对0℃和100℃进行界定,不然不同标准的温度计是无法统一的。这样的认识过程对温度的认识更加深刻,有了科学历史观照下的视野,学生科学实践和探索中对问题的考虑更加全面和深刻。

3. 让儿童从学科学习转向生长自我

科学课程的学习旅程,只是为培养学生的核心素养提供一个通道而已,此外还有诸多的通道在同步发展和综合运用。所以,突破学科的局限,倾向于以全科素养交融的方式实现。学生学习的过程,不仅仅是为了获得学科的素养,而且要与其他学科的素养进行整合和联系,从学科素养走向人的核心素养的发展。核心素养不是一个实体概念,既定的课堂教学可能为核心素养的培养提供基础,但素养绝不是教出来的,而是需要在实践中不断磨炼,方可形成素养。所以,儿童在科学课程的学习活动中,从被动接受学习到主动素养积淀,就是一个自我蜕变的过程,也是一个儿童自我创造后素养和精神重生的过程。

物质世界的学生核心素养的提升,从儿童作用于物质世界开始,发展于儿童对物质世界的观察进程中,拓展于儿童对物质世界与变化规律之间的对应和延伸运用中,在这样的进程中,儿童科学素养伴随着儿童的实践活动得以提升。

计算机多媒体技术在化学实验教学中的运用

马明清*

摘　要：计算机多媒体技术在化学教学中有着广泛的运用：克服实验器材和空间因素的制约；展现实验过程中的微观变化；模拟优化演示实验，如模拟安全性不好的实验，模拟适当夸张实验，模拟规模较大的或难以完成、难以见到的实验，改变观看时间等。

关键词：多媒体技术；化学实验

化学实验对于发展学生智力与创造力具有重要作用。利用计算机多媒体技术模拟三维动画进行直观教学，学生更容易接受。能有效发挥计算机多媒体优势，优化化学教学。

一、利用计算机多媒体技术克服实验器材和空间因素的制约

现行的化学新教材中，虽然增加了许多实验，但绝大部分为演示实验，传统的教学是教师台上做，学生台下看，因受空间因素的制约，并不是所有学生都能看清实验现象。传统的方法一般是放大实验仪器，抬高试验装置，增加实验药品的用量，巡回展示实验结果，然而实验仪器的放大是有限的，巡回展示实验结果又浪费时间，且教学时间紧，教学又不能重复，也不允许拉长时间观察，且有些现象是在实验中瞬间产生而无法观察到的，以致影响教学效果。利用计算机多媒体技术对实验现象进行放大，可以克服演示实验可见度小的缺陷，使学生能清楚地观察到实验现象，特别是一些细小的、不易观察到的实验现象。如"铁的性质"一节 Mg、Zn、Fe、Cu 与 HCl 是否反应及反应速率的对比试验，利用计算机投影到大屏幕上，根据反应剧烈的程度、是否产生氢气气泡等现象，推断金属的活动性顺序，这样做把俯视观察变为平视观察，让后排的学生对实验中产生的细微现象仍然看得非常清晰，方便了学生，增强了实验的可视性及真实可信性。

二、利用计算机多媒体技术展现实验过程中的微观变化

中学化学中的很多实验，不仅需要学生观察掌握宏观的实验现象和实验过程中的变化，更要学生理解实验发生的原理，这就需要学生对实验过程中微观的变化产生感性的认识，这是传统实验无法办到的，利用计算机多媒体技术辅助教学则可以很好地解决这个问题。例如"原电池"一节的教学，利用计算机技术可以把无法用肉眼观察到的电极反应这一微观变化模拟成宏观图景加以演示，弥补了化学实验难以展现的微观世界的动态变化，计算机屏幕上以鲜艳的彩色图像展示 Cu、Zn 两种金属的自由电子浓度的不平衡，又以生动的动画效果模拟出自由电子在电位差的作用下沿着导线从低电位向高电位的定向移动。氢离子得电子成为氢原子，两个氢原子结合为分子，氢气气泡在铜板上冉冉升起。逼真的动画效果、听觉效果与视觉效果的融合，学生眼耳手脑的全部调动并聚集于一点，再加上软件的运用交错穿插在学生实验、教师讲解之间，使教学效果达到了最佳状态，实现了教学的最优化。

＊ 马明清，女，青海省海东市民和县第一中学，教师。

三、利用计算机多媒体技术模拟优化演示实验

1. 模拟一些安全性不好的实验

演示实验教学中,有些实验具有一定的危害性和危险性,如有毒、有强烈的刺激性气味、易爆、易燃、危险性大等实验,在课堂上无法实施演示,借助计算机多媒体技术的强大视频功能、模拟功能与网络资源,进行模拟实验教学,既保证学生的安全,又保护环境,达到良好的教学效果。另外,利用计算机多媒体技术还可以对实验中的错误操作引起的危害进行真实再现,引起学生的重视,帮助学生掌握正确的实验操作步骤和操作技能。例如:浓硫酸稀释实验,课堂上一般演示正确的操作,对不正确的操作也要进行讲解,制作课件对浓硫酸滴入水中放出大量热量使硫酸液飞溅现象进行演示,使学生加深对这一知识点的理解。又如:在计算机多媒体"实验室"中做氧气的实验室制法,实验结束后应先将导管移出水面再移去酒精灯,这一操作一旦失误,便有一定的危险性,为了解决这一难题,教师利用计算机多媒体技术设计、制作"氧气的实验室制法"课件,对这一操作做了一些特别的处理,在课堂上,让学生进行反复模拟实验,同时,模拟水倒流至试管底部、试管破裂的危险场面,让学生提高警惕。

2. 利用模拟适当夸张实验现象

教师可以借助计算机多媒体技术的强大视频功能、模拟功能与网络资源,对一些现象进行夸张处理。如学习氢气的性质时,通过制作一个动画给出未验纯度便点燃而导致启普发生器爆炸的过程,这样不仅能帮助学生理解、加深印象,而且可以避免实际试验操作时的不安全问题。在化学实验教学中,有许多实验的可见度小,难以达到预期的目的。如利用计算机多媒体技术将演示操作过程予以放大,把操作过程转播到每位学生面前的计算机屏幕上,则不仅演示真实,而且能引发学生的兴趣,调动学生的积极性,达到事半功倍的效果。例如:酸(碱)式滴定管、量筒、容量瓶、托盘天平的使用教学,可将演示过程放大,将关键部位利用特定镜头展现给学生。又如:试管实验、焰色反应实验及原电池原理的演示等,可通过放大展示给学生。

3. 模拟一些规模较大的或难以完成、难以见到的实验

有些规模较大的实验可利用多媒体课件进行模拟演示,如某一气体的制取、除杂(往往不止一种)、检验、收集、性质分析、尾气处理等,这种试验费时、费力、成功率低。计算机多媒体技术还能解决教师难以完成和学生难以见到的实验。如液氮的低温试验(即活鱼在液氮中);干冰的有趣实验,即干冰将氨气冷凝为液氨,液氨又将水蒸气冷凝为冰的实验;大气环境的保护实验;等等。

4. 通过模拟实验改变观看时间

有的实验速度过快,学生不易观察,如:钾溶于水反应速率快,有些学生还没有观察清楚,反应就已经结束,如果重做试验将浪费药品,这时可通过观看实验课件重温实验。有的实验速度过慢,影响学生的注意力和教学进度,对这类实验可以压缩某些次要的过程而慢放。如:酯的水解,可制作一个多媒体课件。用三个烧杯分别盛放等量的乙酸乙酯,然后在一个烧杯中加入水,一个烧杯中加入酸,一个烧杯中加入碱,再分别加入红色的油漆,并将三个烧杯分别放在水浴中加热,观察溶液颜色变化速率,说明酯在不同条件下水解速度的不同。

充分发挥化学实验的能力发展功能

安满玲*

摘　要：化学实验教学应关注学生观察能力、思维能力、提出问题、分析问题和解决问题能力、独立工作能力、自学能力的培养。

关键词：化学实验；能力培养

实验教学不仅可以帮助学生形成化学概念，理解和巩固化学知识，还可以有力地发展学生的智力和培养学生的能力。学生可以通过实验，直接观察物质的变化，动手操作，亲自实践，获得比较熟练的技能，进而提高分析问题和解决问题的能力。

一、通过化学实验，培养学生观察现象的能力

学生对化学现象，往往因"奇异"而"观"，很大程度上是自发的，要把它变成自觉的活动，必须经过教师的引导。所以，培养学生观察现象的习惯与能力，是重要而细致的工作。

实验开始时，教师应使学生明确"观察什么""注意什么"，让他们有目的地进行观察，通过实验：（1）培养学生仔细观察现象的习惯。有些实验现象不容易被发现或易消失。例如镁条燃烧的演示实验，燃烧时发出耀眼的强光学生很容易看到，但有光泽的金属变成白色固态物质这一现象则往往被忽视；又如固体受热分解的实验中，教师应引导学生观察固体受热到什么程度才能分解，分解后又产生什么现象这种一般规律和个别情况，如果因为这些方面不仔细观察是很难发觉的。又如做乙醛在铜的催化下氧化的实验，除要学生闻生成乙醛的气味外，还应引导学生观察催化剂铜颜色的变化：红亮—黑—红亮。（2）培养学生对于连续变化现象的观察。例如硫粉加热随温度升高，其色、态的变化；又如生成的 $Fe(OH)_2$ 在空气中颜色的变化等。（3）培养学生正确地进行观察的能力。实验时教师应引导学生观察主要实验现象，因为许多实验现象比较复杂，如不加以引导，学生有时会把次要现象当作主要现象，例如做原电池原理的实验，锌片、铜片分别插入稀硫酸，用导线连接后较长一段时间锌片上放 H_2，学生往往认为这是主要现象。有时学生对实验现象的误解是学生概念不清或操作技能上有问题导致的，例如有的学生把 SO_2 通入水中在液面形成的酸雾误认为是"白烟"，用无水醋酸钠制甲烷时将试管口积聚的液体误认为是"水"，当固体投入水中时有几个气泡便误认为是"有气体产生"等。教师还要引导学生，让其懂得在什么时候应观察什么现象，例如做氨的催化氧化演示实验时，应提醒学生先观察红热的铂丝接触氨水液面时颜色的变化，再观察瓶内气体颜色的变化及铂丝颜色的变化。

以上事实说明，教师在指导学生实验时帮助他们如何分清主次、抓住本质、正确地

---

* 安满玲，女，青海省海东市民和县第一中学，高级教师。

观察现象的重要性。如果教师不注意训练学生认真观察的习惯,久而久之势必影响学习质量,所以在实验教学中,教师应有意识地培养学生的观察能力,引导他们仔细地、全面地观察各种事物变化的特征,耐心地教会他们观察的方法,有时还可以通过反复地观察同一实验来培养学生的观察能力。

二、通过化学实验,培养学生的思维能力

实验预习,可以培养学生的思维能力。当学生在预习操作步骤时,教师应教会他们思考为什么要这样操作、根据什么原理、操作并预见可能观察到的现象。实验过程中,进一步发展他们的思维能力,尤其当他们所做的实验出现与预见不符合的现象时,更能引起他们积极的思维活动,并促使他们去找原因。例如做铜氨络离子形成的实验,有的同学只观察到 $CuSO_4$ 溶液中加入氨水时变成鲜蓝色,但看不到沉淀产生。为什么呢?原因是学生没有按操作规程逐滴加入氨水,所以就看不见沉淀这一现象。在这种情况下,教师就应该循循善诱,启发学生积极思考,寻找答案。

三、通过化学实验,培养学生提出问题、分析问题和解决问题的能力

实验能很好地启发学生发现矛盾和问题,培养他们钻研问题的积极思维,以及运用已学过的理论知识来解决问题的能力。例如制备 $Al(OH)_3$ 的实验,若操作顺序不同,会得到不同的现象。为什么呢?用实验事实提出问题,更能引起学生的积极思考,并让他们自己去找答案。又如做碳酸钙和酸的反应实验,事先提示学生比较 H_2SO_4 和 HCl 跟 $CaCO_3$ 反应有何不同的现象,并让他们思考产生这种不同的原因,让他们在实验时自觉地观察并认真地开展积极的思维活动。"实验习题"是培养学生分析问题和解决问题能力的好教材,交给他们一定的实验题目,由学生自己独立设计实验的方法和步骤,可以使学生练习用已学过的知识来解决一些实际的问题,进一步提高和发展他们的认识能力、实践能力、分析能力和解决问题的能力。

四、通过化学实验,培养学生进行科学实验的独立工作能力

培养学生正确的、熟练的操作技能和技巧是一项长期而细致的工作,对每个年级都应做出具体要求,制订计划,分头把关,密切配合。各年级教师都要高度重视,以便为培养出大批高质量的人才打好基础。使学生掌握独立操作技巧的过程,也就是培养能力的过程,教师应考虑学生的年龄特征,逐步提高水平,不可急于求成。初中不宜在短时间内完成较多的实验,否则学生会手忙脚乱、囫囵吞枣。在初中组织学生实验,主要采用边讲边演示的方法,着重培养他们的基本操作技能,在进行具体指导的同时,教师的示范动作尤为重要,头几次实验教师可边讲边做,然后让学生模仿教师的操作进行,以后便可逐步放手,让学生按操作规程自己完成实验,这时教师应及时巡视指导。教师应注意纠正学生的违章操作,如有人将拇指堵住试管口反复翻动来混合反应液,多倒了药品又往试剂瓶内回送,把石蕊试纸直接伸入试剂瓶内检验溶液的酸碱性等。高一第一学期的学生来自各校,实验水平相差悬殊,因此,开始一个阶段仍应着重让学生掌握基本操作,以后再逐渐放手让学生自己去做,直至最后由学生独立完成各项复杂的作业。对高年级的学生还应尽可能给他们创造更多的综合练习机会,可适当增加一些实验习题,让他们设计和安装成套的实验装置,因为一种实验技能是要经过反复训练才能获得的。

五、通过化学实验，培养学生的自学能力

在中学阶段应培养学生一定的自学能力，为学生进入大学或参加社会劳动打好基础。自学能力包括阅读、查文献资料及熟练地使用多种工具书的能力等。

准备一个实验要阅读课文，设计实验习题，有时还需要看参考书，这些都可以培养学生的阅读能力。实验时记录现象，实验后填写实验报告，可以培养学生做笔记的能力及对比、分析、综合的能力。绘制仪器装置图，则可以培养学生以下能力：（1）直观而形象的表达能力。用图形来表示实验的原理、操作步骤、装置比用文字简便得多，直观而形象的表达能力在现代科学突飞猛进的今天尤为重要。（2）审美的能力。绘图要求整洁，图形大小比例要协调，各部位要匀称，这些都可以培养学生的审美能力。（3）识图能力。要求学生看图便可以自行安装实验装置。这些能力的形成和发展都是为提高学生的自学能力打基础的。

素质教育视角下的中小学音乐教育

孙菲眹 *

摘　要：随着教育部《关于推进学校艺术教育发展的若干意见》的出台，音乐教育作为素质教育的一个重要组成部分，得到了国家的高度重视。如何在艺术教育的春天，实施有效的音乐教育，以此促进素质教育？本文从当前中小学音乐教育的现状入手，提出相应对策：建立科学评价体系，促进音乐教育规范发展；培养一支专业素养和业务能力俱佳的教师队伍；创新多样化教学模式。

关键词：素质教育；中小学；音乐教育

长期以来，党和国家高度重视素质教育，陆续出台了一系列相关政策和文件，但因为种种原因，素质教育效果并不明显。2014 年教育部专门出台《关于推进学校艺术教育发展的若干意见》，提出从 2015 年开始对中小学校和中等职业学校学生进行艺术素质测评，并将测评结果作为中高考录取的参考依据等。此举引发社会各界的广泛热议。在此大背景下，再次审视当前中小学音乐教育的现状，思考改进音乐教育的方法，并以此促进素质教育，显得非常必要。

一、对素质教育与音乐教育的理解

1. 素质教育

素质教育，即是根据学生成长的需要和社会的需要，以全面提高学生的综合素质为根本目的，充分尊重学生个性，注重开发学生的身心潜能，以促进学生形成健全的个性为本质特征的教育。素质教育以心理素质教育、审美素质教育、文化素质教育和道德素质教育为核心内容。对学生进行心理素质教育，可以健全学生的人格，增强学生自律、自我调节、自我发展的能力；对学生进行审美素质教育，能培养学生的审美能力，提升学生欣赏美、创造美、传播美的能力；对学生进行文化素质教育，能帮助学生丰富学识，扩大知识面，培养学生深厚的文化素养；对学生进行道德素质教育，能帮助学生树立正确的政治方向、远大的理想抱负，提升思想品德修养等。①

2. 音乐教育

音乐教育，即通过向学生传授音乐知识和音乐技能，达到提高其审美水平，陶冶其高尚情操，开拓其艺术眼界，促使学生实现全面和谐发展目的的一种教育活动。审美教育是音乐教育的本质特征。首先，音乐教育是一种情感教育，是培养受教育者感受美、鉴赏美、传播美、创造美的能力的教育；其次，音乐教育是一种趣味教育，它的趣味性主要通过活动过程来体现。学生以一种愉悦、放松的心情参与音乐活动，在潜移默化中接受音乐熏陶、丰富音乐知识、提升艺术素养，不知不觉中，审美品位就得到了提升；最

---

* 孙菲眹，女，苏州大学音乐学院，音乐教育专业学生。

① 刘开平：《浅析音乐教育在素质教育中的作用》，《中国校外教育》，2015 年第 6 期。

后,音乐教育还是一种人格教育,它以培养全面发展、综合素质高的人才为主旨,在塑造人的心灵、养成健康人格的过程中具有不可替代的特殊作用。音乐教育可分为专业教育和普通教育。本文以普通音乐教育为中心展开论述,普通音乐教育即通过对学生的音乐熏陶和身心教育,提高学生的审美水平,激发学生的观察力、想象力、创造力,最终提升学生综合素质水平的教育。

3. 素质教育和音乐教育的关系

(1) 音乐教育可以培养学生的思想道德情操和心理素质

好的音乐作品凝结着作者的思想和艺术修养,对音乐的欣赏、表演和创作都需要人用心去体会、去想象、去记忆、去感悟。学生通过学习、演奏不同国家、不同民族的音乐作品,可以深入了解不同国家、民族的文化背景、艺术风格,感受音乐中无与伦比的美感和中西方文化的差异。在此复杂的心理活动过程中,润物细无声地陶冶学生的性情,净化学生的心灵,提升学生的审美能力,有助于创造出优秀的音乐作品。同时,音乐作品以其出神入化的功效培养学生高尚的思想道德情感,让他们在欣赏音乐作品时得到思想上的洗礼,自觉抵制不健康的文化,主动承担传承发扬优秀传统文化的责任。音乐还可以抚慰学生的心灵,优美的旋律可以舒缓学生的学习压力,在排除负面情绪的同时促使学生健康心理素质的养成,使学生的道德素质与精神境界在潜移默化中得到提升。

(2) 音乐教育能够有效提高学生的创造力和审美素质

音乐是抽象的,但又是可以无限想象的。学生可以在广阔的音乐空间发挥自己的想象,赋予音乐生动优美的形象。如一曲《春江花月夜》奏起,我们好像看见江水、天空成一色,没有一点灰尘,明亮的夜空中只有一轮孤月高悬空中的画面。这些美轮美奂的画面都源于我们的想象。在想象中提升审美情趣,有助于培养学生对生活的热爱,引导其树立正确的人生观、世界观和价值观;音乐教学中的器乐演奏能调动学生的眼、耳、口、手、脚等不同器官的相互配合,大大提高学生的反应能力,并锻炼学生的理解能力、记忆能力、想象能力及观察能力,这些都有助于学生文化素质的提高。很多脍炙人口的音乐作品都源于对不同地区、不同风格作品的欣赏、理解、吸收总结升华。音乐教育不仅可以培养学生欣赏音乐的能力,更能培养学生总结概括的能力、思维创作的能力。有效的音乐教学可以帮助学生极大地提高自身的文化素质、审美素质。

(3) 音乐教育可以全方位开发学生智力

音乐活动让学生眼、耳、口、手、脚等多个器官一起运动,有助于学生智力的开发。学生只有注意力高度集中才能让各个器官协调运动,长期接受这样的训练对于提高学生的反应速度和做事的效率都有很大帮助。很多科学家从小都不同程度地受到过音乐的影响,如爱因斯坦等,音乐开阔了他们的眼界,活跃了他们的思维,锻炼了他们的创造力,他们的成就造福人类。音乐教育可以让学生客观地认识世界,让他们的智力得到多方面的发展,如在听歌的同时记歌词,无形中便提高了学生的记忆力等。[①] 音乐教育开发智力最典型的例子就是胎教,这可以说是最早期的音乐教育了,胎教除了帮助准妈妈保持心情愉悦,增进和胎儿的情感外,还能促进胎儿的身心发展,刺激胎儿大脑开发。

---

① 董世超:《音乐教育对中学生素质形成的重要性》,贵州师范大学硕士学位论文,2015 年。

综上所述,音乐教育与素质教育密切相关,素质教育是音乐教育的基础,音乐教育是素质教育的途径,二者相互渗透,彼此交融,相辅相成,相互促进。爱因斯坦曾经表示,如果没有青少年时代的音乐教育,就不可能有他后来的科学成就,道出了音乐教育对中小学生成长的重要意义,也是对二者关系的经典注释。

二、当前中小学音乐教育的现状

随着我国素质教育及基础教育的推行与实施,教育部门与各中小学对音乐教育的重视程度不断提高,音乐教育逐渐成为素质教育的一个重要组成部分,但是在我国应试教育大环境的影响下,音乐教育仍然面临着很多问题。

1. 教育体制的不完善阻碍着音乐教育的发展

体制的不完善,是严重阻碍、制约音乐教育发展的主要原因。目前,绝大多数学校仅仅是在小学阶段后期或初中阶段初期设有音乐课,此后,一直到大学期间,学生鲜少有接受音乐教育的机会,更别说接受系统的、专业的音乐教育了;音乐课程的设置与教学方法也不科学,依旧采用"填鸭式"的教学模式,照本宣科,没有与学生的互动,不能充分调动学生学习的积极性和引发学生对音乐的兴趣,学生无法从中受益;与此同时,由于受到应试教育的惯性思维影响,一些学校和教育部门过分注重专业文化知识的学习,而忽略了音乐艺术的学习,使得音乐教育有名无实。还有一些偏远落后地区,由于缺少教师资源,直接放弃了音乐教育,有的地方虽然有音乐教师,但上千学生的规模,仅有两三名音乐教师,而且教师自身素质不高,一学期的音乐教学计划也仅是教唱几首歌曲,根本谈不上将音乐知识系统地传授给学生。这些教育体制问题,大大制约着音乐教育在我国的发展。

2. 社会环境的急功近利影响着音乐教育的发展

我国目前的学生大多数都是独生子女,家长对孩子的未来寄予了厚望,总希望自己的孩子出人头地、出类拔萃。正是家长的这种心理,使得孩子在音乐艺术学习的道路上出现了明显的两个极端。有的家长希望孩子将来走所谓的正规路线,即学好数理化,考取名牌大学,成为大家眼里的有出息的孩子,认为学习音乐会浪费时间,影响学习,因而一味地让孩子学习专业文化知识,遏制孩子的天性,剥夺孩子学习音乐、追求艺术的机会;而有的家长则完全不顾孩子的意愿,用强迫的方式逼着孩子学习音乐,目的是让孩子以后可以凭借艺术特长,更容易地跨进大学之门。这些急功近利的做法都极大地重创了孩子的心灵,有的甚至会让孩子产生强烈的逆反心理,误入歧途。再加上社会大环境的影响,高雅的音乐艺术被人们肆意恶搞,音乐文化又不断地商业化,更使得音乐教育受到严重的冲击。

3. 师资队伍的良莠不齐制约着音乐教育的发展

教师是学生学习的引导者和促进者,因此,教师教学水平很大程度上影响着学生的学习质量。目前,我国中小学音乐教育并没有得到应有的重视,音乐教师师资状况不容乐观,教师队伍良莠不齐。不少学校的音乐教师大多是中等专科学校毕业,学历层次不高,通常对音乐作品的理解不到位、不熟悉,特别是上起作品欣赏课来因为专业知识的缺乏而无从讲起,只能敷衍了事,或看看视频,或听听乐曲,自然不能传授学生系统的专业知识;一些教师教学能力欠缺,师肚里有货倒不出,自然得不到学生的尊重;有些教师上课只会唱不会弹,或者只能弹一些简单的曲子,遇到转调、移调就束手无策;一些教师在组织音乐艺术活动时,不会一些简单的指挥知识等,导致活动难以开展。绝大多数音乐教师把音乐教育的目的等同于文化课教育目的或等同于技能课教育目的,采用的教育教学方法也等同于文化课与技能课的教育教学方法,侧重于简单乐理知识的传授,更有甚者只是简单地教学生唱几首流行歌曲就算完事儿。

三、有效开展音乐教育、促进素质教育之对策

1. 建立科学评价体系,促进音乐教育规范发展

音乐教育规范发展需要科学、完善的评价体系。通过科学的评价体系发挥音乐教育的导向和激励作用,才能真正促进音乐教育目标的实现。因此,改革当前音乐艺考仅仅以音乐技能作为唯一标准的评价体系,多方位考察学生的音乐技能掌握水平、音乐艺术感受力、音乐艺术表现力,强调音乐技能与审美表现力并重、音乐表演与创新思维同步成为当务之急。必须重新确定音乐教育的培养目标,将素质教育理念体现于各种层次、各个教学环节中。社会需要的音乐教育应该能帮助学生较好地掌握音乐技能,并赋予学生优雅的气质、良好的心理品格,这样的学生才能适应当今社会发展的需要。各学校要根据新的政策、新的要求建立中小学生艺术素质评价制度,通过音乐教育工作自评公示、音乐教育发展年度报告等一系列制度,将音乐教育纳入学校办学水平综合评价体系,加强对音乐教育的组织领导,建立健全艺术教育领导工作机制,提高艺术教育的管理水平,保障音乐教育经费投入和设施设备配置,加大音乐教育督导与宣传力度,促进音乐教育规范发展、持续发展。

2. 培养一支专业素养和业务能力俱佳的教师队伍

学生的音乐艺术素养与综合素质能否得到协同发展,关键在于教师。教师的音乐素养、专业水平、教育能力直接影响着教学质量与教学效果。所以,对于音乐艺术教师,首先要加强复合性技能的培养。教师除了要具有过硬的音乐素养和专业知识、教学技能外,还应该具备多学科综合知识,如文学、美学、现代科技等。一名优秀的音乐教师,能够依靠个人魅力吸引学生全身心投入音乐知识的学习。学校应根据实际需要,一方面,引进音乐教学专业人才,促进音乐艺术教师队伍向知识化、专业化、规范化发展;另一方面,加强对现有音乐教师的专业培训和专业基本素质的培养。一名合格的中小学音乐教师,应当具备胜任中小学音乐教学所必需的各项技能,如音乐基础理论、乐理知识、多项音乐专业基本技能及一些必备的人文素养。音乐教师应该对基本的乐理知识运用自如,不仅要知其然还要知其所以然;要具有较好的读谱视唱和音高、节奏及旋律的听辨能力等;要在掌握好钢琴、声乐、即兴伴奏、舞蹈、指挥、器乐等基本技能的同时,具备一定的音乐创作能力,能创作一些简单的歌曲,以便能更好地培养学生的兴趣和创造能力。此外,要注重综合知识的学习,多了解一些文学、美术、舞蹈、戏剧、设计等相关姊妹艺术的学习,不断拓展自己的知识面,提高自身的文化艺术修养。[①] 再次,要加强对音乐教师的师范技能与业务能力的培养。音乐教师除了要具备全面的专业知识和技能外,还必须具备较强的师范技能及业务能力。例如,应学习教育学、心理学、中学音乐

---

① 李若梅:《在音乐欣赏中培养学生的审美能力》,《陕西教育(高教版)》,2007 年第 10 期。

教材教法、学校音乐教育导论等相关课程,掌握相关原理并能运用到日常教学之中。同时,也要注意加强对音乐教师实践能力的培养。这样,教师才能根据学生的心理特征采用恰当的方式将相关知识传授给学生,才能真正培育出德、智、体、美、劳全面发展的人才。

3. 创新多样化教学模式

传统的以教师为中心的单向教学活动已完全不能适应音乐教育的要求,师生间、学生间的多元互动教学成为必须。音乐教师要充分认识到学生不是被动的知识接受者,而是学习活动中不可替代的主体,他们积极主动地参与教学活动能达到事半功倍的效果。音乐教师不再是音乐知识的权威代表,而是音乐道路上的引路人,是人们心灵、思想和品格的塑造者。在教学过程中,教师应充分尊重学生学习音乐的意愿,维护学生学习音乐、选择音乐学习方式的权利,创建高雅轻松的学习环境,建立平等、融洽的人际关系,承认学生个体差异,鼓励学生创新,树立求同存异、团结协作的团队精神等,真正地营造出和谐的人文环境和愉悦舒畅的学习氛围,激发学生学习的兴趣和主动性。同时,随着信息技术的飞速发展,互联网的跨时空性不断优化着我们的生活,我们可以通过任何一种电子设备,随时随地学习。音乐教师要与时俱进,创新思维,将现代高科技手段运用于音乐教学。充分利用线上音乐教学平台、慕课、多媒体等,改变传统的音乐教学模式,利用网络的便捷性、选择性、自主性、灵活性、丰富性、娱乐性,将网络技术运用到音乐教学中,使得音乐课堂教学中所利用的信息成为音乐知识与网络环境有机结合的知识,这种教学有助于学生音乐感官知觉能力的有效提高。同时,网络为音乐课堂教学提供了丰富的音乐欣赏资料,这些资料涉及古今中外,可以有效促进学生音乐素养的全面提高。

当然,学生综合素质的全面发展,单单靠学校和教师是远远不够的,只有全社会共同努力,才能让素质教育结出硕果。

幼儿园课程游戏化

曹方霞*

摘　要：幼儿园课程游戏包括幼儿园一日活动中的游戏、幼儿园集体教学活动中的游戏。一日活动游戏化包括晨间活动游戏化、区角活动游戏化与户外活动游戏化。集体教学活动游戏化包括在教学活动中引入完整的游戏，使教学游戏化；利用游戏因素，使非游戏活动具有游戏性；运用生成策略将创造性游戏有机地融入课程。

关键词：幼儿园；课程；游戏

过去，我们单纯地把健康、语言、社会、科学、艺术等五个领域作为幼儿园课程内容，只重视室内教学，忽视幼儿活动，只重视传授知识，忽视幼儿能力培养。我们认为，幼儿园课程游戏化能为幼儿提供平等的表现机会，使幼儿的能力、个性得到和谐发展。幼儿园课程游戏包括幼儿园一日活动中的游戏、幼儿园集体教学活动中的游戏。

一、一日活动游戏化

1. 晨间活动游戏化

晨间活动是一日活动的基础。为此笔者在活动室设计了各种活动区，如创造区、建构区、图书区、数学区等，幼儿一入园就可根据自己的兴趣和爱好选择参加所喜爱的各种活动。如创造区内的幼儿，可以充分地发挥自己的想象，创作出许许多多色彩丰富、别具一格的美术作品及泥工作品。又如，在建构区内，幼儿可以选择大小不一、形状各异的积木设计建造"飞机""大炮""轮船"等，并边玩边嘴里发出"呜呜、轰轰"的声音。幼儿在丰富多彩的各种活动中，开始了一天愉快有意义的园内生活。

2. 区角活动游戏化

区角活动是幼儿在游戏区（或称活动角、活动区）中所进行的某种特定活动。区角活动的区域包括角色游戏区、积木区、玩沙玩水区、语言图书阅读区、音乐表演游戏区、美工区、科学发现区、自然角、益智区、操作区等。适度表达个人情绪，了解他人情感。能自我控制，调整与伙伴间的相互行为关系。如在积木区游戏可以发展幼儿的建构能力，学习建构技法；发展幼儿的空间知觉，认识基本形状、数量关系；学习尝试各种不同的建构材料、方法、设计，激发幼儿的创造力、想象力；幼儿之间能分工合作，共同设计、建构，共同游戏；培养幼儿的社会性，发展幼儿交流、表达的能力，以及掌握自行解决问题的方法。又如，在玩沙玩水区游戏可以帮助幼儿认识自然物的性质；满足幼儿摆弄物体的愿望和好动的天性，激发他们的探索精神，培养他们的自主性；在游戏中，幼儿会区别干湿、冷热、粗细、多少、深浅等不同的概念；活动后的收拾整理，培养幼儿清理、打扫的技能与习惯。通过这些区角活动的组织，充分发挥自选活动作用，促进幼儿全身心的发展。

＊ 曹方霞，女，扬州大学第二幼儿园，教师。

3. 户外活动游戏化

丰富的幼儿园户外体育活动内容,有利于提高幼儿的整体素质,促进幼儿身心健康成长。精心设计、组织幼儿开展各种类型的游戏活动,是对幼儿进行全面教育的重要手段。在开展游戏活动时,首先给幼儿提供充足的游戏时间,恰当地安排集中或分散的户外游戏活动,并给幼儿提供丰富的游戏材料,激发幼儿对现实生活的模仿、想象。如,教师带领幼儿在户外玩一些民间游戏,可以变换游戏形式,使老游戏有新玩法。因此,我们对收集到的第一手民间体育游戏资料,进行进一步精心筛选和整理。在筛选时,充分考虑游戏的科学性、思想性和教育性,选择一些积极健康、寓教于乐、适合幼儿年龄特点的民间体育游戏。将精心筛选后的民间体育游戏纳入我园的园本课程之中,发放到各班。在班级开展民间体育游戏活动时,民间体育游戏小组以游戏参与者的身份参入幼儿游戏中,进行适宜的交流、示范和具体指导。

二、集体教学活动游戏化

如何使幼儿园教学活动游戏化,我们进行了大量的尝试。

1. 在教学活动中引入完整的游戏,使教学游戏化

教学活动游戏化在设计上有两种策略:一种是整个教学活动就是一个完整的游戏,游戏在规定的教学时段里可反复进行,如体育游戏"老狼老狼几点了"、音乐游戏"找小猫"、科学游戏"吹泡泡";另一种是游戏只在整个教学环节中的某个特定时间段出现,成为教学活动的一个环节,如用猜谜语的方式导入活动(谜语本身就具有游戏的性质,而猜谜则是一种游戏活动),也可把某些游戏用于教学的结束环节,以巩固某些知识或技能。这种设计在结构上比较紧凑,教师主要利用为各领域教学编制的游戏来组织教学活动,以提高教学活动的游戏化程度。

2. 利用游戏因素,使非游戏活动具有游戏性

首先,以游戏性的语言组织活动。这种设计主要通过富有游戏性的语言来组织活动,比如,教师经常在组织各种活动时使用这样一类语言:"今天,老师为小朋友们请来了一个客人——图形宝宝,图形宝宝很想和小朋友们一起做游戏。"其次,以假想的方式组织活动。在组织活动时,根据活动的需要可以有不同的假想。一种是对角色的假想,如教师在组织幼儿活动时经常以动物妈妈的身份出现,而小朋友们则是动物妈妈的好宝宝。另一种是对情节进行假想,并以此来串联活动的各个环节。在活动中教师假想情节,吸引幼儿参加活动。如在美术活动"有趣的房子"中,教师创设了这样一个情境:小动物们来小朋友的家中做客,小兔、小狗、大象、长颈鹿一起说:"现在天气越来越冷了,我们的房子又破又旧了,想请小朋友帮助我们设计一栋漂亮的新房子从而引出"帮小动物设计一栋漂亮的新房子"意愿。这种假想的方式对年龄越小的幼儿运用得越多。在这类活动中,教师较多地利用了表演游戏的因素,因而增强了活动的趣味性,提高了集体活动的教育效果。再次,以"做做玩玩"的方式组织活动。幼儿利用各种材料自己动手做各种小实验或手工制品,再利用这些作品进行游戏。这类活动可以在教师直接指导的集体教学活动中进行,也可把材料投放在相关活动区,让幼儿在入园后或离园前的专门的游戏或自由活动时间中自主选择。这类设计的策略主要是利用游戏因素,结构上比较松散。最后,以比赛的形式组织活动。以比赛的形式组织一些教育活

动,是促使非游戏活动游戏化的一种有效手段。在幼儿园活动的组织过程中,我们常常用比赛的形式组织一些体育活动、生活活动。如,以练习某些动作为目的的划船比赛,培养生活能力的穿脱衣比赛和叠被比赛。比赛可以在个人和个人之间进行,也可以在组和组之间进行。比赛使一些原本枯燥而单调的活动具有了游戏性,大大激发了幼儿活动的积极性。

3. 运用生成策略将创造性游戏有机地融入课程

创造性游戏对儿童发展的特殊影响是其他游戏不能替代的,因此在幼儿园一日活动中有专门的创造性游戏时间。由于这类游戏的目的隐含在过程中,对幼儿发展的影响是渐性积淀的,不像音乐、体育、语言等游戏的目的那样来得直接。因此,在幼儿园一日活动安排中,它常常会被由教师设计的语言、音乐、体育等游戏或被为学习活动而延伸的区域活动所代替。由教学活动生成游戏,主要有两种渠道:一种是从文学作品活动中生成游戏。这类游戏可分为两种:一是动作性较强的角色表演,比如幼儿学习《小蝌蚪找妈妈》后,在游戏时常常模仿小蝌蚪的形象;二是情节性较强、内容丰富、角色较多的主题游戏,比如文学作品《老鼠嫁女》引起了幼儿极大的兴趣,于是围绕老鼠和猫两家发生的故事,幼儿生成了为期一周的主题游戏。另一种是从社会领域活动中生成游戏。幼儿常常在教师或家长的带领下参观社区环境,了解社区周围的设备、设施,如参观医院、邮局、银行、超市等,这类教学活动是幼儿生成角色游戏的又一条渠道,他们会把自己看到的、听到的,以及自己对环境和角色的理解,在游戏中表现出来。

综上所述,幼儿园课程游戏化渗透于幼儿活动的方方面面,要想更好地实现一日活动游戏化和集体教学游戏化,有赖于幼儿教师的不断努力和创新。

中小学学科教学优化(笔谈)

提　要:中小学学科教学存在许多值得关注与研究的问题,如诗词教学、写话教学、语音教学、活动教学、探究学习、课堂激励等,一些教师的探索与实践积累了有益的经验。

关键词:基础教育;学科教学

初中语文诗词主旨教学略谈

王　峰*

诗词是文学殿堂里璀璨的明珠,是琴弦上优美的音符,也是意味隽永的画卷。对中学生来说,把握诗词的主旨、理解作者的思想感情,是学好诗词的关键。

知人论世。了解作者的生平、思想、创作风格,把握作者所处时代的特点,有助于对其作品内容的理解和把握。如辛弃疾曾经在抗金斗争的最前线出生入死,南归之后却遭到投降派的排挤和打击,因而其诗词多为对过去如火如荼的战斗生活的回忆,或是对报国无门的愤懑情绪的宣泄,风格豪放悲慨。《破阵子》中,"醉里挑灯看剑,梦回吹角连营",虽已隐居乡间但心中仍在忧虑国事,不忘战斗生涯;"了却君王天下事,赢得生前身后名,可怜白发生",雄心再高,也只能跌回冷酷的现实,抒发了其壮志难酬的悲愤。了解了作者的生平,其所作之词表现的思想感情也就不难理解了。

读懂标题。标题是文章的眼睛,诗歌的标题也是探明诗歌主旨的窗口。诗歌的标题不仅可以交代写作对象、内容和题材等,还可以点明作品的感情基调,明示作品的分类和体裁。仔细玩味标题,便能初步探明诗人的感情脉络,进而比较准确地把握诗歌的主旨。如《闻王昌龄左迁龙标遥有此寄》,诗的标题不仅交代了写作的缘由,点明了作者的感情基调,也交代了诗歌的类型——送别诗,再结合诗眼的"愁"字,我们就可以准确把握诗歌的主旨,即抒发怀人之愁。而若标题中有"塞""军""征""凉州词""从军行"等字样的,一般为边塞诗。这类诗一般表达诗人渴望建功立业、保家卫国的决心,如李白《塞下曲六首》"愿将腰下剑,直为斩楼兰";也有表达诗人久居边关思念亲人的忧伤、孤独的,如王之涣《凉州词》"羌笛何须怨杨柳,春风不度玉门关"。标题若为某一物象,如《池鹤》《蝉》或有"咏""题""赞"加物象的,如《卜算子·咏梅》,这类诗一般为咏物诗,借某物的特点来表达自己的人格品性或追求,也就是托物言志。所以,一首诗拿到手,我们可以从诗歌的标题寻找突破口,看能否从中获得把握诗人情感的信息。

关注序言(注释)。许多古代诗词的前面都有一个不长的"序",有的交代了创作的年代,有的交代了创作的缘由,有的交代了创作的经过,有的交代了创作的背景,有的为

---

　*　王峰,江苏省扬州市翠岗中学,一级教师。

整个作品奠定了情感基调。这些"序"对理解作品的思想内容也是至关重要的,因而不能忽视。比如说,苏轼的《水调歌头·明月几时有》开头有一段不长的小序:"丙辰中秋,欢饮达旦,大醉作此篇,兼怀子由。"注意了这一段文字,对苏轼在中秋节醉酒及写诗的缘由就会有充分的了解,有助于对诗歌的主旨和思想感情的分析。再如杜甫的《茅屋为秋风所破歌》,书下注释是这样写的:"安史之乱,杜甫流离成都,公元760年,经亲友帮助,在成都浣花溪边盖起草堂。第二年八月,大风破屋,大雨又接踵而至,诗人长夜难眠,创作了这首不朽篇。"看到这一内容就不难理解诗人在诗中从述说个人的痛苦,到推己及人,希望天下寒士都能得到庇护的忧国忧民的情怀。

品读诗眼。古人评诗时常有"诗眼"的说法,所谓"诗眼"往往是指整首诗或某句中最能体现作者思想观点、情感态度或诗歌意境的,具有概括性、生动性或情趣性且能笼罩全诗或某句的字词或句子。古人写诗,喜欢逐字逐句反复吟哦,如果我们读诗轻易放过诗眼,就不能领悟诗家的妙处。从词性上看,动词、形容词往往是诗眼所在;从表达方式上看,抒情、议论性的句子更多地直接流露出作者所表达的思想。透过诗眼,我们能快速捕捉到诗人内心的脉动、情绪的色彩和思想的痕迹。如《相见欢·无言独上西楼》中"是离愁"是本文的诗眼,由此可以推知,这首诗表达了作者亡国之后的无可解脱的愁苦之情。再如杜甫的《茅屋为秋风所破歌》中的"安得广厦千万间,大庇天下寒士俱欢颜",作者将自己的痛苦遭遇和全天下人民的苦难生活联系起来,一下子就提升了诗歌的思想境界。像这样的例子,我们可以举出很多,许多作品中的某一字、某一词成为"诗眼",不仅能表现出作者炼字的功力,而且有很多诗就因为某一个关键字的点化而得以流传千古、熠熠生辉。

感知意境。意境是诗人的主观思想感情与诗中所描绘的生活图景有机融合而形成的一种艺术境界,是诗人强烈的感情和生动的客观事物的交融。中国古典诗歌,往往是以境取胜,几乎所有的优秀诗歌都是将"诗情"和"画意"完美融合在一起。杜甫的《春望》开篇即写春望所见"国破山河在,城春草木深",一个"深"字,留给我们的印象是:国都沦陷,城池残破,虽然山河依旧,可是乱草遍地,林木苍苍。司马光说:"山河在,明无余物矣;草木深,明无人矣。"(《温公续诗话》)诗人在此明为写景,实为抒感,寄情于物,托感于景,为全诗创造了气氛。"感时花溅泪,恨别鸟惊心"描绘出乱世别离的悲凉情景,使花为之落泪,使鸟为之惊心。作者触景生情,移情于物,正见好诗含蕴之丰富。所以,意由境生,通过感知诗歌的意境,亦能准确把握诗歌的主旨思想。

立足文本。任何脱离事物本身的研究都是水中月、镜中花,因此,要准确地把握诗歌的主旨及主题思想还必须立足于文本。再来看看文天祥《过零丁洋》的最后一句话:"人生自古谁无死,留取丹心照汗青。"通过对这句话的分析,我们不难看出这首诗歌主要抒发了诗人高尚的情操和舍生取义的生死观。要了解诗歌的主旨及主题思想,切不可抛弃文本,只有找出诗歌中能反映主旨的句子,才能更好地为赏析诗歌服务。

低年级"写话"教学点滴

孙永伟 *

"上帝给我一个任务,叫我牵一只蜗牛去散步。我不能走太快,蜗牛已经尽力爬,为何每次总是那么一点点? 我催它,我唬它,我责备它,蜗牛用抱歉的眼光看着我,仿佛说:'人家已经尽力了嘛!'我拉它,我扯它,甚至想踢它;蜗牛受了伤,它流着汗,喘着气,往前爬……真奇怪,为什么上帝叫我牵一只蜗牛去散步? 咦? 我闻到花香,原来这边还有个花园;我感到微风,原来夜里的微风这么温柔。慢着! 我听到鸟叫,我听到虫鸣。我看到满天的星斗多亮丽!"

低年级的孩子就如这一只只小蜗牛,走路慢、吃饭慢、作业慢……作为教师的我们也要学着慢点,陪着小蜗牛们一起成长。当我们能看到小蜗牛成长途中的风景,感受他们成长的喜悦的时候,我们也一定会知道其实是上帝叫一只蜗牛牵我们去散步。

一、创设情境,让学生乐说乐写

"创设情境",就是教师运用描绘或其他形象化手段,把某种情形、状态或景象表现出来,激发学习兴趣,发展创新思维。学习是一种积极思维活动,而兴趣是学习的动力,入门的向导。美国著名的心理学家布鲁纳说:"学习的最好刺激是材料。"低年级的课堂要充满童趣,这样孩子对学习才更感兴趣。写话课,教师要根据写话的内容,创设合适的情景,激发学生的学习兴趣,让学生在兴趣中乐说、乐写。

苏教版二年级下册《练习6》"学用字词句"环节,安排的内容是看图写出相应的象形字并根据画面内容,发挥想象,编一个小故事。本次练习中的象形字比较简单,孩子们很快就能写出相应的汉字。如何能让孩子编一个有趣的故事呢? 此时,教师就要创设情境,激发学生的兴趣,让孩子"乐说"。笔者是这样做的:首先是环境的创设,课件出示一个美丽的夜晚,天空中星星闪烁。笔者问:"夜晚的天空中还有谁在望着我们笑啊?"孩子们会说:"是月牙。""是什么样的月牙呢?""是弯弯的月牙。"这时,就可以让孩子们先介绍夜晚的美丽景色。教师做适当的点评即可。接下来课件出示一片茂密的森林,森林边有两只小动物,小鹿和小乌龟。"很奇怪,天这么晚了,发生什么事啦? 小乌龟为什么会爬到小鹿的背上呢? 他们准备去哪呀?"在问题情景的创设下,孩子的思维被打开,话匣子也被打开。他们有的说是因为迷路了,有的说是因为小乌龟受伤了,还有的说是去参加生日聚会了。笔者接着问:"那他们是怎么说的呢?"课堂上用角色扮演的方法进行小动物的对话。孩子们表现得绘声绘色。接下来写故事,水到渠成,也是在兴趣正浓时完成的。

二、联系生活,使情感自然流露

现实生活与语文教学中的识字、阅读理解、写作、口语交际等有着密切的联系。在小学语文教学活动中,渗透着小学生的生活,让小学语文教学回归自然,回归小学生的

---

* 孙永伟,扬州市邗江区实验小学,一级教师。

生活中。教师应遵循学生的年龄特点,充分尊重学生的感受,在说话写话中做到联系生活,情感自然流露。

苏教版一年级下册《练习2》在"想想做做"的环节中有这样的要求:"三八"国际妇女节就要到了。做一张贺卡,写上一句祝福的话送给妈妈,带给她一份惊喜。苏教版二年级上册《练习1》中"口语交际"的《学会祝贺》要求学生在教师节动手做一张贺卡送给老师,在贺卡上写一句祝贺的话。根据每学期的教学进度安排,两个内容分别在妇女节和教师节来临之际。目的就在于训练学生的说和写的能力。更重要的是能联系生活,让他们的情感能自然流露,表达对妈妈、对老师浓浓的爱。课上,教师可以先介绍节日的名称和特点,然后请孩子们说说平时妈妈和老师都为自己做了些什么?接着可以追问,今天是妈妈、老师的节日,你有什么话想对妈妈、老师说吗?孩子们会说:"祝妈妈三八妇女节快乐。"还有的孩子会说:"妈妈,节日快乐! 我爱您!"他们会对老师说:"老师,您辛苦了,您节日快乐!""老师,祝您节日快乐,我们会好好学习的。"也许孩子在写祝福的时候,会用上汉语拼音来代替不会写的字,但看到这样简单却又很真实的话语,看着这些"小蜗牛"们的成长,妈妈、教师一起感动着。

三、课文延伸,给想象插上"翅膀"

孩子的视角是独特的,想象力也非常丰富。苏教版有很多课文富有童趣,激发了学生的学习兴趣。一些课文的练习设计了延伸的环节,孩子可以大胆想象,让课文更有趣、生动。如苏教版二年级上册《狐狸和乌鸦》一课是一篇有趣的童话故事。学生学完课文明白了"爱听好话容易上当受骗"的道理。书后有一条这样的延伸练习:"以'肉被骗走以后'为题,编一个小故事。"笔者是这样设计的,笔者问:"乌鸦在嘴里的肉被狐狸骗之后,它的心情是什么样的? 你想对这只乌鸦说些什么呢?"这时学生会很自然地对这只乌鸦讲道理,告诉它是因为爱听好话才会上当受骗的。笔者又问:"如果再给一次机会给乌鸦,乌鸦会怎么做呢?"学生思考了一会以后,一只只小手高高地举了起来,想象插上了"翅膀"在教室里"飞"。

于是,笔者出示了这样的写话开头:"有一天,狐狸在森林里又找到了一块肉,狐狸看见了……"笔者看到了这样的故事结局:"乌鸦把肉放在树枝上,然后唱歌给狐狸听。""狐狸又来对着乌鸦说好话,乌鸦头也不回地飞走了。""乌鸦一下子吃掉了肉,喊来自己的同伴对着狡猾的狐狸啄。"也有这样的结果:"狐狸改变了方法,骂乌鸦,乌鸦非常生气,张开嘴也骂狐狸,结果肉又被狐狸叼走了。"无论是什么样结局的故事,孩子们充分发挥了自己的想象力,对课文的延伸部分进行了创编,想象力得到了锻炼。

苏教版二年级下册《会走路的树》一课,要求学生续讲故事,"小鸟来到小驯鹿的家……"是小鸟和小驯鹿友情的延伸,笔者尝试不做过多的指导,给予学生充分的时间,自由想象,他们见面之后,会说些什么,又会做些什么,自主完成写话练习,也收到比较好的效果。

四、借助范文,促"读者意识"逐渐觉醒

唤起"读者意识"。读者意识,就是作者在写作时,不停地想,该给带给读者什么,怎么写更能吸引读者,读者的认同会激发作者极大的创作热情。而对于低年级的孩子来说,还没有能力做到这一点。但教师却应该有这样的意识。

苏教版二年级下册《练习6》"写水果"，要求学生观察水果的颜色、形状，再尝尝味道怎么样。将看到的和感觉到的用几句话写下来。课堂上，笔者准备了几种常见的水果：香蕉、西瓜、桃子，然后按照书中的要求和学生们一起"看水果""摸水果""闻水果""切水果""吃水果"。学生能用几句话写出自己看到的和感觉到的。但是这还不够，面对"蜗牛们"我们应该唤起自己的"读者意识"，让学生的写话水平再提高一点。我们要发挥优秀范文的作用，将一些佳作、佳句呈献给所有学生，甚至编印班级作文期刊，将期刊呈献给所有学生，甚至家长，让学生从写话过程中获得巨大的成就感，兴趣盎然地投入写话。

初中语文新课导入策略

吕　立*

元曲作家乔梦符曾经以隐喻的形式提出有关写作的六字真言：凤头、猪肚、豹尾。好的课堂导入也正如这"凤头"一般，美丽、精彩。如果教师的课前导入能引起学生的兴趣，点燃学生的激情，引发学生强烈的求知欲，那么这堂课也就成功了一半。那么，优秀的课堂导入应该如何设计呢？

一、引起兴趣，激发情感

苏联教育家维特洛夫认为，教育最主要的，也是第一位的助手是幽默睿智，它可以使整个教学顿时生辉，并能创造出一种有利于学习的轻松愉快的气氛，让学生在这种气氛中去理解、接受和记忆新知识。生动有趣的导入能激发学生探求知识的欲望，刺激学生的多种感官参与学习、探究。学生对课文内容产生兴趣，就会在一种轻松愉悦的状态下积极主动地去学习。在这种状态下，学生的学习效率也会提高，教学目标也更容易实现。如讲《紫藤萝瀑布》一文时，可先用课件呈现出一幅幅壮观的瀑布图，学生的注意力一下子就被吸引到课堂上来了。然后进一步解说："自然界的瀑布气势恢宏，一泻千里，具有无穷的活力。今天我们将要欣赏的是另外一种瀑布，那就是花的瀑布。"再呈现紫藤萝花瀑布的图片，整个导入过程不到一分钟，却能充分调动学生的兴趣，为本课开一个好头。

由此可见，优秀的课堂导入首先一定要能激发学生的兴趣和情感，使学生迅速进入最佳学习状态。初中生情感丰富，他们渴求某种程度的情感宣泄。教师在导入课堂时用与作品一致的充满情感的语言去感染学生，使学生处于一种良好的情感状态，这样把学生很快带入与教学内容相关的意境中去，激活课堂教学。

二、巧妙设疑，启发思考

新奇的东西都容易成为学生关注的对象，好的导入将学生的兴趣和情感调动起来之后，要能够进一步启发学生的思考，让学生带着问题循序渐进地学习，既可以使学生集中注意力专心听讲，又可以锻炼学生的思维，学生在进一步的学习过程中又可能产生

* 吕立，女，江苏省扬州市翠岗中学，中学二级教师。

新的疑问,然后师生围绕问题进行研讨。特级教师于漪老师在教《孔乙己》这篇文章时,便在一开始就设置悬念。她说:"凡是读过鲁迅小说的人,几乎没有不知道孔乙己的;凡是读过《孔乙己》这个短篇小说的人,几乎没有人不在心中留下孔乙己这个遭到社会凉薄的'苦人儿'的形象的。鲁迅自己也这样说:'我最喜欢的作品就是《孔乙己》。'为什么鲁迅创作了许多小说,而最喜欢《孔乙己》呢?鲁迅究竟用怎样的鬼斧神工之笔,来塑造孔乙己这样一个现象呢?我们学习课文以后,就可以得到正确的答案。"于漪老师巧妙提问,设置悬念,几个连续疑问句一下子就抓住了学生的注意力,学生必然会对鲁迅最喜欢的作品感到好奇,进而主动阅读文本,寻找答案。

当然,并不是随意的一个问题都可以用来设置悬念,有的问题学生一眼就能看出答案,这样的提问就毫无价值;有的提问过于含糊,缺乏指向性,学生摸不着头脑,不知所云,这样的提问也是无效的。作为课堂导入的问题设计一定要"恰到好处",要让学生有"悬"可感,有"疑"可思,在好奇心的作用下开动脑筋,主动走进文本探索。

三、内容新颖,关注生成

课堂导入的关键是要让导入的内容显得新颖,做到定中有变,变中求新。如有一位教师以图片导入梁衡的《夏》,但并非简单地欣赏夏天的图片,而是做了一个改动:在投影上显示一幅夏天的黑白画,让学生填色。学生说出自己的填色意见之后,教师也呈现出自己的填色作品:一张金黄色调的图片。随后解释:"老师之所以这样填色,是因为老师被作家梁衡的《夏》所打动,今天我们就来一起感受梁衡笔下的'金黄的夏'。"新颖别致的图片导入立刻吸引了学生,接下来学生饶有兴致地读起了课文。

另外,课堂导入也不能拘泥于预设,而要有不曾预约的生成,这样才会让课堂显出别样的灵动与生机。在一些突发事件或特定情景之下,教师可以随机应变,灵活导入。有一次听公开课,所上课文是意大利物理学家伽利略的《我们的知识是有限的》,而这个班教室后墙张贴的科学榜样正好就是伽利略。于是授课教师询问布置教室的同学为什么选择伽利略作为班级的榜样,得到的回答是伽利略是个"伟大的""无所不知的"科学家。教师对学生的回答予以肯定,随即话锋一转:"伽利略真的是无所不知的科学家吗?其实,他自己并不是这样认为的,理由就蕴藏在我们今天学习的课文《我们的知识是有限的》之中。"这样的导入从学生熟悉的班级布置说起,一下子拉近了教师和学生的距离,教师再顺势引入课题,显得自然流畅。

小学数学复习课的思考

沈青芳*

复习课旨在帮助学生梳理已学知识,弄清概念间的联系与区别,构建清晰的知识网络。小学阶段,如何上好复习课,防止其沦为"炒冷饭"的代名词,促进学生自主学习习惯的养成,这是值得深思的问题。

---

* 沈青芳,女,扬州市竹西小学,一级教师。

一、强调学习方法的指导，提高学习能力

"数学是思维的体操"，在很多时候，数学也是学习其他知识的一门工具，作为一名数学教师，除了准确地传授知识外，更重要的是教给学生学习的方法，注重学生自主学习能力的培养。教师要主动做课堂的导演，精心设计教学过程。例如：在教学《平面图形的面积总复习》时，可事先布置学生课前整理学过的平面图形面积的知识，鼓励学生不要拘泥于书本，要打开思路，创造不同的整理方法，并提醒孩子可以用列表、画图、文字表述等整理方法。课上，教师顺着不同学生的"想法"，逐个引导学生把一些典型的方法进行完善。通过不同的呈现方式，让学生在交流中温习旧知，感受多样的整理方法带来的乐趣，提高自我学习的能力。

二、注意数学思想的渗透，提升数学素养

布鲁纳指出：掌握基本的数学思想方法，能使数学更易于理解和记忆，领会基本数学思想和方法是通向迁移大道的"光明之路"。数学课的复习，教师不能仅停留在把已学的知识温习记忆一遍的要求上，而要引导学生努力思考新知识是怎样产生的，是如何展开或得到证明的，进行数学思想的渗透。例如：在教学《立体图形的表面积和体积（总复习）》时，教师不能仅仅满足于学生整理出各个立体图形体积的计算公式，关键在于引导学生回忆各个图形体积公式的推导过程。追问学生长方体、正方体、圆柱、圆锥的体积计算公式分别是在哪个图形的基础推理出来的？从而引发学生的回忆，这样在复习整理的同时，也向学生渗透了类推、转化、实验的数学思想。

三、知识练习，拓展和提升相结合

1. 增加探究性练习，提升复习课的张力

复习是一个强化的过程，在此过程中不仅要强化学生对所学知识的理解，更要在方法上不断优化，使知识得到升华。如在求图形的面积、表面积和体积时，学生往往习惯套用公式来求解。在寻求答案的过程中，学生经常磕磕碰碰，解题过于烦琐复杂。有这样一道题：圆柱的侧面积是 20 平方厘米，底面半径为 5 厘米，则圆柱的体积是多少立方厘米？按照一般的思路，求圆柱的体积需要先求出圆柱的底面积和高，计算比较复杂。如果此时回想一下圆柱的体积公式推导过程就会明白圆柱的体积等于长方体的体积，我们可以通过求长方体的体积的方法解题，用圆柱的侧面积 $\times \frac{1}{2} \times$ 底面半径。因此

圆柱的体积 $= 20 \times \frac{1}{2} \times 5 = 50$（立方厘米）。原本枯燥无味的复习课，因为有了新的探究内容，立刻变得生动有趣起来。

2. 增加综合性练习，扩展复习课的广度

综合练习不仅指练习的形式，更指练习内容要体现综合。复习时尽可能将内容以题组的形式呈现，既可扩充课堂的容量，又可把知识点融合在一起，综合考查学生对知识的理解。例如在复习立体图形的时候，出示一个圆柱形的水桶及问题：① 给水桶加个盖是求（ ）；② 给水桶加一道箍是求（ ）；③ 给水桶刷一层油漆是求（ ）；④ 这个水桶能装多少水，是求（ ）。这里教师有意识地把有关立体图形的知识综合起来，"瞻前顾后"扩展了复习课的广度。

3. 增加选择性练习，拓展复习课的密度

因为每个孩子掌握知识的程度是不一样的，所以选择性练习要有弹性，降低学习的难度，同时也为学生扩充知识的广度，使不同层面上的学生都能得到发展、深化。

例如：超市的某种奶粉原价每千克 a 元，先后分两次降价。降价方案有三种：方案一，第一次降价 5%，第二次降价 1%；方案二，第一次降价 4%，第二次降价 2%；方案三，每次降价 3%，按（　　）种方案降价，现价最便宜。

A. 方案一　　　　B. 方案二　　　　C. 方案三　　　　D. 无法确定

看似只是一道选择题，在完成练习的过程中实际上包含了三道有关百分数的计算，无形中拓展了课堂的密度。

4. 增加开放性练习，挖掘复习课的深度

开放性的题目有助于培养学生的发散思维。设计练习时，教师可以有意识地设计一些能开拓学生思路的、有利于学生自主探索的开放习题。例如，在教完《百以内的加减法》后设计这样一道题：小红家、小菊家和学校在同一条街上，小红家距离学校 52 米，小菊家距离学校 45 米，小红家和小菊家相距多少米？对于二年级的孩子来说，面对这样一个灵活性较强的问题，只有打破"陈规旧矩"的束缚，才可以从不同角度进行分析思考。如果小红家和小菊家在学校的同一边，应如何计算；如果两家在学校的两边，又要如何计算。学生从两个不同的角度思考，最终可得出两个不同的答案。开放题给学生创设了一种"探索"的意境，长期接受这样的练习，有利于扩展学生思维的广度和深度，培养学生的创新思维。

运用自然拼读法开展英语语音教学的实践

潘爱芬*

长期以来，过半的农村小学生读不准英语单词，未曾掌握简单的规则的单词拼读规则，朗读课文时频频读错单词，完成单词辨音题时错误率高。修订后的译林版英语教材从三年级下册第一单元开始设置了独立的语音教学板块（Sound Time），凸显了小学英语教学中语音教学的重要性。我们以研讨和探究新教材的教学方法为契机，充分利用和挖掘教材资源和网络课程资源，开展了自然拼读法的教学尝试。

一、字母教学过程中渗透音素教学，初步熟悉音素

为了能够达到"听音敢猜""见词敢读""听音写词""见词读音"的能力，学生须学会自然拼读法，即学生可以根据音和形之间的对应关系拼写出陌生的单词。教师首先要教给学生元音字母和辅音字母所代表的音，熟悉 48 个音素，然后教学生去编码陌生单词。在三年级起始学习字母时，教师除了要求学生牢固掌握字母的本身读音、书写之外，还应该结合一个含这个字母的单词来开展语音教学，初步渗透音素。例如，学习字母 ABC 时加入如下 chant（吟颂）环节：

---

* 潘爱芬，女，江苏省扬州市邗江区实验小学，一级教师。

AAA,[æ][æ][æ],A is for apple,A is for ant.

BBB,[b][b][b],B is for banana,B is for bear.

CCC,[k][k][k],C is for cat,C is for car.

在以上环节中,教师应该把字母、单词与发音结合起来,在学生的头脑中形成一个整体,而不是孤立地教学字母 ABC,可让学生在字母教学的过程中初步熟悉[æ][b][k]等音素。

二、利用英文歌曲逐步巩固音素教学,奠定单词拼读基础

在英语教学的起始阶段,语音教学主要应通过模范来进行,教师应提供大量听音、反复模仿和实践的机会,帮助学生养成良好的发音习惯。歌谣中包含英语语音如音素、拼读、重音、弱读、节奏、声调等,朗读歌谣有助于培养学生良好的语音语调。教师可利用每天的课前 2 分钟时间或是早读课循环播放优秀视频,如 *A is for Apple*。

A is for Apple

A is for apple a a apple, B is for ball b b ball.

C is for cat c c cat, D is for dog d d dog.

E is for elephant e e elephant, F is for fish f f fish.

G is for gorilla g g gorilla, H is for hat h h hat.

I is for igloo i i igloo, J is for juice j j juice.

K is for kangaroo k k kangaroo, L is for lion l l lion.

M is for monkey m m monkey, N is for no n n no.

O is for octopus o o octopus, P is for pig p p pig.

Q is for question q q question, R is for ring r r ring.

S is for sun s s sun, T is for train t t train.

U is for umbrella u u umbrella, V is for van v v van.

W is for watch w w watch, X is for box x x box.

Y is for yellow y y yellow, Z is for zoo z z zoo.

So many things for you to learn about, So many ways to sing a song.

通过观看视频,学生模仿学习元音字母和辅音字母所代表的音。经过一个月左右的训练,学生就能知晓 26 个字母在单词中的常见发音,为拼读单词教学奠定了基础。

三、利用表格尝试自然拼读,确保读准基础音节

开展自然拼读教学前,教师可在教室里张贴 Aa 和其他辅音字母相拼的表格,供学生们随时拼读,使其达到见到相应音节就能直接拼读出来的程度。如下:

Aa	ba	ca	fa	ga	ja	ka	la	ma
	na	pa	qua	ra	sa	ta	va	ya

学生刚学拼读时,教师可像教汉语拼音一样,教学生 b-a-ba,c-a-ca 式拼读,也可以直拼出 ba 和 ca。教师可指着任一辅音字母与 Aa 的拼读,让学生试着拼读简单的音节 ba\ca\fa\ga 等,并在此基础上,逐步学习其他四个元音字母与辅音结合的音节读音。

在此环节中,教师需要认真示范并关注学生口型的变化和舌头的位置是否正确,如发[e]时舌尖抵下齿,舌前部稍抬起;发[æ]时舌尖抵下齿,舌前部稍抬起,嘴要张开、张大。教师可以运用夸张、形象的手势展示发音口型,让学生直观地感知发音方式。

四、结合单词新授学习自然拼读法,学会拼读规律

对于刚学英语的小学生来说,认读单词对于他们来说极其困难。读完就忘是常有的事,以旧带新、音形义结合是最适合他们的记忆方法。例如,教师在教学"bed"这个单词的时候,可以画出一张床,同时手指单词,嘴里念"bed",让学生的视觉、听觉等感官调节到最佳状态。与此同时我们还要渗透元音音素[e]的教学,让学生知道"bed"中含有元音音素[e]。并写出系列单词:let,egg,get,yes,让学生读,还可以扩展一些没学过的相同规律的单词让学生试读,这样日积月累,学生能了解字母的基本发音,养成拼读单音节单词的能力。再如在教 bear 之前,先复习 pear,然后擦去 p 改写成 b,这时,学生马上会产生音形的联想,然后笔者在黑板上再画上一个小熊,显示其含义。这样,一个词的音形义很自然地结合在一起,使学生迅速掌握了 bear 一词,产生了以旧带新的良好效果。

在我们的语音教学中,教师应有意识地引导学生观察、总结、记忆读音规则。这里的总结、记忆不是死记硬背读音规则,而是通过经常的练习,形成概念,形成积累。英语的发音规律是很多很复杂的,如,不发音的"e"规律,重读音节与非重读音节的规律等等,我们不可能在很短的时间里将所有的规律一一讲解,但我们有必要将一些简单的学生容易掌握的发音规律逐步渗透给学生,让学生掌握后能实际运用并做到真正巩固。

五、通过阅读绘本进行拼读实践,培养学生自主阅读能力

绘本因图片美观、故事经典、语言简洁等特点逐渐成为英语课堂中重要的教学资源,因为绘本不仅能带给学生精美的视觉享受,还能帮助他们理解故事内容,激发和保持阅读兴趣。教师可以让学生在绘本阅读中运用自然拼读法学习生词,培养学生的自主阅读能力。如外研社丽声拼读故事会丛书就是一套以绘本故事帮助孩子进行自然拼读启蒙的读物。通过听、读奇思妙想的韵律故事,孩子循序渐进地感受和体验英语字母和字母组合在单词中的发音,逐步形成自主阅读英语的能力。以绘本 *Sam's Pot* 为例,教师先让孩子看下故事书的封面,猜猜 Sam 的罐子里可能会有什么东西,激发学生阅读兴趣,再按拼读规则读出书名。接着鼓励孩子慢慢地独立拼读整个故事书的单词。对于不认识的单词,可以尝试按照规则读出来,教师要注意观察孩子的拼读情况,是否能拼读出核心单词(Sam,Tom,Pam,mop,cat,got,pot,pat,tap),遇到有困难的孩子,教师要给予指导和示范。借助绘本故事给学生提供自主拼读和阅读的平台,让学生在每一次的阅读中不断运用和强化自然阅读法,并将之转化为学习自信和意愿,最终培养独立阅读的能力。

小学英语课堂活动教学初探

王　颖*

为了更好地帮助学生克服运用英语的紧张心理,激发学生学习英语的浓厚兴趣,创造性、综合地运用所学的英语知识,提高他们运用英语交际的能力,我们进行了小学英语课堂中活动教学的探索与实践。

一、小学英语课堂中的游戏活动

歌曲热身。在上课前唱一首英语歌曲,通过优美的歌声,配上适当的动作,营造良好的英语学习气氛。同时,唱歌可以集中学生的注意力,使学生一上课就能马上集中精力来学习英语。

游戏导入。这也是课堂教学的最重要部分,利用恰当的游戏导入新课是激发学生兴趣的有效途径,也是一节课成功的关键。

知识新授。在这一环节中,要求教师尽可能采用 ppt、实物、图片、简笔画、手势等直观教学手段,采用电教等多媒体,使语言教学更加直观、生动有趣。

在玩中学。这是开展游戏活动的好时机。在学生对课堂学习内容有一定了解的基础上,借练习来消化新知。用边玩边练的方法,将枯燥的练习变得有趣。在这一阶段,我们可以开展许多生动活泼的游戏活动。教师要把握好课堂气氛,活而不乱、动静有序,争取让每一位学生都参与其中。并且尽量安排集体游戏,特别是需要集体配合,体现协作精神的游戏。

分角色表演。这是把知识转化为能力的重要环节,是学生最兴奋的环节。这也是训练学生学会运用英语进行交际的机会。学生在这个时间里可以尽情发挥自己的交际能力。教师应抓住这一契机,努力营造英语表演气氛,可以准备一些简单道具如头饰等,使表演更增添趣味。这样的表演一次可以安排五六个学生,一次表演只需要二三分钟,一节课可以安排好几组学生表演。台上表演的学生非常兴奋,台下的学生兴趣也十分浓厚,课堂气氛达到高潮。

竞赛巩固。这也是一节课的小结。竞赛是学习和练习的好形式,小学生好胜心强,利用竞赛可以激发学生的兴趣,操练、巩固所学知识。竞赛一般贯穿于教学的全过程,也可以在课的结尾进行决赛,分出谁胜谁负,并及时给予奖励。

二、小学英语课堂中的读后活动

读后活动设计的关键是追求实效性。作为教师,我们既要追求实效性,又要追求趣味性,为此就需要多花心思、多动脑筋来设计贴近学生生活,能够吸引学生注意力的教学活动。下面下以 6B Unit 8 *Our Dreams* 为例说明拓展型教学的原则。

【教学片段】

(T = Teacher, S = student)

---

* 王颖,女,扬州市三元桥小学,小学一级教师。

T：Mike and his friends are reading a story. Let's share it together.

Step1：Look at some pictures about the story；

Step2：Guess the name of this story；

Step3：Read this story together.

S(大灰狼)：Hello, open the door, please.

T(小白兔)：Are you dad?

Guess：What does the wolf say?

S：Yes, I am.

T(小白兔)：No, you're not.

Guess：What does the wolf say?

Students' performance 1：Hello, open the door, please.

Are you Mum?

Yes, I am.

No, you're not.

Students' performance 2：Hello, open the door, please.

Are you Mum?

Yes, I am. I can sing the song *Rabbit Dance*.

Step4：Act out the story.

…

这堂课的绘本教学大致分为了三步：赏故事、编故事、演故事。

赏故事。目的是先整体感知，通过插图唤起学生对故事情节的记忆和联想，引导学生猜测故事的名字，让这些回忆和联想有个结论。学生的答案不尽相同，这个赏故事环节在一定程度上锻炼了学生的观察、记忆、思维、想象和创新能力。这一环节虽然像放电影一样，没有文字的支持，但为学生将已有知识和经验迁移到故事学习中埋下伏笔。

编故事。在教师的引导下，让学生猜测大灰狼和小白兔的对话，这个过程是循序渐进的。第一幅图由教师出示对话内容，引导学生运用，第二幅图让学生模仿前一幅图教师所运用的语句编故事，因为有示范，中等及中等以下的学生都能编得很好。随即教师设置了一个能激发学生逻辑思维的问题"大灰狼会说真话吗?"来吸引水平层次高的学生思考。这一循序渐进的过程能够照顾不同层次学生的差异，达到了让所有学生在原有基础上有所提升的目的。

演故事。学生能够融入故事情节当中，利用肢体语言和恰当的语音语调绘声绘色地演绎故事，充分体现了学生基于文本又高于文本的语言能力。让学生感受读故事和体验语言运用的乐趣。

"代币制"激励法在小学数学教学中的运用

张素琴*

这是三年级的一节关于乘法计算的教学研究课。为了进一步调动学生的学习兴趣、激发他们的学习热情,教师在课上还采用了给表现好的学生加星号或戴胸章的强化手段。这节课教师共计奖励给5个学生星号,快下课时,教师又奖励了3名同学佩戴胸章。笔者发现学生对教师奖励的星号与胸章反应平淡、不感兴趣,甚至有点无动于衷。课后,笔者和上课教师交流,教师非常坦诚地对笔者说,一年级时效果比较好,现在效果不太好,不准备再用。那么,问题出在什么地方呢? 值得研究。

加星号、戴小红花等都属于一种叫"代币制"法奖励策略,是小学阶段的教师经常使用、非常有效的一种激励强化策略。所谓代币,可以是五角星、小卡片、游戏币等东西,这些代币积累一段时间就可以"购买"或"兑换"奖励,奖励可以是自由活动、食品、玩具、荣誉称号等,或者其他学生想要而又是合理的任何东西。也可以给学生提供一些奖励清单,学生可以根据自己获得的代币多少,来选购自己想要的奖励。案例中的教师所提供的"代币"——五角星、大红花,课后不能用来"选购"自己的奖励,没有相应的奖励清单与之相配套,是教师所给的这些"代币"无效的根本原因。

经过讨论,我们重新制定了"代币制"法实施方案。首先该教师联合班主任教师以召开班会的方式引导学生反复讨论,最终形成班级学习条约,具体如下:

三(6)班学习条约

1. 每天的作业及时完成,完成后必须检查1遍以上。然后按照学科的分类,哪一门学科作业全对的,该门学科就可以得一颗星。每一门满5颗星的,发一张"学科之星"的名片。如数学连续5次全对,就可以得到一张"数学之星"的名片。

2. 每天课堂中必须积极举手发言。在课堂上有精彩发言的同学可以得到一颗星。满5颗星的,发一张"课堂发言之星"的名片。

3. 对于暂时后进生,如果进步明显,可以得到"进步之星"的称号。

4. 每次测试超过自己目标分的同学,可以得到一张五角星的贴画,直接贴在该学科教科书的封面上。

5. 学期结束进行统计,获得名片和贴画最多的前5名学生直接入选班级优秀少先队员称号,颁发盖有学校公章的证书,同时奖励一本印刷精美的写有"三(6)班××之星"的本子。

接着,教师严格对照条例实施,条例正式实施了2个多月就面临考试、放假,时间很短,但成效明显。该班任课教师明显感觉到,实施了班级学习条约后,学生的学习态度发生了很大的变化,学生上课开小差的少了,踊跃发言的多了,作业书写变工整了,审题马虎、丢三落四的现象少了。现在,学生会做的题目基本不再做错,作业的一次正确率

---

* 张素琴,女,江苏省扬州市花园小学,小学一级教师。

大大提高。原来班上一个单亲家庭的孩子，由于父母一直不关心孩子的学习，完成作业一直是老大难问题，现在他也开始按时交作业了，遇到不会做的题目，他总是盯着同学或老师去问，直到会做为止。在数学期末考试中，他考了85分，这是他上小学以来数学考到的第二高分。期末颁奖会上，虽然他的贴画和名片没有进入全班前五名，老师还是把一本写有"三(6)进步之星"的精美本子颁发给了他，全班同学报以热烈掌声，而孩子也十分开心。

课堂激励的意义在于，唤醒学生学习的内动力，使学生从"被成长"中产生学习自觉，激发他们自主、自动地用力去生长。在实际教学中，教师应根据具体情况来选择相应的课堂激励方法，无论什么方法，只要运用恰当，都能获得较好的激励效果，从而促进教学质量的提升。

初中数学课中如何培养学生说的能力

黄庆红 *

很多教师在数学教学中忽视对学生"说"的训练，致使学生"只会推算，不会言传"，阻碍了学生的思维活力，"死解题、解死题"思维僵化，知识巩固率不高。笔者以为，在数学教学中，要重视培养学生的数学意识，特别要重视"说"的培养，让"说"概念，"说"解题思路、方法等，培养学生"说"出数量关系的能力。

一、创造宽松的氛围，让他们敢于说

在课堂上，教师要给学生创造一个宽松、平等、融洽的氛围，让学生不紧张，没有怕说错的心理负担，将学习活动视为主动参与的过程。初中学生的好胜心特强，他们渴望得到老师的表扬，因此培养学生"说"的动力应从保护学生的自尊心开始。在学生"说"的过程中，教师应始终面带微笑，耐心倾听，并适时予以鼓励，"说得好""不要急，慢慢说"等，并要求全体学生注意倾听，对每个学生发言都应予以充分肯定，激励学生喜欢"说"，有信心"说"。课堂教学中还应该关注学生的差异性，给不同的学生创造各种机会，而不应只是几个学优生展示的课堂。对于基础较差的学困生，可以让其回答一些简单的问题，并给予表扬，特别是当其主动举手时，要给他机会回答，并说一些激励性的语言，让他体验到成功的喜悦，积极主动地参与课堂活动。

二、让学生的语言规范化，使他们会说

数学语言是由自然语言、专门术语和各种符号组成的，具有科学性、逻辑性、有序性的特点，它具有一种内在的美，表面枯燥乏味，却蕴藏着丰富的内涵。充分理解和掌握它，就能领略其中的微妙之处，感受其中美的意境。数学教师应该加强诱导，让学生在课堂上多说，大胆地说，有条理地说。构建对话课堂，应避免整堂课进行无意义的一问一答，学生在对话中应是主动的，努力生成真正的师生、生生间的"有效对话"。例如，解方程：$\frac{2x}{x-2} - 1 = \frac{1}{x-2}$。学生回答此题的解法时，要求会说第一步去分母，实际是给

---

* 黄庆红，女，青海省西宁市第十一中学，特级教师。

方程两边同时乘以$(x-2)$,其中"-1"不能漏乘;第二步去括号,注意括号前面是负号时,各项要变号;第三步移项、合并同类项,移项要变号等解题步骤。训练学生通过"说"解题步骤,规范学生的数学语言,理清数学思路。语言是思维的"外壳",思维是语言的"内核"。数学课堂教学中不能堵住孩子的嘴巴,教学中可通过孩子独立大声说、同座练习说、四人小组互相说等形式,给每个孩子口头表达的机会,调动孩子表达的积极性。

三、鼓励学生从题目中说思考过程,引导学生进行反思

由于学生思维活动具有内隐性和自动化的特点,大多数学生在思考稍复杂问题时很少意识到自己的思维过程。我们在数学教学过程中,充分为学生创设说的机会,实际就是让学生再次反思自己的学习过程,让学生在反思的过程中感悟解决问题的方法,总结应对策略。

例如:PA 为$\odot O$ 的切线,点 A 为切点,OA 是半径,直线 PO 交$\odot O$ 与点 E、F,过点 A 作 PO 的垂线 AB 垂足为 D,交$\odot O$ 与点 B。

(1)求证:PB 与$\odot O$ 相切;

(2)若$\angle APB = 60°$,$OD = 2$,求 OP 的长。

此题出现后先让学生整理题目中的信息,并联系所学的知识点,如:PA 为$\odot O$ 的切线,联系知识点 $OA \perp PA$;过点 A 作 PO 的垂线 AB 垂足为 D,联系垂经定理;直角三角形有高,联系同角的余角相等。要证 PB 与$\odot O$ 相切,连接 OB,需证 $OB \perp PB$;要求 OP 的长,求 OA 的长,有角有边,联系锐角三角函数。可见,学生在说的过程中进一步理清了自己的思路,反思在解决这类问题时的做题方法。这种训练可以帮助学生积累解决各种问题的策略,提升思维水平。

农村初中化学探究学习

朱贤芬 *

科学探究既是学习的方式,又是学习的内容和目标,也是教师在教学中的目标,关系着学生学习的自主性和有效性。

一、精心创设情境,激发学生探究心理

农村化学教学受各种条件的限制,在教学方式、方法、手段上仍有许多不足,但是只要教师精心准备,利用简单的教具、身边的实物同样可以在教材内容和学生求知心理之间制造一种"不协调",把学生引入一种多疑、多奇的境界,从而让学生产生探究的需要。

教学中可以采用灵活多样的方式创设情境,如讲故事、展示奇妙的实验现象等方式。如在讲"二氧化碳"前,笔者就给学生讲了一个"死狗洞"的故事:"在许多地方都有一种奇怪的山洞,当人们牵着爱犬进入山洞时,爱犬会莫名其妙地倒地,昏迷不醒,当

---

* 朱贤芬,女,扬中市邗江区杨庙中学,教师。

人们弯腰去抱爱犬时自己也会昏迷。这是为什么呢？还有，在日常生活中，人们在进入一些久未开启的菜窖、枯井时，都要先放一根燃着的蜡烛进去，烛火不灭，人才能进去，同学们知道这是为什么吗?"学生们会不由自主地做出各种猜想，探知其中的奥秘，探究心理被激发出来，学习积极性高涨。然后笔者组织学生利用简单的用品：火柴、蜡烛、紫色石蕊小花、澄清石灰水、三瓶二氧化碳，进行实验，探究二氧化碳气体的性质。利用"化学小魔术"来创设情境，如"点不着的纸""清水变牛奶""白纸现字"等，激起学生心灵深处的探索愿望，把学生带入发现者和探索者的位置，促进学生形成强烈的探索动机。当然，创设教学情境不仅要在课的开始，还要贯穿于课堂教学的全过程，使学生始终保持良好的心境，思维持续处于活跃的状态，真正成为课堂的主人。

二、设置合理问题，引导学生探究过程

没有问题就没有探究活动，问题是探究学习的前提，需要教师设置合理的问题，营造出探究的环境，让学生感受矛盾，发现疑问，提出自己的问题。例如，《分子和原子》的教学过程中，"分子的特征"可设计这样的问题：当春暖花开的时候我们会闻到花的香味；当打开酒瓶、醋瓶时，我们会闻到酒味或醋味；当蔗糖溶解到一杯水中时，整杯水都是甜的。这是为什么呢？学生会产生自己的疑问：香味、酒味、醋味、溶于水中的蔗糖是肉眼无法见到的微小粒子吗？这些粒子会不会不停运动呢？所有物质都是肉眼看不到的微小粒子构成的吗？这些小粒子是什么？……然后，同学们通过小组间的查阅资料、讨论、总结、得出结论，完成探究的过程。虽然，在该探究的过程中没有化学实验，但同学们可以依据身边常见的现象，在自己现有的知识水平上进行假设，寻找结果，获得新知。

设置恰当的、难度合适的问题成为教学过程中的关键，不能让学生一目了然，那样就会失去探究的动力；也不能超出学生的理解认知范围，否则学生就会感到茫然，失去探究的意义。教师要帮助学生养成探究的习惯，使学生成为学习的主人。

三、取精华去糟粕，帮助学生设计合理探究方案

科学探究活动方案设计要遵循一定的设计原则，如理性与操作性的统一、施教主体与学习主体的协调、规范性与创造性的统一等，农村学生和城市学生在设计实验的能力上存在一定的差异，尤其是规范性和创造性。教师就要帮助学生仔细设计、甄别探究方案中的各种问题，使探究方案更合理。探究方案的设计要让学生在轻松愉快的氛围中获得与探究主题相关的知识与技能，体验和了解科学探究的过程，受到相应的科学训练。如在"比较金属活动性——能与酸反应的金属比不与酸反应的金属活泼"的实验设计中，学生的设计方案为"分别将钠、钙、铁、铜、银放入酸中，观察实验现象"，教师可给学生提供一定的信息：钠和钙与酸反应时非常剧烈，实验具有一定的危险性。同时指出方案中的不规范性，如酸的浓度和用量应该是相等的。最后学生们也考虑到实验室没有银丝便将设计方案改为：分别将大小相同的锌片、铁片、铜片放到等量浓度的酸中，观察现象。在这个过程中将实验探究变得更具可操作性、更规范完整。

四、认真组织课内和课外实验，提高学生的探究能力

化学实验一直是学生学习化学的重要手段，从演示实验，到学生实验，再到实验活动探究是一个逐渐的、潜移默化地培养学生探究能力的过程，通过演示实验，学生学会

最初的明确观察目的、重点和方法,学会记录并整理观察结果;通过学生实验,培养学生深入、细致、全面、持久的观察力,获得丰富的感性经验,开发创造潜力;最后进入最高层面的科学探究活动,学生将所学知识系统化。一般地,教师可在讲解演示实验后,鼓励学生将演示实验设计成学生实验,增加学生的动手机会,培养学生的化学实验思维。还可让学生自己设计课外实验,如"空气中氧气含量测定实验装置的改进""洗发水和护发素的酸碱性""空气污染调查"等,让学生通过探究活动体验化学与其他学科、化学与生活、化学与环境等方面的密切联系,认识到化学的重要作用。

小学综合实践活动实施模式多样化

杨金珍 *

摘　要：综合实践活动课程是国家设置的必修课程,通过丰富多彩的实践活动,改变学生的学习方式,培养学生的实践创新能力,提升学生的综合素养。多样化课程实施,可以使活动更具魅力,学生积极性更高。其基本方式有：学科知识整合式、传统活动改良式、建立基地体验式、学校乡村联动式。

关键词：综合实践活动；实施模式；多样化

综合实践活动课程是我国新一轮基础教育课程改革中新增的一个亮点。该课程在增强小学生直接经验获得的过程中,可以改变学生以往单一的学习方式,培养学生的综合素养,发展学生的创新精神和实践能力。每一所学校在综合实践活动课程实施时,如能充分开发利用本地、本校资源,那么综合实践活动多样化实施就能得以实现,对此笔者进行了实践探究,现将实施模式概括为以下四种。

一、学科知识整合式

《综合实践活动指导纲要》(以下简称《纲要》)在谈到综合实践活动与学科课程的关系时指出,各学科中所发现的问题、所获得的知识,在综合实践活动中延伸、综合、重组、提升；综合实践活动中发现的问题、所获得的知识、技能,在各学科教学中拓展加深；在某些情况下,综合实践活动可以与学科打通进行。综合实践活动课程可以与其他学科有机整合,以各学科领域的知识技能为工具,通过实践活动,将各学科的知识技能进行重组和拓展延伸就是学校内部的软资源。

(一) 将学科单一的知识与综合实践活动整合

教师在自己的日常学科教学中,善于将学生对某一知识的问题,转化为实践活动的主题或者研究的小课题。如苏教版六年级小学美术《画汗衫》,在教学过程中,学生产生问题："汗衫是不是 T 恤?"教师抓住学生的这一问题,组织学生开展了主题为《汗衫趣谈》的活动,学生了解了汗衫的相关知识,为汗衫的创作做了有效铺垫。

(二) 将学科纵向内的知识与综合实践活动整合

苏教版小学教材编排体系与选材内容,很多知识呈现螺旋式上升的编排特点,而且知识之间有交叉、重叠的现象。教师不妨以学科本身的体系,进行知识的整合。如苏教版三年级上册美术,安排了《对称美　秩序美》《剪纸(一)》和《剪纸(二)》的单元内容。教师可将前后知识进行整合,开展主题为"扬州剪纸"的研究活动,让学生了解扬州的剪纸的特点,以及剪纸的历史和发展过程,从中感知中国传统的剪纸文化元素。

(三) 将学科横向内的知识与综合实践活动综合

《纲要》指出：综合实践活动超越单一学科知识系统的局限,要求学生在综合实践

---

* 杨金珍,女,江苏省扬州市解放桥小学,副校长,特级教师。

活动的情境中,学会综合运用所学知识分析问题、解决问题,提高思维能力,学会做事,发展创新精神和综合实践能力。苏教版二年级语文上册《梅兰芳学戏》、三年级语文上册《练习7(脸谱)》、四年级音乐上册《唱脸谱》、五年级美术上册《彩墨脸谱》,将这些内容整合,在二至五年级,开展"走近脸谱"的活动。二、三年级主要收集各种各样的脸谱造型,四年级走访京剧演员,五年级学唱京剧。① 通过活动,学生多层面了解京剧的人物系列及各色各形脸谱的内涵,学生在活动中设计、制作自己喜欢的脸谱,不仅能巩固语文课的知识技能,还把美术课、音乐课的知识相融合,进行实践活动,有效转化成综合能力,学习兴趣更能持久。

二、传统活动改良式

《纲要》指出:综合实践活动除指定的研究性学习、社区服务与社会实践、劳动与技术教育、信息技术教育四大领域外,还包括大量非指定领域,如班团队活动、校传统活动(科技节、体育节、艺术节)、同伴间的交往活动、学生的心理健康活动等。可见综合实践活动课程与学校的各类传统活动是"朋友圈"的关系,综合实践活动应该是传统活动的继承、发展,同在同行。②

(一) 改良学校的传统活动

1. 由主题班会活动衍生出的综合实践活动

主题班会定期举行,不少活动主题由学校统一确定,比如规定的"我们的节日——春节、端午节"。主题班会计划中常常拟定的主题,教师更关注的是中国传统节日的民风民俗、节日的由来、庆祝方式等。我们可以将它与综合实践活动中的劳技活动整合,让学生学习制作传统的饰品——编织鸭蛋网、剪窗花等,以及制作传统节日的食品——包饺子、学扎粽子、学做月饼等,让学生在"做中学",既继承传统,又培养学生的创新精神和实践能力。

我们还可以从社会现象中衍生出综合实践活动。如发现社会上老人跌倒无人问津的现象,可以结合"重阳节",开展"老人跌倒扶不扶"的活动,辩一辩"老人跌倒该不该扶";想一想"老人跌倒如何扶";谈一谈"如何为身边的亲人尽孝"等。这样可以引起学生对社会现象、对老人问题的关注,能主动关爱老人,做到"知孝道,重孝道,守孝道"。把品德教育和社会生活实践有机结合起来,效果会更好。

2. 由春游秋游衍生出的综合实践活动

春秋游是不少学校的传统活动,小学生喜欢玩、喜欢吃,稍不注意就会淡化了活动的价值,此类活动容易停留在一般活动层面上,摆脱不了以玩为主的窠臼。可能期间也有学生的实践活动,但局限于活动前期的资料搜集,没有活动后期的反思评价,更缺少在活动过程中的深度体验,对活动本身的内涵缺乏挖掘。我们可以改良传统的春秋游活动,组织开展系列实践活动。如组织开展"小小导游员"的活动。活动前期让学生搜集、整理景点的相关资料,为撰写导游词做准备。接着让学生有针对性地选一两个景点撰写导游词,然后通过班级"导游词大比拼",选出本班"小小准导游"。学校邀请专业

---

① 居玲玲:《综合实践活动主题的设计》,《扬州教育》,2003 年第 6 期。
② 沈旎:《传统活动与综合实践活动课程是什么关系》,《中国教育报》,2009 年 12 月 2 日。

人员进行岗前培训,同时让每班导游组织本班学生,为本班设计旅行社名及导游小旗。活动进行时,小小导游们"全副武装",走在本班队伍前面。到了景点使出浑身解数,为大家介绍。学校还可邀请本次随班的旅行社的专业导游作为本次活动的评委,评出本次活动的"金牌导游",为他们颁发荣誉证书。借此活动寓教于乐,孩子们能更好地了解家乡的变迁与发展,受到"知家乡,爱家乡,建家乡"的情感熏陶,同时也过一把导游瘾,和导游这份职业有了一次亲密接触。还可以结合以往在春秋游活动中发现的浪费现象,将春游活动作为《生活中的浪费现象》的调查的一个部分,集中调查春游过程中学生的浪费现象,并提出对策。教师还可以有意识地将《风筝的设计与制作》活动安排在春游前,在春游时,举行风筝放飞比赛等。

3. 由大课间活动衍生出的综合实践活动

大课间活动已经成为当前学校教育中重要的一个课间活动。教师容易忽略学生的主体地位,学生在大课间活动随意性强,对不喜欢的活动还是懒得动。如何充分发挥学生的自主性是设计创编大课间活动的原则。教师不妨走到学生当中,了解学生的兴趣,征求他们对大课间活动项目的意见和要求,并进行梳理、归纳,形成设计思路,甚至可以大胆放手,由孩子们自己设计创编特色新颖的活动,开展《我的大课间活动我做主》活动,激发学生对大课间活动的参与设计的热情。如学生非常喜欢当前流行的《小苹果》的音乐舞蹈表演,于是向老师建议大课间跳《小苹果》。教师接受学生的建议,同时告诉学生要结合学校的传统体育项目——踢毽子,用《小苹果》的音乐,编《小苹果毽操》。学生兴致勃勃,有的回家主动跟着《小苹果》视频学习,采用一些动作,再设计一些踢毽子的动作。两周后,学校举办《小苹果毽操》比赛,各班可以集体或者个体参加展示活动,最后选择大家公认的一套操,作为全校大课间的毽操。如今在大课间的时间里,全校师生共舞《小苹果》。学生跳得开心,教师看得也暖心。活动的设计调动了学生的积极性,贴近他们的生活,大课间活动变得像街舞表演一样深入人心,学生的生活实践能力也不断提高。

(二)改良学校的特色活动

《纲要》指出"综合实践活动内容的选择要遵循'体现每一所学校的特色'等原则"。学校特色不仅仅是一种外在的形象包装,也应是学校教育内涵的综合外显。在一些学校特色活动中,学生常常处于被安排、被设置、被表演的地位,难以实现学生对活动的自主策划、设计,不妨稍稍改良,根据自身的资源状况,以及学生的意愿、年龄特点和本校学生的智力水平,进行统筹协调,合理规划,分阶段定要求,编写校本教材,真正把特色活动融入校本课程并常态化实施。

如扬州新星小学,这是一所外来务工人员子女比较多的学校。学校根据实际情况,提出了"以文化积底蕴、以特色创品牌、以品牌求发展"的办学思路,构建了"快乐实践,快乐体验"的办学特色和《感恩励志》的课程文化。提倡多点人文关怀,关注学生的感受,让学生在文化知识学习期间,多点实践体验,健康快乐地成长。学校充分利用土地优势,将校园打造成一所学生喜欢的"种植园",学生在这个"园子"里,有生长的动力,有体验的空间,有亲近自然的机会,潜能得到彰显。

学校将校园围墙边的闲置土地开发出来,命名为"红领巾种植园",将土地分割成块,每班种植一块,让学生把自己班级的那一块命名为"××小农场",营造出浓浓的儿童情趣。分田到班,由学生自己翻土、播种、收获,每一个孩子都是园子的"责任人"。每个学生都有和植物亲密接触的机会,了解植物发芽、开花、结果的生长过程,在实践活动中提高综合能力。学生不仅积累了种植的经验,还丰富了生活,交流的内容多了,语言也自然流淌,还知道感恩、珍惜粮食、杜绝浪费等的深度含义。

三、建立基地体验式

在综合实践活动课程中,知识与技能、过程与方法,以及情感态度与价值观,是不以告诉的方式来传递的;而是靠学生在活动过程中亲历和体验,不断地生成和内化。[①] 开设好该课程,就需要努力给学生提供实践场所。学校是学生学习和活动的最主要场所,能够在学校及周边范围内建立综合实践活动基地,不失为一个好的举措。

(一)利用现成的校内场所作为体验小基地

一是利用学校食堂。不少学校有学生中午在学校进餐,不妨以学校食堂为总后方,各个班级为阵营,全体教师为指导员,所有学生为角色体验者,每班每周安排两名学生作为"小小服务生",每天中午为同学们盛饭、夹菜、舀汤;饭后,收餐具、抹桌子、扫地。午餐结束,全班学生按照评分标准为他们的服务打分,并评出明星服务员,每月学校不妨对小小服务生给予精神与物质的奖励。通过体验,学生便懂得平时要对劳动者尊重,学会感恩与回馈。二是利用学校图书室。学校每年都要进新书,教师可以事先与图书室联系好,然后请图书管理员进行岗前培训,学生便可以体验了。有时帮助整理架上的图书,有时帮助修补图书。当新书进室时,帮忙为新图书盖章、贴条形码、贴标签等。此类活动让学生在校内就能了解并熟悉一些职业的特点,为将来的就业和创业奠定基础。

(二)新建校内的体验小基地

教师可以将校内的闲置教室,或者楼梯洞等角落,简单布置,并添置些简单的工具,就是一个像模像样的小基地了。如扬州市育才小学的"小主人邮局",原本是一间朝着路口的一间小屋。请美术教师进行了装饰,无论从外部的色彩,还是到内部的陈设,俨然一个"迷你版"的邮局。邮局的所有工作都由孩子们自主承担。每天上午 8:50 到 9:10 营业。为方便学生寄信,在邮局门口还设立了一个邮筒。在每周五下午大课间的 20 分钟时间里,当班的员工便来到邮局,分拣一周的信件。然后将信件交给各班的邮递员,由他们送给收信人。参与体验的孩子,不仅能力得到了锻炼,责任意识也强化了。[②]

再如扬州市新星小学的"魔幻小厨",配备了"烹饪"活动所需的电磁炉、微波炉、电饭锅,以及围裙、护袖等,学生在这里学煮米饭、学炒淮扬菜、学做烧饼、学包饺子、烧卖、重阳糕、日本寿司等,体验"小小厨师"的角色。该校还专门利用空余教室,经过简单布置,建立了"红领巾便利店",按照班级、按月轮换,每次选择 6 名同学,分别体验店长、收银员、理货员导购员等角色,让孩子尝试经营的乐趣。

---

① 张华:《综合实践活动课程研究》,上海科技教育出版社,2007 年,第 218 页。
② 蒋斯亮:《将德育融入一个个崭新的"教育场"》,《扬州时报》,2015 年 6 月 18 日。

（三）借力家的场所为体验小基地

家长、家庭也是一项重要的可挖掘并利用的极好资源。如扬州市湾头小学,地处"湾头玉镇":"天下玉 扬州工",不少家长就从事玉雕的工作,更有许多家长开厂、开店。学校便选取了一两个作坊大、热心教育的家庭,作为校外体验小基地,定期组织学生前往参观,听讲座,不断增长玉的相关知识。尤其是学生在小基地里,可以开展他们最喜欢的实践活动——DIY珠串活动,学生自己动手从翡翠、和田玉、紫檀、蜜蜡、琥珀等数百种散珠及五十多种专业工具和各类线绳中选择"素材",编制自己喜爱的珠串,颇有成就感。

四、学校乡村联动式

老城区的学校,寸土寸金怎么开展综合实践活动呢? 学校可以与家长多沟通,和乡镇保持密切的联系,学校大型活动邀请村、镇干部参加,就可整合校外优质教育资源,村校挂钩,开展"村校联合式"的综合实践活动。[①] 如扬州市育才实验学校,将扬州沙头镇的一个生态园定为校外的"开心小农场"。结合小学生的年龄特征,设置了三个不同层次的活动主题。一是低年级学生感受现代农业。学生通过参观农博馆,听取讲解,了解中国农业的发展历史。然后,进入现代农业展示中心,边听介绍边仔细观察现代农作物的生长环境、外貌特征等。二是中年级学生学习有机种植。每班管理一块田地,根据季节,学习有机种植土豆、毛豆、蚕豆、山芋、青椒、茄子等,然后到植物可以采摘的时候,去品尝自己辛勤耕耘的果实。三是高年级学生进入现代农业展示中心,认真观察、聆听几种典型现代农作物的外在形态、内在特性、培育方式、生长环境等方面的特点。组织学生讨论比较现代农作物与传统农作物的种植方法的区别。并以小组为单位,选取一种植物进行研究,比较此种植物在现代有机种植和传统种植中的异同,以文字、图表、小报、科幻画等方式呈现出来。以上系列主题活动,学生经历蔬菜的整个种植过程,体会到了劳动的艰辛与快乐,品尝到了劳动的成功与喜悦,培养了劳动情趣,提高了动手能力。

综合实践活动没有固定的模式,除上述几种模式以外,因实践中各地各校资源不一样,还会有很多模式。这些多样化的实施模式都各有各的优势,不同的学校可根据具体的情况,学会借鉴并有机整合各种实施模式的优点,随机应变,灵活掌控,那么综合实践活动课程的实施,才会更有魅力,吸引学生积极主动参与,定会收到较好的效果。

---

① 万伟:《综合实践活动建构创意与实施策略》,江苏教育出版社,2012年,第38页。

关于综合实践活动课程教材的思考

吴成慧*

摘　要：综合实践活动课程是我国基础教育课程改革中的亮点，没有教材是该课程的难点。如何常态实施综合实践活动课程，借助研制的学材，引领教师实现从有教材到无教材的跨越，最终可以进入综合实践活动课程所倡导的"世界为本、生活为书"的无教材的课程实施佳境。

关键词：综合实践；活动课程；教材；常态实施

综合实践活动课程是我国中小学必须开设的必修课，但是，与其他课程不同，该课程没有教材。那么，如何实施没有教材的综合实践活动呢？

思考一：综合实践活动课程没有教材好在哪里？

综合实践活动课程是我国《基础教育课程改革纲要》中规定的义务教育阶段从小学三年级开始必须开设的一门课程。该课程没有教材，这对习惯了依赖教材的教师们来说一下子无从下手，但专家们却说，综合实践活动课程好就好在没有教材。为什么这样说？经过一段时间的实践，我们恍然大悟。原来大千世界、万事万物均可成为综合实践活动的"活教材"。

1. 没有教材的课程，为教师选择学生需要的教育提供了空间

综合实践活动课程教学内容的开放使得教师对自己专业里的事情有了较大的自主权，能够从学生的需要出发，根据自己的专业知识和对学生的了解做出选择。比如，当教师发现本班孩子对昆虫、卡通人物、气候、新闻等感兴趣时，教师就组织学生关注这一主题，进而组织一些实践活动，例如雾霾天气严重困扰了人们的生活，教师就引导学生全方位关注这一主题，引导学生对此进行探究、观察，通过报纸、网络、广播、电视等收集相关信息，对雾霾的关注成了学生们课余忙碌的主题。每逢到了综合实践活动课，孩子们总是迫不及待地把自己的新发现、获得的新信息告诉大家，如：什么是雾霾？雾霾怎么产生的？各地的雾霾情况如何？人们对雾霾的研究有了哪些新进展？如何做好防护？孩子们对此产生了浓厚的兴趣，有的天天观察并做好记录，有的不断关注雾霾的最新动态，与时代同步的学习和探索未知的研究精神在学生中悄然滋长。没有教材的课程使教育更能贴近学生生活。

2. 没有教材的课程，为教师因地制宜发挥现有资源的作用提供了可能

综合实践活动课程没有教材，它的实施过程实际上就是一个课程资源开发的过程，这样就为教师因地制宜地发挥现有资源的作用提供了可能。

近几年，扬州发生着翻天覆地的变化，城市改革的步伐愈发加速，这本身就是一部厚实的活的教科书，教师们着眼于此，纷纷引导学生通过看、找、摄、访、听、比等方式走

---

* 吴成慧，女，江苏省扬州市广陵区教育局综合实践活动教研员，中学高级教师。

进社会，了解社会，开展综合实践活动。一看：走上街头巷尾，走进社区看扬城巨变；二找：上网，去图书馆，到新华书店等地搜集反映扬城巨变的相关资料、照片；三摄：用照相机或摄像机录下"新景点"；四访：走访家长、邻居、市民，了解并记下他们眼中扬城的变化；五听：听群众对扬州发展的要求与期盼；六比：将扬城东部现状与西部快速的发展进行对比找差距；等等。

综合实践活动课程打通了书本世界与生活的隔阂，引领着学生走出书斋，一步步迈向更为广阔而活泼的生活世界，教师们觉得这种状态的教学恰似鱼在水、鸟在林。

3. 无教材的课程，融洽了师生关系，增进了师生间的情谊

综合实践活动的内容是教师根据学生的需要由师生共同开发而生成的，这就让教育教学更贴近孩子，在实践中实现着教学相长。育才小学的一位教师说："在综合实践活动课上，我跟学生学到了很多东西，知道了我原先不知道的东西。比如风筝原来是木头做的，当时的风筝上面有弦，所以叫风筝，后来木风筝改良成了纸风筝，人们把放风筝寓意为放飞希望，也有的地方把放风筝作为与自己噩运决裂的办法，将风筝剪断表示噩运一去不复返等。师生之间因为综合实践活动而教学相长而其乐融融。"

4. 无教材的课程，改变了评价标准，多元的评价让学生自信、教师开心、家长放心

长期以来，分数的高低是衡量一个学生是否优秀的唯一标准，综合实践活动课程的实施一下子多出了许多衡量的尺度，只要学生在综合实践活动课程的实施过程中，在实践中能有好的表现都能得到积极的肯定和鼓励，这极大地鼓舞了学生，也解放了教师。为了将综合实践活动课程落到实处，汶河小学特地将学校东围墙改造成了一条绿色展示长廊，它南北长100多米，设有展示墙台，专门展示学生在综合实践活动过程中的实践成果，课间都有很多孩子自发站在自己的实践成果旁为同学们介绍，这让学生们激动极了，学生家长见了，兴奋地说："真正有效的教育是点燃孩子的主观能动性，而综合实践活动课程则多元地评价了孩子，给了孩子一片自由探索、自主实践的天空，给了孩子一份自由放飞的心情！"

思考二：综合实践活动课程到底需不需要教材？

正当教师们以饱满的热情尽情开发属于学生们自己的课程时，各地各校各种类型的综合实践活动的教材却如雨后春笋般纷纷涌现，这让我们陷入了深深的思考：综合实践活动课程到底需不需要教材？我们面向全区所有学校，对一百多位教师进行了问卷调查，发现有百分之九十五以上的教师觉得需要教材，这大大出乎我们的预料，为什么教师们需要教材呢？我们对调查结果进行了分析。教师们认为：① 没有教材，时刻要找"米"下锅，很难，有时确实有江郎才尽，找不到"米"下锅的情况（这里的"米"就是综合实践活动的资源）；② 一边教学，一边还要开发课程资源，不仅要想好内容，还要考虑如何去组织，要做哪些准备等，精力和时间都不足以支撑；③ 因为没有教材，这对综合实践活动课程还不是特别了解的教师来说难度很大，毕竟在学校里学习时从未接触过这门课程的教学法，就自身受教育的过程来说也没有综合实践活动课程的受教育经历；④ 内容是有，但太多太杂，不知选择怎样的内容开展综合实践活动能让学生收获多，更不知该如何指导，所以干脆就上成了有教材的其他学科的课；……

从诸如此类的问题中，可以看出教师们对教材的呼唤。但诚如《国家中长期教育

改革和发展规划纲要》所指出的那样："当今世界正处在大发展大变革大调整时期。世界多极化、经济全球化深入发展，科技进步日新月异，人才竞争日趋激烈。……"面对这样飞速发展的时代，面对大数据时代的今天，作为面向学生整个生活世界的综合实践活动课程，教材怎能承担得住？但教师们又都在呼唤教材，可不可以在有和无之间找到一种平衡，既有教材但又不完全依赖教材？让教材承担一种摆渡的使命，将教师对教材的依赖摆渡到能完全自主地开发课程呢？……

思考三：综合实践活动课程如果有教材，该以怎样的形式呈现？

为促进综合实践活动课程的常态实施，我们在省教研室的统筹安排下对综合实践活动课程教材的研发进行了一系列的探寻，并最终决定以编制学生成长手册的学材的形式，辅助师生实施好课程。下面以一个个实施过的好的案例为样本进行学材的编制，每个主题的实践活动大致由这样几个部分组成：

第一部分是开场导语，意在激发学生的实践愿望。

第二部分是任务单，列出学生在互动交流前的各自的自主实践内容，让学生一看就能知道做些什么，准备些什么，学生根据任务单进行自主实践活动。

第三部分是学生在课堂上的分享、交流、碰撞，与相互间的学习。因为光有学生的自主实践，没有交流与指导，实践活动也是不能深入持久的。这部分是学生课前的自主实践在课堂上的精彩亮相。综合实践活动的课堂中，学生是一个最重要的课程资源，这一资源一旦打开，课堂就不再是教师的一言堂，每个学生都会成为一个重要的信息源，课堂就是信息交汇的重要场所。在交流中，教师要善于发现学生在实践中的表现并进行及时的评价，成为学生实践活动的指导者、促进者、组织者和激励者。

第四部分是实践不停步，是课堂向课外的延展，引导学生课后继续实践，在生活中学习，在生活中运用，在运用中不断提升能力。课堂有时限，实践无止境。课堂上的分享、探究、学习与尝试都是为了课后学生能更好地走出书本，在生活中学习，在生活中运用，在运用中不断提升实践能力。

第五部分是成长留痕，引导学生将实践的成果进行记录，可拍照可用文字叙述，引导学生关注自己的成长足迹，记录自己的点滴进步，并从中获取继续前行的正能量。

综合实践活动课程实施至今，已经涌现出了很多好的很有成效的综合实践活动案例，如果能将这些案例都以学材的形式一一呈现出来，将是一个巨大的引领教师真正走进综合实践活动课程的宝库，学生翻开任何一个感兴趣的主题就能按着提示的路径去实践，教师也能按照提示的路径去组织、去指导，久而久之，教师也就能在具体的实践指导中明白该如何选择合适的内容指导学生开展丰富多彩的综合实践活动了。

到那时，教师们也就都能自主地开发出课程资源，我们编制的学材也就完成了它作为"摆渡"的使命，将不习惯没有教材的教师"摆渡"到了对没有教材的适应；到那时，教师就自然而然地不再依赖教材，而能自主地适时地与时俱进地去开发学生感兴趣的需要的实践内容了；到那时，教师们也就能视我们生活其中的世界和社会到处都是宝贵的课程资源……到那时，综合实践活动课程也就真正地彰显出它无教材的魅力，真正进入了世界为本、生活为书的课程实施佳境。

农村学校综合实践活动课程的价值

栾新蕾*

摘　要：综合实践活动课程已在各学校实施，并取得了一定的成绩。但这些成绩大多来自城市学校，农村学校综合实践活动课程状况不容乐观。需要充分深化综合实践活动课程实施对农村学校的课程结构、教学模式、师生关系和学生发展的独特价值。

关键词：农村学校；综合实践活动；课程价值

综合实践活动课程的实质是立足学生的直接经验、回归学生的生活世界、关注学生的亲身实践。① 随着综合实践活动课程在各学校的开展，有关课程活动的案例也是愈加丰富多彩。但是这些优秀案例大多来自城市学校，农村极少。据中央教育科学研究所课程教学研究中心课题组的一项调研显示，综合实践活动课程只在部分农村学校的部分班级中开设，并且仅仅停留在观摩课和公开课层面，甚至在有的农村学校只是课程表上有而实际未开设的课程。因此，探讨农村学校综合实践活动课程的价值，是十分必要和重要的。

一、改变农村学校的课程结构，丰富学生的学校生活

长期以来，无论是在城市还是在农村，分科课程占据绝对的主导地位。但是城市占据地理位置优越、生活丰富多彩等优势，学校或多或少会开设一些活动性、实践性的综合课程。而农村学校远离城市，思想落后，生活单调，基本上没有开设过综合性的课程。我国新一轮课程改革提出：小学阶段以综合课程为主，初中阶段设置分科与综合相结合的课程，高中以分科课程为主。同时要求无论是在城市还是在农村，综合实践活动课程都要作为必修课程。这无疑会改变农村学校单一的课程结构，使农村学校的课程多种多样，多姿多彩，缩小农村学校与城市学校在课程开设方面的差距。

分科课程虽然重视了学科逻辑体系的完整性，有助于体现教学的专业性，以组织教学，但往往会影响其他学科知识的传授，影响对知识的综合运用。在综合实践活动课程中，学生可能会遇到语文中的知识，也可能会遇到数学中的知识，这样会使学生认识到，知识是一个整体，它们可以相互联系，共同解决某个问题。同时，综合实践活动课程从生活出发，从学生兴趣出发，强调学生的自主探究和交流合作，有利于丰富学生的学校生活，使学习不再是一件不开心的事情，使农村的孩子们可以像城里孩子一样不再只知道语文数学，让他们有更多的机会去接触生活，发现生活，去运用自己学到的知识。

二、改变农村学校的教学模式，丰富教师的职业生活

以机械灌输式的知识传递为特征的传统教学在农村学校根深蒂固。讲授法在此表现得"淋漓尽致"，一本教材、一块黑板、一支粉笔、一张嘴皮，日复一日，年复一年，真可

---

* 栾新蕾，女，扬州市江都区真武中心小学，一级教师。

① 钟启泉，安桂清：《综合实践活动课程：实质、潜力与问题》，《北京大学教育评论》，2003 年第 3 期。

用"一黑一白"来描述农村教师的职业生活,难怪有人会说他们一辈子只上过一节课。这种非人性化的教学模式把本应丰富的教学过程简化为单一的认识活动,学生听得毫无兴趣可言,教师也从中得不到任何乐趣。

而综合实践活动课程没有课本可依,没有标准答案可寻,活动的主题来自学生的生活,师生要共同寻找;活动的过程必须由学生亲力亲为,与他人交流合作,教师无法代替;活动的结果是学生探究来的,教师无法直接给予。这就决定了该课程的教学不可能再是单纯的教师讲授、学生认识的过程,而是教师引导学生乐于参与、主动探究的过程,在活动中培养学生搜集和处理信息的能力、分析和解决问题的能力、获取新知识的能力及交流合作的能力等。这种探究式、合作式的教学充满生活的诗意和生命的灵动,意味着教学成为教师的一种生活,在这种生活中不仅仅是学生得到了发展,教师也从中体验到了教学的乐趣,取得自身的提升,真正做到教学相长。

三、改变农村学校里的师生关系,造就温馨的校园氛围

在传统的教学模式下,教师高高在上,处于绝对的领导地位,而学生处于关系的下层,对教师只有仰视和服从,由此造成师生关系的紧张。这种现象在农村学校更是明显,由于孩子们平时接触的优秀人物和重大事件较少,在他们的眼里教师往往是无所不知、无所不能的"神",教师的话犹如"圣旨"一般被他们遵循着,一味地言听计从,对于教师,孩子们是"只能远观而不敢近前";学校则成为一块"圣地",离开学校,那里则成为一块"禁地",由此造成师生关系的无比紧张和学校的冷漠寡情。

综合实践活动是在教师的指导下,学生主体性的活动,有很强的自主性,其实施会转变教师在教学中的领导地位,让学生认识到教师不是万能的,教师只是活动的组织者、引导者、参与者。在活动中,教师与学生是平等的,在某些方面,教师的信息占有量还不如学生。这将打破师生间的心灵隔膜,消除师生间的紧张关系,建立起师生间的情感沟通,营造出温馨的校园氛围,使学校成为一个充满感情的地方。

四、促进学生身心的和谐发展

分科教学"因为分立了的缘故,每门课程往往偏于一个境界",而"教育的最后目标却在种种境界的综合",就是说,"使各个分立的课程的影响纠结在一块,构成个有机体似的境界,让学生的身心都沉浸在其中"。[1] 综合实践活动课程让教学与生活融为一体,让学生关注身边的事,关注生活的事,关注当下的事,关注自己的事,运用所学知识和方法去分析、解决现实的问题。在活动中锻炼自我,在生活中确证自我,在交往中提升自我,从而获得身与心的和谐发展。这一点无论是在城市,还是农村都毋庸置疑。

虽然在农村学校实施综合实践活动课程的难度要比城市大,但同时我们也应该看到,难度越大蕴含的价值就越大。如果实施恰当,农村学校里的综合实践活动课程造福的可能不仅仅是某个学生、某个班级或某所学校,很有可能影响一方百姓。

---

[1]　叶圣陶:《叶圣陶教育文集》,人民教育出版社,1994 年,第 102 页。

正确认识综合实践活动课程及其实施

刘成刚 *

摘　要：正确理解综合实践活动课程，有利于提升课程改革的质量和推进素质教育，但从实践情况看，人们对"课程"的本质把握不准确，诸如将课程等同教材，混淆综合实践活动课程与校本课程。综合实践活动课程实施亦存在许多问题，值得关注与研究。

关键词：综合实践活动；课程本质；课程实施

综合实践活动课程是课程改革的焦点和热门话题，它的落实程度关系到课程改革的质量和素质教育的推进，从青海中小学实践来看，许多学校和教师至今仍对综合实践课的本质和特点把握不够，这不利于综合实践活动课程的建构和实践。

一、关于对综合实践课程本质的认识

《基础教育课程改革纲要（试行）》规定，从小学至高中设置综合实践活动并作为必修课程，其内容主要包括：信息技术教育、研究性学习、社区服务与社会实践，以及劳动与技术教育。综合实践活动课程强调学生通过实践，增强探究和创新意识，学习科学研究的方法，发展综合运用知识的能力。增进学校与社会的密切联系，培养学生的社会责任感。在课程的实施过程中，加强信息技术教育，培养学生利用信息技术的意识和能力。了解必要的通用技术和职业分工，形成初步技术能力。由此看来，在我国基础教育新课程体系中，综合实践活动课程是一种与各科课程领域有着本质区别的新的课程领域，是我国基础教育体系的结构性突破。

综合实践活动的总目标是密切学生与生活的联系，推进学生与自然、社会和自我内在联系的整体认识和体验，发展学生的创新能力、实践能力，以及良好的个性品质。综合实践活动课程更多的是一种意识，就某一活动而言，只要有目标的确定、内容的选择与组织、实施与评价的过程就是课程。综合实践活动的过程就是教师与学生的课程共创过程。谋求学生自我、社会与自然的和谐发展是综合实践活动课程的终极目标。

二、正确理解综合实践活动课程与其他课程的关系

1. 综合实践活动课程与学科领域

综合实践活动课程虽是一门独立的课程，但综合实践活动与其他各学科课程既有其相对独立性，又存在密切联系。第一，学科领域的知识可以在综合实践活动中延伸、综合、重组、提升；第二，综合实践活动课中发现的问题、所获得知识技能可以在各科领域的教学中拓展和加深；第三，在某些情况下，综合实践活动也可和某些学科打通进行。[1]

---

* 刘成刚，青海省海东市平安区第一高级中学，特级教师。

[1]　钟启泉，崔允漷，张华：《基础教育课程改革纲要（试行）解读》，华东师范大学出版社，2001 年，第 81 页。

综合实践活动课程不是其他学科的简单综合，它是一门集综合性、实践性、开放性、生成性与自主性为一体的课程；强调整合、注重实践、突出开放、关注过程、提倡自主、欣赏批判。注重发展学生实践能力和创新能力；突破课堂时空局限，向社会领域、生活领域和自然领域延伸；活动过程中新的目标不断生成，认识体验不断加深，创造的火花不断迸发。学科综合则更注重学科的知识性，学科知识的逻辑体系，在以学科知识体系为前提的条件下运用知识。综合实践活动课程所追求的是学科知识和生活知识的统整。学生通过解决问题的体验，有助于多角度看待事物及多样知识的统整。

2. 综合实践活动课程与活动课

活动课只是一种经验课程。活动多数指体力活动或动手技能相关的操作，活动过程大多不具有研究性，不能体现探究问题的过程，也缺乏教育意义，也可能是某一门学科课程的延伸，目的是培养学生的学习兴趣，加强对学生原理的理解。综合实践是课程层面的概念，是相对独立于任何学科之外的一种正规课程形态。它涉及课程开发、设计和实施问题，要求跨越领域的界限，追求活动内容的综合性。尽可能以主题领域方式，侧重某一领域，统整其余。把信息技术有机地融合在综合实践活动的内容与实施过程中，合理运用网络技术，拓展综合实践活动的时空范围。要求活动围绕学生与自然、学生与社会、学生与自我展开，由学生自主选题，学生运用探究的方法主动获取知识，发展能力。因此综合实践活动中的实践不等于操作，而包括从提出问题到求得结论、做出评价的整个过程，除操作之外，思考、计划、找资料、归纳、写报告，都是实践。

3. 综合实践活动课程与校本课程、地方课程

校本课程是国家学科课程标准规定以外的，由基层学校经过地区教委委员会批准以后自己开发的，用以满足本学校特殊需要的课程。例如北京十一中就是以校本课程为抓手，促进育人模式的改革，他把每一门课程变成A、B、C、D等多个层次，满足不同层次学生的个性化需要。校本课程使得每一个学生的课程可能都不一样，同时采取了走班制以实现课程的真正个性化。因此，校本课程强调差异，关注每个学生的不同需要。校本课程必将促进学生的个性发展，教师的专业发展，学校特色的形成。地方课程是由省、市教育委员会，根据所在区域的实际开发的适合本地文化、风俗、历史、经济、文化的课程，如《青海历史》等。但无论是校本课程还是地方课程，开设后都可以编成具体的教材，用于本校和本地区的教学。

综合实践活动课程没有固定的教材，主要根据个人的兴趣、生活、经验和能力去选择问题或课题，通过整合自己已有的各个学科的知识，尝试着去实践和探索解决问题，没有现成的结论。它是一种自主性、独立性、实践性、研究性、创生性的综合性的学习形式。课程实施前不存在完整的、设计好的一成不变的课程，不可能有具体的文本去照搬。课程实施可以视为课程形成的一部分，即在课程实施过程中师生共同构建课程。如江苏无锡洛社初级中学的综合实践课程在全国是有名的，其《综合实践课程》收集了学生在各个方面的调查和课题研究成果。当然，如果编写一些有关研究性学习的入门指导书或材料去指导学生的实践，也是有益的。综合实践活动的效果的关键在于落实评价制度的改革和最终的成果认定。

4. 课堂探究性教学与研究性学习

探究性课堂教学或研究性学习都是人们在总结发现式学习和有意义学习的经验基础上提出的一种以学生自主探究为主的学习方式。探究性教学和研究性学习所包含的要素大致相同：提出科学问题、进行猜想与假设、制定计划和设计实验、获取实验和证据，检验与评价、表达和交流。探究是两者的共同特点，但是二者也有很大的区别。探究性课堂教学是类似于科学探究但不等于科学探究的教学方式。但它毕竟是课堂教学方式，必然是以获取知识为主要目的，所以提出的问题一般是围绕着概念、命题或原理来组织的，并通过探究最终达到获得一定的知识目的。这种教学方法是基于布鲁纳的"发现法"，是基于学生学习知识的同时，兼顾学会学习，提高学习能力。探究性课堂教学也可以说是研究性学习在课堂的渗透。

研究性学习的特点是基于自身兴趣，以学生的经验为基础，强调在现实问题情境中去做，以问题为中心，即研究性学习活动不是围绕着概念、命题或原理来组织的，而是围绕着学生实际生活中活生生的问题来组织的。突出开放性的特点。研究性学习是一类实践课程，不是一类理论课程，强调通过实践，探索现象和事实，培养学生的问题意识、创新能力和实践能力，其学习结果并不一定重要，重要的是过程和方法。研究过程允许学生偏离设定的研究方向，去探索自己感兴趣的领域和发掘新的探究题材，不去过分追求选题的研究价值和社会价值。但主要价值在于其对学生成长发展所起的作用，也就是其教育价值。由于研究时间的充足性和延时性，意味着学生的自主性、主动性、创造性比探究性课堂教学将得到更充分的发挥。①

从教学组织的空间特征上说，研究性学习既可以是在课堂或实验室内进行，也可以在课堂或课外和校外进行，进度由自己确定。但探究性课堂教学一般只能在学校的课堂进行，要求进度一致。从涉及的内容特征上看，探究性学习是社会、自然和生活中的综合，不仅仅是学科知识，而探究性课堂教学一般仅是学科知识。

5. 学生自主与教师指导

由于研究性学习具有自主性和独立性的特点，显然教师在教学形式上是不可能包办的。但研究性学习的自主性并不意味着要"取消"或"削弱"教师的指导，只是意味着要"转换"教师指导的方式，即注重启发、促进、鼓励和讨论。教师要启发学生思考课题的可行性，指导学生制订计划，指导学生研究方法、帮助学生收集信息和评价，纠正学生不规范的做法，提醒学生实事求是，使学生在教师的指导下富有个性地学习。教师既不能"教"综合实践活动，也不能推卸指导责任，应把自己有效指导、平等参与和鼓励自主选择、主动探究有机结合。②

三、综合实践活动课程实施中存在的问题与对策

1. 教育行政职能机构缺乏专门的部门和专职人员对活动实施进行管理

据对笔者所在地区教育行政部门和学校的了解和亲身体会，目前，市、县教育局和学校还没有设置专门部门、专职教研员和专职教师对其负责。仅仅是由校教研室代管，

---

① 石中英：《试论研究性学习的性质》，《课程·教材·教法》，2002 年第 8 期。
② 张传遂：《论综合实践活动的实施》，《课程·教材·教法》，2002 年第 7 期。

具体做法是除了课堂安排的每周两节孤立的信息技术课之外,其他的就是由校教研室在每个寒暑假对学生布置任务,要求学生寒暑假必须参加社会实践或社区服务,之后要由社区盖章,并交一篇研究论文或调查报告。但之前对学生根本没做培训和指导,学生的实践活动过程也没有要求教师跟踪指导,学生只是凭感觉行事,没有严密的计划,研究论文和报告多是以热门和常见话题为主,以收集资料、参考文献为主,多数不是来源于学生的生活和经验,甚至剽窃他人成果。对学生实践的最终成果也缺乏科学鉴定,没有组建评委会,只是临时抽调两位校教研室干事走马观花地浏览全校几千名学生的论文和报告,然后草草评出奖项,对学生研究性学习缺乏过程跟踪、过程评价和事实鉴定。更有甚者还鼓励那些投机取巧的学生。对学生综合实践效果和成果,市、县级教育行政部门也不督查、甚至不过问,更谈不上改进和创新了。

2. 教师缺乏对综合实践活动课程的知识和培训

落实综合实践活动课程,需要建立一支指导综合实践课程的人才队伍。但就笔者所在地区而言,青海地域广大,人口稀少,山区众多,师范类本科院校只有一所,离中学太远,学校教师省级培训很难覆盖。加之教师思路不开阔,受训教师总是注重自己的学科,缺乏综合实践课程意义的认识,影响了培训单位的课程设置,使得培训中教师对通识内容重视不够,综合实践活动课程、校本课程的理论和实践得不到根本性落实和提高。此外,外出培训的教师没有起到辐射和带动作用,培训的教师回来后,教育行政部门和学校不重视,没有形成培训梯队,不能构筑起指导综合实践课程的人才队伍。

3. 教师习惯自己的领域,学科之间的联系与合作不能体现

综合实践活动内容的广泛性、生成性,需要不同学科的教师参与指导。但首先鉴于传统的学科本位、分科教学,教师更多地习惯于自己的学科领域,不知道怎样融入更加宽泛复杂的课程中去;其次,由于高考和学校考核重视分数,导致教师不愿意投入更多,担心影响自己成绩;最后,由于缺乏组织和分工,形成不了学科合力,致使学科合作效果低下。

4. 学校对社区、家长、社会单位协调不够

由于上述原因,学校对社会的宣传自然不够,协调不到位。家长、社区对综合实践活动课程了解甚少,认识欠缺,担心耽误学习,影响升学,致使支持度不够,活动受阻。家长指导、社会人士指导、社会资源没有得到充分发挥。甚至有家长、社区帮助学生弄虚作假,不仅没有提高学生的综合素质,反而给学生的未来发展埋下不良根芽。

为此,建议各级各类教师的培训不应过分强调学科,应多与综合实践活动课程、校本课程相联系;教育行政部门或学校适当组织社区、家长、社会单位有关人员(比如有关办公室人员)进行培训,从而得到社会认可和重视,支持教育改革;教研室要设置专门的综合实践活动教研员,学校设置专门的综合实践活动教师,并且和学科教师一样,设置综合实践活动职务职称,完善人事制度,完善教师评价制度。落实校内研究性学习的课时和方法指导。加强与省外高校的合作与培训,汲取省外成功经验,形成培训的持续性,加强专家现场咨询与指导,实现教学实践的可转化性。

中学生社团活动管理问题与对策

陈正军*

摘　要：当前中学生社团发展良莠不齐，社团管理不够规范。完善社团活动的对策有：强化管理意识，打造精品社团；积极保障后勤，提供资金支持；实行负责制度，确保活动开展；重视科研力量，提升活动层次。

关键词：中学生社团；活动管理

社团活动是中学生能力培养、个性发展的重要途径，但目前中学生尚处于零散状态，社团发展良莠不齐，社团文化传承意识淡薄，社团管理不够规范。那么，如何完善中学生的社团活动呢？

一、存在问题

1. 管理不到位，流于形式

社团的日常活动中，团委管理执行力度不够，存在走过场的现象。缺乏相应的检查力度，在社团活动的整个过程中，无论是硬件设施还是软件设施，都没有形成检查细则。

客观原因是团委除了社团活动工作以外，还有其他很多工作需要兼顾，或者说社团工作并不是团委工作的主要精力所在。绝大多数团委书记除了行政工作，还承担了相当的课务，更不可能全力投入到社团工作中。有的学校出现了由于学校层面行政协调不到位，导致其他部门不知晓团委组织社团活动，甚至不配合的情况。比如，因为不太清楚社团活动开展的具体时间，教务处年级组占用了学生本应参加社团活动的时间而安排其他的活动，或者占用了学生用来参加社团活动的场所。如果经常出现类似的情况会打击学生活动的积极性，也使团委书记疲于协调，不利于学校社团的正常有序开展。虽然学生社团的管理主体是团委这一点已有共识，但是团委并不能独立完成学生社团一系列的管理工作，需要多个部门的联合运作，需要政教处、教务处、总务处等群策群力。

2. 管理不规范，缺乏制度

学校社团管理不规范，缺乏制度约束。许多社团内部结构松散，即便是建团章程张贴在墙，实际的活动也没有能够完全按照规定开展，存在无序、混乱、低效的现象。制度、章程制订的当初就没有能够经过科学论证、仔细推敲，当然无从为社团活动进行标准化的指导，这样，给社团活动和今后的发展带来了很多不利因素。同时，由于学生社团的自发性、结构松散，加上学业的压力、部分社团管理受到一定影响，社团课程实施中出现内部建设薄弱、管理松散、成员不稳定的现象。虽然一些社团建立了章程和管理制度，但流于形式，制度未有效执行、内部管理不到位。

---

*　陈正军，扬州市邗江区杨庙中学，教师。

3. 管理不精致,缺少指导

学校对学生社团的支持不到位,甚至撒手不管,不闻不问。一些学校社团在建立之初声势浩大,但随着时间的推移,发展状况参差不齐,不够平衡。缺少学校的正确引导和指导教师的帮助,某些社团就会发展状况欠佳:活动陈旧没有新意、社团活动走不出去、保障不到位、成员越来越少。最终就会发展不下去,不了了之。

在相关环节上,缺乏精致化、精细化管理。对口指导单位在实际社团活动中的指导不得力,仅仅承担了分配工作、偶尔巡查的工作。具体到教师对学生的指导,可谓微乎其微。对于社团活动的指导教师,从进入社团活动的开始到过程中,直到活动结束,没有提出学历提升与个人发展的要求,是否进修深造全凭个人喜好。与此同时,学校没有提供相应的平台与机会,对社团的学生负责人没有进行专业化培训。

二、原因分析

1. 未充分考虑中学生年龄特点及心智发展特点

中学阶段是学生生长发育的重要阶段。他们在注意力、自控力、思维发展等方面都有了提高,其心智也随年龄得到增长。而教师往往在某些时候还不能完全放手,达到教师引领,学生自主管理的状态。一旦学生的需求和教师的态度相冲突,学生往往会选择采用消极怠惰的形式来表达自我情绪。同时,学生社团的社长及骨干成员对其他成员并没有约束力,大家在社团里做事往往是基于自愿,基于共同的兴趣,并没有领导与被领导的关系。中学生毕竟还未成年,部分学生的情绪自我调节能力也不强,有时因讨论活动意见相左、个人原因、配合不到位等导致分工合作无法进行,从而导致社团活动开展困难。在每年的迎新及责任更替时期,都有不同程度的工作停顿或间断现象。

2. 学校课程开设不足、领导重视程度不够

学校虽然开展了社团活动,但是没有将社团活动课程化,作为课程进行建设。领导只是基于要求和安排,布置了这项任务。因为这样的前提,部分社团活动虽然开展,表面上也显示出"常态化"的表象,实际上也只是满足于课程开展,而不是活动的深入开展。

3. 指导教师能力存在差异、家长的态度不一

学校规定每个社团至少配备一名指导教师,但实际有的社团没有指导老师,或者虚有其名,教师并不参与社团活动,最多只是来看看,做做样子。这种情况多发生在学校指派本校教师担当社团指导教师,指导教师本身并不是自愿参与社团活动的情况。不少社团的指导教师并不十分积极,敷衍了事。真正能够胜任指导教师,有放有收,既能宏观引导,又能充分发挥学生的自主性的指导教师不多。有的教师虽然工作认真负责,但没有在社团活动中体现出学生的自主性;有的教师能力有限,不能为学生社团提供有效的指导和帮助,只做做日常的考勤和管理工作。很少有社团指导教师将自己社团指导工作与课堂教学同等重视,也很少有社团指导教师将其指导的社团工作与自己的专业成长有机联系起来。

家长的意见与态度也会从侧面影响社团活动。有些家长因为考虑到中学阶段主科学习的因素,对于孩子参加社团活动持保留意见。如果指导教师坚持,这些家长也并不反对。但他们并不主动,有时也会存疑,当孩子在社团活动中取得一定进步时,也没有

流露欣喜的神态。还有些家长对于学校在中学阶段还开展社团活动表示了一定程度上的不满意。他们认为中学阶段时间紧张，课内学习任务较重，开展社团活动只会影响孩子的学习。

三、应对策略

1. 强化管理意识，打造精品社团

学校管理者对于社团活动的顺利开展及发展起着重要的推动作用。管理者的理念影响着决策的制定。校长作为社团工作的最高领导，对构建全校合力支持社团活动和发展的共同体负有不可脱卸的责任。党委、校高层领导应在行政层面明确学校社团由团组织负责，团委书记为第一责任人，制定相应的奖惩措施，调动社团管理者的积极性；应当对全校职能部门的领导说明并使其达成共识。

强化管理者的管理意识，从源头抓起，注重过程性评价。打造一批精品社团，带动其他社团向此方向迈进，鼓励社团的良性竞争，让更多的社团在校内外打出名声，打响名气。

2. 积极保障后勤，提供资金支持

学生社团活动是举全校之力共同开展的有意义的事情，具体虽由团组织管理，其他部门应当共同关心，给予支持。社团活动场所的安排与配置离不开学校后勤部门的关心与支持。团组织负责人也要对社团活动尽早有全局的规划，对于需要学校其他部门配合的事、物能够及早告知，大型活动可主持召开协调会，减少其他部门因不知晓社团活动具体要求而导致的误会和干扰。领导层最重要的是能够提供资金保障，划拨社团专项经费用于社团的发展，为社团活动全方位的提升发挥积极作用。

3. 实行负责制度，确保活动开展

社团活动的方方面面，从场地使用、器材维护、人员安排、资料保管、阶段检查、成果展示等方面实行专人负责制，真正将社团活动作为课堂教学的有力补充，作为完善、落实素质教育的有效平台。

社团要根据自己的实际情况，民主确定本社团的经费来源，一般由三部分构成：学校拨款、会员会费和吸纳校内外资助及自主创收。要加强学生社团的资金管理能力建设，调适内部经费管理结构；力求健全内部规章制度，以适应市场经济体制要求，建立符合社团发展规律的经费管理体制，能有效承担财务自治职能，为成员提供优质服务。社团负责人一是要做好社团年度经费预算和活动项目经费预算，本着节约和量力而行的原则，提高经费使用效果。二是要安排不少于两人的专人负责，记好经费收支的流水账，所有的开支都要有凭据并需有社长签字。三是要做好经费使用的监督和公开工作。中学生社团经费的获得途径比较合理的做法应该是学校承担大部分，社团成员自愿协商以缴纳会费的形式筹集一部分，两部分资金主要用于社团的日常开支。如果社团筹办大型活动需要较多的资金，可以另行报告申请学校支持或者通过社团成员拉赞助等其他方式自筹。

社团活动的物质资源存在建设、保管、维护和使用的问题：如办公室、办公用品、活动的场地、器材等，有时为了活动的需要可能会临时借用或租用学校、其他单位或者个人的设备、场地。这些社团的物资和场地应该建立资产登记制度，安排专人负责，特别

是人员变动时要做好资产清点和移交工作。这项工作一般是由社团办公室和后勤保障部门管理,社团应当尽量做到按需添置,精心维护,妥善保管,充分利用。

社团管理者要把信息看作是重要的管理资源,尽量使各种信息交流畅通、传递准确而及时。同时,社团管理者还要重视档案的管理,要有专人负责,定期整理归档和保存。社团档案主要包括社团的有关文件、成员名册、历届成员名册、活动过程记录、评奖评优情况、社团评价记录、重要的成果,它们是社团的静态的信息,也是社团活动与发展最原始最客观的记录。每次活动注意收集活动资料和照片,可以在电脑或互联网上备份保存,方便社团分享和宣传使用。

4. 重视科研力量,提升活动层次

中学社团活动有较多类别,无论是文艺类、科技类、学科类,还是体育类、实践类,作为学校课程的一部分,都能够按照活动课程的要求,制定相应的教学目标,落实教学计划,在考虑学情的情况下,根据不同的活动内容,认真备课。不过,综观现今学校社团活动的组织形式,校级领导下达到团委、教务处、年级组、各功能室,唯独缺少教科处的参与。因为缺少了教科处的参与和引领,备课的质量有待商榷。

校级领导要认识到教科研的重要性,在这个过程中,不仅仅是指导教师需要密切关注各项教学内容,学校教研室也应该起到引领与带动的作用。要将最新的有关社团活动教科研的讯息及时传达给各个活动团体,传达给指导教师和相关负责人,让他们可以通过教科研的动态化信息调整、优化社团活动内容,从而有利于加强社团活动优质管理。学校教研室要牵头,组织社团活动指导教师和负责人参加业务提升的各项定期培训,学校教研室要成为社团活动管理的坚强后盾,为社团活动常态化、持久化发展提供理论参考。可以不定期组织各级各类的教科研活动,让专家学者"走进来",不仅做讲座培训,还可以现场指导、现场解说,将理论和实践有机结合。还可以组织社团活动指导教师之间的业务学习,利用同类别社团大组讨论和小范围小组交流的形式,探讨社团活动内容阶段性质态,提出改进意见,形成一致建议,提升管理的层次。不仅仅是校内的教研,还可以组织校际间、区内、区外的教科研活动,将教科研在整个中学生社团活动管理中的位置前置,充分发挥教科研的作用,用教科研的力量支撑社团未来的可持续发展。